出雲鰐淵寺旧蔵・関係文書

井上寛司編

法藏館

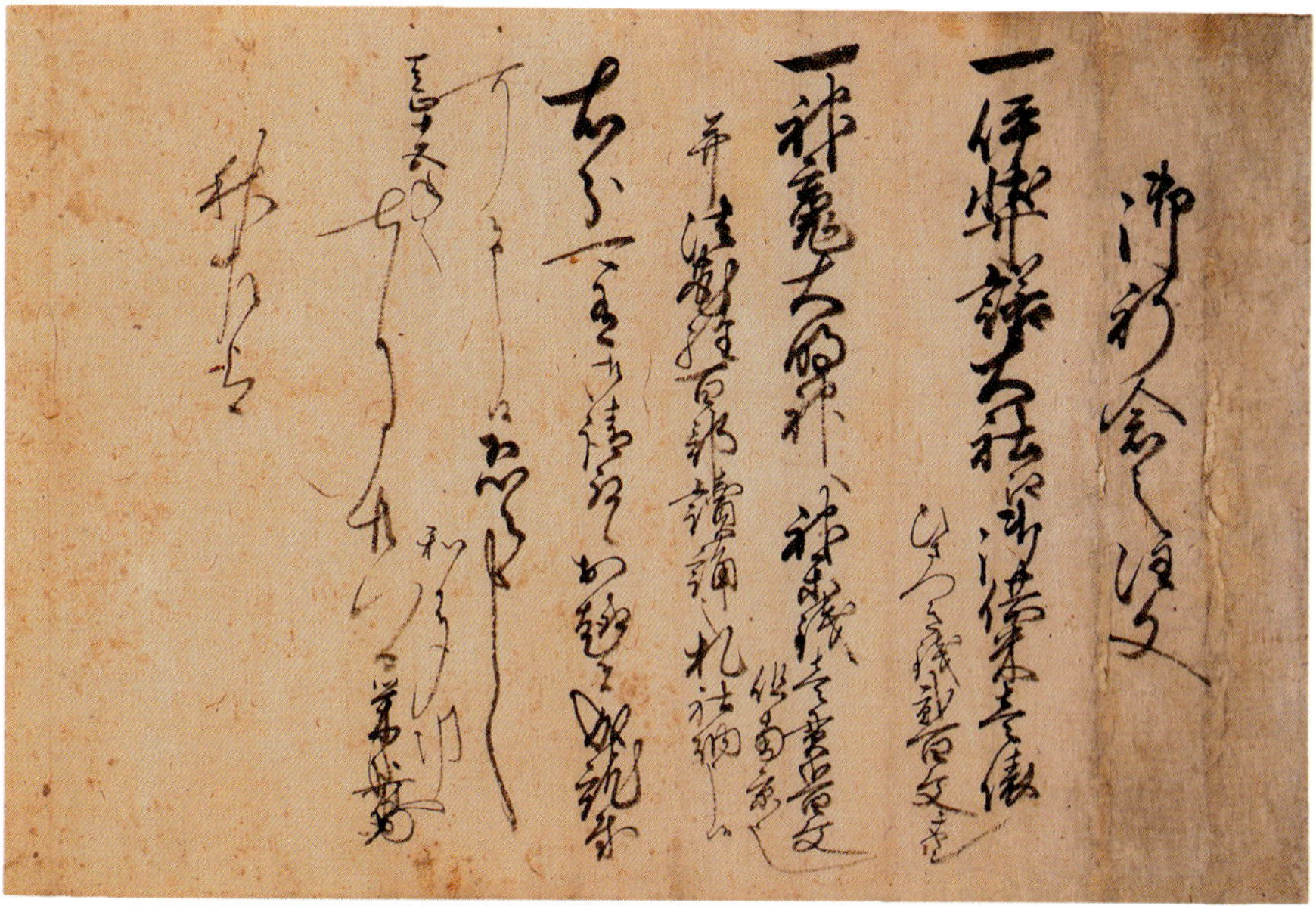

235　和多坊栄哉祈念注文（秋上家文書・神魂神社蔵）

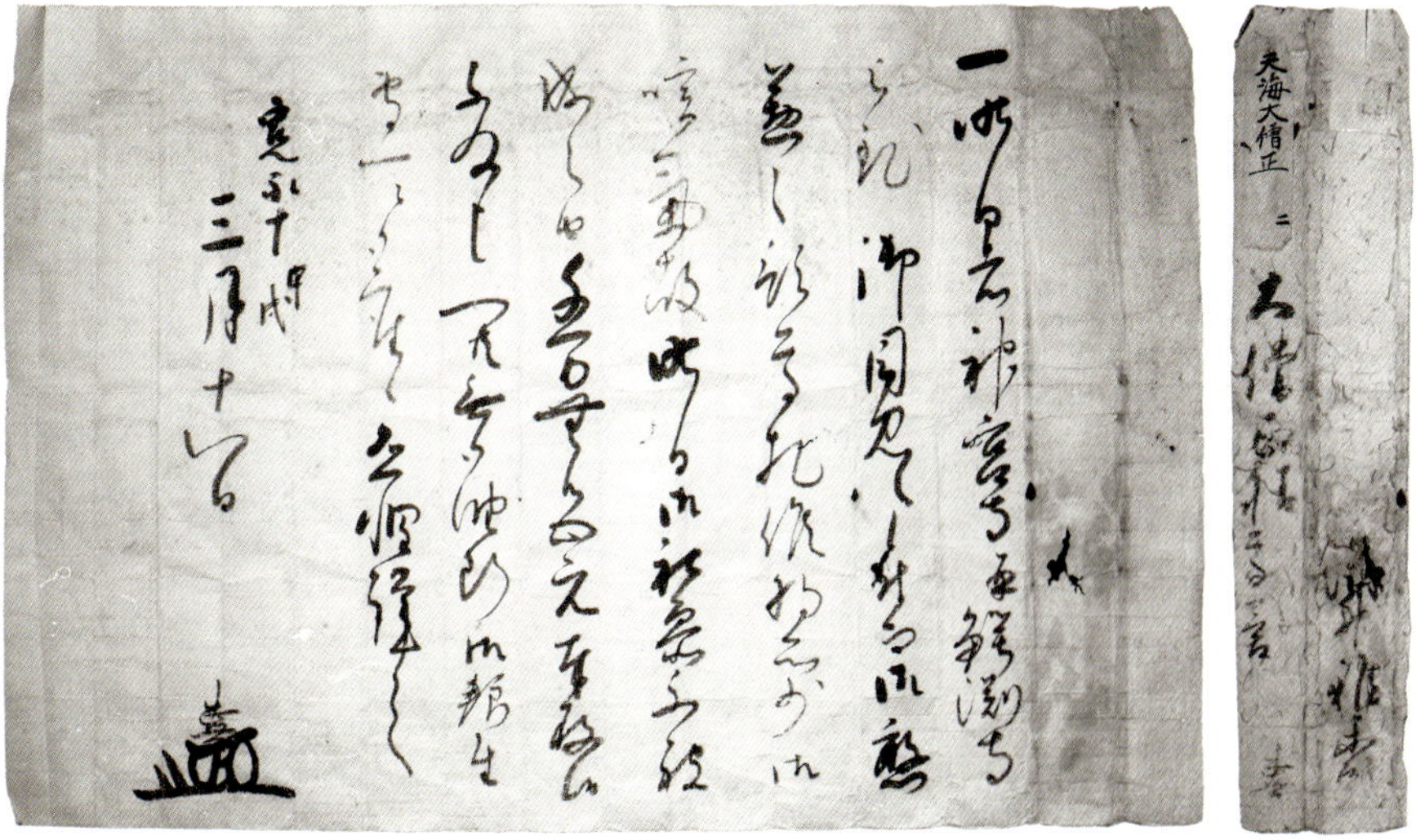

312　酒井忠世書状（鰐淵寺文書・鰐淵寺蔵）
写真：島根県教育委員会提供

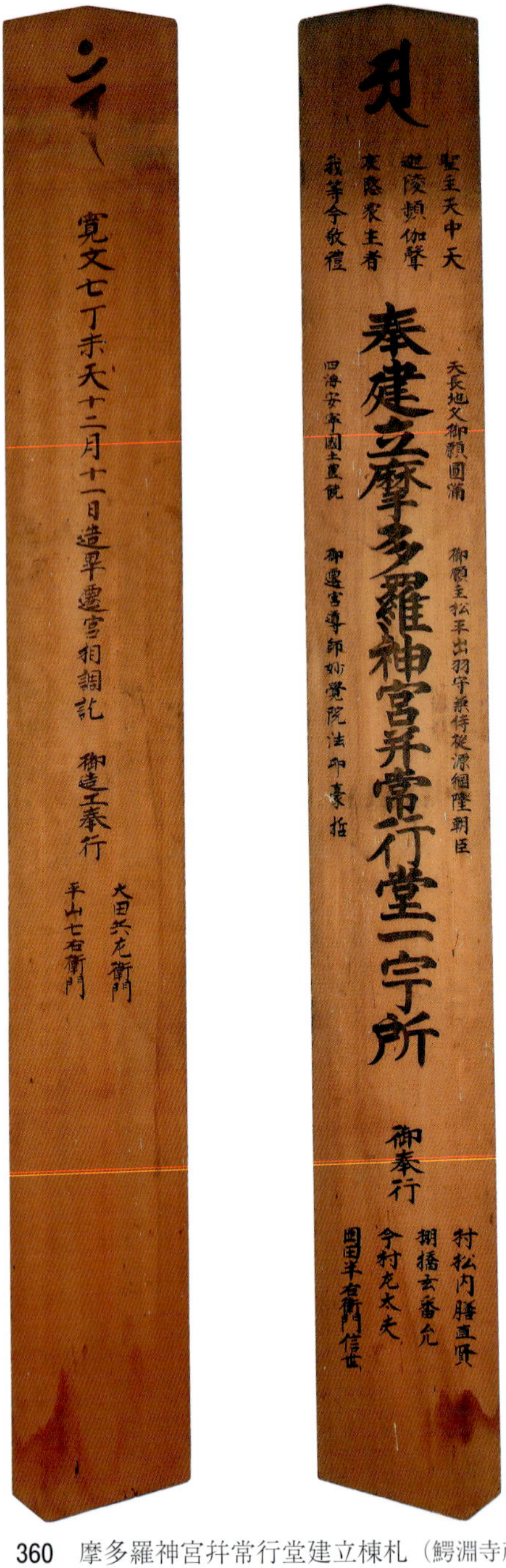

360　摩多羅神宮幷常行堂建立棟札（鰐淵寺蔵）
写真：島根県立古代出雲歴史博物館提供

序

此の度、島根大学名誉教授・井上寛司先生のご尽力により当山に関連する古文書を集成し、『出雲鰐淵寺旧蔵・関係文書』を刊行することとなりましたことは、この上ない慶びとするところです。

鰐淵寺は推古二年（五九四）推古天皇の眼疾を智春上人が浮浪滝に祈って平癒され、その報賽として建立された勅願寺と伝えられます。中世には杵築大社（出雲大社）との関係を密にして別当寺となり、さらには、毛利元就などの戦国大名の厚い帰依を受けました。

重要文化財の白鳳仏をはじめとする指定文化財や多くの寺宝が伝わり、その内の中世の古文書類は、先般、法藏館より鰐淵寺文書研究会編『出雲鰐淵寺文書』として刊行されております。

本書は、さらに寺外の関連文書をまとめられた書であります。全国で残されている膨大な古文書から鰐淵寺にまつわるものを見出すことは想像を超えるご苦労であったと拝察し、その研究の熱意に敬意を表し申し上げるところであります。

『出雲鰐淵寺旧蔵・関係文書』そして『出雲鰐淵寺文書』は、鰐淵寺を研究する上で、共に不可欠な書であり、合わせ持って当山の歴史を寺の内外から紐解く研究の礎となることを祈念いたしております。

本書への掲載を快くご承認いただいた文書所蔵者の各位に、心より感謝申し上げますと共に、長年にわたる調査、研究にご尽力いただき、両書編集の労をとられた井上寛司先生、刊行に深いご理解を賜りました法藏館に衷心よりお礼申し上げます。

平成二十九年十一月吉日

浮浪山鰐淵寺

佐藤泰雄

例言

一、本書には、鰐淵寺所蔵の金石文・聖教類や『出雲鰐淵寺文書』に収録されなかった鰐淵寺文書（旧蔵文書や寛文六年以前の近世文書など）、および寺外にある鰐淵寺関係史料のうち、寛文七年（一六六七）の出雲大社との「神仏分離」以前のものを収めた。

一、史料の配列は編年順とした。年代の特定できない史料については、理由を付して適当な場所に仮に収めた。

一、史料一点ごとに、史料番号・史料名・文書群名（もしくは所蔵者名）を付し、併せて内容の要約を綱文として立てた。疑問のある文書の綱文は「　」で括った。

一、掲載にあたっては、可能な限り原史料によったが、それが困難な場合は写真版・影本・謄写本の順で、できる限り信頼性の高いものに依拠するよう努めた。影写本や謄写本などの区別は、以下のような略称を用いて記した。

東大写真＝東京大学史料編纂所所蔵写真帳　　県図影写＝島根県立図書館所蔵影写本
東大影写＝東京大学史料編纂所所蔵影写本　　県図謄写＝島根県立図書館所蔵謄写本
東大謄写＝東京大学史料編纂所所蔵謄写本　　県図写真＝島根県立図書館所蔵写真版

一、掲載に当たって、既刊の活字本のみに依拠した場合は、その刊本名を△印を付して文書群名の下に記した。刊本名については、以下のような略称等を用いた。

鰐淵寺＝曾根研三編『鰐淵寺文書の研究』第二編鰐淵寺古文書
南北朝遺文＝『南北朝遺文・中国四国編』
八束郡誌＝『八束郡誌』文書篇
広島県史＝『広島県史』資料編

一、史料の翻刻にあたっては、以下のような表記を用いた。

①字体は、原則として常用漢字を採用したが、文書の現状を尊重するために旧字を残したところもある。
江（え）、与（と）、仁（に）、者（は）、茂（も）、ゟ（より）、メ（シテ）、〆（シメ）などは原形を残した。

②史料には、適宜読点（、）・並列点（・）を付した。

③虫損・欠損等によって判読が困難な場合は□□、もしくは［　］で示した。

④文書の前欠は┐、後欠は└で示した。

⑤文字が抹消されている場合は、左傍に〻印を付し、訂正後の文字を右傍に記した。また、抹消もしくは削剥された文字が判読困難な場合は■■で示した。

⑥傍注は、校訂にかかわる注記、説明に関わる注記ともに（　）をもって示した。文字に疑義のあるものは（マヽ）、疑問の残るものは（○○ヵ）、脱字の場合は（○○脱）、文字・文章の重複している場合は（衍）と注記した。

⑦上書など本文以外の部分や異筆の部分は「　」をもって括り、（端裏書）、（異筆）、（ウハ書）などと注記した。

⑧合点は╲、朱合点は┆で示した。

⑨紙の継目は……（紙継目）で示した。

⑩花押は（花押）、印章は（印）と記し、紙背にあるものは（裏花押）、花押を模して写したものは（花押影）とした。

一、古文書用紙のうち通常の竪紙以外は、文書名の下に（折紙）・（切紙）などと注記した。封の形態については、（端裏切封）などと注記し、墨引は（墨引）と記した。

一、史料にかかわる留意すべき点は、本文と区別するため文末に○印を付して小活字で注記した。

一、鰐淵寺文書の原文書（影写本を含む）によって翻刻した史料については、巻末に一括して花押、印章の写真版を掲載した。

一、目次に掲げた日付のうち、〔　〕内は編者の推定によるものである。

出雲鰐淵寺旧蔵・関係文書＊目次

口絵

序……佐藤泰雄 i
例言…… iii

一 持統六年五月 銅造観音菩薩立像台座銘(鰐淵寺所蔵)…… 3
二 長暦三年二月一八日 天台座主記…… 3
三 承暦三年二月一五日 東山往来…… 3
四 康和三年 後拾遺往生伝…… 3
五 康和四年一〇月五日 後拾遺往生伝…… 4
六 天仁元年一〇月八日 後拾遺往生伝…… 4
七 永久□年八月 後拾遺往生伝…… 5
八 保安元年九月二一日 広隆寺上宮王院聖徳太子像内納入太子関係遺品包紙墨書銘…… 5
九 久安二年九月一三日 天王寺旧記…… 7
一〇 久安二年九月一四日 台記…… 8
一一 久安三年九月一二日 台記…… 9
一二 久安四年五月一四日 台記…… 10

一三　仁平二年六月一〇日　銅鏡銘（鰐淵寺所蔵）……10
一四　仁平三年五月二日　石製経筒銘（鰐淵寺所蔵）……10
一五　年月日未詳　梁塵秘抄……11
一六　寿永二年五月一九日　銅鐘銘（鰐淵寺所蔵）……11
一七　文治二年九月一五日　鰐淵寺古記録写（鰐淵寺旧蔵文書）……11
一八　建仁三年五月二七日　門葉記（巻九七）……12
一九　元久二年一一月二二日　門葉記（巻二九）……13
二〇　建暦元年二月頃　然阿上人伝……14
二一　建暦三年二月　慈鎮重譲状案（華頂要略巻五五）……15
二二　承久二年二月三日　尊氏証状（北島家文書）……17
二三　年月日未詳　宇治拾遺物語（巻三）……18
二四　年月日未詳　大伴氏系図（稲田家文書）……19
二五　貞応二年～嘉禄三年　大般若経奥書（鰐淵寺旧蔵）……22
二六　〔貞応三年〕六月一一日　領家藤原雅隆袖判御教書（平岡家文書）……23
二七　天福二年八月　慈源所領注文写（華頂要略巻五五）……23
二八　宝治元年九月五日　門葉記（巻一五）……29
二九　建長元年六月　杵築大社造宮所注進状（出雲大社文書）……33
三〇　建長七年六月　銅鏡銘（鰐淵寺所蔵）……37
三一　康元元年一二月　杵築大社領注進状（出雲大社文書）……37

三二　弘長二年五月一〇日　門葉記（巻一五）…… 41
三三　文永二年七月二一日　門葉記（巻一八）…… 42
三四　文永四年一一月一七日　門葉記（巻一六）…… 43
三五　文永八年一一月　関東下知状案（千家家文書）…… 47
三六　弘安四年五月　〈参考〉忌部総社神宮寺根元録（忌部神社文書）…… 52
三七　弘安一〇年六月一五日　銅造線刻種子鏡像銘（鰐淵寺旧蔵）…… 53
三八　弘安一〇年八月　鎌倉佐介浄利光明寺開山御伝…… 53
三九　乾元二年閏四月一九日　門葉記（巻一六）…… 53
四〇　文保二年一一月一四日　国造出雲孝時去状（千家家文書）…… 57
四一　元応二年三月二日　鎌倉将軍守邦親王家下知状（飯野八幡宮文書）…… 57
四二　〔嘉暦元年ヵ〕六月五日　沙弥覚念書状（鰐淵寺旧蔵文書）…… 58
四三　嘉暦四年七月　鰐淵寺衆徒等訴状案（千家古文書写乙）…… 58
四四　元弘三年四月一一日　後醍醐天皇綸旨（出雲大社文書）…… 59
四五　年月日未詳　杵築大社経田注文断簡（鰐淵寺旧蔵文書）…… 59
四六　年月日未詳　大山寺縁起（巻上三）…… 60
四七　建武三年五月一〇日　頼源寄進状写（高田寺根源録所収文書）…… 61
四八　建武五年七月一八日　出雲守護塩冶高貞吹挙状（晋叟寺文書）…… 62
四九　暦応二年二月二七日　塩冶高貞書状（千家家文書）…… 62
五〇　康永二年三月一六日　杵築大社紛失文書目録（千家家文書）…… 62

五一 貞和六年一二月二六日 足利直冬宛行状写(周防円照寺文書) …… 63
五二 年月日未詳 佐々木系図(抄録) …… 63
五三 正平七年正月一〇日 杵築景春譲状(千家家文書) …… 65
五四 年月日未詳 詞林采葉抄(宮内庁書陵部所蔵) …… 65
五五 応安元年一〇月 杵築弘乗代高守目安案(千家家文書) …… 66
五六 年月日未詳 知覚庵山大道和尚行状 …… 67
五七 応安五年~永和二年 鰐淵寺旧蔵大般若経奥書(常光寺所蔵) …… 67
五八 明徳三年正月二三日 御崎社神人連署起請文写(千家古文書写乙) …… 76
五九 明徳五年□月八日 三摩耶戒讃衆用意奥書(阿娑縛抄第二〇九) …… 76
六〇 明徳五年四月一一日 胎灌讃衆用意奥書(阿娑縛抄第二一〇) …… 77
六一 応永元年一〇月一四日 金灌讃衆用意奥書(阿娑縛抄第二一一) …… 77
六二 応永三年四月二八日 杵築大社三月会入目注文写(佐草家文書) …… 77
六三 応永八年五月一二日 康富記 …… 80
六四 応永八年五月一三日 康富記 …… 80
六五 応永八年五月一七日 康富記 …… 80
六六 応永八年五月二二日 康富記 …… 80
六七 応永八年五月二三日 康富記 …… 80
六八 応永八年五月二四日 康富記 …… 80
六九 応永八年六月一日 康富記 …… 81

七〇　応永八年六月六日　康富記……81
七一　応永八年六月八日　康富記……81
七二　応永一二年一二月一九日　木造大日如来坐像銘（鰐淵寺所蔵）……81
七三　応永一九年　杵築大社造営覚書（佐草家文書）……81
七四　応永二〇年一〇月一七日　鳥居僧都道秀処分状（潮崎八百主文書）……83
七五　応永二一年三月二日　竹下孝清契約状（千家家文書）……83
七六　応永二一年六月二一日　杵築大社遷宮入目日記写（千家古文書写丙）……84
七七　応永二一年一〇月二三日　竹下幸満起請文（千家家文書）……84
七八　応永二二年三月二二日　弘次下知状案（稲田家文書）……84
七九　応永二八年一二月二五日　鰐淵寺旧蔵大般若経奥書（常光寺所蔵）……85
八〇　応永三〇年五月　柳原宮雑掌定勝申状案（山科家古文書）……87
八一　応永三二年七月一三日　鰐淵寺栄□証文（千家家文書）……88
八二　永享二年四月二一日　親康・憲景連署安堵状（稲田家文書）……89
八三　永享二年五月三日　国造千家高国・北島高孝連署申状（北島家文書）……89
八四　年月日未詳　海山佳処（東海瓊華集）……90
八五　文安二年二月二二日　直江八幡宮神主職安堵状写（稲田家文書）……90
八六　文安四年閏二月九日　妙善置文写（稲田家文書）……91
八七　享徳元年八月　大般若経箱蓋銘（鰐淵寺旧蔵）……91
八八　康正二年　康正二年造内裏段銭幷国役引付……91

八九　寛正三年一二月二四日　臥雲日件録抜尤　92
九〇　寛正四年一二月一八日　木造菩薩形立像墨書銘（鰐淵寺所蔵）　93
九一　年月日未詳　華頂要略（門下伝諸院家第一）　93
九二　年月日未詳　磬刻銘（鰐淵寺所蔵）　94
九三　文明五年八月一六日　室町幕府奉行人連署奉書案（法王寺文書）　94
九四　文明五年八月一六日　室町幕府奉行人連署奉書案（法王寺文書）　94
九五　文明五年八月一六日　室町幕府奉行人連署奉書案（法王寺文書）　95
九六　文明五年八月一八日　比叡山西塔南尾行林房如意遵行状案（法王寺文書）　95
九七　文明五年九月一二日　官宣旨案（法王寺文書）　95
九八　文明六年八月吉日　銅造山王七社本地懸仏裏墨書銘（鰐淵寺所蔵）　96
九九　文明一八年一二月二七日　鰐淵寺大福坊頼顕売券（日御碕神社文書）　96
一〇〇　延徳三年八月一五日　御湯殿上日記　96
一〇一　明応七年三月七日　別火虎丸起請文（千家家文書）　97
一〇二　明応一〇年二月一二日　慶応譲状（稲田家文書）　97
一〇三　永正六年一〇月一五日　求聞持私記奥書（冊子、鰐淵寺文書）　97
一〇四　永正八年一一月二二日　六所神社遷宮次第写（千家古文書写乙）　98
一〇五　永正一六年四月晦日　永正年中大社造営・遷宮次第（千家家文書）　98
一〇六　永正一七年六月　杵築大社旧記断簡（千家家文書）　101
一〇七　大永二年二月　岩屋寺快円日記（鳥取県立博物館所蔵岩屋寺旧蔵文書）　102

一〇八　大永二年六月二日　杵築大社三月会相撲頭神物注文（千家家文書）……102
一〇九　大永三年九月二七日　妙法蓮華経端書及奥書（鰐淵寺旧蔵）……108
一一〇　年月日未詳　天渕八叉大蛇記（内神社文書）……110
一一一　大永六年八月一五日　福井県越前市今立町朽飯出土銅経筒銘（朽飯八幡神社所蔵）……112
一一二　享禄三年五月一三日　大般若経奥書（鰐淵寺旧蔵）……112
一一三　享禄四年三月七日　山王私記〈本地供〉奥書（冊子、鰐淵寺文書）……113
一一四　天文二年七月二〇日　曼荼羅供養表白〈合行〉奥書（冊子、鰐淵寺文書）……114
一一五　天文二年七月二〇日　曼荼羅供養表白〈金〉奥書（冊子、鰐淵寺文書）……114
一一六　天文三年三月一五日　伝授作法奥書（冊子、鰐淵寺文書）……114
一一七　天文五年三月　明星供奥書（冊子、鰐淵寺文書）……115
一一八　天文六年一〇月二八日　後奈良天皇綸旨案（東山御文庫所蔵延暦寺文書）……115
一一九　天文七年八月一九日　別所信重売券（千家家文書）……115
一二〇　天文八年四月吉日　牛蔵寺造営勧進状写（法王寺文書）……116
一二一　天文八年八月　鰐淵寺旧蔵大般若経奥書（常光寺所蔵）……116
一二二　天文八年一一月五日　杵築大社仮殿遷宮引付（千家家文書）……117
一二三　天文八年　国富荘結解状写断簡（木佐隆良家文書）……117
一二四　天文九年一一月三日　出西八幡宮棟札写（島根県神社由緒書七）……118
一二五　天文一一年三月　〈参考〉忌部総社神宮寺根元録（忌部神社文書）……118
一二六　天文一三年一〇月中旬　鰐淵寺音曲奥書（鰐淵寺旧蔵）……119

一二七　天文一三年　銅製閼伽桶銘（鰐淵寺所蔵）……119
一二八　天文一九年九月二八日　杵築大社造営遷宮次第（千家家文書）……119
一二九　天文一九年九月二八日　杵築大社造営遷宮次第（佐草家文書）……121
一三〇　天文一九年九月　杵築大社造営遷宮次第（佐草家文書）……122
一三一　天文二〇年四月　華頂要略（門主伝第二三）……124
一三二　天文二二年正月一日　宗養歌日記（多胡家文書）……124
一三三　天文二三年　梶井応胤法親王令旨写（清水寺文書）……126
一三四　天文二四年五月二〇日　後奈良天皇綸旨案（東山御文庫所蔵延暦寺文書）……127
一三五　天文二四年閏一〇月一七日　阿式社遷宮入目注文（切紙、佐草家文書）……127
一三六　年未詳一一月一九日　梶井応胤法親王御判御教書（切紙、清水寺文書）……128
一三七　〔弘治元年〕一一月二八日　満蔵院直運書状（鰐淵寺旧蔵文書）……128
一三八　天文二四年一一月二九日　阿式社遷宮儀式注文（佐草家文書）……129
一三九　年月日未詳　清水寺初問状（東山御文庫所蔵延暦寺文書）……129
一四〇　弘治二年五月〔二二日〕　鰐淵寺初答状（東山御文庫所蔵延暦寺文書）……130
一四一　年月日未詳　鰐淵寺衆徒申状案（鰐淵寺旧蔵文書）……131
一四二　弘治二年五月〔二八日〕　清水寺二問状（東山御文庫所蔵延暦寺文書）……131
一四三　弘治二年六月〔三日〕　鰐淵寺二答状（東山御文庫所蔵延暦寺文書）……133
一四四　弘治二年六月〔九日〕　清水寺三問状（東山御文庫所蔵延暦寺文書）……134
一四五　弘治二年六月〔一三日〕　鰐淵寺三答状（東山御文庫所蔵延暦寺文書）……136

一四六　年月日未詳　四辻季遠仮名消息（東山御文庫所蔵延暦寺文書）……139
一四七　弘治二年六月二五日　御湯殿上日記……140
一四八　〔弘治二年六月二五日〕　後奈良天皇綸旨案（清水寺文書）……140
一四九　弘治二年六月二八日　延暦寺北谷一院衆議案断簡（鰐淵寺旧蔵文書）……140
一五〇　〔弘治二年〕六月晦日　六角義賢書状（切紙、清水寺文書）……141
一五一　〔弘治二年〕九月九日　梶井門徒連署状（東山御文庫所蔵延暦寺文書）……141
一五二　〔弘治二年〕九月九日　延暦寺本院南谷学頭代連署書状（東山御文庫所蔵延暦寺文書）……142
一五三　〔弘治二年〕九月一四日　延暦寺本院南谷学頭代書状（東山御文庫所蔵延暦寺文書）……142
一五四　〔弘治二年〕九月二〇日　三上士忠書状（切紙、清水寺文書）……143
一五五　弘治二年一〇月　華頂要略（門主伝第二四）……143
一五六　弘治二年一〇月　延暦寺列参衆申状（東山御文庫所蔵延暦寺文書）……144
一五七　弘治二年一一月四日　御湯殿上日記……144
一五八　弘治二年一一月一二日　御湯殿上日記……144
一五九　弘治二年一一月二一日　延暦寺根本中堂集会事書（東山御文庫所蔵延暦寺文書）……145
一六〇　〔弘治二年〕一一月二一日　延暦寺本院執行代書状（東山御文庫所蔵延暦寺文書）……145
一六一　年月日未詳　梶井応胤法親王仮名消息（東山御文庫所蔵延暦寺文書）……146
一六二　弘治二年一二月　延暦寺本院大衆申状（東山御文庫所蔵延暦寺文書）……146
一六三　〔弘治二年〕一二月一一日　延暦寺本院執行代書状（東山御文庫所蔵延暦寺文書）……147
一六四　年月日未詳　梶井応胤法親王仮名消息（東山御文庫所蔵延暦寺文書）……148

一八四　年未詳五月三日　毛利元就書状（切紙、日御碕神社文書）……159
一八五　元亀元年八月吉日　国富八幡宮御頭指帳写（冊子、木佐隆良家文書）……160
一八六　元亀元年　国富八幡宮御頭番帳（冊子、木佐隆良家文書）……171
一八七　年月日未詳　某書状断簡（鰐淵寺旧蔵文書）……173
一八八　元亀二年三月一一日　和漢朗詠集抄下巻奥書（鰐淵寺旧蔵文書）……174
一八九　〔元亀二年六月頃〕　〈参考〉雲陽軍実記（巻五）……174
一九〇　元亀三年正月一〇日　橋姫大明神縁起（売布神社文書）……176
一九一　年未詳三月五日　鰐淵寺栄芸等連署書状（岩屋寺文書）……178
一九二　元亀四年正月二〇日　安倍善左衛門尉直状写（忌部大宮濫觴記）……178
一九三　天正三年一一月吉日　鰐淵寺本堂再興勧進状（鰐淵寺旧蔵文書）……179
一九四　天正四年正月　華頂要略（門主伝第二四）……180
一九五　天正四年一一月二日　聖教断簡奥書（鰐淵寺文書）……180
一九六　天正四年一一月二六日　大威徳奥書（冊子、鰐淵寺文書）……180
一九七　天正五年一一月二九日　鰐淵寺根本堂建立棟札（鰐淵寺所蔵）……181
一九八　天正六年九月　常行堂内殿摩多羅神御影向所建立棟札（鰐淵寺所蔵）……183
一九九　天正六年一〇月二日　直江八幡宮造営棟札（直江八幡宮所蔵）……183
二〇〇　〔天正六年〕一〇月一五日　国司元相・児玉元良連署書状（折紙、稲田家文書）……184
二〇一　〔天正六年〕一〇月二三日　国司元相・児玉元良連署書状写（五国証文・稲田家文書）……185
二〇二　〔天正七年八月五日〕　某覚書（秋上家文書）……185

二〇三　天正七年一〇月　鰐淵寺旧蔵大般若経見返書（常光寺所蔵）……185
二〇四　〔天正八年〕三月二九日　毛利輝元書状（切紙、別火家文書）……203
二〇五　〔天正八年〕三月二九日　毛利輝元書状写（佐草家文書）……204
二〇六　〔天正八年五月〕　正覚寺護摩壇座板裏書（正覚寺所蔵）……204
二〇七　天正八年一〇月七日　杵築大社遷宮儀式入目次第（佐草家文書）……204
二〇八　年未詳八月九日　毛利氏奉行人連署書状（折紙、坪内家文書）……207
二〇九　〔天正一一年〕二月二三日　国造千家義広書状（折紙、秋上家文書）……208
二一〇　〔天正一一年〕二月二八日　毛利輝元書状（切紙、秋上家文書）……208
二一一　〔天正一一年〕三月六日　神魂社別火秋上久国等連署書状（折紙、秋上家文書）……208
二一二　天正一一年三月二二日　神魂社造営覚書断簡（秋上家文書）……209
二一三　天正一一年四月二〇日　神魂社造営遷宮支度次第日記案（秋上家文書）……213
二一四　天正一一年六月一〇日　鰐淵寺和多坊栄芸覚書（神魂神社文書）……216
二一五　天正一一年六月二三日　鰐淵寺豪円書下（今井家文書）……217
二一六　〔天正一一年〕九月三日　桂春忠書状（折紙、秋上家文書）……217
二一七　天正一一年九月二三日　華頂要略（門主伝第二四）……217
二一八　〔天正一一年ヵ〕一〇月一日　番匠石敷大事（鰐淵寺旧蔵文書）……217
二一九　天正一一年一一月二日　神魂社神事覚書（折紙、秋上家文書）……218
二二〇　天正一一年一一月吉日　修求聞持法祈禱札（鰐淵寺所蔵）……219
二二一　天正一一年一二月二二日　神魂神社棟札写（佐草家文書）……219

二二二　天正一二年三月二日　毛利輝元禁制高札（鰐淵寺所蔵）……220
二二三　天正一二年四月吉日　神魂社造営神主方渡物注文（秋上家文書）……220
二二四　天正一二年七月二七日　和多坊栄芸画像賛（鰐淵寺所蔵）……222
二二五　年月日未詳　和多坊栄芸跡職断簡（鰐淵寺旧蔵文書）……222
二二六　年月日未詳　和多坊跡職断簡（鰐淵寺旧蔵文書）……222
二二七　天正一二年八月二六日　兼見卿記……223
二二八　天正一二年八月二七日　兼見卿記……223
二二九　天正一二年九月一三日　杵築大社年中行事目録写（千家古文書写乙）……223
二三〇　〔天正一三年〕四月二三日　千家義広書状（折紙、秋上家文書）……229
二三一　〔天正一三年カ〕四月二五日　北島久孝書状（折紙、秋上家文書）……229
二三二　〔天正一三年〕閏八月二三日　和多坊栄哉書状（秋上家文書）……230
二三三　天正一三年一〇月　両界曼荼羅図軸木修理墨書銘（鰐淵寺所蔵）……230
二三四　天正一四年五月一二日　華頂要略（門主伝第二四）……231
二三五　天正一五年七月二八日　和多坊栄哉祈念注文（秋上家文書）……232
二三六　天正一五年一二月二〇日　鰐淵寺寺領預ケ状（木佐常光家文書）……232
二三七　天正一六年四月九日　鰐淵寺領国富竹下名年貢注文（木佐常光家文書）……232
二三八　天正一六年六月　鰐淵寺湯立注文（鰐淵寺旧蔵文書）……233
二三九　天正一六年七月二九日　華頂要略（門主伝第二四）……233
二四〇　天正一六年八月二二日　華頂要略（門主伝第二四）……234

二四一　天正一六年九月一八日　華頂要略（門主伝第二四）……234
二四二　天正一七年八月　木造不動明王二童子立像光背裏墨書銘（鰐淵寺所蔵）……234
二四三　天正一八年正月二五日　山王講奥書（鰐淵寺旧蔵文書）……234
二四四　天正一八年一一月二〇日　華頂要略（門主伝第二四）……234
二四五　天正一九年　木造元三大師坐像墨書銘（鰐淵寺所蔵）……235
二四六　〔天正二〇年ヵ〕四月二六日　佐世正勝書状写（出雲大社諸社家所蔵古文書写・別火家）……235
二四七　天正二〇年六月一四日　鰐淵寺僧信芸・俊海連署定書案（木佐隆良家文書）……236
二四八　年未詳四月二七日　鰐淵寺年行事等連署書状（鰐淵寺旧蔵文書）……236
二四九　年月日未詳　六所神田坪付断簡（秋上家文書）……237
二五〇　年月日未詳　鰐淵寺領覚断簡（鰐淵寺旧蔵文書）……241
二五一　文禄四年一〇月一〇日　杵築大社上官赤塚氏領書立（赤塚家文書）……241
二五二　慶長三年　杵築大社年中行事次第（佐草家文書）……242
二五三　年月日未詳　武家御寄進年代記断簡（秋上家文書）……248
二五四　年未詳〔一一月〕一六日　児玉元良書状（折紙、別火家文書）……257
二五五　年未詳二月一六日　別火貞吉申状（別火家文書）……257
二五六　年未詳三月　正法寺春盛書状（鰐淵寺旧蔵文書）……258
二五七　年未詳四月一一日　和多坊栄哉書状（折紙、佐草家文書）……258
二五八　年未詳五月八日　長谷広佐書状（折紙、鰐淵寺旧蔵文書）……258
二五九　年未詳六月四日　佐世正勝書状（鰐淵寺旧蔵文書）……259

二六〇　年未詳七月一六日　元長書状（鰐淵寺旧蔵文書）……259
二六一　年未詳一〇月六日　毛利輝元書状（鰐淵寺旧蔵文書）……259
二六二　年未詳極月三日　岩倉寺真快書状（鰐淵寺旧蔵文書）……260
二六三　年月日未詳　毛利名書（鰐淵寺旧蔵文書）……260
二六四　年月日未詳　神魂社関係記録断簡（秋上家文書）……261
二六五　年月日未詳　三月会神事注文（佐草家文書）……264
二六六　年月日未詳　毛利輝元書状写（譜録・二宮太郎右衛門辰相）……264
二六七　年月日未詳　毛利輝元書状写（譜録・二宮太郎右衛門辰相）……265
二六八　年月日未詳　行用抄〈杵築〉断簡（冊子、鰐淵寺文書）……265
二六九　年月日未詳　六十六部奉納札所覚書（余瀬文書）……268
二七〇　慶長六年二月二四日　三月会神事覚書（切紙、佐草家文書）……269
二七一　慶長六年一二月八日　聖教断簡奥書（鰐淵寺文書）……269
二七二　慶長七年二月七日　堀尾氏奉行人連署下知状（鰐淵寺文書）……270
二七三　慶長七年三月七日　鰐淵寺領富村竹尾坊分田地坪付（鰐淵寺文書）……270
二七四　慶長七年三月七日　鰐淵寺領富村金剛院分田地坪付（鰐淵寺文書）……271
二七五　慶長七年一二月　番匠大工二字口決（鰐淵寺旧蔵文書）……272
二七六　慶長七年（一二月カ）　番匠大工口決（鰐淵寺旧蔵文書）……272
二七七　（慶長九年）七月二七日　堀尾宗光書状（折紙、鰐淵寺文書）……273
二七八　慶長九年九月一一日　鰐淵寺領唐川検地帳（冊子、鰐淵寺文書）……273

二九八　〔寛永九年〕六月二日　鰐淵寺豪仟書状（折紙、秋上家文書）……294
二九九　寛永九年六月二日　鰐淵寺豪仟注進状（秋上家文書）……294
三〇〇　〔寛永九年〕六月二日　鰐淵寺豪仟書状（折紙、秋上家文書）……295
三〇一　寛永九年六月一七日　鰐淵寺豪仟注進状（秋上家文書）……295
三〇二　〔寛永九年〕六月二八日　秋上孝国書状（鰐淵寺文書）……295
三〇三　寛永九年六月　佐草吉清起請文案（佐草家文書）……296
三〇四　〔寛永九年〕七月二七日　鰐淵寺一山連署書状写（古代出雲歴史博物館所蔵美多文庫所収文書）……296
三〇五　寛永九年一一月吉日　秋上孝国覚書（秋上家文書）……300
三〇六　年月日未詳　神魂社造営遷宮記録（冊子、秋上家文書）……301
三〇七　寛永一〇年二月二一日　修虚空蔵法仁王経祈禱札（鰐淵寺所蔵）……304
三〇八　寛永一〇年三月三日　杵築大社三月会入目注文写（折紙、佐草家文書）……304
三〇九　寛永一〇年一一月二三日　松江藩堀尾氏禁制高札（鰐淵寺所蔵）……305
三一〇　寛永一〇年一一月二三日　松江藩堀尾氏奉行人連署禁制写（鰐淵寺文書）……306
三一一　寛永一一年三月一四日　酒井忠世書状（鰐淵寺文書）……306
三一二　寛永一〔一〕年三月一八日　酒井忠世書状（鰐淵寺文書）……307
三一三　寛永一一年九月二六日　京極忠高寺領宛行状（鰐淵寺文書）……307
三一四　寛永一一年九月二六日　松江藩京極氏寺領打渡目録（鰐淵寺文書）……307
三一五　〔寛永一二年カ〕三月二一日　鰐淵寺豪存書状（折紙、北島家文書）……308
三一六　〔寛永一二年〕九月二六日　松江藩京極氏奉行人連署奉書（折紙、鰐淵寺文書）……308

三一七　寛永一三年二月二一日　杵築大社三月会神事次第（佐草家文書）……308
三一八　寛永一五年二月三日　松江藩松平氏禁制高札（鰐淵寺所蔵）……309
三一九　寛永一五年二月三日　松江藩松平氏奉行人連署禁制写（鰐淵寺文書）……309
三二〇　寛永一五年一二月六日　松江藩松平氏奉行人連署禁制（鰐淵寺文書）……310
三二一　寛永一五年一二月六日　松平直政寺領宛行状（鰐淵寺文書）……310
三二二　寛永一五年一二月一九日　松江藩松平氏禁制高札（鰐淵寺所蔵）……310
三二三　年月日未詳　国造北島広孝覚書案（北島家文書）……311
三二四　年未詳六月吉日　神魂社由緒注進案（秋上家文書）……313
三二五　年未詳正月九日　松本五左衛門書状（鰐淵寺旧蔵文書）……316
三二六　年未詳三月三日　斎藤彦左衛門等連署書状（鰐淵寺旧蔵文書）……316
三二七　年未詳四月四日　森村賢清書状（折紙、秋上家文書）……317
三二八　年未詳四月一一日　鰐淵寺豪仟書状（折紙、秋上家文書）……317
三二九　年未詳五月七日　堀尾一好書状（折紙、佐草家文書）……318
三三〇　年未詳一〇月九日　松井七郎左衛門尉・安食八太夫連署書状（折紙、鰐淵寺文書）……318
三三一　年未詳一二月三日　嘯岳鼎虎書状（鰐淵寺文書）……318
三三二　年未詳一二月一九日　松江藩老中連署達（折紙、鰐淵寺旧蔵文書）……319
三三三　年月日未詳　日御碕大神宮御建立次第（日御碕神社文書）……319
三三四　年月日未詳　国造北島広孝訴状案（北島家文書）……322
三三五　正保五年正月　国造晴孝公御火継之記写（佐草家文書）……325

三三六　慶安元年三月　鰐淵寺領出東郡東林木村坪付帳（冊子、鰐淵寺文書）……326
三三七　慶安二年三月　鰐淵寺領神門郡横引村坪付帳（冊子、鰐淵寺文書）……328
三三八　慶安四年五月吉日　豪善譲状（鰐淵寺文書）……331
三三九　慶安四年五月吉日　豪善譲状（鰐淵寺文書）……331
三四〇　承応三年九月三日　前国造晴孝御葬礼之記（切紙、佐草家文書）……332
三四一　〔万治二年ヵ〕六月六日　岡田半右衛門書状（鰐淵寺旧蔵文書）……333
三四二　年未詳八月一一日　岡田半右衛門等連署書状（鰐淵寺旧蔵文書）……333
三四三　万治二年八月二二日　垂水十郎右衛門書状（折紙、鰐淵寺文書）……334
三四四　万治二年九月五日　岡田半右衛門・野間八郎兵衛連署書状写（鰐淵寺旧蔵文書）……334
三四五　万治二年九月吉日　蔵王権現社建立棟札写（鰐淵寺文書・万差出控）……335
三四六　〔万治二年ヵ〕一一月二日　石原九左衛門書状（鰐淵寺旧蔵文書）……335
三四七　万治三年七月　万治三年千家国造家日記（冊子、千家家文書）……335
三四八　寛文元年　〈参考〉懐橘談（巻下）……337
三四九　寛文二年六月一六日　杵築大社本願次第写（佐草家文書）……339
三五〇　寛文四年正月～四月　寛文四年杵築大社造営日記（冊子、佐草家文書）……340
三五一　寛文四年四月　寛文四年千家国造家日記（冊子、千家家文書）……341
三五二　寛文四年五月～閏五月　寛文四年杵築大社造営日記（冊子、佐草家文書）……343
三五三　寛文四年閏五月　寛文四年千家国造家日記（冊子、千家家文書）……345
三五四　寛文四年六月～八月　寛文四年杵築大社造営日記（冊子、佐草家文書）……346

三五五　寛文四年八月二三日　寛文四年千家国造家日記（冊子、千家家文書）……347
三五六　寛文四年四月吉日　釈迦堂建立棟札（鰐淵寺所蔵）……347
三五七　寛文六年正月〜三月　寛文六年千家国造家日記（冊子、千家家文書）……348
三五八　寛文六年一二月　杵築大社寛文造営日記抜書（冊子、佐草家文書）……349
三五九　寛文七年正月二〇日　佐草自清日記抜書（冊子、佐草家文書）……349
三六〇　寛文七年一二月一一日　摩多羅神宮幷常行堂建立棟札（鰐淵寺所蔵）……350
三六一　年月日未詳　大社別火証文幷古文書目録（千家古文書写丙）……351
三六二　延宝七年四月　出雲国造等勘文案（北島家文書）……352
三六三　享保二年　〈参考〉雲陽誌（巻九）……358
解　説……井上寛司　365
花押一覧……425
出雲鰐淵寺関係　編年史料目録……*1*

出雲鰐淵寺旧蔵・関係文書

【持統六年（六九二）】

五月　若倭部臣徳太理、父母のために観音菩薩像を作る。

一　銅造観音菩薩立像台座銘（鰐淵寺所蔵）

壬辰年（持統六年）五月、出雲国若倭部臣徳太理、為父母、作奉菩薩、

【長暦三年（一〇三九）】

二月一八日　出雲北院の定清、大僧都教円を追捕し西坂本に護送するも、検非違使により捕らえられる。

二　天台座主記 長暦三年二月十八日条

△続群書類従巻一〇〇

同（長暦）三年二月十八日為蒙　勅定、山僧等悉下洛、参高倉殿於西門成濫行、出雲北院定清追捕大僧都教円、為質向西坂本、定清於随願寺前先僧都、即遣検非違使捕定清法師下獄及勘問、三月九日依此事、権大僧都頼寿・権少僧都良円・阿闍梨皇慶被勘罪名、然而三月十二日遂以慈覚大師門徒教円被補座主了、因智証門徒偏改申請戒壇於三井寺、全無聴許、具記在別、被任座主之後、灌頂代被修一夜護摩云々。

○本史料にいう「出雲北院」の実態についてはなお検討を要する。

【承暦三年（一〇七九）】

二月一五日　鰐淵山の実円聖人、清水山井口に聖徳太子堂を建立する。

三　東山往来

△続群書類従巻三五九

（前略）承暦三年二月十五日甲寅。鰐淵実円聖人。於清水山井口。建聖徳太子堂。而不遂了壊運。奉加清水寺。

（後略）

【康和三年（一一〇一）】

この年　杵築神社の西浜に極楽浄土から迎えの舟が来た夢を見て、その後益々修業に励んだという良範上人が没する。

四　後拾遺往生伝

△続群書類従巻一九七

良範上人者。出雲国能義南郡人也。読誦一乗。兼行両界。雖有急事。未曾懈緩。夢中杵築神社西浜。有一隻舟。上人問其故。舟人答云。是自極楽浄土。為定（迎カ）当国住侶良範幷行範上人等所来也云々。其後弥発道心。永絶他営。遂同国神東郡社山之草堂。安禅入滅矣。年六十余。于時康

和三年月日。

【康和四年（一一〇二）】

一〇月五日　良範上人とともに杵築神社の西浜に極楽浄土から迎えの舟が来る夢を見たという行範上人が没する。

五　後拾遺往生伝　△続群書類従巻一九七

沙門行範者。雲州大原郡人也。一生之間。諸行不退。其臨終之剋。以五色糸。繫阿弥陀仏之白毫。引其糸。一心念仏。即啒浄侶。共読阿弥陀経。二遍廻向。合殺之間。寂而気絶。于時康和四年十月五日。行年六十二。粗見上之良範上人伝。

【天仁元年（一一〇八）】

一〇月八日　幼少の時出家し、最初鰐淵山に住んだ永暹、この日に没する。

六　後拾遺往生伝　△続群書類従巻一九七

上人永暹者。石州人也。俗姓紀氏。幼而出家。住雲州鰐淵山。即如法書写法華経。其後於天王寺幷良峰山。同書写供養如法経。其間断言持斎。凡修大仏事六箇度。毎度切足一指。燃灯供養。即発誓曰。死苦（一犯苦イ）不可堪。以之代其苦。又毎日所作。法花経一部。三時供養法。念仏一万遍。其外不記矣（之イ）。身無資貯。室無粮食。所持者三衣一鉢錫杖金鼓而已。生年七十三。於天王寺。啒衆徒（僧イ）。読弥陀経四（ナシイ）十八巻。四十八箇度。又満百万遍。不記幾度。而間夢。一童子将白馬来曰。上人有往西国之望。故所将来也。上人夢中謂曰。頃者修行法。筋力已疲。無鞍之馬。不能騎用。童子聞此言云。明年九十両月。相具鞍馬。必可来迎者。上人以為命期。已至其期。又於天王寺西門修念仏。其終日。心神不例。上人謂曰。此病是命之極也。我有本願。於聖徳太子墓下（イ无）。可終此命。扶載手輿。至河内国太子御墓所。上人修供養法畢（イ无）。数剋不動。弟子相近見之。手結定印。身亦結跏。容顔不変。威儀不乱。端坐而終。于時天仁元年十月八日巳刻也。

【永久□年】

八月　出雲国鰐淵山の住僧永暹、諸山にて修行の後、善峯寺・

天王寺に住んだが、この月病床に臥すという。

七　後拾遺往生伝

△続群書類従巻一九七

沙門永暹者。出雲国鰐淵山之住僧也。壮年之比。専好修行。往反諸山。遂往留善峯寺幷天王寺。於此二寺。両度書如法経。時人呼曰如法経聖。永久□年秋八月上旬臥病。門徒陪従上人。夢有二童子。牽白馬来。上人問曰。何来。童子答曰。為迎上人。自西方来也。上人顧曰。雖有馬不被鞍。不能騎用。童子答曰。然者明年九月。壮馬鞍可将来。上人許諾。其明年果以遷化。其平生之時願曰。今年終身之期也。詣聖徳太子之廟廷可終焉者。遂如其言矣。

【保安元年（一一二〇）】

九月二一日　鰐淵山の僧忠鑑、仏子定海の勧進の使者を勧める。

八　広隆寺上宮王院聖徳太子像内納入太子関係遺品包紙墨書銘

△大日本史料三―二五

法隆寺金堂内壇中心土幷塔内中心土
(法隆寺)上宮王院御経蔵籠納太子御袈裟
幷御衣及綿等破上宮王院宝帳
内土幷御帳破等
橘寺本堂□□(宝)冠飾幷同堂
幡足破等
已上、依□□(仏子定海)勧進、以出雲国
鰐淵山□(僧)□(忠鑑カ)為使者、上件寺塔
等、各修少諷誦、祈請取集、保安
元年庚子九月廿一日、己未、於広隆寺
西門堂、持来之、
仏子定海、以天王寺亀
井水為硯水、記之、

法隆寺金堂内
壇中心土

法隆寺塔内
壇中心土

法隆寺上宮王院

御経蔵太子御衣破
幷棉　御袈裟破等

法隆寺上宮王院
御帳内□御幔
破等

菩提寺俗□橘寺、本堂仏
宝冠飾幷同寺幡
足破等

四天王寺金堂内
杉(救)世観音御座下土
四天王御座下土幷金物等
舎利御座下土幷飾玉等
塔内中心土
　已上、依仏子定海勧、以僧忠鑑
寺塔各修諷誦、祈請取之、

　保安元年庚子冬持来、
　　仏子定海、以四天王寺
　　　亀井水為硯水、記之

四天王寺金堂
救世観音御座下
中心土幷塵等

(四脱カ)天王寺金堂内四天王
御座之下土幷随探
得飾金物等

四天王寺金堂内
舎利御座下塵
幷飾玉等

四天王寺塔内中心土

【久安二年（一一四六）】

九月一三日　出雲国の永暹上人、鳥羽院の天王寺御幸の際の唱導師を勤める。

九　天王寺旧記

△続群書類従巻八〇二

久安二年九月十三日。法皇行幸当寺（天王寺）。御供奉藤内府公。信西入道。其外公卿諸大夫等。初夜着御。法皇於鳥居前下御輿給。直入御寺中行在所。内府公信西入道止宿別当房。諸卿在行在所。先導十禅師一﨟林秀着赤色法衣。預出候西門外奉迎云々。翌日内府公窃向別当行慶僧正尋問一﨟赤色法衣之来由給。僧正審申往昔　恩賜之勅例給。翌十四日々中。法皇幸金堂。内府公諸公卿供奉。一﨟林秀先導之。別当僧正行慶出于金堂階下奉迎之。法皇入御内陣。僧正奉出仏舎利。法皇先頂礼御。次内府公諸卿各拝戴事了。次幸聖霊院御献灯事了。次入御絵堂。信西入道代権上座一々開演了。還御行在所。及日没法皇出御幸西門外念仏所。有御誦経等事。法莚唱導師雲州永暹上人也。上人幷讃衆上座各蒙恩賜云々。翌十五日午前微雨。法皇入御金堂。有勅令行舎利会給。法皇自為唱導師給。伶人於金堂前地上奏舞楽。次於塔北階上又奏舞曲。雨天。依勅命也。午後念仏会如恒例。六時堂前予設桟敷御所以備臨幸。申刻法皇入御。六時堂御覧。舞楽法儀未畢還御行在所給。翌十六日。前夜予有還幸京師之　勅命。暁天法皇御幸聖霊院。御誦経献灯事畢。次臨幸金堂。亦有御誦経灯明等事。畢直還御於鳥居外上御輿給。一﨟林秀奉送至鳥居外而辞去。御供奉之人左衛門尉秀実独留寺中。十九日帰京。

久安三年九月十二日。法皇御幸当寺給。御供奉内府公。幷資賢。俊盛。公方三卿。覚暹法印。信西入道等扈従。御輿至鳥居外。法皇下御輿給。御覧弘法大師額字幷鳥居柱所彫附紀貫之咏歌。近年僧中（マヽ）納言大江匡房卿被書改。有御感慨。而後自西門直入御金堂。正別当一舎利職行慶僧正予候堂外奉迎之。法皇着座内陣御。先頂戴仏舎利給如例。有御誦経献灯等。又令行舎利会給。事訖入御行在所。頃之召伶人令奏舞楽給。法皇被改御法衣重入御敬田院。令行万灯会給。次臨幸西門外念仏所有御修法。又於諸堂亦令献灯給。翌十三日晩景。　法皇臨幸西門桟敷御所御覧。永暹上人往詣会。漸至日没直入御念仏所有御行法。事訖還御行在所。復至夜半窃出御西門重親修迎講御。翌十四日。　法皇参詣聖霊院給。次幸絵堂令説障子伝。事訖還御行在所。頃之勅召僧徒多衆令有恩賜給。御小袖各一襲。及日夕時法皇出御西門外念仏所給。有御誦経等。事訖公卿并覚暹法印。信西入道。奏楽及数十曲。興酣及晨鐘還御行在所。翌十五日。念仏会如例執行。於是法皇出御御覧。聖霊御幸行列及日没。　法皇臨幸西門念仏所。御誦経等事訖。幸六時堂御覧舞楽。頃之還御々在所。翌十六日。　法皇還御京師給。先参詣金堂御頂礼仏舎利給。勅納綿袱一具給。御誦経献灯等事訖出御西門。於鳥居外入御輿給還御。臨幸永暹上人極楽堂云々。

久安四年九月十日。法皇御幸当寺。御供奉公卿内大臣殿。従三位忠能卿。忠盛。資賢。家明諸卿。并信西入道等扈従。入夜着御。自翌十一日至廿二日御逗留。諸堂御参詣。献灯等日々如例。十四日。正別当一舎利職行慶僧正拝領恩賜。松茸并ニ菓子。十五日。法皇御覧念仏舞楽。十七日日夕。法皇幸念仏所。随喜永暹上人往迎会給。十八日。及夜陰法皇幸永暹極楽堂給。有講讃伶人奏楽。十九日。法皇勅令於金堂修万灯会給。廿一日。法皇勅非参議忠能卿并資賢・家明等諸卿令引襯儀給。法皇又勅已講忠春令講説。法皇御感嘆之余。賜御服平絹純色法衣。以内府公賜之。人々謂法侶之優柔不過之也。廿二日。法皇還御于京都給。日出後臨幸聖霊院。次幸金堂頂礼仏舎利給。御誦経献灯等事終直還御。於鳥居外乗御手輿至窪津御舟云々。

九月一四日　鰐淵山聖と推定される出雲聖人、天王寺の西門外鳥居内に八幡念仏所を構えて後夜の行法を行い、毎年一度、京中の貴賤がここを訪れて百万遍の念仏を行うという。

一〇　台記 久安二年九月十四日条　〈増補史料大成〉

十四日、晴、午刻参二御所一、頃之幸二金堂一、余同入二堂中一、依レ仰也、自余不レ得レ入、有二御誦経灯明等事一、導師林秀、次別当権僧正行慶、奉レ出二舎利一、法皇(鳥羽上皇)取レ之、先令レ見レ余(藤原頼長)、次依レ仰殿上人一一参入奉レ見レ之、

裏書、一旬念仏人及二数十人一云云、(余不レ入二此念仏一、〇仏八本作誦) 其身有レ障者進二其代人一、法皇令レ受二九月中旬一給、仍令

レ参給也、但今度早還御、不レ能レ満二百万一、因レ之、左衛門尉季実為二御代一、去九日参二此寺一満二百万一、依レ有二道心一勤二此役一云云、及レ暗且参上、法皇幸二念仏所一、余同参、依レ仰候二御座所一、〇所ハ本作行法中失、〇失ハ本作央僧礼仏廿一遍、法皇同礼仏廿一遍、余已下同レ之、事了還二御天王寺一、有下号二出雲聖人一者上、本出雲国民云云、三四年以来、始二初後夜行法一、其行法異二于諸寺行法一、弥陀悔過云云、於二西門外鳥居内屋一行レ之、件屋号二八幡念仏所一、今所今〇今ハ本作令可従幸是也、其聖人京中人不レ論二貴賤一、勤二毎年一度百万遍念仏一、随レ心定二其旬一、説了退出、賜二禄於説絵僧一、次幸二西門一、入道従後、御二覧聖人行迎一、門外腋一間懸二御簾一、其中設二御座一、余候二簾中一、依レ仰也、事了還御、召二居数百人於前庭一、有二弥陀行事一、余退二下宿所一、法皇被仰云、始奉レ礼二此舎利一之後、及二廿年一、而随　其体大、(後略)

【久安三年(一一四七)】

九月一二日　鳥羽上皇、藤原頼長とともに出雲聖人の念仏所に出かける。

一　**台記** 久安三年九月十二日条　△増補史料大成

十二日癸酉、(中略)幸二天王寺一、御車輿、余(藤原頼長)依レ仰、乗二手輿一候二後陣一、供奉侍臣騎馬、予前駈歩行、置二御輿於両鳥居外一西面、御念仏後、下レ輿参二御金堂一、別当権僧正行慶、予候レ之、先礼二舎利一、有二御誦経、御明一、次被レ行二舎利会一、転供後、渡二御御所一、予退二下休廬一、飡食、御帰参、依レ召候二簾中一、語曰、奏レ舞日、最初令レ奏下無二面形一之舞上、見二舞人容貌一之後、令レ奏下有二面形一之舞上、是古説也、又仰曰、此寺、舞人之中、有二容貌壮麗者一、今日有二其人一乎、法皇、為レ人好二美人一故、有二此言一、対曰所レ候也、名公方、事訖、法皇改二御装束一、本着二葛布推レ銀衣、平絹指貫一、今改二墨染布衣袴一、幸二金堂一、被行二万灯会一、次幸二出雲聖人念仏之所一、聖人奏二日行法一之間、可二無言一、先レ之、法皇仰曰、去年無言、而不レ知二此事一多言、聖人不レ然レ之、法皇諾レ之、予同無言、事訖還御、余皈二休廬一、差二以長一挙二灯明於金堂、塔、聖霊院、講堂、六時堂一、但金堂、塔、加修二誦経一、

【久安四年(一一四八)】

五月一四日　藤原忠実、頼長とともに出雲聖人の念仏所を訪れ

る。

一二　**台記**（久安四年五月十四日条）　△増補史料大成

十四日辛未、如昨日、但出舎利、有布施、申刻御輦、予輦放輪、舁居西門外地、説（○説小本深本等作覧似是）聖人所行之迎講、及昏、渡御出雲聖人念仏所、令逢行法時給、可入念仏衆之由、有御約、但今度不令入許、（○許ハ本小本作給似是）予暫与聖人言談、其説非正直、足為怪、寺家依例、於予所宿之屋、行念仏事、（始自今日初夜、訖于明日初夜、）因之、予移禅閤御所西妻、

【仁平二年（一一五二）】

六月一〇日　僧仁光、鰐淵山蔵王宝窟に銅製湖州鏡を施入する。

一三　**銅鏡銘**（鰐淵寺所蔵）

（二重圏枠内）

湖州真正石　念二叔照子

（鏡面）

奉施入　僧仁光

蔵王宝崛

仁平二年壬申六月十日癸酉

【仁平三年（一一五三）】

五月二日　僧円朗ら、妙法蓮華経を書写して鰐淵山の蔵王宝窟に施入する。

一四　**石製経筒銘**（鰐淵寺所蔵）

釈迦文仏末法弟子僧円朗、始自仁平元年辛未二月卅日、至于同三年癸酉五月二日、殊致精誠、如法奉書写妙法蓮華経一部八巻、奉安置鰐渕山金剛蔵王宝窟、但行法写経之勤、礼拝供花之行、皆勧有心知識、同殖无漏妙因、乞願有縁无縁、共生一仏土、法界衆生、同証三菩提矣、

写経衆

僧円朗

僧順朗

僧信尊

僧厳澄

【治承三年（一一七九）】

この頃　出雲の鰐淵、日御崎とともに、摂津箕面・播磨書写山などと並ぶ聖の住所として知られる。

一五　梁塵秘抄

聖《ひじり》の住所は何処何処《どこ〳〵》ぞ、箕面《みのう》よ勝尾《かちう》よ。播磨《はりま》なる、書《そ》写《さ》の山《やま》、出雲《いづも》の。鰐淵《わにふち》や。日《ひ》の御崎《みさき》、南《みなみ》は。熊野《くまの》の。那智《なち》とかや

△日本古典文学大系

【寿永二年（一一八三）】

五月一九日　伯耆国桜山大日上院の銅鐘が作られる。

一六　銅鐘銘（鰐淵寺所蔵）

（第一面）

伯耆洲桜山大日寺上院之鐘、寿永二年癸卯五月戊午十九日壬午、改小成大之矣、

（第二面）

守護六所権現十二大天十八善神等、別熊野権現王子等、若有貪取人、誅罰身命焉、

【文治二年（一一八六）】

九月一五日　「鰐淵寺薬師堂の造営供養導師を勤めた大阪四天王寺の松林坊、鰐淵寺諸堂の建立及び焼失の来歴について記す」という。

一七　鰐淵寺古記録写（鰐淵寺旧蔵文書・県図影写）

（追記カ）
「古今記録案

推古天皇御宇教到二年ヨリ正中三年マテ七百九十五年也」

鰐渕寺建立並焼失事

一、推古天皇御宇智春聖人建立、安置観音尊像ヲ、勧請ス金剛蔵王、為地主権現ト云々、

一、寛和二年丙戌千手堂・薬師堂等造替云々、破壊朽損之故歟、国衙造営ト見タリ、

一、天永三年壬辰建立塔、同造営国衙造営云々、天治二年四月七日塔供養、三井寺長吏同乗房請僧百人云々、

一、仁平三年癸酉十一月廿七日依ニテ久木新大夫与鰐渕寺唯乗房万田庄相論ニ、三郎先生源義憲朝臣方人而、焼払鰐淵寺々山畢、卯時伊乃谷ニテ合戦ス、焼失未時也、久寿

二乙亥年中造営畢、
一、永万元年乙酉二月四日戊時千手堂・薬師堂以下焼失畢、本覚坊火出ト見タリ、
一、治承元年丁酉十月九日千手堂造営供養、
一、同二年戊戌千手堂・薬師堂・常行堂・塔・釈迦院・普賢院焼失畢、
乗陽坊火出僧行房歟、同年六月千手堂柱立、一年中造営畢、
勧進宝光坊
文治年中薬師堂造営、勧進同人、常行堂朝山广(庁)事造営云々、
元暦元年十一月塔並千手院供養云々、
檀那宝光坊、供養導師天王寺松林房、請僧六十人、講師布施馬二匹鞍置、絹五十重、色々布三百端、筵百枚、米百石、鉄谷等也、請僧布施人別上馬鞍置、絹一重、舞童十二人、唐綾一端、舞師八人、各上馬二疋也、惣一山大衆分布施馬牛釜鍋筵布鉄一人モ不レ漏サ、至二修行者客僧一引畢、
文治二年丙午九月十五日　薬師堂供養導師松林坊

○本記録は、正安二年（一三〇〇）頃編集され、明治初年に筆写されたもので、内容的には検討を要するところが少なくないが、参考のために掲げる。

【建仁三年（一二〇三）】

五月二七日　法勝寺で多宝塔供養が行われ、金堂の礼堂と内陣に出雲莚が敷かれる。

一八　門葉記（巻九七）　△大正新脩大蔵経・図像部一二

建仁三年五月二十七日。於法勝寺為一院御祈被供養八万四千基小塔多宝塔也。高五寸。現在員数都合十三万二千基云々。所々造進其数多故已過八万云々。各塔中奉安釈迦多宝像。奉籠宝篋印陀羅尼。此外高五五尺七宝合成多宝塔一基。以之為中尊。

或云。今日自画星形顕現。諸天随喜之瑞也云々。

御導師前座主大僧正慈ー。

讃衆三十人。僧綱十六人。為持金剛衆。各著衲袈裟。凡僧十四人。為讃衆。各著甲袈裟。

法印円長呪願。公円諷誦導師。僧都澄真。慶俊。公修。法眼豪雲。全快。公尋。公暁。豪円唄。律師玄修。良雲。

忠快。承信散花。長瑜散花。法橋顕性已上持金剛衆。静快灌頂。
隆宴。行家。玄長。快智讃頭。最寛唱礼。中音。聖円。全
兼。実澄。良顕。範忠鐃。実重遅イ同。昌忠鉢。慈賢同。置道具。
堂荘厳。
金堂礼堂幷内陣於壇等敷満出雲莚。正面戸之内仏壇之前
敷借板敷。其上安七宝塔婆。其前立花机四脚。其南妻戸
之外安行法壇礼堂也。向北供具如常。
正面東間寄南敷大阿闍梨座東西行。
正面東西之間敷讃衆座寄南長押東西行以東為上。讃衆座上東也。礼堂東端
二間垂御簾為院御所。
正面長押下於壇中央北立散花机。同東柱本立門前机置灑水瓶。
挿散杖幷造花。長押下在香象。
正面西土壇敷公卿座。
数万基小塔。金堂内陣幷左右廻廊等安置之。

【元久二年（一二〇五）】

一一月二二日 賀陽院殿で安鎮方法が行われ、母屋内一面に出雲莚が敷かれる。

一九 門葉記（巻二九） △大正新脩大蔵経・図像部一一

快雅僧正記
賀陽院殿安鎮。元久二年十一月二十二日甲辰月曜始行造営中納言公経卿
行事右中弁光親朝臣。
大将前大僧正慈｜。
当座主宮大僧正真性同宿也。只同事也。為当職人以後
人可被修之由。再三固辞。雖然以御筆御書又再三被仰。
仍被勤仕云々。
助修二十人。
法印良宴護摩。権大僧都成円。権少僧都公修。忠快。承
信。豪円。前律師仁宴。権律師静快。良雲除静快之。外八鎮也。阿
闍梨大法師快円。尊基。最寛唱礼。聖円。全兼十二天壇。快
雅。晴尋。覚修。慈賢聖天壇。成源。祐真神供。
道場奉行。全兼。慈賢。
康記云承仕頼慶。良厳。慶尊。頼尊。長命。定玄。
御支度同十六日被進之。大略如建仁二年御支度。但今度
曼荼羅三幅。鎮具中大幕十帖九方料。方二帖定。中今度在此注也。此
等外事支度無異。
同十七日輪橛鎚等様仰細工了。

十九日仏師勝雅参御房。曼荼羅幷十六幡形像等仰子細了。曼荼羅如先度。幡像等。明王幡ハ墨書一面四臂。八幅輪。如先立背。輪端在迦楼羅炎。座盤石。天幡ハ綵色座像也。子細具仰含了。同二十日重八色幡幷八方天形像印相等注折紙遣之了。同召奉行庁官。御支度之外可有用意物等被仰含之。十六幡十文字台事。閼伽棚事等也。御本尊仏台事可被仰歟。然而無沙汰。仍自御房被渡旧物。

道場。同二十二日申刻許。全兼。慈賢。幷従僧隆舜行事僧代官也参御壇所。承仕等同参会拵壇場。次第等如例。御所板敷瑩了間不可洗之由奉行人申。仍母屋内敷満出雲莚。其上立壇也。

壇場荘厳大角如先度建仁二年但彼時助修十六口也。今度二十口也。仍伴僧座上下ニ敷二横座一ヲ著二十口料也。

南庭儲楽屋。然而依先例召儲楽人於橋下。

支物等隆舜任送文請取之。但於正鎮具者可進後日云々。

天幡形像等在僻書。各方ノ色ニ天ノ形像等有相違。赤色幡ニハ図二羅刹天一ヲ。青色幡ニハ画二水天一ヲ。緑色ニハ画二風天一ヲ。燪色ニハ伊舎耶天画之間。臨時為大違乱。兼被召仰之上。重遣注文。仏師不覚為法失也。但召二テ仏師一如形書改之了。已両度現行違乱一同也。向後可有用意歟。

已上康記。

道場寝殿。

【建暦元年（一二一一）】

二月頃　石州三隅郷の良忠、鰐淵寺月珠房信暹に師事し、書を習う。

二〇　然阿上人伝

△浄土宗全書一七

然阿上人諱良忠石州三隅荘（郷）人姓藤原氏京極大殿師実六世之裔也父諱円尊台嶺東塔南谷大林坊法印宣雲弟子後移二住石州一遯世号二法阿一寿九十三遂二往生一矣蓋是宰相頼定息中納言経定孫也母伴氏夢有二一貴女一天姿巍然面容艶麗手持二明鏡一告曰欲レ与二之汝一爰心懐レ恐口陳答言見是重宝豈可二輙賜一貴女復曰吾故与レ之莫二敢固辞一廼不二再辞一慎取レ鏡納レ懐見已而寤明鏡猶レ在既而有レ孕以レ夢語レ夫夫曰斯夢想頗似二慧心表事一汝所レ孕子定可レ為二仏法明師一云々遂人王八十三代土御門院御宇正治元年己未七月二十七日酉剋誕生幼稚性識逴二躒同党一見人歎異十一歳時承元三年己巳聞二三智法師在二父円尊之亭一講二談往生要

集悪趣苦患浄土快楽一履潭二思於浄土一年甫二十三一建暦元年辛未二
月之頃往二雲州一従二鰐淵寺之月珠房信暹一始授レ書一時能
暗二誦八十行一聡敏俊異所レ聞憶持而永不レ忘乃知二其法器一
殊愛玩焉明年壬申十四歳正月朔朝自誦有レ言曰生レタルハ五
濁ノ憂世《ウキヨ》一ニ恨ミ旁旁《カタ〳〵》多ケレトモ念仏往生ト聞ク時ハ還テ慶成《ウレシクナリ》
也ニケルト吟二此和讃一挙レ声念仏時有二定月法師一大諫曰君
之念仏不レ知二時節一不レ弁二機嫌一云々聞レ之而亦窃念無常
迅速不レ待二時節一念仏最要豈憚二機嫌一生者必死汝盍レ帰二
黄泉一今制二称名一愚癡極也心雖レ含レ哀口忍不レ言其後学問
研レ性聖教曝レ眼所レ受法門括二嚢心臓一所見文義諳二記意
府一至二十六歳一建保二年甲戌出家同十一月登壇便心思念八万法門
皆被二其機一聞二有縁教一無レ不二解脱一吾日称名何必其機不
レ如下帰二即身之教一専勤中修法華之行上自レ爾以降常誦二妙
経一専期二覚悟一

【建暦三年（一二一三）】

二月　慈円が朝仁親王に譲渡した門跡相伝房領の中に、三昧院領として鰐淵寺が見える。

二　慈鎮重譲状案（華頂要略巻五五）　△鎌倉遺文一九七四

（端裏書）
「慈鎮和尚建暦目録青龍（蓮）院二品親王被記之、」
祖師慈道親王写本裏判
先師尊円親王加銘、仍所准正本也、度々公家武家奉行人等令実検
者也、
和尚末流沙門慈道親王
記之
続目ニ被書之、
去承元四年十月有記置状、同相具此状令進之也、

譲進
門跡相伝房領等事
無動寺
雲林院　浄土寺　多武峯
伊賀立庄　大和庄　法定寺
蓮興寺　三方寺　額（安カ）金寺
千興寺　大山寺　百済寺
大日寺　乾龍寺　池辺寺
円明寺　体興寺　薬師寺
一条御領　山階御領　七ゝ社（条）御領
宝石寺　得芳庄但雲林院領

真野新免　乙訓庄
三昧院
鏡社　南庄御相折庄也、　北庄同
坂田庄名切島　鞆(結イ)絵庄　立入庄
神崎東保　同西保　梶原寺
教興寺　印(邇イ)保寺　飯村寺
鰐淵寺　牛蔵寺　西京御領
常寿院
織田庄　同浦三所　村松庄
井村庄　井上新庄　山内庄
桜井庄　保田庄　内田庄
波志波庄　四至内
原(マヽ)見庄転倒了、　朝日庄同
法興院
極楽寺
桂林院大僧正門跡譲給領
坂本御塔平方庄
坂西庄　砧山庄　福田庄

気比供僧　比叡庄　金武保付山室
龍宝寺　千与丸保　永楽寺
別相伝松岡庄　志度庄　加々美庄
已上三所存日之間、送霊山院之外、如形年貢可沙汰
也、
淡輪庄　六郷山　三尾社
西山往生院観性法橋旧跡也、
持仏堂灯領善恵房大和国領、其名不覚悟、在于寄文、
大懴法院寄進領
原庄国宗　稲井庄隆舜　福光保増円法印
六条法印寄進庄
奄我庄　小島庄　富永条々
樽葉庄
藤島庄　後三条院田　体光寺
大乗院領
稲毛本庄　尺度庄但去給法華堂畢、
山洛寺院房舎　文書皮子等
聖教

桂林蔵
青蓮蔵
百光蔵 譲給豪円法院畢、後定令進候歟、
秘書流々
三昧阿闍梨荷皮子 観 智
青蓮院随身皮子 篆 隷
桂林大僧正随身皮子 本無銘、今双左、双右、
智泉房随身皮子 甲 乙
七宮随身小皮子 左 右
最秘小箱一合
余随身皮子四合
常左　常右
灌淼　真

右、已上寺院・領所・房舎・聖教、併譲進、
朝仁親王已訖、其中少々領家職之間、有遺言旨、無指過怠者、不可有相違歟、雖存日之間、於今者一向御成人之間、仰含御門人等、可有御沙汰也、如此大小巨細、世間出世可仰合人々、

密宗事 座主（公円） 豪円法印 慈賢阿闍梨
顕宗事 円能法印 聖覚前大僧都 俊記律師
世間雑事尊長法印為御乳母之上、旁以無左右事候、増円法印雖受重病、存日之間、殊可被仰合、又可計申候也、二位法印必々同心合力、不可有依違候、慈円存日更々不可有御憚、一切事、随思食可有御沙汰、世出世人々不可有御憚候、無動寺三昧院等検校宮前大僧正仁暫雖宿申之、若不叶御意事候之時ハ、
無動寺ハ豪円法印
三昧院ハ座主僧正
此両人可被宿補候也、御出家成人之時、早可有御補任候、於常寿院者、雖無別当、只申院宣御沙汰、不可有其難候也、自余処々勿論候歟、

建暦三年二月　日
前大僧正 判

【承久二年（一二二〇）】

二月三日「尊氏、杵築十二郷の松木別所は将軍から給わり、知行してきたと証言する」という。

三三　尊氏証状（北島家文書）

尊氏（花押）
杵築十二郷、於六郷松之木の別所、光高・尊氏、将軍より給ハり下り、知行仕処実也、

承久二年二月三日

（端裏書）「中古神主偽せ物」

○本文書は検討を要する。

【年未詳】

この頃　修験の道場の一つとして、加賀白山・伯耆大山などと並んで、出雲の鰐淵が見える。

二三　宇治拾遺物語（巻三、山伏舟祈返事）　△増補改訂国史大系

これもいまはむかし。ゑちぜん（越前）の国かぶらきのわたり（渡）といふところに。わたりせんとてものどもあつまりたるにやまぶし（山伏）あり。けいたう房といふ僧なりけり。熊野みたけ（御嶽）はいふにをよばず。しら《白》山。はうき《伯耆》の大山。出雲のわにぶち（鰐淵）大かたしゆぎやう《修行》しのこしたるところなかりけり。それにこのかぶらきのわたり《渡》に行てわたらんとするに。渡りせんとするもの雲霞のごとし。おの〳〵物をとりてわたす。このけいたう房。わたせといふに。わたし守きゝもいれでこぎいづ。そのときにこの山ぶし。いかにかくは無下にはあるぞといへども。大かたみゝにもきゝいれずしてこぎ出す。そのときにけいたう房は《歯》をくひあはせて。念珠をもみちぎる。このわたし守みかへりてをこの事と思たるけしきにて。三四町ばかりゆくをけいたう房みやりて。あしをすなごにはぎのなからばかりふみ入て。目もあかくにらみなして。ずゞをくだけぬともみちぎりて。めし返せ〳〵とさけぶ。なを行すぐるときに。けいたう房けさ《袈裟》と念珠とをとりあはせて。汀ちかくあゆみよりて。護法めし返せ。めしかへさずばながく三宝に別たてまつらんとさけびて。このけさ《袈裟》をうみ《海》になげいれんとす。それをみて此つどひゐたるものども色をうしなひてたてり。かくいふほどに風もふかぬに。このゆく舟のこなたへよりく。それをみてけいたう房。よるめるは〳〵。はやういでおはせ〳〵とすはなちをして。みるものいろをたがへり。かくいふほどに一町がうちによりきたり。そのときけいたう房。さていまはうち返せ〳〵とさけぶ。その時につどひて見るものども一こゑに。むざうの申やうかな。ゆゝしき罪にも候。さておはしませ〳〵といふとき。けいたう房今すこしけしきかはりて。

はやうち返し給へとさけぶときに。このわたし舟に廿余人のわたるものづぶりとなげ返しぬ。そのときけいたう房あせを、しのごひて。あないたのやつばらや。まだしらぬかといひてたちかへりにけり。世のすゐなれども三宝おはしましけりとなん。

○本書は一二二〇年前後の編纂と推定されるため、しばらくここに収める。

この頃　出雲在国司朝山氏の一族の中に鰐淵寺別当を勤めたものの存在が確認できる。

二四　大伴氏系図（稲田家文書・東大謄写）

大伴氏
勝部宿禰

天智天皇大伴王子武仁
- 武持　右大臣正二位
  - 安麻呂　佐保大納言兼征夷将軍
  - 大伴氏 猿人　大納言正三位 ―（下略）
  - 大伴氏 黒主　容姿佳麗風流秀潤 ―（下略）

大伴氏
- 金村 ―（下略）
  - 宿奈麻呂　右大弁従四位 ―（下略）
  - 女大伴郎女　一品稷積王子仲哀
- 武安　治部卿従四位 ― 真持　大蔵卿右中弁 従三位下 ― 勝部 持棟　民部卿
- 具持　蔵人 ― 持佐　近江守、被止近江守被移淡路権輔、承和三年丙辰配流常陸国鹿島郡
- 政持　河内守、承和三年配流出雲国飯石郡、淳和天皇崩御之後仁明天皇御宇之時、淳和天皇春宮起叛之時、為大将軍之日、近江守父子兄弟為朝敵所被配流也、
- 兼棟　中務少輔 佐渡国配流
- 持安　掃部助 配流肥後国
- 真明　右近将監 配流下野国
- 政平　号大原伴大夫
  - 政員　大原太郎 ― 政家　大原勧主
    - 政次　牛尻（尾）大夫
    - 家守　賀葉田三郎
  - 仲政　神門次郎

家平 飯石太郎
- 政賞 仁田太郎
  - 政清 仁田大夫
    - 政定 中大夫
- 栄俊 横田禅師
- 重綱 仁田権守
  - 政遠 仁田次郎大夫
    - 重兼 仁田権守
- 政久 久野大夫
  - 政信
  - 秀政
  - 政安
    - 元宗 号調所庁事、調所大夫、依無子所帯
- 守安 佐世庁事
  - 推(惟)元 朝山庁事
  - 守吉 左(佐)世次郎大夫
  - 盛元 弥太郎兵衛
  - 守房 河(阿)与三郎太夫
  - 宗尊 鰐淵寺別当、号法達房
- 推(惟)綱 朝山太郎左衛門尉
  - 女子 乃木四郎高定母也、
  - 光綱 朝山左衛門太郎

- 元綱 朝山馬太夫
- 貞元 石坂兵衛入道、無子息間舎弟光貞為養子、然(而)与先立(寺脱カ)養父死去、
  - 光貞 朝山兵衛太郎
- 円顕 鰐淵別当、律師
- 元重 飢積二郎左衛門尉
  - 重円 (浄)争性房
    - 政重 二郎太郎
    - 支(友カ)重 二郎四郎
- 宗綱 杉沢(玖潭)四郎
  - 長宗 同二郎
    - 頼持 本名頼長
  - 元宗
    - 昌宗 四郎三郎
    - 五郎 同
- 祐経 伯耆房
  - 昌幸 小兵衛入道
  - 惟昌 小二郎入道蓮心
  - 義綱 同三郎入道
- 長元 佐陀神主 文永五年死去
  - 元直 同弥(七)太郎
  - 長直 同弥太郎
  - 昌長 同次郎左衛門尉
- 惟孝 朝山勝太兵衛入道
  - 惟光 新左衛門入道、文永十年死去、
- 宗顕 鰐淵寺別当、宝忍法橋

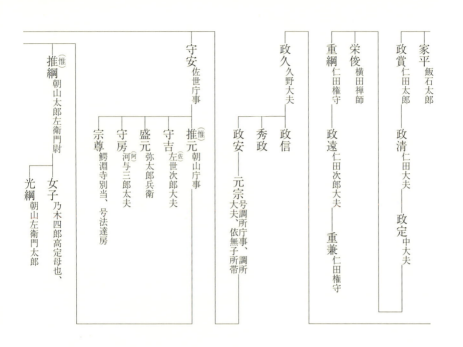

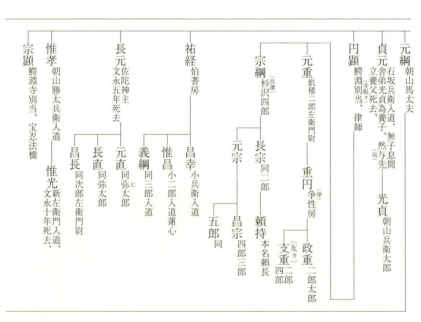

昌綱 朝山左(右)衛門尉 文永四年死去京都、
長綱 内三郎兵衛入道
―良綱 内兵衛六郎、弘安八年十一月十七日合戦之時、為御方打死之、
清綱 (湯)陽左衛門 為元綱養子譲勝部郡幷譲所帯、
―頼清 (湯)陽七郎
時綱 右衛門二郎 母八土屋四郎左衛門入道娘、
―景綱 出雲権守
輔綱 内四郎、文永七年死去、母佐治左(重家)衛門入道娘、
―盛昌 弥次郎
茂綱
恭(泰)綱 与時綱一眼(腹)
輔昌 弥四郎
資元 多禰庁事
頼元 多禰九郎、資元無子息之間、次舎弟為子、
重元 同二郎大夫
政元 建部七郎
元房 太郎
頼重 同弥二郎大夫 文永八年死去、
頼盛 又二郎 文永三年死去、
―資頼 孫二郎 母朝山勝太兵衛入道娘、

頼宗 多禰小二郎
―泰頼 弥二郎
―清頼 多禰惣領 兵庫助
昌盛 同孫二郎、内服(同腹カ)、正応三年死去、
高頼 玄蕃左衛門尉
長頼 同九郎
―々々 孫九郎
昌頼 十郎 母関蔵人入道娘
―辰若丸 母朝山左衛門尉昌綱女
―頼実―頼□
文(友)重 同三郎入道、与頼重一服(腹)、八郎
―々々
重綱 正応元年九月廿日死去、同四郎入道、同服(腹)
泰綱 四郎二郎入道
盛綱 七郎
弥四郎 八郎入道
時元 長(田)四庁事、無子息之間以他人為養子、譲勝部、時元ハ資元養子也、
―昌元 長田四郎兵衛尉
明元 長田十郎 先立親文永十年死去
―元重 孫四郎
昌重 同与一
心智 治部房
景元 兵衛四郎
維宗 鰐淵寺別当、法光房

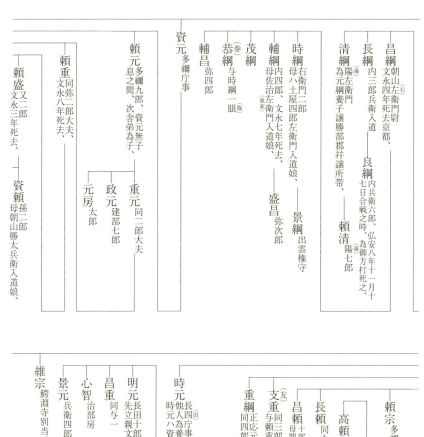

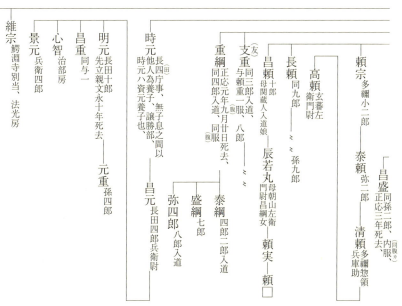

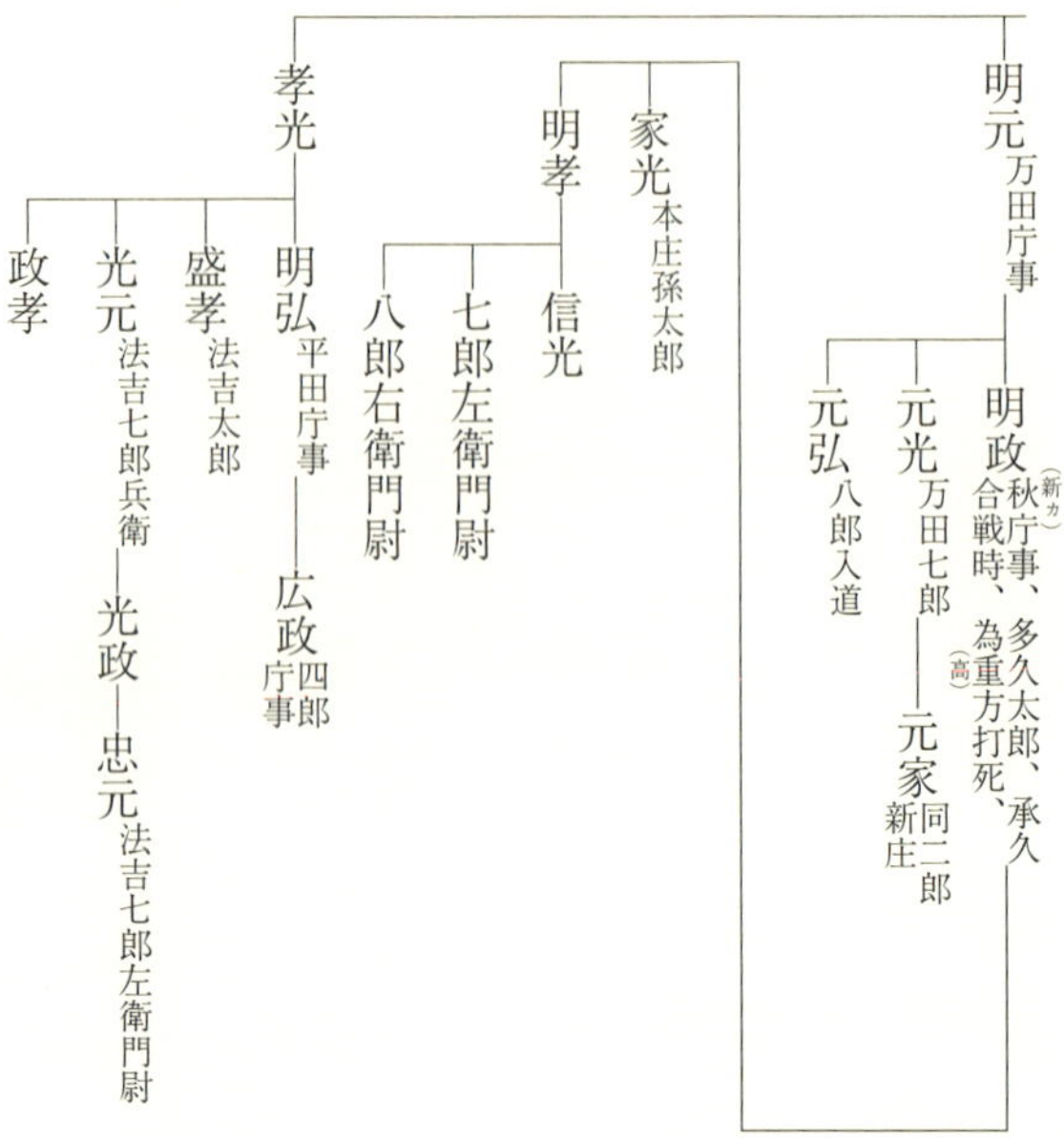

【貞応二年～嘉禄三年（一二二三～二七）】

この頃 大般若経の版本・写経本が作成される。

二五 大般若経奥書（鰐淵寺旧蔵） △鰐淵寺九

（三四巻、版本）

為先師成遍、出離解脱、門弟合力、敬奉彫当巻摸畢、

于時嘉禄三年丁亥二月九日　　釈永全記之

（三五巻、版本）

為先考寺僧晴範十三年報恩、奉彫之、

嘉禄二年丙戌二月三日　　策豪等

（四五巻、版本）

為慈父僧衣秀悲母蓮阿弥陀仏、　　僧覚元

（四六巻、版本）

相当沙弥政阿弥陀仏十五年周忌、奉彫供養親父安部時資、

嘉禄元年乙酉九月一日

（四九巻、版本）

為滅罪生前、奉彫之、比丘成覚阿弥陀仏、

（五三巻、版本）

奉為慶国上人滅罪生善、彫刻当巻、資彼菩提矣、

貞応二年三月二十九日　　仏子貞栄

（五六巻、写本）

比丘尼　阿弥陀仏

【貞応三年（一二二四）】

六月一一日　杵築大社の領家藤原雅隆、大社神主に対し、権検校真高に対する不当な扱いを改めるよう求める。この中に、国富が見える。

二六　領家藤原雅隆袖判御教書（平岡家文書）

（藤原雅隆）
（花押）

（出雲）
真高権検校事、故頼孝時定不可相違之由思食之処、申状ニめい・小浜・あら木不付云々、此条存外事也、早如頼孝之時致沙汰て、神役任先例無懈怠可致沙汰、兼又御牛用途同可致沙汰之由所申也、散在料田流損之由申、但遙堪郷本田五段大・新作二段都合七段大当時見在之由、親類所申也、是又不審也、国衙料田国富六丁事、于今無沙汰不敵也、以神人解状可申、其時可令触申国司給也者、（藤原雅隆）入道殿仰如此、仍執達如件、

（異筆）「貞応三年」
六月十一日　　左兵衛尉有康奉

大社神主殿

（藤原雅隆）
（花押）

逐仰
真高神人奉行事、本被仰了、定令存知歟、

（端裏書）
「三位入道殿みけう書　貞応三年」

【天福二年（一二三四）】

八月　慈源の所領を書き上げた中に、三昧院領として鰐淵寺（国富を含む）が見える。

二七　慈源所領注文写（華頂要略巻五五）　△鎌倉遺文四六八七

一、無動寺領

越前国

平泉寺付末寺
所当准千石云々、

羽丹生庄
所当七十石　油一石　在雑事、

遅羽庄　寄進所也、
所当御綿二百四十両

藤島庄
所当米四千八百石之内
千石　平泉寺

二千八百石　勧学講已下山上京都御堂用途
千石　京定七百余石、本家御分
御綿三千両
千七百両　勧学講用途
千三百両　本家御分
已上所出物、建暦二年目録定也、
山城国
雲林院
苅草一頭　四至内所当
若江庄河内国
垂水庄摂津国
得芳庄備中国
所当百五十石　油九斗
浄土寺
苅草一頭　寺辺所当五十石許云々、
野地庄摂津国
東薬師寺
在家役等在之、但悉御免人々畢、

山科畠
柴木二百五十把
近江国
百済寺
伊香立庄
所当百五十石　苅草二頭　在雑事、
願興寺
所当二十石
大和庄
所当二十石　在雑事、
法定寺
所当五十石　五節供等、
額金寺
所当八石許云々、
大和国
多武峰
五節供御菓子等
若狭国

三方寺
体興寺
因幡国
薬師寺
所当三十石
伯耆国
大山寺
所当三十石　在雑物、
肥後国
千与丸保
所当二千石
池辺乾龍寺
所当八十石
筑前国
嘉麻本領　下津山田庄
所当五十石
豊後国
六郷山

丹波国
蓮興寺
所当無之、
大日寺
所当二十石　五節供等
寄進所
隠岐国
村庄
所当漆一斗
能登国
志都良庄在本寺々用、
千興寺
但馬国
小田井社
近江国
福林寺
梵尺寺
一、三昧院領

近江国
坂田庄
所当千二百石内
四百石　方々寺用
百　石　御服用途
二百石　預所得分
五百石　人々給分
同別府八十石
志賀南庄
所当二百四十石
同北庄
所当二百四十石　苅草二頭
神崎東保
所当八十石
同西保
所当三十石
邇保寺
所当七石

教興寺
所当十石
鞆結庄
所当二十五石
立入庄
所当十石
伊勢国
名切庄
所当絹二十疋　海草等
摂津国
梶原寺
所当十二石
出雲国
鰐淵寺加国富
所当国莚百五十枚　能米百石
一、常寿院領
若狭国
織田庄

所当六百石国定、　在雑事等、
三百石大懺法院寺用　百石被進本覚院僧正
御房、
二百石領（預カ）所得分
河内国
波志葉庄
所当八十石　五節供雑事等
但御牧在家付庄之時者、二百余石云々、
伊勢国
井村庄
所当米五十石　五節供等、
越前国
内田庄
参河国
村松庄
所当米六十石
丹波国
山内庄
所当三十石　在雑事、
御寺四至内
所当二十石　苅草一頭　雑事等
寄進所
石見国
桜井庄
所当国絹三十二疋、綿六十両、米十石、雑物
等、
伯耆国
保田庄
所当百二十石六十石六十石　三昧僧執行
一、大成就院領
伯耆国
山守庄
北谷、所当百五十石、但此外地頭分可在之、
南谷、所当已下同北谷、但護摩用途也、
近江国
後三条勅旨田

所当百四十石内　十石預所
富永庄
所当百石　但被宛十禅師礼拝講了、
寄進所
近江国
福光保
所当百八十石　在雑事等、
体光寺
所当二百石召物十二石
三尾社
桐原保八講米八石、出一楽保計歟、
薑原寺
摂津国
原庄香一石
法薗寺
仲山寺
紀（マヽ）伊国
淡輪庄

所当薪三十束
讃岐国
支度庄
所当三十石　炭五十籠
下総国
松岡庄
所当国絹七十疋、綿二百両、
甲斐国
加々美庄
所当准布三百段
伊勢国
大覚寺
山城国
蓮光院付寺領
善峰寺
一、双輪寺房領
阿波国
板西庄

所当
米五百石　麦七百石
油五石　雑物等
近江国
比叡庄
所当百二十石　在雑事、
山室全武保
所当百余石　在雑事、
隆法寺
所当二十石
越前国
気比御読経所
伊勢国
永楽寺寄進
一、法興院四至内在家等、
一、極楽寺
四至内所当三十余石、柴木等、
方上庄御封
天福二年八月　日注進之、　判
已上月輪僧正自筆本令書写之、観応二年三月五日記、

【宝治元年（一二四七）】

九月五日　今出川殿で中宮御産の祈禱が行われ、七仏薬師法を修するために出雲莚が用いられる。

二八　門葉記（巻一五）　△大正新脩大蔵経・図像部一一

西山宮于時天台座主御年四十四
御記云
七仏薬師法日記宝治元年九日五日。於今出川殿。為中宮御産御祈修之。
八月二十四日請書到来。
為中宮御産御祈。自来月五日。可被始修七仏薬師法。率
二十口伴僧可有御勤行者。
院宣如此。以此旨可申入座主宮給。仍執達如件。
八月二十四日　　中宮亮顕朝奉
謹上　大弐僧都御房。
請書請文。
謹請
院宣一紙

右自来月五日。率二十口伴僧勤修七仏薬師法。可奉祈中
宮御産平安之由。謹祈請如件。
八月二十四日　　道―請文
近来大旨奉行助修奉書也。然而存古義之間。直進請文畢。
抑支度者請書已前。顕朝々臣内々可申出之由。相触公源
法印。仍遣支度畢云々
一。彼支度案事。
注進
七仏薬師御修法一七箇日支度
薬師如来像七躯。
本願薬師経五十巻裹五色帙簀入箱置厳簾案上。可有天蓋。
大幡一流五色。長四十九摖。
小幡四十九流五色。長五尺。
大壇一面方七尺二寸。
護摩壇一面方五尺五寸。可有炉桶。
脇机四前。
礼版二脚各可有半帖。
前机七前七仏供養料。不新仏者不可有之。
経机十前。
小壇三面方三尺。
半畳三枚。
輪灯七本高三尺。
灯台三十八本。
十四本七仏供養料高三尺五寸。不新仏者不可有之。
八本大壇護摩壇料高三尺。
六本十二天聖天夜叉供料高二尺五寸。
十本御読経所料高二尺。
五宝　黄金。白銀。真珠。瑟々。頗梨。
五薬　赤箭。人参。伏苓。石菖蒲。天門冬。
五香　沈香。白檀。丁子。鬱金。龍脳。
五穀　稲穀。大麦。小麦。菉豆。胡麻。
名香　沈水。白檀。鬱金。
浄蘇。木蜜。
五色糸一丈五尺結線料。
壇敷布六段。
蠟燭布一段。

壇供米合二十一石一斗六升。
大壇護摩壇合十六石四斗。
新仏供養料一斗四升不新仏者不可有之。
十二天壇一石八斗二升。
聖天壇七斗。
夜叉壇二石一斗。
御明油合一石三斗五升九合。
大壇護摩壇合一斗五升。
輪灯一石五升。
新仏供養料二升四合不新仏者不可有之。
十二天壇三升五合。
聖天壇三升。
夜叉壇三升五合。
御読経所三升五合。
芥子袋。　仏供覆。
大幕四帖。
浄衣二十一領黄色。
承仕四人。　駈使八人。

見丁三人。　浄衣如常。
人供等如常。
妓楽可有之。
放生毎日可被行之。
赦可被行之。
右大略注進如件。
宝治元年八月　日
行事法眼和尚位最盛
阿闍梨座主道―親王

（裏書）
七仏薬師法人供注文。
大阿闍梨分八石。
伴僧二十口分五十七石六斗。
日別二石八斗八升定。
承仕四人一石一斗五升二合。
人別二斗八升八合。
駈使八人一石五斗三升六合。
人別一斗九升二合定。

見丁二人三斗八升四合。

　人別一斗九升二合定。

已上六十八石六斗七升二合能米定。折紙書之。以書状巻具礼紙遣雑賞之弥畢云々。最盛由云。行事僧供料泰承・性賢等人供注文皆載也。今度如何云々。愚云。可略之。最盛申云。実祐文書ニハ不載行事僧供料云々。

行事僧可用意事等。

大幕二帖四帖不足云々。

出雲莚一枚為置幡足也。

臂金大一小五十為懸幡也。

金壺二為□□天蓋也。是最大切々々。

支度外雑物注別紙献之。

閼伽棚一基。

関伽桶一口在杓。

神供桶一口在杓。

手水桶二口各在杓。

足桶一口在杓。

幔台檜榑三寸。

懸革一枚。

五寸釘三連御産御祈不出之。仍被上畢。

折敷三枚。

長櫃一合。

畳大阿闍梨御座一帖。伴僧座十帖。

　已上。

此注文前々行事僧可付奉行人歟。但今度尊家付奉行人云々。　是則行事僧未練之故所諷諫也。

幔代五十本。懸革三枚。五十。針十連云々。

尊家奉行弁対面之時。不審シケレハ如此令申云々。

催助修令旨案。

自来月五日於今出川殿。為中宮御産御祈。可被始修七仏薬師法。助修可令参勤給之由。座主宮令旨所候也。仍執達如件。

　八月二十四日　　権大僧都尊家
謹上　師法印御房
追申

開白可為浄衣平袈裟心也。可令存知其旨給。
遣請尊僧都之状云。
十二天壇可令勤仕給之由。同可申旨所候也云々。余少壇
例可知之。

【建長元年（一二四九）】

六月　杵築大社の造宮所、鰐淵寺僧も参加して行われた宝治二年の遷宮式次第について注進する。

二九　杵築大社造宮所注進状（出雲大社文書）

杵築大社造宮所
注進　御遷宮日時幷神事勤行儀式次第事
一、御遷宮
宝治弐年戊申十月廿七日庚子、時亥尅、
一、目代兼大行事源右衛門[redacted]（入道宝蓮）幷在庁書生御抜（祓）戸着座、
其時別火散位財吉末以下之神人等、御解除之具持参向、
次別火解除申天、御仮殿帰参、其後延（莚、下同ジ）道之布薦正殿与
仮殿間敷之、次目代・在庁官人仮殿之御前令烈（列）座、其
時御馬御幷御神宝物各次第賜、次国造・目代・在庁官
人着襷褌、其時国造出雲義孝於大床祝申、仍参集之輩、
各賜御幣、次別火吉末以大奴佐於、清延道行、次御（紙継目）
馬被引、次新造之御神宝物、目代・在庁官人賜之奉
持、次御輿御行、次古御神宝物、上官神人賜奉持之、
一、御神馬三疋已上自国司被奉進之、
一御馬字加治井鹿毛、被置御唐鞍、
朧
右目代之子息源左衛門尉信房取之、但任先例目代
雖可取、依為出家之身、子息取之、在国司右衛門
尉昌綱（朝山）之舎弟三郎長綱（朝山）取之、但昌綱雖可取之、依
為妊者之男、其代官仁長綱取之、
二御馬黒鹿毛、字殿鹿毛、
朧
右細工所別当左近将監源宗房但目代子息、
左庁事散位勝部広政
（紙継目）
三御馬栗毛駮、字末積、
朧
右庁事散位藤原長政
左散位清滝員家
一、次御神宝物等賜之、奉持役人等、

色々御幣五本 別火吉末之子息吉高奉持、
帆帳二基、役人 左散位安倍吉平 □(上)官神人 右散位安倍久吉 同
御桙(鉾、下同ジ)三本内
一御桙　役人権検校散位出雲兼孝
二御桙　役人散位出雲行高 上官
三御桙　役人散位出雲明盛 同
御手箱一合　役人■(僧)信長 同
御琴一張　役人内舎人勝部広政 庄官
御弓・御平胡録(簶)　役人勝部頼重
御大刀　役人右衛門尉勝部明孝

（紙継目）

御手箱一合　役人庁事散位勝部時元
御剣一　役人左衛門尉平有康
上御手箱一合　役人目代右衛門大夫■■■■〔入道宝蓮〕
一、御輿御前、国造兼大社惣検校□□出雲義孝、
一、御体奉懐之時、国造義孝誦文在之、御纏絹・襷褌・腕巻、已上錦
也、
一、御輿奉掻役人上官七人内、
左兵衛尉勝部政宗　右兵衛尉藤原盛康
右馬允多資宗　出雲盛高
出雲政親　同義行
大行事代官左馬允大中臣元頼
一、舞人十人、捧指燭、立延道之左右、奉随　御輿行歩、
又立御橋左右、捧指燭奉入御輿、然間、陪従同左右立
也、
一、乗尻十人内、
国方五人 左義元・元資・依盛・元盛・資久、
社方五人 右真則・久成・依貞・久継・吉綱、

（紙継目）

続松灯奉随御輿同行、御伝供之時者、左右立灯火、
一、古御神宝物等、御輿後陳(陣)上官神人、奉持同行、
次小社三社御遷宮、権検校出雲兼孝并上官神人奉渡之畢、
次御供、伝供左右二行立、
御料一前 三立、次御料五前 二立、
次諸神二百余前、折敷盤備之、
伝供次第
上官神人并目代・在庁・書生・舞人・■■■■■〔鰐淵寺大衆〕立
二行、爰伝供之後、国造出雲義孝申祝、其後各宿所

還畢、

一、次日十月廿八日御神事次第、巳時計目代并在庁・書
生参会庁座、其後舞人十人、舞殿左右付于御馬立、其
後国造義孝於舞殿申祝、又目代・在庁官人等者、於庁
座賜御幣奉拝、申祝之後、国造以下上官神人庁座着、（紙継目）
其後備饗膳、但饗膳者諸郷保之所役也、随郷々之分限、
案主所書生令支配、不論別納・不輸、一同所令勤仕也、
次舞人十人預御馬、打立馬庭上御馬也、
次東遊、舞人十人内 在庁八人、書生二人、
　時長（藤原）資長息、　盛員（清滝）員家息、
　孝盛（藤原）盛久息、　政元（勝部）時元息、
　元村 成宗舎弟、　元長（藤原）長政息、
　頼盛（勝部カ）頼重息、　昌宗 成宗息、
　昌頼（大中臣）元頼息、　資宗
加陪従六人内、在庁二人、書生二人、国掌二人、
　散位中原頼重 歌陪従、　散位藤原盛久 歌陪従、
　散位佐伯盛光 歌陪従、　散位大中臣高貞 歌陪従、
　国掌二人内 貞房尺柏子、末延笛吹、

次競馬五番（紙継目）
　左国方五人 各実名以前注、
　右社方五人 各実名以前注、
次花女　社家御子役、
次村細男　郷々被宛、仍国中猿楽等勤仕之、
次田楽　郷々被宛、仍国中之猿楽等勤仕之、
次流鏑馬十五番
　一番在国司朝山右衛門尉勝部昌綱
　二番守護所隠岐二郎左衛門尉源泰清
　三番大東北南、同飯田縁所、此等地頭勤仕、
　四番布施郷社（マヽ）、合 赤江郷、山代郷、福富保、此等地頭勤之、
　五番平田保、合 出雲郷、馬来郷、竹矢郷、勤仕同前、
　六番来次上（郷脱カ）、合 日伊、福武、長江郷、勤仕同前、
　七番三沢郷、合 巨曽石郷、舎人保、岡本保、勤仕同前、
　八番田頼郷、合 坂田郷、中須郷、静雲寺、真松保、勤仕同前、（紙継目）
　九番湯・拝志両郷、合 佐世郷、
　十番三処郷、合 阿井郷、石坂郷、
　十一番三刀屋郷、合 飯石郷、久野郷、

十二番建部郷、合完(宍)道郷、波根保、吉成保、
十三番長田東郷、合朝酌郷、生馬郷、国屋郷、津田郷、
十四番多久郷、合智伊宮、佐香保、宇賀郷、
十五番多禰上郷、合須佐郷、恒松保、
次典(曲)舞
左右桙振、万歳楽、太平楽、
新取曾、散手、
胡飲酒左近将監多度資、
禄被物一重、馬一疋在粧、
龍右左
喜徳
次相撲十番任先例被宛於郷々之処、自郷々令雇、社相撲一向令勤仕之、（紙継目）
留守所分　一人　細工所別当分　一人
在国司　一人　須佐郷　一人
多祢郷　一人　飯石郷　一人
佐世郷　一人　湯　郷　一人
津田郷　一人　石坂郷　一人
中須郷　一人　坂田郷　一人
田頼郷　一人　朝酌郷　一人
岡本郷　一人　小境保　一人
佐香保　一人　法吉比津村　一人
漆治郷　一人　完(宍)道郷　一人
次陵王、納曾利、
次御賽別火吉末於舞殿向庁申之、而後還御畢、
一、十月廿七日朝、守護人左衛門尉源泰清於仮殿御前、
御神馬三疋皆葦毛、引進之、（紙継目）御馬衣紺村紺手綱勝帯生絹
国造出雲義孝祝申、
一、御遷宮之時者、守護人於左方屋奉拝御輿御行也、
右御遷宮并次第之御神事儀式、任先例無懈怠所令勤仕之
状如件、
建長元年己酉六月　日
在国司右衛門尉勝部「昌綱」（裏書・下同ジ）
庁事散位藤原朝臣「長政」（花押）
散位平朝臣「季政」
散位藤原朝臣「資長」
散位平朝臣「実盛」（花押）

散位勝部宿禰［広政］（花押）
散位勝部宿禰［時元］（花押）
目代沙弥（花押）

○抹消部分は〔　〕として、千家家文書によって補った。

【建長七年（一二五五）】

六月　宮主林成、菊花飛雀文様の鏡を作る。

三〇　**銅鏡銘**（鰐淵寺所蔵）

（鏡縁上面）建長七年癸卯六月日、宮主林成
（鏡背）祇園

【康元元年（一二五六）】

一二月　国造出雲義孝と惣検注使澄恵の両名、杵築大社領を注進する。そこには、鰐淵寺僧によって管理される寺田・経田も含まれる。

三一　**杵築大社領注進状**（出雲大社文書）

一、遙勘郷肆拾捌町捌段佰捌拾歩
除
神田肆町伍段 加道苅田半定、
寺田弐段
経田壱町弐段
給田壱町百捌拾歩　修理左衛門尉給
定田肆拾壱町参段三百歩
八斗代肆拾町弐段
六斗代肆段
四斗代壱段
三斗代陸段三百歩
一、同郷沢田拾町捌段百捌拾歩
除
神田伍段百捌拾歩 加掃除田参段、御廐田壱段百捌拾歩定、
経田四段百捌拾歩
定田玖町捌段百捌拾歩
（紙継目）
三斗代玖町捌段
二斗代百捌拾歩
（紙継目、裏花押二）
一、高浜郷弐拾弐町陸段六十歩
除

神田玖段百肆拾歩
寺田壱町　来成寺
経田参町柒段陸拾歩
給田柒段
定田拾陸町弐段百弐拾歩
八斗代拾伍町五段小
六斗代伍段三百歩
三斗代壱段六拾歩
一、同郷沢田拾肆町弐百六拾歩
除
経田壱町柒段百捌拾歩
常不壱町柒段百捌拾歩
定田拾町柒段百弐拾歩
（紙継目、裏花押二）
三斗代拾町弐佰肆十歩
二斗代陸段弐佰肆十歩
（紙継目、裏花押二）
一、稲岡郷拾捌町柒段佰弐十歩
除
神田弐町佰捌十歩

寺田佰弐十歩
経田弐段佰捌十歩
常不壱反
ゝゝ常（定田）不拾陸町参段
八斗代拾参町
七斗代壱町漆段佰捌十歩
六斗代壱町五段陸十歩
三斗代百弐十歩
（紙継目、裏花押二）
一、鳥屋郷拾柒町玖段佰弐十歩
除
神田弐町陸段弐佰肆十歩
経田佰捌十歩
常不壱段参佰歩
百（証恵）（花押）
（紙継目、裏花押二）
（この間脱アルカ）
一、武志郷伍拾捌町弐佰肆十歩
除
神田柒町陸十歩

寺田壱段
経田壱町捌段大
人給壱町壱段陸十歩　少輔寺主給
真木曾祢別所免弐町柒段佰弐十歩
定田肆拾伍町〇弐段（花押）（証恵）佰弐十歩
八斗代肆拾捌町捌段
七斗代肆町参段陸十歩
三斗代一段陸十歩

（紙継目、裏花押二）

（貼紙）「同郷」
一、新田郷拾弐町壱段参佰歩
除

（紙継目）

神田玖段陸十歩
経田壱段
河成壱段佰弐十歩
定田玖町弐段佰弐十歩 已八斗代、

（紙継目、裏花押二）

（貼紙）「同郷」
一、別名村拾町肆段弐佰肆十歩
除
神田肆段佰弐十歩
定田捌町壱段参佰歩 已八斗代（花押）
在家
一、出西本郷参拾陸町肆段
除
神田参段小
寺田壱段
人給壱町陸十歩 伍段源太跡、伍段六十歩 ■■■
定田参拾肆町玖段佰捌十歩
八斗代参拾肆町肆段陸十歩
三斗代伍段佰弐（花押）（証恵）陸十歩

（紙継目、裏花押二）

一、求院村弐拾陸町捌段
除
神田壱町肆段佰弐十歩
寺田壱段
人給伍段弐佰肆十歩 小法師丸給
定田弐拾肆町柒段
八斗代弐拾肆町参段佰捌十歩

五斗代弐段佰肆十歩

三斗代参佰歩

（紙継目、裏花押二）

一、北島村拾壱町玖段弐佰肆十歩

除

神田弐段陸十歩

寺田壱段

人給壱町　富次郎右衛門尉給

河成大

定田拾町伍段陸十歩已八斗代

（紙継目、裏花押二）

一、富郷参拾参町壱段

除

神田伍段参佰歩

河成参段

常不参段

定田参拾壱町玖段陸十歩

一、伊志見村捌町参段佰捌十歩

除

神田肆段弐佰肆十歩

彼岸田伍段

定田柒町参段参佰歩

（紙継目、裏花押二）

一、千家村拾壱町伍段

除

神田一段

寺田参佰歩

河成参佰歩

常不陸十歩

（紙継目、裏花押二）

定田拾壱町弐段陸十歩

八斗代拾壱町壱段大

三斗代佰捌十歩

（紙継目、裏花押二）

一、石墓村参町伍段

除

神田壱段

寺田大

定田参町参段佰弐十歩

八斗代参町参段陸十歩

三斗代陸十歩

（紙継目、裏花押二）

右大略注進如件、

康元元年十二月　日

国造兼神主義孝（花押）

（紙継目、裏花押二）

惣検注使証恵（花押）

○二カ所を除き、紙継目の裏に義孝及び証恵の裏花押がある。

【弘長二年（一二六二）】

五月一〇日　今出川殿で東二乗院の御産祈禱が行われ、七仏薬師法を修するために出雲莚が用いられる。

三二　門葉記（巻一五）　△大正新脩大蔵経・図像部一一

弘長二年五月十日乙丑。亢宿。月曜。全成。厭対日。　於今出川殿為東二条院大相国禅卿（師）実氏公娘御産御祈。被修七仏薬師法。隆瑜記。

大阿闍梨座主尊助親王四十五。

助修二十口。

隆瑜法印権大僧都。実増法印。源雅（経）法印権々々々。禅雅々々々々。最源法印護摩壇。聴賢（経）法印々々々十二天壇。賢快大々々夜叉壇。澄源大々々奉行。寛円（経）大々々。頼意僧都。覚親（経）々々。厳慶（無）律師。経恵（経）々々。公什々々聖天壇。源守々々神供。親遍灌頂阿闍梨唱礼。豪意（無）阿闍梨。定守（経）々々々。良弁（経。無）。承遍（経。無）。

先当日々中。奉行伴僧幷行事僧等向御壇所。承仕等道場洗浄。支物到来之時拵之。道場内五間番僧之座六間也。南□（虫損）一間拵入伴僧座了。五間□（虫損）大壇立之。四面供具如常。鈴五古一枚置之置中瓶以樒宮房□□之。標木立之。大壇下ニ□ニ不置之。左右脇机。左居箱名香置之。灑水器ハ置大壇。右机□（虫損）置之。大壇ノ右行者右。護摩壇立之。増益□（虫損）四面供具如常。標木同立香呂ハ壇ニ置之之。□（虫損）金剛盤ニ三古一置之。左右脇机□（虫損）壇下ニ五宝安之歟。但正不見之。

御本尊古仏。寛元年中新院御降誕之時御本尊歟。西園寺被安之云々。

中仏七体。施無畏也。□頭中仏ノ前大壇立之。第七仏前護摩壇。第一仏前大幡。第二仏前経箱安之。小壇十二天壇幷夜叉壇各向西行者向西定也立之。聖天壇向北立之。聖天壇ニハ外共備之。三壇共塗香器一壇ノ下ニ置之先々半帖ノ傍置之。今度壇ノ下壇敷ノ内ニ置之。抑十二天夜叉両壇ノ下白八春日土器一置之。是ハ供師開白ニ独古ノ杵ヲ入堂行法已後ハ持テ不可進出。此土器上ニ横ニ可置料云々。而聖大壇ニハ不置之。如何。仍面々杵置之。聖天ニハ無之間。塗香器ノ傍ニ竪サマニ板敷ニ打置タリ。此事如何々々。置土器事。康楽雖有申。未聞不見トテ被示之。各勤仕之。小壇時者。時々ニ随身シテ出入了。大幡ノ打敷ハ出雲莚ノハ三□片輪ハ上ニテ仏ノ方ヘ向タリワナノ方ヲ外ヘ向テ敷之。幡ノ足ハ黒色ヲ大壇ノ方ヘ向タリ。足ハ巻置タリ。以紙捻置之ユイタリ。但不燃只巻置之由。寛円□来語。経箱ハ作紫壇ノ四方□箱用之。二巻経者巻テ帙簀□。一巻経ヲハ者差入之。経ヲハ横□ヲ行者ノ左ニナシテ入之タリ。□最初被行之時。賢快ハ□□経ノ頭ヲ仏ノ方ヘ向テ竪サマニ置之云々。□頭ヲハ向仏立之。掉ヲ机ノ外ニ立□仏経机置之也。大壇ノ通之□幡ハ第一仏ニ向テ懸。天井ノフチニ□金打之是代々用也。打置之歟。此図ハ外ヘ向クル定也。幡ノ足黒色ハ大壇ノ方ヘ向タリ。

（五段幡一枚図・略）

出雲莚ヲ三ニ折テ敷之。ワナノ方ヲ外ニ向テ片□ヲハ内ニヲリコメ。片輪ヲハ上ニナシタル方ヲ本尊ニ向タリ。幡ニ敷之。幅ノ足ヲハ五色共ニ巻置タリ。以紙捻トヲシテ結之歟。但寛円僧都不然只巻置云々。此事不審也。此幡モ御本尊一具ニ寛元ノ比被調之。故月輪僧正御房ノ御斗也。小幡四十九流賜之。正面一方ハ一間ニ三流ツ、懸之。余方不幷見。黒紅白ト只三壺也。足皆黄色也。（後略）

【文永二年（一二六五）】

七月二一日　二条殿で皇后宮の御産祈禱が行われ、七仏薬師法を修するために出雲莚が用いられる。

三三　**門葉記**（巻一八）　△大正新脩大蔵経・図像部一一

文永二年七月二十一日。於二条殿。為皇后宮御産御祈。被修七仏薬師法。

奉行人右中弁資宣朝臣。

大阿闍梨前権僧正成源年八十三歟。

行事僧法橋源増。

伴僧二十口僧綱八人・凡僧六人。

陀羅尼伴僧六人皆無動寺。

聴賢法印。公証法印護摩壇。経寛円大僧都十二天壇。源宴権少僧都。経良寛法眼。経快円律師夜叉壇。印祐々々。最禅々々聖天壇奉行。無動寺豪宗阿闍梨。同承遍阿々々。同慶聴阿々々。経聖祐々々々。経光源々々々鐃。玄瑜々々々。経智源々々々唱礼鉢。経覚雅々々々。澄尋々々々神供。無動寺良弁。経。同義円。同宗金。
当日奉行伴僧行事僧等。相具承仕雖早参。支度物等遅々。日没以後送進之。大小幡経箱等被用古物。大壇殊不法之間返遣之。輪灯又二重也。仍下ノ層ハ切棄了。
戌刻許。大仏師著法服平袈裟。参シテ奉居新仏。自余支物等追々ニ進之。雖加催促支物遅々之間。堂荘厳不整将及深更。

一。道場。

二棟御所東西五間奥端三間図様在別。

一。堂荘厳事。

内陣幕ニハ懸革付之。五間ニ十二有之。外陣幕ニハ無懸革。幔代ハ内幕ハ外也。

先引迴大幕。大壇以下舁入之大壇護摩壇已下幷壇敷布等。以浄水洗之也。
御仏任レ例ニ間賦テ仏師奉レ居レ之。三尺皆金色。与願施無畏像也。

第一仏前懸大幡。
天井ノ縁ニ木切幔代ノ切也ヲ打付テ。其木ニ打二臂金一懸之。幡ノ足別々ニ内ヘ巻テ。以二紙捻一結之。下ニ敷二出雲莚一巻置之。莚ハ東西敷也。

（裏書）

或記云。国莚ヲフタヘニ折返テ北南敷之。

第二仏前置経箱居案。
古仏之間天蓋無之。雖載支度。兼無沙汰。伝聞青蓮院宮御現修之時仏頂紫蓋ヲ被立云々。難治事也。
七仏経二巻。本願経一巻。裏帙簀入之。但本願経ハ開題之後入加也。

中仏ニ宛テ。立大壇。
近来中仏天蓋有之云々。依不可然今度不用之。
第七仏ニ宛テ、立護摩壇。（後略）

【文永四年（一二六七）】

一一月一七日　土御門万里小路御所で皇后宮の御産祈禱が行われ、七仏薬師法を修するために出雲莚が用いられる。

三四　門葉記（巻一六）　△大正新脩大蔵経・図像部一一

文永四年丁卯自十一月十七日。為皇后宮御産御祈。於土御門万里小路御所。七仏薬師法被修之。
奉行人皇后宮大進親朝。
一。請書事。

皇后宮御産御祈。自来月上旬可被始行七仏薬師法。可令
勤修給者。依院御気色言上如件。親朝誠恐謹言。
十月二十四日　大進親朝奉。
進上　十楽院僧正御房政所。
追言上。
文度怱可被召進候也。定日逐可言上候。今月御戒可有
御参之由。自座主宮被申候哉。可為来十九日候歟。重
恐惶謹言。
一。御請文事。
跪請。
院宣。
右従来月上旬勤修七仏薬師法。可奉祈皇后宮御産平安由
之状。謹所請如件。
十月二十八日　道―請文
追申
支度献之。定日怱可承存候。伴僧員数雖無被仰下之旨。
任近例註載二十口候畢。今月御受戒。来十九日可参勤
之由可存其旨候。

一。支度事。
大旨宝治御現行同之。少々相違事有之歟。
注進。
七仏薬師御修法一七箇日支度。
薬師如来像七躯。
本願薬師経五十巻裏五色帙簀入箱置厳麗案上。可有天蓋。
大幡一流五色。長四十九揲。
大幡一流五色。長四十九揲。
小幡四十九流五色。長四十九揲。
大壇一面方六尺。高一尺。
護摩壇一面方五尺。高一尺可有炉桶。
脇机四前広一尺。長二尺二寸。高一尺。
礼版二脚方二尺二寸。高六寸。各可有半畳。
前机七前七仏供養料。
経机十前。小壇三面方三尺。
半畳三枚。輪灯七本高三尺。
灯台三十八本。
十四本。七仏供養高三尺五寸。

八本。大壇護摩壇料。高三尺。
六本。十二天聖天夜叉供料。高一尺五寸。
十本。御読経所料。高二尺。
五宝黄金。白銀。真珠。瑟々。頗梨。
五薬赤箭。人参。伏苓。石菖蒲。天門冬。
五香沈香。白檀。丁子。鬱金。龍脳。
五穀稲穀。大麦。小麦。
名香沈水。白檀。鬱金。
浄蘇。　木蜜。　五色糸一丈五尺。
檀敷布六段。　　蠟燭布一段。
檀供米合二十一石一斗六升。
大壇護摩新仏供養料一斗四升。
十二天壇一石八斗二升。夜叉壇二石一斗。
御明油合一石三斗五升九合。
大壇護摩壇合一斗五升。輪灯一石五升。
新仏供養料二升四合。
十二天壇三升五合。聖天壇三升。
夜叉壇三升五合。御読経所三升五合。
芥子袋。　仏供覆。　大幕五帖。　浄衣二十一領黄色。
承仕四人。　駈使八人。　見丁二人。

浄衣如常。　人供等如常。　伎楽可有之。　放生毎日可被行之。　赦可被
行之。
右大略注進如件。
文永二年十月二十四日　行事法眼和尚位玄増
阿闍梨前権僧正法印大和尚位道―
一。支度外雑具事。
七仏薬師法御支度雑具事。
仏布施七裹。　閼伽棚一基。　桶五口此内足桶二口。各可有杓。
幔代五十本。　懸革三枚。　折敷五枚。　長櫃一合。
畳。
阿闍梨御座一枚大文。　伴僧座十枚小文。
已上折紙ニ書之。
行事僧状云。
七仏薬師法支度外雑具注進之候。　恐惶謹言。
十月二十五日　　法眼玄増
謹上　　蔵人大進殿
一。助修事。
禅恵法印古摩壇。　聴賢法印。　実増法印　良覚法印。　源

雅法印。成全僧都。公尋僧都十二天壇。実〔宝歟〕積房律師。教源律師夜叉壇。親遍律師唱礼。定守律師聖天壇奉行。源守律師神供。隆深灌頂阿闍梨。豪〔山〕宗阿闍梨。承遍阿々々。定〔山〕超阿々々。任守阿々々。教宗。実〔山〕厳。有〔山〕慶。

一。行事僧玄増法眼。

一。承仕四人。行勝。龍寿。勇猛。常修。

一。当日事。

先申刻許ニ御壇所ヘ入御有之。土御門東洞院平宰相宿所ナリ。奉行助修行事僧等参道場云々。

一。堂荘厳事。

先新仏奉立之。仏師相具数多小仏師奉立之。仏壇同造之。即持参立之云々。

次引大幕立壇等事如常。七仏前新仏机立之。花瓶二。閼伽一前。火舎備之。仏供二坏各居之。仏布施閼伽内方置之。但中尊仏供居大壇。仏布施左脇机ニ置之。

第一仏ニ当テ大幡懸之。庇間ニテ天井無之。仍件間半程ノコマヰニヒチ金ヲ打テ懸之。是内方ヘ巻テ。中ヨリ紙捻ヲトヲシテ結テ。出雲莚ヲ二重ニ折テ置之。ヲリタル方ヲハシノ方ニ向之。

第二仏ニ当テ経箱安之経箱ニハ二巻経兼入之。新写御経ハ開題後入之。経蓋有之。仏方ヘ向ヘテ立之。中仏ニ当テ、立大壇。々数迴方自西南方引之。打橛。立標木引糸同迴方立中瓶壇中心也。四面供具如常。左脇机。御居箱名香置之。右脇机。香呂塗香置之。灑水器大壇ニ居之。五宝大壇下ニ置之居折敷。鈴杵五古金剛盤等如常。当第七仏立古摩壇。立標引糸四面供具灯明等如大壇。金剛盤三古ハカリ置之。五宝入炉。中炉ニハ中堂内陣ノ土ヲ塗加也。小壇三面。一方ニ北ニ立之。十二天夜叉聖天壇次第ニ北ヘ並ヘテ立之。灯台各二本。奥立之。十二天壇々数迴方事如大壇等。蠟燭十五位灑水器壇ノ右ノハシニ置之。塗香器壇ノ下ニ置之。聖天壇々数如例。上ニ引之。一面供如常。大幕自西南方引之。阿闍梨御座大文。内陣東南角南北行ニ敷之。

小幡正面十五流間別三流。左右ニ各八流東四流。西四流。仏後ニ十八流懸之。伴僧座小文。七帖敷之。座前ニ経机十前切灯台十本立之。番帳著到硯等置之。（後略）

【文永八年（一二七一）】

一一月　幕府、守護佐々木泰清と在国司朝山昌綱に命じて、二〇番に結んだ相撲・舞頭役結番帳を作成させる。この中に国富郷一〇〇町も見える。

三五　関東下知状案（千家家文書・県図影写）

三番　二百六十二丁九反三百歩
　相撲八十九丁九反半
○長海本荘五十丁 持明院少将（基盛）入道　○熊野荘三十八丁 加治左衛門次郎
○阿吾社一丁九反半 地頭
○意東荘六十三丁 金子左衛門三郎女子　○氷室荘三十丁 信濃僧正（道禅）跡
　相撲頭九十三丁
　舞頭八十丁小
○揖屋荘三十一丁 安東宮内（景光）左衛門尉　○乃木保廿四丁三反□百歩 乃木七郎
○乃白郷十五丁四反半 乃木太郎（泰高）兵衛尉　○日吉末社八丁 同人
○宇屋新宮一丁二反 泉十郎入道

四番　二百五十一丁七反大
　相撲頭七十八丁二反三百歩
○母里郷六十二丁二反三百歩 河内二郎広四郎　○常楽寺十六丁 佐貫弥四郎（広信）
○木津郷島一向畠地云々、乃木四郎子（清高）
　相撲九十二丁九反
○美談荘四十四丁三反 信濃太郎左（佐々木義重）衛門入道
○志々墓保廿丁七反三百歩 持明院殿
○伊野郷廿七丁八反六十歩 同人
　舞八十丁五反三百歩
○建部郷三十丁九反六十歩 桑原左近入道　○淀本荘廿四丁 中沢二郎（真直）入道
○長江郷廿五丁六反大 大蔵太郎
五番　二百六十二丁七反三百歩
　相撲九十一丁三反小
○巨曾石郷六十五丁九反小 中村太郎（時経カ）馬允跡
○静雲寺六丁八反小 二宮二郎
○真松保十五丁五反大 西条余一入道　○利弘荘三丁 同人

相撲九十一丁二反大
○石坂郷四十三丁五反半恩田彦太郎
○松井荘廿二丁三反小相馬四郎
○田頼郷十一丁九反半大島弥二郎(胤盛カ)子
○舎人保十三丁四反小横瀬中務三郎入道
舞八十丁一反三百歩
○飯生荘四十八色部右衛門尉(長茂)
○坂田郷三十二丁一反三百歩成田五郎入道

六番　二百六十二丁六反大
相撲九十五丁
○楯縫東郷四十五丁九反三百歩朝山左衛門尉跡(昌綱)
○同西郷三十五丁三百歩同人
○小境保十三丁九反小小境二郎(信盛)
相撲八十六丁五反小
○朝山郷八十三丁五反小朝山左衛門尉跡
○三津荘三丁同人
舞八十一丁一反小
○多久郷三十六丁七反大中二郎入道
○富田新荘比田三十丁村上判官代(基国)入道(跡脱カ)

七番　二百六十四丁二反大
○佐香保十四丁三反大平賀蔵人
相撲九十三丁三反小
○神西本荘五十丁海瀬又太郎
○恒松保十二丁七反三百歩与三郎左衛門尉
○玖潭社十五丁玖潭四郎
○持田荘十五丁五反半土屋(忠時カ)三郎左衛門尉子
相撲八十七丁二反小
○法吉郷十三丁七反小渋谷権守(重村カ)三郎
○比津村十一丁六反六十歩同人
○法吉社二十三丁同人
○宍道郷三十八丁八反三百歩成田四郎
舞
○神西新荘八十三丁七反古荘四郎(邦通)左衛門入道子

八番　二百六十四丁一反大
相撲九十丁五反
○長海新荘五十一丁五反
○大草郷卅九丁雅楽頭子
相撲

○出雲郷内九十二丁一反半 多胡四郎入道子
舞八十一丁五反六十歩
○同郷内十三丁 同人　○津田郷廿六丁八反小 秋鹿二郎入道女子
○佐草社十三丁一反六十歩 出浦四郎蔵人入道(行念)
○春日末社十三丁 奈胡四郎太郎
○井尻保十一丁 宇津木十郎
○比知良保四丁五反大 中沢左衛門入道
九番　二百八十丁
○三頭佐陀庄 佐陀神主
十番　二百六十二丁七反
相撲九十丁五反六十歩
○三代荘四十四丁 本間対馬二郎左衛門尉(忠泰)　○広田荘廿五丁 品河弥三郎(胤信)
○波根保廿一丁五反六十歩 西牧左衛門尉
相撲
○福頼荘内九十丁五反大 長野入道子
舞八十一丁六反六十歩
○同荘内九丁 同人　来次上村廿三丁四反半 大井新左衛門尉(重泰)
○大西荘廿二丁 飯沼四郎子

○福武村五丁一反六十分 伊比(北)又太郎(時胤)
○日伊郷十一丁半 同人　淀新荘十一丁 鷲谷左衛門太郎子
十一番二百六十一丁五反
相撲
○国富郷内九十丁 甲斐三郎左衛門尉(藤原為成)
相撲九十一丁半
○同郷内十丁 同人　○山代郷四十七丁四反半 那須四郎兵衛尉
○岡本保十七丁六反 佐島三郎　○津々志村十六丁 下野(小山朝政)
入道女子
舞
○漆治郷八十丁五反六十歩 同人
十二番二百六十一丁一反六十歩
相撲九十一丁八反三百歩
○多祢郷廿五丁一反小 多祢　日蔵別宮三丁 同人 ○
○三刀屋郷廿一丁 諏方(諏訪)部三郎入道子(時盛)　○阿井郷十一丁 法華堂別当僧都(尊範)
○飯石郷十四丁四反半 目黒左衛門入道子
○熊谷郷十七丁三反 逸見六郎
相撲八十九丁九反小

○赤穴荘五十丁二反六十歩 赤穴太郎
○馬木郷三十五丁二反大 多胡左衛門尉
○三沢郷四丁四反半 飯島太郎
舞七十九丁三反
○横田荘五十五丁 相模(北条時輔)式部大夫
○三処郷九十丁五反三百歩 三処左衛門(長綱)後家
○久野郷四丁三反半 中郡太郎(重経)六郎
白上八幡宮三丁 地頭○
○末次保七丁三反大 土屋六郎
十三番○二百九十一丁一反半
三頭
富田荘九十九丁四反六十歩 信濃前司(佐々木泰清)○
塩冶郷百一丁六反三百歩 同人○
美保郷三十四丁一反百八十歩 同人○
古志郷廿八丁六反半 同人○
平浜別宮廿七丁二反半 同人○
十四番二百六十一丁二反半
相撲九十二丁五反六十歩

○竹矢郷六十二丁一反三百歩 相模殿(北条時宗)
○須佐郷三十丁三反小 同
○神立社 同
相撲八十八丁二反半
○長田西郷四十七丁五反 長田四郎(長元)兵衛尉
○生馬郷四十丁七反半 栗沢左衛門尉
舞八十丁四反三百歩
○伊秩荘六十丁四反三百歩 来島木工助入道
○来島庄廿丁 同人
十五番二百六十丁一反六十歩
相撲
安田荘内九十丁 江戸四郎太郎(重茂)○
相撲
○安来荘九十丁 松田九郎(有忠)子息(有基)
舞八十丁一反六十歩
○同荘内廿丁 同人 安田荘内三十五丁 江戸四郎太郎○
○吉成保十一丁八反大 土淵右衛(久基カ)門尉
○平田保十三丁二反半 多胡三郎兵衛尉

十六番二百六十四丁八反六十歩
相撲
○宇賀荘内九十丁 因幡《（長井頼重カ）》左衛門大夫
相撲
○同荘内九十丁 同人
舞八十四丁八反六十歩
○同荘内六十六丁四反小 同人
○赤江郷十八丁三反三百歩 大弐《（覚玄カ）》僧都

十七番二百六十丁八反六十歩
相撲
○大東荘南北内九十丁 土屋弥次郎、飯沼四郎、土屋六郎左衛門入道、縁所五郎、神保太郎跡、
相撲九十丁八反六十歩
○同荘内三十丁 同前
○忌部保廿丁九反三百歩 土屋四郎左衛門入道
○千酌郷三十九丁八反小 土屋六郎左衛門入道
舞八十丁
○仁和寺荘五十丁 神保四郎太郎子　○近松荘三十丁 同人

十八番二百六十丁二反小
相撲
○加賀荘九十四丁二反小 土屋右衛門尉子
相撲頭八十九丁五反三百歩
○林木荘八十四丁 深栖蔵人太郎跡
○布施郷五丁五反三百歩 神保二郎
舞七十七丁四反六十歩
○長田東郷四十五丁六十歩 長田蔵人
○枕木保廿三丁七反 同人
○布施社八丁七反 神保小四郎

十九番二百六十丁四反六十歩
相撲
○吉田荘内九十一丁二反小 佐々木《（泰秀）》四郎左衛門尉
相撲九十二丁五反六十歩
○同荘内五十二丁 同人　○万田本荘廿丁 万田二郎太郎
○知伊社廿丁五反六十歩 片山二郎《（成時カ）》入道
舞七十六丁六反大
○国屋郷六十丁二反 佐陀神主跡
○万田新庄十六丁四反大 万田七郎

廿番　杵築社領　二百八十九丁五反

三頭

遙勘郷　武志郷　鳥屋郷　大田郷　出西郷

伊志見郷

右、頭役等、頃年以来頻致過差、不顧煩費、然間、毎年之役人頗破生涯之産、国中之住民漸失安堵之計、是則澆俗之非礼也、豈諧霊神之冥慮哉、仍為（省）者課役之加増、為儼如在之礼奠、仰守護人信濃前司泰清（佐々木）、在国司朝山右衛門尉昌綱今者死去、召当国之田数・頭役之注文、所結定二十番也、仮令以二百六十余丁為一番、経廿箇年可勤一頭、且相撲者、為往古国中白丁之処、近古以来、雇下京都相撲之間、往反之用途・禄物之過差、人民之侘傺、偏在于此事云々、永停止京都相撲下向、可雇用当国之相撲、此外種々之供物、細々之課役、悉守倹約之旧規、宜止過分之新儀者、依鎌倉殿仰、下知如件、

文永八年十一月

相模守平朝臣（北条時宗）御判

左京権大夫平朝臣（北条政村）御判

【弘安四年（一二八一）】

五月　「鰐淵寺の末寺、来海庄岩屋寺の覚智法印、湯荘報恩寺の僧徒らとともに、春日神木を玉造二子の高嶺に登せ、七昼夜の夷狄調伏の祈禱を行う」という。

三六　〈参考〉忌部総社神宮寺根元録（忌部神社文書）

（弘安）同四年五月、（亀山）同法皇従二院旨一、京本山大覚寺領来海庄岩屋寺覚智法印、共二湯庄報恩寺僧徒一訪二忌部正覚坊頼円法印一、又幸従二本寺鰐淵寺之通牒一、曹泉寺智恵法印談合上、諸山徒神人合計六百人当山之往昔従二恒例一。奉二忌部総社之春日御神木一、堺二湯庄・当郷・来海庄一登二玉造二子高嶺一、及二隠州各嶼一眺二外海一、為レ禳二狂夷国難一、勧請二諸天善神菩薩一、大般若経転読、焚二大護摩一、為二祈禱一事及二七昼夜一、護国外難云二修勤一。或夜従二座王（蔵）権現辺一現二白髯天狗一、一個宝珠示二千珠満珠一、成是投二唐夷船一、給二忽破滅頼円法印下一、吾此忌部山座王（蔵）也、給レ消法印等従二合議一、建二立宮一、尊称二神珠社一。註、後世大洪水、山崩成流、邑民今地勧請、是玉造宮是也、湯海畔諸邑、迄レ至二山童田翁一、如二蟻列一不レ断二山登一、一心禱努故、後世其禱祀《トウジ》跡尊称二禱努《ドウド》一、註、今二子山上無二地名一、山腹云二禱途一処存、今于

毎歳春秋彼岸、寺僧幷神人行㆓祭事㆒也。註、忌部川畔有㆑処㆑云㆓彼岸田㆒此祭事科（料カ）田也、邑民申伝

○本記録の内容は正確な歴史的事実とは認め難いが、参考のために掲げる。返り点も原文による

【弘安一〇年（一二八七）】

六月一五日　銅製の御正体鏡が造られる。

三七　銅造線刻種子鏡像銘（鰐淵寺旧蔵）

△造像銘記集成五六八

弘安十年六月十五日　河神御正体一面

八月　鎌倉光明寺開山の祖良忠、十二歳の頃出雲国鰐淵寺に登り、この月に没すという。

三八　鎌倉佐介浄刹光明寺開山御伝

△続群書類従巻二一七

夫日本国相州鎌倉天照山光明寺開山記主禅師。号然阿上人。諱良忠。石州三隅荘人也。俗姓藤氏。廼是天津児屋根之尊懸孫。人王六十八代一条院省録御堂関白道長八代末葉也。父宰相頼定卿子也。母伴氏。

（中略）

十二歳之二月之比。登雲州鰐淵寺。附月珠房信暹。師始授書。聴敏俊異。所聞之事。憶持不忘。一時之中。諳誦八十行。忽知法器。殊以愛玩矣。（後略）

【乾元二年（一三〇三）】

閏四月一九日　今出川殿で昭訓門院の御産祈禱が行われ、七仏薬師法を修するために出雲莚が用いられる。

三九　門葉記（巻一六）

△大正新脩大蔵経・図像部一一

乾元二年閏四月十九日。為昭訓門院御産御祈。於今出川殿被修七仏薬師法。

奉行民部卿頼藤。

阿闍梨座主前大僧正道―。

伴僧二十口。

院主。左大臣 慈順僧正護摩壇。金輪法阿闍梨也。　中納言 経恵法印降三世法阿闍梨。　民部卿 教宗法印。

左衛門督 玄家法印。　宰相 玄意法印十二天壇。　大納言 有助法印。

左衛門督 玄勝々々夜叉壇奉行。　宮内卿 良誉大僧都。　大納言 慈祐々々。

宰相 円兼僧都。　大夫 玄守僧都聖天壇。　右大臣 尊雅法眼。

無動寺 豪富律師陀羅尼。　佐 朝守律師神供。　大納言 隆淵律師。

無動寺隆尋陀羅尼。　同維暹同。　政恵。
同教恵同。　同了海同。
承仕四人楽禅 有救 禅多 慶宗 真勝 有増 中花 俊長　駈使八人。　見丁二人。
行事僧。玄信法眼。
一。請書事。
七仏薬師法可令勤修給之由御気色所也。以此旨可令申入
十楽院前大僧正御房給。仍執達如件。
四月八日　　民部卿頼藤奉
玄忠也三位法印御房。
一。請文事。
七仏薬師法可令勤修之由謹承了。早可存其旨候。且得此
御意可令披露給候歟。恐々謹言。
四月十日　　前大僧正道ー。
追申
支度早可令注献候。日次事可承存候歟。
一。支度事。
注進
七仏薬師御修法一七箇日支度

薬師如来像七躯。本願薬師経五十巻裏五色帙簀入箱。置厳麗案上。可有天蓋。
大幡一流五色。長四十九摂。　小幡四十九流五色。長五尺。　大壇一面
方六尺。反高一尺。　護摩壇一面方五尺。高一尺。可有炉桶。　脇机
四前広二尺一寸。長二尺二寸。高一尺。　礼版二脚方二尺二寸。高
六寸。各可有半畳。　前机七前七仏供養料。不新仏者不可有之。　経机十前。
小壇三面各方三尺高八寸。　半畳三枚方二尺二寸。　輪灯七本
高三尺。
灯台三十八本。
十四本。七仏供養料。高三尺。不新仏者不可有之。
八本。大壇護摩壇料。高三尺。
六本。十二天聖天夜叉壇料。高二尺五寸。
十本。御読経所料。高二尺。
五宝。
五薬。
五香。
五穀。
名香沈水。白檀。鬱金。
浄蘇。木蜜。
五色糸一丈五尺結線料。

壇敷布六段。

蠟燭布一段。

壇供米合二十一石一斗六升。

大壇古摩壇合十六石四斗。

新仏供養料一斗四升不新仏者不可有之。

十二天壇一石八斗二升。

聖天壇七斗。

夜叉壇二石一斗。

御明油合一石三斗五升九合。

大壇護摩壇合一斗五升。

輪灯一石五斗。

新仏供養料四合不新仏不可有之。

聖天壇三升。

夜叉壇三升五合。

御読経所三升五合。

芥子袋。仏供覆。

大幕五帖。

浄衣二十一領黄色。


承仕四人。

駈使八人。

見丁二人。

浄衣等如常。妓楽可有之。放生毎日可被行之。赦可被行之。

云々。

右依院宣大略注進如件。

乾元二年四月十二日　行事法眼和尚位玄信
阿闍梨前大僧正法印大和尚位道玄
二枚ニ書之云々。

一。雑掌事。

庁沙汰也。木具鋪設外皆代物也。

一。浄衣事黄色。

代物六連下行。兼日送之。承仕各一段也段別四百。見丁等一段也段別三百。

一。供料事。

以二斗五升報百了。初旬一貫五百五十也。第二七日分一結也。減分不審可尋之。七日故云々。

一。雑掌沙汰事。

木具鋪設外。初旬七十貫送之。此内仏供灯明。人供浄衣悉下行。第二旬三十八貫也。第三旬同前。人供壇供以二斗五升報百了。灯明以二升報百了。番僧一人供料一貫百五十也。承仕ハ番僧ノ十分之一也云々

玄信無案内之間猶可減之由申之。然而真勝委令申披。如本　法下行云々。

駈使見丁ハ承仕三分之一也。承仕一人一旬分一斗四升四合也。駈使等九升六合也。

一。道場事以北小御堂為道場。以前冥道供所也。

（道場図・略）

一。仏供支配事。

大十八坏古摩ハ大ノ内也。蠟燭三十坏也。大四坏。承仕四人各一坏　小八坏。承仕各二坏。駈使八人。大四坏各半分　小八坏。同八人也。見丁二人各大一小一　御童子立預俺丸　大一小一也。請使。大一小一也真勝下人也　御力者中。大二小二也。御牛飼。大一小一摩睺羅丸　行事僧牛飼。大二小二也。主殿小一　真勝云。雖非定事道場前庭等令掃除。所望之間賜之云々　仕丁一人小一　御厨子所大二小二　総御中間中也。凡大小両三坏ハイカニモ破ナントシテ欠也云々

一。仏供勢分事。

大壇坏別五升也。古摩壇坏別四升也。古摩自余支物一斗宛之云々。聖天壇如大壇一斗也。蠟燭坏別二升也。

一。本尊事真勝自北山渡之。仏師相随。有破損者為令修治也。然而無其儀。仏師退出了。為承仕沙汰奉立之。古物也。中尊蓋有之。光後天蓋茎立之。両方東西端仏光中ニ有鏡。仰云。各別仏師作之間。有少々異也云々　仮机居之。方二尺。高七寸也　新調机也。以檜作之。寸法如支度歟。本尊印相与願施無畏如常

一。輪灯事。

寸法如常　以檜作之無綵色　無綵色。一々像前各置七灯也。輪灯面円也。広一尺五寸五分。厚五分也。土器ハ八春日也。二重テ灯心ハ乍七皆外ヘ挑之。

一。大幡事。

西端第一仏ニ向テ懸之。古物也。青黒赤白黄ナリ　壺ノ上

△此中ハ白色也。長不取之。天井ノフチニ打臂金金ノ曲方向南。出雲莚ヲ三許ニ推折面ノ広二尺五寸許歟敷之。黄色以下壺有莚上也。

足色ハ自西方白赤黄青ト並タリ　広一尺九寸歟。巻之本
尊ノ方ニ置之。紙捻ニテ貫之。（後略）

【文保二年（一三一八）】

一一月一四日　国造兼惣検校孝時、伊弉諾・伊弉冉・杵築大社・惣社・外山社・揖屋社・御崎社の神田・経田を、注文一巻を添えて国造三郎に去り渡す。

四〇　国造出雲孝時去状（千家家文書・県図影写）

さりわたす
　いさなき　いさなミ　きつき大社　そう社　と山
　の社　ゆやの社　みさき社　神田経田等事
右、神経田等、ちうもん壱巻、うらをふうして、これを
つかはす、このむねをまほりて、そのさたをいたし、領
知すへき状如件、
　文保弐年十一月十四日
　　　　国造兼惣検校出雲孝時（花押）
　国造三郎殿

【元応二年（一三二〇）】

三月二日　幕府、長田貞昌に長田西郷地頭職を安堵する。雑掌教円から漆治郷佃の作毛を刈り取り、領家政所を追捕したと訴えられた貞昌の父長田余一入道昌遍は、かつて杵築大社の頭役勤仕のため出雲国に下向し、そのまま嘉元元年閏四月に没したという。

四一　鎌倉将軍守邦親王家下知状（飯野八幡宮文書）△史料纂集

長田余一入道昌遍（昌重）今者死去、子息次郎貞―昌字有憚、申、出雲国
　長田郷一方地頭職事、
右、昌遍苅取同国柒治郷内佃弐町余作毛、追補（捕）領家政所、
致狼籍（藉）之由、雑掌教円正安之比、於六波羅訴申之時、依
召文違背之咎、嘉元々年四月注進之間、同年十一月被収
公所領畢、而昌遍依杵築大社頭役、給身暇下国之上、同
年閏四月昌遍死去、難被処違背之由、貞―就申之、徳治
元年二月重注進之間、同三月三日評定有其沙汰、糾明本
訴理非、可注進之旨、所被仰六波羅也、爰如六波羅正和
四年十二月二日注進状者、就去徳治二年三月五日御教書、
相触領家畢、万里小路中将（宣房）并堀河局状・雑掌康成・兼俊
請文・貞―代昌有申状具書、謹進上云々、如康成請文者、

教円父子伺国司遷替之隙、濫妨公領之上、謀作 院(後宇多)宣之
間、被下違 勅院宣、被停癈(廃)畢、貞―事、日来之次第、(紙継目、裏花押)
当雑掌不存之間、不能申是非云々、如当雑掌兼俊請文者、
教円者前領家万里小路中将之時、為違 勅人、被下 院
宣於武家之処、逐電畢、教円日来之沙汰、当雑掌不存知
之間、不及巨細云々、教円根本之訴訟者、苅田追補(捕)以下
事也、不実之由、昌遍陳申之間、可被糾明実否之処、教
円者、擬被処違 勅罪科之時、逐電云々、当雑掌又不申
子細、且尋問当給人長田太郎左衛門尉雅綱之処、如去年
八月廿八日請文者、雅綱為新給人之間、不及支申云々、
然則、於彼地頭職者、被宛行其替於当給人之後、可返給
貞―也者、依鎌倉殿仰、下知如件、

元応二年三月二日

相模守平朝臣(北条高時)（花押）
前武蔵守平朝臣(北条貞顕)（花押）

【嘉暦元年（一三二六）】

六月五日　沙弥覚念、去る二月二三日に鰐淵寺北院三重塔以下の堂舎が悉く炎上したことにつき、衆徒らの造立の願いを聞く。

四二　沙弥覚念書状（鰐淵寺旧蔵文書）

△鰐淵寺四五

去二月廿□(三)日、子剋□(比カ)類火、北院三重塔婆以下□(堂舎悉以)
炎上由事、驚歎□(之至尽カ)御悲歎、誠察□(入)候了、於彼塔婆□(御)
造立之間、可申□(承)由事、衆徒御状委細承了、雖小分儀、
可被□(得)内々其聞事、申候、御使了願□(口上カ)、可然様承申候
者、更不可有等閑之儀候、恐々謹言、

(嘉暦元年カ)六月五日　沙弥覚念（花押）

謹上　鰐淵寺衆徒御返事

【嘉暦四年（一三二九）】

七月　鰐淵寺の衆徒ら、去る嘉暦元年二月の火災により本堂以下大小十余宇が焼失したとして、国々の棟別銭の綸旨を得て造畢を遂げたいと訴える。

四三　鰐淵寺衆徒等訴状案（千家古文書写乙）

四海安全社(マ、)降伏異国之凶賊、草創雖旧□　□杵築大
社者為関東崇敬社之間、当国地頭御家人□　□月勤

仕頭役執行神事、其時当寺衆徒等転読□□大般若、
供養五部之大乗経、致慇懃精誠之懇祈□□御願、
号大社三月会是也、寺社之重事、一山之□□当寺
称寺家、以神官号社家、寺社牛角之間、不可□□者
哉、爰去嘉暦元年二月、為類火回禄本堂以下堂□□
大小十余宇悉令焼失畢、然間、長日之勤行者、□□□
□例之斉会者構仮屋営之、土木之態成風之功、難□
□歎而送日、悲而累歳、　四条院御宇、天福年中炎上
之時、所被降之　鳳綸□□公家武家重書等、寺庫
焼失之間、悉依令紛失、当□□前近江守（佐々木）貞清法師、
是等証文兼日検知之間、相□□細之処、返状明白
也、案文謹備于右、云　院宣云御教□□爾也、専
祈揄開長久之御願、殊就致異国降伏□□関東属于
矢野加賀民部大夫奉行可被付造営料、早申子細之処、可
帯　綸旨之由被仰下間、所令言上、無厳蜜御沙汰者、寺
社之滅亡可在今時哉、望請、早□□御沙汰之旨、
賜国々棟別　綸旨、遂造畢大功者、弥奉宝祚長久之御願
増、為全寺社之安寧、衆徒等、誠惶誠恐、

嘉暦四年七月日　　鰐淵寺衆徒等

【元弘三年（一三三三）】

四月一一日　後醍醐天皇、国富・氷室両庄を杵築大社神主館に寄進する。

四四　後醍醐天皇綸旨（出雲大社文書）

出雲国々富庄・氷室庄所被寄附也、殊致　大社興隆、奉
祈　朝廷之安全者、
綸旨如此、悉之以状、
元弘三年四月十一日　　勘解由次官（花押）
杵築大社神主館（出雲孝時）

【鎌倉末期】

この頃　鰐淵寺の管理する杵築大社の経田の全体が書き上げられる。

四五　杵築大社経田注文断簡（鰐淵寺旧蔵文書）　△鰐淵寺四九

弐町、号上下水田、
夏中百日間、毎朝法花問答講、幷旱颰（魃）時請雨之料
田也、
一、楯縫西郷内、
七段小、　牧戸村、
大社御造替之間、大般若経転読料田也、
一、恒松保内、
壱町弐段此内、現作一段余不作也、於大社御宝前、供養料田也、
一、大社御領十二郷内、
参町九段八十歩遙勘郷、高浜郷、稲岡村、三ケ所内経田、
毎年正月廿日、於大社御宝前、天下御祈禱、大般
若転読料田也、
以上、拾九町参百二十歩、
一、此外、在々処々経田畠・別所・屋敷・山、唐川村山野
林藪（叢カ）・茶薗等、雖在之、或当社（杵築大社）勤行幷祭礼料所、或当
寺開山智春上人為開発地之間、自往古、惣而無違乱煩
之□

この頃　伯耆大山寺縁起が記され、杵築大明神が繋ぎとめた浮浪山（島根半島）の西部に金剛蔵王の霊地鰐淵寺があるという。

四六　大山寺縁起（巻上三）

△稲葉書房刊・大山寺洞明院本

いつほどの事やらん、西海の波にうかべる山有り。縁起の文《もん》には漢域之東岸、砕震《くつれふるつて》而任《せ》レ風来流《りる》とあるとかや。彼の山の事なり。地蔵権現、山王《のう》に勅して此の山をつなぎとどむべき由ありければ、山王御弓のはずにてかきよせ給ひけり。弓の影湖水にうつりて、化《け》しておのづからはるかなる洲《す》と成りて、浪にうかべる彼の山を留め給ひぬ。今弓山の浜と申すは、彼の山をつなぎ留めたる洲浜なり。件の山長く遠き間、出雲八重垣猶《な》ほ漾《ただよ》ひけるを、人皇第六代孝安天王（皇）三十二年庚申《かのえさる》の歳、八雲の太神あまくだり給ひて、土をつかね杵《きね》をくだして、此の地に彼の山をつきしとね給ひければ、やがて此の土《ど》に基《もとい》してげり。それより彼の太神を杵築大明神とぞ申しける。件の山を浮《ふ》浪山《ろうせん》と申すは此の故なり。西に鰐渕《がくえん》寺、金剛蔵《ざ》王の霊地なり。東に枕《まくら》木山、医王善逝の霊場あり。即ち胎金《たいこん》両部の峰にて、霊験《げん》今に新たなり。彼れ此れの深き故有る

事共なり。孝霊天王(皇)第六年丙子《ひのえね》四月廿四日、御門臨幸あり。百官袖をつらね万民道を清め、社壇に幣《へい》を捧げ神前に調《みつぎ》をそなへ給へり。先代寄附の陰陽七州の米穀、日次《なみ》に貢《こう》調すべき由宣下《げ》ありければ、七ケ国に所司をめぐらし、諸郡に専《せん》当をつかはして納めけり。されば、此の七ケ国の内に生をうけん人は、皆権現の氏人《うじうど》にて生《しょう》得の神人たる故に、貴賤諸共に二世利益むなしかるべからず。之れに依り、権現の効《こう》験弥《いよい》よ新たにて、歩を運び導きても不思議いまだ絶れざる事なり。欽《きん》明天王(皇)第五王子智原親王に三人の御子御座《おわしま》す。其の第二の御子をば守《もり》屋の大臣《おみ》大連《むらじ》と号す。守屋に五人の子あり。四男少納言真隆《さねたか》が末孫に物部《もののべ》行業《なり》と云ふ人、深く地蔵を帰依《え》し奉るあまりに、わざと大山へ参りて権現の値遇《ちぐう》を祈りけるに、峰の砂くだり又登り岡べの松枝をたれて、権現を礼《らい》し奉る折節かかる不思議眼にさいぎり、渇仰肝《きも》にそみてぞ覚えける縁起の有る事思合せられて、弥よ貴くこそ聞えしか。経の中に地蔵の現身利益の相を説きたるには、大地草木の形を現ずと云へり。是れを見るに、土も地蔵の随身、木も草も地蔵の利生の姿なりと聞えたり。

【建武三年（一三三六）】

五月一〇日　鰐淵寺南院の長吏頼源、仁多郡大領権現に神田を寄進する。

四七　頼源寄進状写（高田寺根源録所収文書）

覚

一、壱貫五百文　高田乃神田
一、壱貫八百文　郡村大領原田
一、五百文　高柴みぞ田
以上、大領権現祭料
一、三貫五百文　高田の北山野
一、弐貫文　湯野あら田
右、為志下置所、永代不可有相違者也、仍証文所件、
建武三年五月十日　三所郷地頭頼源
高田寺聖衆へ

【建武五年（一三三八）】

七月一八日　出雲守護塩冶高貞、奉行所に鰐淵寺北院衆徒の軍忠を伝え、恩賞を与えるよう披露を求める。

四八　出雲守護塩冶高貞吹挙状（晋叟寺文書・県図影写）

出雲国鰐渕寺北院衆徒等、参最前御方、或致軍忠、或令警固要害、于今抽忠勤候之間、可下賜恩賞之由、令申候、以此旨可有御披露候、恐惶謹言、

建武五年七月十八日　　（塩冶）左衛門尉高貞状（花押）

進上　御奉行所

【暦応二年（一三三九）】

二月二七日　塩冶高貞、杵築弘乗房に対し、弘乗房が親父孝時から預っていた旧記文書以下をすべて当職清孝に渡したこと、また孝時の遺言に従って去り与えられた清孝の分領を相違なく知行していることを、ともに承知したと伝える。

四九　塩冶高貞書状（千家家文書・県図影写）

杵築大社旧記文書以下等、自御親父孝時雖被預置、被付渡当職清孝方之由、承候了、次任孝時遺言、被去与清孝分領無相違御知行事、同承候也、恐々謹言、

（暦応二）二月廿七日　　（塩冶）高貞（花押）

杵築弘乗御房

【康永二年（一三四三）】

三月一六日　出雲孝景、訴訟のため京都に持参した際質に入れた文書の目録、及び焼失や紛失などにより所在の分からない文書を書き上げ、孝宗と和解を図る。その中に、国富・氷室に関する綸旨も含まれる。

五〇　杵築大社紛失文書目録（千家家文書・県図影写）

京都しち物ニおく□（文書等目六事）

合

一、定範与領家雑掌□（孝助番時関東御下知　一巻）

一、同時御教書　一通

一、義孝泰孝大庭田尻安□（堵状）

一、三条殿御教書御雑□（掌）

一、巻数御返事

一、国富・氷室　綸旨

一、差図

一、宝治造営旧記

右文書等、訴訟のためニ京都□（へもちのほり候ところに、在京）
□ひらふのあひた、しちけんニ□（入置ニよって、いまの和与状に）
□そへわたさす候もの也、爰清□（孝方より金をもつて）
うけいたすへきよし承請□（のうえハ、用金さたのときつくのいを）
□相副へ、急速ニうけ進へく□（候、用金さたのとき、此目六の内）
□の文書ら一つうも難□（渡せしめ候ハヽ、やくそくの所々を）
□くいかへされ候ハんニつき□（と申へく候、所依のちのためニ）
□状如件、

康永二年みつのとのひつし□（三月十六日）

□（出雲孝景）

○文字の欠落部分は千家古文書写甲によって補った。

【貞和六年・観応元年（一三五〇）】

一二月二六日　足利直冬、隈三郎盛種に出雲国国富郷地頭職を与える。

五一　足利直冬宛行状写（周防円照寺文書）△南北朝遺文一九二二

下　隈三郎盛種

肥前国於保五郎種記（紀カ）跡肆拾町、出雲国々富郷狩野肥後守士貢三百五十貫地頭職事

右、為勲功之賞、所充行也、早守先例可令領掌、但本主参御方者、可有智（替）沙汰之状如件、

貞和六年十二月廿六日　（足利直冬）（花押影）

この頃　佐々木氏一族の中に鰐淵寺僧が見える。

五二　佐々木系図（抄録）△続群書類従巻一三三

- 義清　秀義五男　五郎隠岐守　号祥雲院。法名蓮清。
  - 政義　太郎左衛門尉　法名心願
  - 泰清　従五位上出雲守隠岐守信濃守　弘安十年六月二十八日於雲州長見本荘頓死。法名泰覚。
    - 時清　左衛門尉隠岐守　法名阿清。清二男。頼泰他腹。
    - 義重　泰清一男　太郎左衛門尉法名光得
    - 頼泰　三郎左衛門尉出雲守　法名覚道
      - 貞清　近江判官
        - 寂阿　筑後神
        - 顕清　別府
        - 高貞　塩冶判官
      - 秀時　二郎

- 貞泰 四郎左衛門信濃守
- 某 六郎
- 時綱 乙立宮内少 法名時円
- 宗貞 三郎左衛門山城守
- 宗泰 大熊五郎左衛門
- 高秀 六郎左衛門
- 高円 律師信濃公
- 泰綱 行詰佐渡守
- 信貞
- 高顕 七郎
- 某
- 通清 上郷三河守 法名道円
  - 満通 京極被官塩冶三河守 法名心道
    - 高清 三河守
- 重綱 五郎左衛門
- 氏義
- 義綱 遠江守 法名義覚
  - 豊高 兵部大夫法 名春山道英
    - 常陸
    - 貞綱 三河守宮内少輔 法名弥阿
    - 高家
    - 幸清 五郎
- 義泰 号富田四郎左衛門 法名義覚

- 泰茂 三郎直也
- 師泰 佐渡守四郎左衛門 法名如覚
- 秀清 号山佐五郎
- 頼秀 号羽田井六郎
- 宗義 八郎 号高岡。法名宗嘉。
  - 政綱 湯与五郎 後号塩冶兵部少輔
  - 義綱
  - 清春 民部少輔
  - 連清 弥五郎
  - 僧 鰐淵寺竹本坊
- 師宗 遠江守八郎左衛門 法名宗雲
  - 重宗 尾張守三郎左衛門 法名月覚
  - 師重 四郎左衛門
  - 直宗 五郎左衛門
  - 六郎
  - 義宗 八郎左衛門
  - 信濃公 鰐淵寺衆徒
- 秀泰 号広瀬孫四郎 法名空妙
- 女
- 女
- 茂清 五郎左衛門 法名覚清
- 頼清 七郎左衛門 法名十仏
- 宗泰 八郎左衛門 法名覚念
- 清村 号駒崎十郎佐右衛門
- 義信 号古志九郎左衛門 法名本仏

【正平七年（一三五二）】

正月一〇日　杵築景春、鰐淵寺頼源僧都に大社領松木別所南北

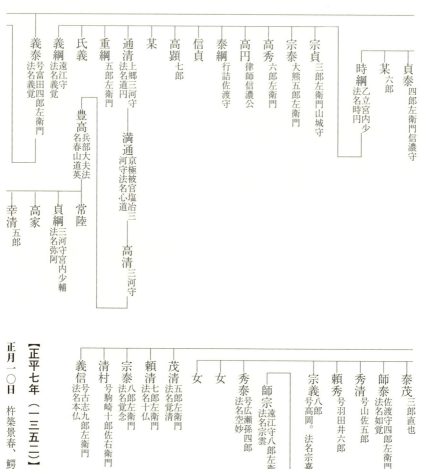

を譲渡し、また内経衆及び三月会以下の祭礼や山上のことなどを沙汰するよう命じる。

五三　杵築景春譲状（千家家文書・県図影写）

出雲国杵築太（大）社領松木別所南北事、年来之志依不浅、永代令譲与畢、於有限之神役等者、任先例可有其沙汰、努々不可有他妨者也、将又内経衆等、及三月会以下之祭礼、於山上方事者、可被致計沙汰之状如件、

　正平七年正月十日　　　　刑部権大輔景春（杵築）（花押）

讃岐（頼源）律師御房

【貞治五年（一三六六）】

この頃　一〇月（神無月）を出雲で神在月と称するのは、諸神が出雲浮浪山の佐陀神社を訪れるためで、佐陀神社は伝奏の神として機能したという。

五四　詞林采葉抄（宮内庁書陵部所蔵）

詞林采葉集　第六

（中略）

○神無月　当集第八巻、大伴宿禰池主歌云、

神無月時雨ニアヘル紅葉ハ、フカク散ナン風ノマニ〱

抑一天下ノ神無月ヲハ、出雲国ニハ神在《アリ》月トモ、神月トモ申也、我朝ノ諸神参リ集リ玉フ故也、其神在ノ浦ニ神々来臨ノ時、小童ノ作レル如クナル篠舟波上ニ浮フ不レ可レ及ニ算数一モ、諸神ハ彼浦ノ神在ノ社ニ集玉ヒテ、大社へ参玉ハスト申、此神在ノ社ハ不老山ト云所ニ立玉フ、神号ヲハ佐太《サタ》明神ト申也、是則伝奏ノ神ニテ座トカヤ、大社ヲハ杵春《キツキ》明神ト申也、別当ヲハ国曹《コクサウ》《造イ》ト申云云、問曰、此大社素戔烏尊ニテ座《マシマス》ヲ、日本国ノ神々御祖《ミオヤ》ノ神トテ尊《ソン》崇《スウ》シ奉テ参集玉フ㆑寔以不審也、其故ハ伊弉諾伊弉冉二神コソ天神地祇ノ御神ニテマシマセ、サテハ天照太神ヲコソ宗廟ノ神ニテ座ハ、最尊敬アルヘキニ、第四ノ御子ニテ座ヲハ、何故ニ御祖ノ神トハ申ニヤ、答曰、其子細深秘有之、故不載之矣、又簸《ヒノ》河上ニ手摩乳脚摩乳ノ神ノ女稲田姫ヲハサクサメノ社《杜イ》ト申所ニ斎ヒタテマツル、社ナントモナク、八重垣トテ八所ニ引離レ云々在レ之、此ヲサクサメノ明神ト申トカヤ、大社ノ御歌トテ

日モ暮ヌサクサメノ刀自《トシ》ハヤイテヨ心ノヤミニ我マヨ

ハスナ
サクサメノ刀自トハ夕《ユフ》ツ、ヲ申ニヤ、稲田姫ノヿ也、ソレヲ刀自トヨマセ玉フヿ子細可レ尋レ之、依之後撰集歌ヲ勘ル

今コントイヒシハカリヲ命ニテマツニケヌヘキサクサメノトシ

此ハ外姑《シウトメ》ノ歌ト見エタリ、サクサメノ事未勘定追可詳、刀自ノ事娘子《ヲトメ》ノ惣名歟ト見ユ、源ノ順カ和名云、劉白列女伝曰、古語謂フ二老母一俗ニ名テ二老女一ヲ用二刀自ノ二字一ヲ云々、但権大納言行成卿ノカ、レタル後撰集ニハ、此歌ノ終ノ七字ヲハ丁年《テイネン》トカ、レタリ、丁年トハ若ク盛ナル心也、或ハ廿トモ、或六十トモ申、然而丁年ハ丁《ヒノトノ》歳也、強圉《キヤウキヨ》圉イ赤《セキ》奮若《フンシヤク》丑《ウシ》イ是也、或ハ作愕《サクカク》。。不一、准、江。師ハサクサメノ刀自ハ姑ノ名也ト云々、又当集ニハ母刀自《ハヽトシ》。。トモヨメリ、又我子ノ刀自トモ云、又高貴ノ夫人ナントモ我身ヲ卑下ノ刀自ト被仰タリ、天武天皇ノ后藤原ノ夫人字《アサナ》曰フ二大原《ヲハラ》大《オホ》刀自一ト、鎌足内大臣御女又刀自売《メ》ト云アリ、此集作者物部ノ刀自売、掠椅部《クラハシヘ》ノ刀自売《トシメ》ト云々、

神無月トヨメル歌

詞花　神無月在明ノ空ノ時雨ルヲ又我ナラヌ人ヤミルラム　　赤染衛門

千　嵐フクヒラノ高根ノ子ワタシニアハレ時雨ル神無月哉　　道因

新古　時シモアレ冬ハ葉守ノ神無月アラハニナリヌ森ノ柏木　　慶算

○本書は、貞治五年に釈由阿が著した万葉研究書なので、しばらくここに収める。

【応安元年（一三六八）】

一〇月　杵築弘乗の代理高守、北島資孝の訴えに一々反論し、祭礼料田や神子神人・屋敷などを相伝の旨に任せて安堵してほしいと訴える。

五五　杵築弘乗代高守目安案（千家家文書・県図影写）

目安

杵築弘乗代高守申、

資孝訴申由、如今月五日御奉書者、正月十五日餅田・三月一日御歩射田・仮宮御神田・伊那佐御神

田・若宮御神田幷田中屋敷・神子二人・神人二人・
　市庭屋敷一所、捍妨由事、
右子細等、賜資孝之本解状、可申所存者也、但彼田畠等事、於西沢者、依為代々師壇、亡父国造孝時令宛行于一乗院竹坊竹本坊已来、至于弘乗之子息愛洲（寿）丸、令相伝知行者也、孝時状備于右、次歩射田事、自亡父孝時之代、令御神役於勤仕、既四十余年、令当知行者也、市場屋敷以同前、次神子・神人等事、是又自亡父孝時存生中、被分宛于弘乗之分、経年序訖、今更不可申子細者哉、爰国造孝宗与同貞孝如社務職和与状者、上官神人得分住宅、如日来、任孝時・清孝之例、不可有改動云々所詮、仍弘乗者帯国造清孝之補任、当役勤仕之上官職也、然者此段父貞孝者依令存知、一期之間、終以不申一言之子細、経廿六年訖、且惣官職一方仁管領之時、有所存者、可申子細歟之処、背和与之制法、資孝致訴訟之条、難遁罪科者哉、将又同和与状云、上裁落居之間者、不可背此趣候、若相互致違乱濫妨者、於守護御計、被付管領於一方仁、可被注進候、更一言不可及対論云々、在状分（明カ）。之上者、争無御炳誡之御沙汰哉、所詮被奇（棄カ）捐資孝之奸訴、任弘乗相伝之旨、為蒙御成敗、粗目安言上如件、
　応安元年十月日

【応安三年（一三七〇）】

この頃　島根半島が広く浮浪山と称されていたことが知られる。

五六　知覚庵山大道和尚行状　△続群書類従巻二三四

師諱一以。字大道。姓平氏。雲州島根県人也。島根亦名浮浪山。古記云。昔霊鷲山裂。随波而流。大社明神持杵築而停之。故附雲州。杵築也者大社地名。厥杵生長高二丈余。現今存焉。（後略）

○本書はこの年に没した出雲出身の五山学僧（南禅寺主）大道和尚の伝記であるので、しばらくここに収める。

【応安五年～永和二年（一三七二～七六）】

この頃　後に鰐淵寺の所蔵となる大般若経の筆写が行われる。

五七　鰐淵寺旧蔵大般若経奥書（常光寺所蔵）

（六巻、写本）

応安第八正月廿日書写了、　沙門恵運書ノ、
（一六巻、写本）
応安第八三月九日午刻之了、　釈恵運謹書
（一八巻、写本）
応安八三月十五日　釈恵運謹書、「（異筆）鰐渕寺　和多坊常住」
（二〇巻、写本）
応安八三月於雲州飯石郡須佐郷内由留間村妙厳庵　釈恵運謹書、
（二四巻、写本）
永和元乙卯五月一日　沙門恵運謹書、
（二六巻、写本）
旹　永和元年五月十一　慧運謹書、
（五一巻、写本）
永和元年八月七日　沙門恵運謹書、
（五三巻、写本）
永和元年乙卯八月十五日　沙門恵運謹書、
（五六巻、写本）

永和元年八月廿四日　沙門慧運謹書之、
（六〇巻、写本）
「（異筆）浮浪山鰐渕寺　和多坊常住」、永和元年乙卯九月五日於雲州飯石郡須佐郷、
（七七巻、写本）
永和元年十二月十二日　沙門慧運謹書、
（八〇巻、写本）
永和元年十二月廿六日　比丘慧運謹書、
（八五巻、写本）
慧運謹書、
（八七巻、写本）
沙門慧運謹書、
（九二巻、写本）
比丘慧運謹書、
（九三巻、写本）
恵運謹書、
（九七巻、写本）
沙門恵雲謹書、

(一〇〇巻、写本)

旹　永和二年丙辰五月卅日於雲州飯石郡須佐郷内由留間村
妙厳庵書写了、　右筆比丘恵運、「(異筆)浮浪山鰐渕寺　和多坊
常住」

(一七一巻、写本)

於須佐郷波多村本覚寺書写了、　永和二年丙辰二月十三日
阿闍梨、

(一七二巻、写本)

於須佐郷波多村本覚寺書写了、　永和二年丙辰二月廿一日
阿闍梨尚増、

(一七四巻、写本)

於雲州須佐郷波多村本覚禅寺書写了、　永和丙辰三月晦日
阿闍梨尚増□□、

(一七五巻、写本)

於雲州須佐郷波多村本覚禅寺書写了、

(一七六巻、写本)

於雲州須佐郷波多村本覚禅寺書写畢、　永和二年丙辰卯月
四日阿闍梨尚増、

(一七八巻、写本)

於雲州須佐郷本覚禅寺書写了、□□(丙カ)□

(一七九巻、写本)

於雲州須佐郷本覚禅寺書写了、　永和二年丙辰卯月十三日
阿闍梨　尚増、

(一八〇巻、写本)

「(異筆)浮浪山鰐渕寺　和多坊常住」、於雲州須佐郷本覚禅寺書
写了、　永和二丙辰卯月十五日　阿闍梨　尚増、

(一八一巻、写本)

於雲州飯石郡波多村本覚寺書写畢、　永和第二丙辰仲夏日
一校了、

(一八二巻、写本)

於雲州飯石郡須佐郷内波多村本覚寺書写、　永和第二丙辰
孟夏下旬日　一校畢、

(一八六巻、写本)

於雲州須佐郷内波多村本覚寺書写畢、　永和弐禩丙辰孟夏
上旬日　一校了、

（一八七巻、写本）
於雲州須佐郷波多村本覚寺書写畢、□
（一八九巻、写本）
於雲州須佐郷内波多村本覚寺書写畢、□
（一九〇巻、写本）
（異筆）「浮浪山鰐渕寺　和多坊常住」、於雲州須佐郷内波多
村本覚寺書写畢、　旹永和二禩丙辰孟春日　一校了、
（一四四巻、写本）
於雲州須佐郷波多村本覚禅寺書写畢、　□　永和元年乙卯
四月廿七日、
（一四五巻、写本）
永和元年乙卯四月晦日書写畢、
（一四六巻、写本）
執筆月山、
（一四七巻、写本）
執筆月山、
（一四九巻、写本）
永和元年乙卯五月十四日　執筆月山　書写畢、

（一五〇巻、写本）
（異筆）「浮浪山鰐渕寺　和多坊常住」、永和元年乙卯五月十六日
執筆月山　書写畢、
（一六三巻、写本）
永和二年丙辰五月十七日書写畢、
（一六四巻、写本）
永和二年丙辰五月十七日書写畢、
（一六五巻、写本）
永和二年丙辰五月廿一日　執筆良印　書写畢、
（一六六巻、写本）
永和二年丙辰五月廿二日　書写畢、
（一六八巻、写本）
永和二年丙辰五月廿七日　書写畢、
（一六九巻、写本）
執筆良印、□
（一七〇巻、写本）
於出雲国波多村本覚禅寺書写畢、　永和二年丙辰七月廿七
日　執筆良印、（異筆）「浮浪山鰐渕寺和多坊常住」

（二八九巻、写本）
沙門恵運謹書、
（二九一巻、写本）
於雲州須佐郷波多村本覚禅寺書写了、　永和二年丙辰閏七月廿八日　阿闍梨　尚増、
（二九三巻、写本）
於雲州須佐郷内波多村本覚寺□　永和第二丙辰八月廿五日尚増、□
（二九四巻、写本）
於雲州須佐郷波多村本覚寺書写了、□
（二九六巻、写本）
於雲州須佐郷波多村本覚寺書写了、　永和二年丙辰九月十日　阿闍梨　尚増、
（三〇〇巻、写本）
「（異筆）浮浪山鰐渕寺和多坊常住」、於雲州須佐波多村本覚寺書写畢、　永和第二丙辰閏七月日　一校了、
（三一一巻、写本）
一校了畢、
（三一二巻、写本）
一校了畢、
（三一三巻、写本）
一校了畢、
（三一四巻、写本）
一校了畢、
（三一五巻、写本）
一校了畢、
（三一六巻、写本）
一校了畢、
（三一八巻、写本）
一校了畢、
（三二〇巻、写本）
旹　応安七甲寅五月五日　書写畢、「（異筆）浮浪山鰐渕寺和多坊常住」
（三二四巻、写本）
永和元年八月□正日　□□（恵運カ）謹書、
（三三九巻、写本）

於出雲国波多村本覚禅寺書写畢、　応安第七甲寅五月十日、
（三四一巻、写本）
一校畢、　於出雲州波多村本覚禅寺書写畢、
（三四二巻、写本）
一校了、
（三四四巻、写本）
於出雲州（異筆）「須佐郷」波多村本覚禅寺書写畢、　応安第七
四月廿八日　一校了、
（三四五巻、写本）
（異筆）「浮浪山鰐渕寺和多坊常住」、　於出雲国波多村本覚禅寺書
写畢、
（三四六巻、写本）
於出雲国波多村本覚禅寺書写畢、
（三四九巻、写本）
於出雲国須佐郷内波多之村本覚禅寺書写了、　応安第七
甲寅六月日、
（三五一巻、写本）
四百内　六秩一　伊秩庄栗原書写畢　無相、
（三五二巻、写本）
於伊秩庄栗原邑書写　無相、
（三五五巻、写本）
伊秩之庄栗原邑書写　無相、
（三五六巻、写本）
四百内　六秩　伊秩庄栗原書写畢　無相、
（三五七巻、写本）
伊秩之庄栗原邑書写畢　執筆無相、
（三五八巻、写本）
伊秩庄栗原邑於書写畢　無相、
（三五九巻、写本）
伊秩庄栗原邑書写畢　執筆無相、
（三六〇巻、写本）
（異筆）「浮浪山鰐渕寺和多坊常住」、伊秩庄栗原邑書写畢、執筆
無相　応安七年甲寅八月一日、
（三六一巻、写本）
於出雲国波多村本覚禅寺書写畢、　応安第七五月六日、
（三六二巻、写本）

於出雲国波多村本覚禅寺書写畢、

（三六五巻、写本）

応安第七甲寅五月十三日　書写畢、

（三六六巻、写本）

於出雲国須佐郷内波多村本覚禅寺書写畢、　応安第七甲寅
五月日、

（三六八巻、写本）

於出雲国須佐郷内波多村本覚禅寺書写了、　応安第七甲寅
六月日、

（三六九巻、写本）

於出雲国須佐郷内波多村本覚禅寺書写畢、

（三七〇巻、写本）

於出雲国須佐郷内波多村本覚禅寺書写畢、「（異筆）浮浪山鰐渕
寺和多坊常住」、

（三八一巻、写本）

応安第七甲寅六月日、

（三八三巻、写本）

於出雲国波多村本覚禅寺書写了、　応安第七甲寅六月日、

（三八四巻、写本）

於出雲国須佐郷内波多村本覚禅寺書写畢、　応安第七甲寅
六月日、

（三八五巻、写本）

応安第七甲寅六月日　書写了、

（三八六巻、写本）

応安第七甲寅六月日　書写了、

（三八九巻、写本）

応安第七六月日　書写了、

（四一八巻、写本）

旹　応安五年壬子正月□（念カ）七日　右筆恵運、

（四一九巻、写本）

旹　応安五年壬子二月一日　於雲州須佐郷之内波多村地頭
所新宅書写畢、　慧運書、

（四二一巻、写本）

於雲州須佐郷之内波多村地頭所新宅書写畢、　応安第五
壬子二月九日　慧運謹書、

（四二四巻、写本）

旹　応安第五壬子夾鐘念九日　於出雲州波多村地頭所新宅
書写畢、　執筆慧運敬書、
（四二五巻、写本）
旹　応安第五壬子二月廿二日　慧運謹書、
（四二七巻、写本）
応安五年壬子二月晦日　慧運謹書、
（四三〇巻、写本）
旹　応安第五壬子三月念一日釈子　恵運謹書、
（異筆）「浮浪山鰐渕寺和多坊常住」
（四四二巻、写本）
一校了畢、
（四四三巻、写本）
一校了畢、
（四四五巻、写本）
一校了畢、
（四四六巻、写本）
一校了畢、
（四六一巻、写本）

旹　応安第六昭陽赤集若仲呂七日　於雲州飯石郡須佐郷、
（四六二巻、写本）
旹　応安第六昭陽赤集若仲呂十五日　於雲州須佐郷由留間村
妙厳庵書写了、　執筆恵運謹書、
（四六三巻、写本）
旹　応安六年昭陽赤集若中夏端午日　執筆恵運謹書、
（四六四巻、写本）
旹　応安第六癸丑五月十六日　於雲州飯石郡須佐郷由留間
村書写畢、
（四六五巻、写本）
旹　応安第六昭陽赤集若蕤賓念三日　恵運謹書、
（四六六巻、写本）
応安六年五月念五日　恵運謹書、
（四六七巻、写本）
旹　応安第六昭陽赤集若林鐘二日　於雲州由留間村妙厳庵書
写之、　執筆恵運謹書、
（四六八巻、写本）
旹　応安第六昭陽赤集若林鐘十三日　恵運謹書、

(四六九巻、写本)
豈　応安第六昭陽赤集若林鐘念一日　執筆恵運謹書、
(四七〇巻、写本)
豈　応安第六昭陽赤集若林鐘念六日　恵運謹書、「(異筆)浮浪山鰐渕寺和多坊常住」、
(四七一巻、写本)
豈　応安第六夷則二日　於雲州飯石郡由留間村妙厳庵書写之、　桑門恵運謹書、
(四七四巻、写本)
豈　応安第六昭陽赤集若夷則念四日　沙門慧運謹書、
(四七六巻、写本)
豈　応安第六八月十一日　於妙厳庵書写畢、
(四七八巻、写本)
沙門恵運謹書、
(四九一巻、写本)
豈　応安第六昭陽赤集若黄鐘十一日　於妙厳庵書写了、　沙門恵運謹書、「(異筆)永禄七年甲子六月三日此経修□仕以名之岩本坊栄泉」

(四九二巻、写本)
豈　応安第六癸丑十一月十九日於由留間村妙厳庵書写了、　恵運書之、
(四九四巻、写本)
応安第六十一月晦日　於妙厳庵書写了、　慧運書之、
(四九五巻、写本)
沙門慧運書之、
(五一一巻、写本)
豈　応安第七甲寅二月七日於由留間村妙厳庵書写之、　沙門慧運、
(五一九巻、写本)
応安第七甲寅三月廿七日書写了、　執筆吉山恵運書之、　大願主
(五六〇巻、写本)
応安第七八月廿一日　於雲州飯石郡由留間村妙厳庵書写了、　執筆恵運、「(異筆)浮浪山鰐渕寺和多坊常住」、
(五九四巻、写本)
応安第七十二月十六日申剋書写了、　慧運謹書之、

（六〇〇巻、写本）
応安第七甲寅十二月廿六日午剋書写畢、（異筆）「元禄十四辛巳年五月中旬ヨリ六月中旬マテニ経題ヲ書出シ転読ノ次而ニ全部修補仕者也、　千手院之　良雄敬白」、

【明徳三年（一三九二）】

正月二三日　御崎社神人、今後別火代に対し対面しない旨の起請文を立て、杵築大明神・御崎十羅刹如と蔵王権現に誓う。

五八　御崎社神人連署起請文写（千家古文書写乙）

立申きしやうもん（起請文）の事、
　合一通者、
右のくわんハ、へつくわたい（別火代）ろうとうのみとして、明徳元年十二月廿七日夜、おなしき神人のきさふうお、（ら脱カ）あつこうし、すてにせつかいせんとせられ候事、もつたいなきを、たいおくはう殿なけき申候お、御せうへなきによりて、きやうこう（向後）において、へつくわたいに神人とたいめん（対面）すへからさるよし、一どう申候所なり、もしこの人しゆ（族）一人ももれ候はんともがらにおいてハ、神人の内入まじく候、もしこのてういつわり（偽）申候はゞ、くわんしやう（勧請）したてまつる、日本国中の大小神き明たう、ことにハきつき（杵築）大明神、みさき（御崎）十らせち、ざわうごんけん（蔵王権現）の御はち（罰）を、神人一とうまかりかうふる（蒙）へく候、よつてれんはん（連判）の状くだんのごとし、

　明徳三年かのとのひつし　正月廿三日

【明徳五年・応永元年（一三九四）】

月未詳八日　豪海（鰐淵寺僧カ）、阿娑縛抄所収の三摩耶戒讃衆用意を書写する。

五九　三摩耶戒讃衆用意奥書（阿娑縛抄第二〇九）　△大日本仏教全書

以御本令書写之畢　　永慶
明徳五年甲戌八日令書写之畢　　豪海
嘉永四年辛亥六月三日於雲州鰐淵寺
以明徳年古写本詳書写畢　　宗淵

四月一一日　豪海（鰐淵寺僧ヵ）、阿娑縛抄所収の胎灌讃衆用意を書写する。

六〇　胎灌讃衆用意奥書（阿娑縛抄第二一〇）　△大日本仏教全書

以右御本誂大原円正房、於叡山花蔵房書写之訖、
然吉慶讃多御本仁令相違畢、遂可直之、
延元々年五月三日　　永慶金剛記之
明徳五年甲戌卯月十一日
賜御本令書写訖　　遍照金剛豪海
嘉永四年辛亥六月四日於鰐淵寺以古本書写之、原本
二通在之、　　清浄金剛宗淵
嘉永七年八月二十四日、於南谷円龍院奉宗淵法印
命令書写畢、　　民部卿亮乾

一〇月一四日　豪海（鰐淵寺僧ヵ）、阿娑縛抄所収の金灌讃衆用意を書写する。

六一　金灌讃衆用意奥書（阿娑縛抄第二一一）　△大日本仏教全書

以寺戸本書写之訖　　円｜俊
永徳三年辛亥十一月一日賜御本書写之畢、此本者
任御抄之次第、豪鎮法印私被記之云云、後学可学
之、　　清覚
応永元年甲戌十月十四日賜御本令書写之畢　　豪海
嘉永四年辛亥六月日於雲州鰐淵寺書写之畢　　宗淵

【応永三年（一三九六）】

四月二八日　杵築大社三月会の入目注文が作成される。その中に、鰐淵寺僧の勤める大般若経転読の諸経費も見える。

六二　杵築大社三月会入目注文写（佐草家文書）

（異筆）「応永三年卯月廿八日三月会記録、天下ヘ指上ル案書、
此時之将軍者義満公也、尊氏御孫也、義詮御嫡男」
（前欠ヵ）
仮宮初月□□□三方頭人□十ケ月ミ五百文
御弊儀十一帖
酒見饗膳二百五十膳代卅貫文膳前百廿文也
同時国造殿引出物馬代三貫文　同時御火入物一貫文

同時上官引出物□同時庁肴代一貫文

一、日饗三百膳代六十六貫文膳前二百廿文也同時御火入物一貫文本頭役也　同時广(庁、下同ジ)肴代一貫文　同時頭人招請神人引出物三百文

一、御殿水引綾代二貫五百文　御箸台四丈絹二代三貫五百文　御幣覆絹織物二面代四貫文　御幣紙二帖□(原)裳代三百文　同時奉行別火引出物二貫文(御幣拝時)　幣持神人二人引出物六百文　神子ちいや懸帯以下毫牪具足色々代十二貫文　同時神子御幣持神人共十人引出物一貫文　同時肴代二百文

一、国造殿御二前宛代十貫文　仮宮詣時膝突一貫文試楽日[redacted]同時肴代二貫文

一、御神馬二疋代廿貫文　同二疋衣飾代五貫文
同二疋指縄代六百文　同膝突馬代五貫文
同衣飾代一貫五百文　同指縄代二百文

一、小社神馬八疋代十六貫文　神立神馬代二貫文

一、酒肴二百合代十貫文　同引副馬代三貫文

一、方神人取布三十端内　頭布十五端代一貫五百文
順布十五端代七百五十文

一、方神人広皆敷代三百文　少舎所広皆敷三百文

一、三十八所初物代二貫百九十文内　頭布十五端代一貫五百文　順布□十三端代六百九十文

一、楽帳布代三百文

(紙継目)

一、御供所雑掌料一貫文

一、頭人宿雑掌引出物一貫文

一、御供時色々菓子事
串柿千代三百文　橘千代百五十文　大梨子七十代二百文　柚柑七十代百文　生栗一斗代百文　勝栗(槝也)一斗代百文　柑子三百代百文　暑預百本代五十文　野老三斗代百文　糯六升代百文　糠二升代五十文　油二升代百文　簟根五把代卅文　和布三束代十五文　折敷五束(把)代七十五文　牛房(大根す、)三束代三十《わらひ》文　土筆代十文　蓮根代五十文　苔《コフ》五束(十巻)代三十五文　神馬草代十文　衡重十四膳代五百文　尻高二百代二百文　土器大小三百代百五文(五十文)　大豆二升代十五文　小豆二升代二十文　中入米三升代三十文　原紙二帖百枚代五十文　鍋一口代百

文　鉄輪一本代五十文　炭八籠　薪可有沙汰也　平巾
布一切代百五十文　御供所莚三枚内上一枚下二枚代百文　同雑
掌料一貫文
一大般若転読布施物十五貫《フシ》文　鎮願発願導師布施十貫
文　同僧膳朝夕六十六膳代七貫九百二十文　行事承
仕一貫文　雑掌料一貫文　巻数代油代百文
一相撲纏頭物　占手代五貫勝手十貫文　凡十五人四十五
貫文
十七人内三人社相撲
饗料八貫五百文　たうさきの代一貫七百文
纏頭布二百五十端内頭布五十端代五貫文　順布二百端代六貫文

（紙継目）

綿被物一重代五貫文　綾被物三重代三貫文

（紙継目）

方屋幕一帖代一貫文
一頭人御衣裳事
道《浄》将衣一具代一貫五百文　奉幣将衣一具代三貫文　絹
一貫五百文　大口二貫文　小袖二代二貫文　立烏帽子
代百五十文　踏一足代二百文　白木すゝ一連
一纏頭殿八人　将衣八具代六貫四百文　同袴一具〻貫六百
文　跡（踏）八一具〻貫六百文　同帯八八百文　扇八本二百四
十文　立烏帽子一貫二百《八頭》文　銚子一具一貫文
一流鏑馬一騎　当色等
一引米五十石　国升定
一色々白米分
御供白米一石九斗□升　糯白米一石五斗　广鍋飯両
度四斗　御火両度二斗　御仏供二斗　小舎所二斗　楽
屋小俵一斗　方小綾五斗

（紙継目）

経所雑掌料六斗　従料一石　月詣大宮一石一斗　仮
宮五斗五升
已上八石二斗九〻七升
及一升一夕五才
丁一斗一合五勺
十十一石一升五合
六〻石〻六〻斗〻二〻升〻四〻合〻
一色々御酒
御殿御酒四斗　御火御酒五斗二升　拝経（解除カ）酒三斗二升
同殿上酒三斗　同時奉行別火下人六升　酒見二石五
斗　日饗酒二石七斗　同時殿上酒三斗　小舎所七斗
二升　取酒一石　方酒五斗　御供所酒三斗六升　楽

屋一斗四升　酒肴酒八斗八升　経所酒二石一斗　巻数
酒三斗　小口開色々酒一石　御弊挑時一斗二升　たか
をけ十合別二つ、有之、ふしん
已上十四石二斗二升

[redacted]

此外广御供所　経所すミ广両度四たき候　御供所二　経所二
槽四　桶大小十　御火酒桶十九　瓶子桶四十　長槽二合
宿ニテ幕一帖代壱貫文　□□《（てう）》し同さけ代一貫文
畳代壱貫文　たか　おけひしやく　かわらけ・をし
き・かみ・すミ・まつたき《（松薪）》、多有之、

【応永八年（一四〇一）】

五月一二日　出雲の学林坊（俊円）、伊勢・高野山より下向する。

六三　康富記応永八年五月十二日条　△増補史料大成

（前略）多《今日カ》雲州学林坊自伊勢幷高野下向、

五月一三日　出雲の学林坊（俊円）、中原康富宅で宿泊する。

六四　康富記応永八年五月十三日条　△増補史料大成

（前略）今日学林坊来、夜宿、（後略）

五月一七日　出雲の学林坊（俊円）、九世戸に詣でる。

六五　康富記応永八年五月十七日条　△増補史料大成

（前略）今日雲州学林坊九世戸詣也、

五月二二日　出雲の学林坊（俊円）、九世戸より下向する。

六六　康富記応永八年五月廿二日条　△増補史料大成

（前略）今日雲州学林坊自九世戸下向、（後略）

五月二三日　出雲の学林坊（俊円）、中原康富と風呂に同道する。

六七　康富記応永八年五月廿三日条　△増補史料大成

（前略）今日用風呂、学林坊同道、

五月二四日　出雲の学林坊（俊円）、堀内入道に同道して善光寺に参詣する。

六八　康富記応永八年五月廿四日条　△増補史料大成

（前略）今朝堀内入道善光寺参詣、雲州学林坊同道、若党遁世之者也、

六月一日　出雲の学林坊（俊円）、寒氷を賞翫する。

六九　康富記応永八年六月一日条　△増補史料大成

（前略）今日寒氷一果所望、斎藤許并泉涌寺寒氷遣也、沢次郎右衛門尉方遣之、則又来臨也、又於此亭寒氷、雲州学林坊賞翫之、（原本此間欠）

六月六日　出雲の学林坊俊円、慈鎮和尚孫弟の律僧聖照が筑紫から上洛し、法勝寺・元応寺で灌頂を行った際、戒師を勤めるという。

七〇　康富記応永八年六月六日条　△増補史料大成

（前略）自筑紫律僧聖照慈鎮和尚孫弟云々、上洛、法勝寺元応寺為灌頂云々、学林坊俊円云々戒師云々、

六月八日　出雲の学林坊俊円、守護方の使者に同道して本国に下向する。

七一　康富記応永八年六月八日条　△増補史料大成

（前略）今日出雲学林坊俊円、下向本国、守護方隠岐方使下国同道、教阿許ヨリ方使去四月廿六日上洛物詣、（後略）

【応永一二年（一四〇五）】

一二月一九日　佐々木前信濃入道沙弥妙中、学林坊俊円の所望により、木造大日如来坐像を造る。

七二　木造大日如来坐像銘（鰐淵寺所蔵）

出雲国　学林坊俊円仍所望
佐々木前信濃入道沙弥妙中作
出東郡　応永十二年十二月十九日
○太字部分のみ墨書、その他は線刻である。

【応永一九年（一四一二）】

この年　古代以来の杵築大社造営事業が列記され、伝承として「浮浪山」が見える。

七三　杵築大社造営覚書（佐草家文書）

第王（マヽ）五十七崩　□□丑奇浮浪山日本記意号手摩
安寧天皇　島此御門政道為□□合杵築行幸廰而
御返事アリ、
自天降玉り（給へ）云　天津月モ光恵モ集聞ナ
ルマツリ事ヲサマル君代ニサカウカモ
□□

第六百四十崩御　卅二年庚申大社天降
孝安天皇　安寧以来百八十年簸河上社始也
第六十六卅二崩　永延元丁亥大社柱立十一月廿四日
一条之院　孝安ヨリ以来一千二百七十四年
第七十四十四崩　治暦三年甲辰大社遷宮、同五年丙午
後冷泉院　大社顚（顛）倒
一条以来□（八カ）十一年
第七十三廿九崩　長治元年　三月廿一日大社柱立、奉行
堀河院　目代源義忠
後冷泉以来卅六年
第七十五四十六崩　大治三年戊申大社造営宣旨成テ、奉
崇徳天皇　行
越前守盛道　堀河院以来廿五年
第七十六十七崩　久安元年乙丑四月十三日大社遷宮、同
近衛院　元年六月七日大社顚（顛）倒　崇徳天皇以来
十八年、同元年十月廿四日大社仮遷宮
第八十二六十崩　建久元年庚戌大社遷宮　近衛院以来
後鳥羽院　四十六年

第八十八廿三崩　安貞元年　六月廿四日大社仮殿遷宮
後堀河院　後堀河後鳥羽院以来卅八年
第八十九六十三崩　宝治二年戌（戊）申十月廿七日大社遷宮か
後深草院　後堀河院以（来脱）廿二年
第九十五十七崩　文永七年　正月二日大社焼失四年か
亀山天皇　後深草院以来二十三年
第九十一　弘安十年丁亥大社仮殿遷宮
後宇多天皇　亀山天皇以来十八年
第九十二　正安二年庚子十月四日大社仮殿焼失
伏見院　後宇多以来十八年
第九十六　元亨元年辛酉大社造営宣旨并綸旨成于
後醍醐院　奉行又、伏見院以来廿一年
長岡（慶）天皇　応安三年庚戌五月七日大社手斧始、隠
岐入道自勝――千家修行之
後醍醐以来四十九年、同六月十三日柱
立北島修行之、承和（永カ）二年四月十一日大
社棟上、北島修行之、
至徳三年、御遷宮守護殿代上卿殿

真楯王子　応永十六年己丑十月十日大社柱立、同十九年
四月廿六日御遷宮、北島修行之、長岡（慶）天皇以
来四十三年
応永十九年壬辰マテ都合年数一千九百一年

【応永二〇年（一四一三）】

一〇月一七日　紀伊熊野大社の神官鳥居道秀が幸ます女分として譲渡した旦那分に、出雲鰐淵寺橋本坊の門弟引がみえる。

七四　鳥居僧都道秀処分状（潮崎八百主文書）

△熊野那智大社文書・潮崎八百主文書補遺一

越前国こう（幸）の水お方（マヽ）の幸勝坊之門弟引旦那一円、
一、幸ます女分、
出雲国わニふち（鰐淵）のはしもと坊門弟引たんな一円、
一、米々女分、但い豆国旦那者除也、
越前国こうのミとう（つ脱カ）三位門弟引旦那一円、
一、ひめ女分、
出雲国湯之民部ノ弟子二位之門弟引引（マヽ）一円、
一、土与女分、
出雲国花蔵之東印坊門弟引たんな一円、
右之処分、鳥居之道秀重代依為相伝、永譲所実正也、
但自然他人之方渡事者、本防（坊）可返者也、依処分之状如件、
応永廿年十月十七日
鳥居大夫僧都道秀（花押）

【応永二一年（一四一四）】

三月二日　竹下孝清、森脇方の跡は伯父彦五郎の遺言により惣領千家方と定められ、また曾祖父弘乗が国造孝宗に誓った所でもあるとして、北島方に付くことはしないと誓う。

七五　竹下孝清契約状（千家家文書・県図影写）

森脇方跡之事、伯父彦五郎方依遺言、惣領千家殿堅被仰
定上者、聊も為御千家殿之不忠後へたな之事あるへから
す候、然而曾祖父弘乗、孝宗之御方へ任彼状書候旨、自
然北島方へも罷成子細者、（候脱カ）弘乗跡お短分も不可知行、幸
満丸忌中候之間、先愚身状を認進之也、若此条偽申候者、
当社大明神、部類眷属之御罰お可蒙罷（マヽ）候、仍為後之状如
件、
応永廿一年甲午三月二日
竹下
孝清（花押）

六月二一日　杵築大社の祝某、遷宮の際に要する費用などを書き上げる。その中に山上衆（鰐淵寺僧）への布施も見える。

七六　杵築大社遷宮入目日記写（千家古文書写丙）

一、御こしかきの役人二人ハいしやう しやく 立えほし
一、御供米
一、御神楽酒米
一、国造殿上官御子神人酒肴ハいるへからす候、
一、山上衆様御中へ御ふせさらしいるへく候、
此日記ノ内御意たるへく候、
応永廿一年六月廿一日
はうり
松田殿へ記進上申上候案文、
の木へいそき候てうつしとり候也、わろくかきあや
まりも候也、後に書直し可被下候也、

一〇月二三日　伯父彦五郎の遺言に従って森脇跡を相続した竹下幸満、所領の半分を後家の母に与え、もし惣領千家殿に敵対し、北島方に付くようなことがあれば、曾祖父弘乗の掟に従って、森脇跡は知行しないと誓う。

七七　竹下幸満起請文（千家家文書・県図影写）

伯父彦五郎任遺言、森脇一跡相続無相違処也、然而為死別後家上者、在々所領半分壱期間去与申処也、次国府御神田幷上官得分者、半分之外ニ某一円知行也、但惣領千家殿不忠敵対之儀存、北島方へ成事候者、曾祖父弘乗おきてにまかせて、森脇跡を少事も不可知行候、若此条偽申候者、当社大明神、部類眷属御罰可罷蒙候、仍為後日之状如件、
応永廿一年十月廿三日　幸満（花押）

【応永二二年（一四一五）】

三月二二日　某弘次、佐野神主に神主職と田畑を渡し付け、先例に従って社役等の沙汰をするよう命じる。

七八　弘次下知状案（稲田家文書）　△鰐淵寺・寺外拾遺九（イ）

合、田畑共二、
右、神主職者、任往古道理、当神主へ渡付候者也、社役等者、守先例可致其沙汰候、仍為後日、下知状如件、
応永廿二年三月廿二日　弘次御判

佐野神主殿

【応永二八年（一四二一）】

一二月二五日　後に鰐淵寺の所蔵となる大般若経の版本が作成される。

七九　鰐淵寺旧蔵大般若経奥書（常光寺所蔵）

（三巻、版本）
了源、（異筆）「鰐渕寺」、
（四巻、版本）
了源
（五巻、版本）
了源、（異筆）「鰐淵寺」、
（九巻、版本）
了源、（異筆）「鰐渕寺」、
（一〇巻、版本）
（異筆）「鰐渕寺」、応永廿八年辛丑臘月廿五日　願主、（異筆）「豪円施入之」、
（三〇巻、版本）
応永廿八年辛丑臘月廿五日　願主令伯　道雲
（三六巻、版本）
応永廿八年
（四一巻、版本）
願主令伯　道祐、
（七〇巻、版本）
応永廿八年辛丑臘月廿五日　願主令伯　妙性
（一〇一巻、版本）
応永廿八年辛丑臘月廿五日　願主昌財
（一〇二巻、版本）
昌財
（一〇三巻、版本）
昌財
（一〇四巻、版本）
昌財
（一〇五巻、版本）
昌財
（一一〇巻、版本）

応永廿八年辛丑臘月廿五日　願主令伯　頼家
（一二一巻、版本）
応永廿八年辛丑臘月廿五日　願主令伯　智了
（一四〇巻、版本）
応永廿八年辛丑臘月廿五日　願主令伯　善徳
（一五〇巻、版本）
応永廿八年辛丑臘月廿五日　願主令伯　氏俊
（一六〇巻、版本）
応永廿八年辛丑臘月廿五日　願主令伯　実貞
（一七〇巻、版本）
応永廿八年辛丑臘月廿五日　願主令伯　妙通
（二一〇巻、版本）
応永廿八年辛丑臘月二十五日　願主令伯　守重
（二二〇巻、版本）
応永廿八年辛丑臘月二十五日　願主令伯　慶珍
（二三〇巻、版本）
応永廿八年辛丑臘月二十五日　願主令伯　頼国
（二四〇巻、版本）

応永廿八年辛丑臘月二十五日　願主令伯　頼家
（三三〇巻、版本）
応永廿八年辛丑臘月廿五日　願主令伯
（三八〇巻、版本）
応永廿八年辛丑臘月廿五日　願主令伯　昌財
（三九一巻、版本）
願主　令伯　道願
（四〇〇巻、版本）
応永廿八年辛丑臘月廿五日
（四一〇巻、版本）
応永廿八年辛丑臘月廿五日　願主令伯　昌財
（四九〇巻、版本）
応永廿八年□丑臘月□□　願主令伯　道願
（五二一巻、版本）
応永廿八年辛丑十二月廿五日　願主　令伯　智了
（五三八巻、版本）
実尊　願主
（五三九巻、版本）

願主　実尊

（五五二巻、版本）

応永廿八年辛丑臘月日　願主令伯　旃円

（五五八巻、版本）

応永廿八年辛丑臘月　願主令伯　道願

（五六一巻、版本）

応永廿八年辛丑十二月　願主令伯　道祐

（五六二巻、版本）

応永廿八年辛丑臘月日　願主令伯

（五六四巻、版本）

応永廿八年辛丑臘月日　願主令伯　道祐

（五六五巻、版本）

応永廿八年辛丑臘月日　願主令伯　道祐

（五六八巻、版本）

旹　応永廿八年辛丑臘月日　願主令伯

（五七〇巻、版本）

応永廿八年辛丑臘月廿五日　願主令伯　了源

（五七六巻、版本）

頼国

（五八〇巻、版本）

願主令伯

【応永三〇年（一四二三）】

五月　柳原宮家の雑掌定勝、故山科宰相教繁の非分の押領を停止し、もとのごとく大社領一二郷内の所々を安堵してほしいと訴える。その中に南北別所も含まれる。

八〇　柳原宮雑掌定勝申状案（山科家古文書）

（端裏書）「□右

柳原宮雑掌申状　广（応）永三十八十二」

柳原宮雑掌定勝謹言上

欲早被停止故山科宰相教繁卿教高朝臣祖父非分押領、如元

被成進安堵御教書、出雲国杵築大社領号十二郷内同散

在所々間事、

遙勘郷、鳥屋郷、千家郷、富郷、伊志見郷、石塚郷、

南別所、北別所、佐木浦、傍田郷、小浜等、

副進

一通　関東執奏状　元亨三年七月廿七日
一通　安堵　綸旨　同　三年八月十四日
一巻　御奉書・守護遵行等
右、件大社領者、為　承明門院御遺領之専一、前永嘉門院御相伝以来、本所代々一円御当知行無相違者也、其子細見公験等者哉、爰旧院御代永徳年中、故山科宰相教繁卿于時右兵衛督、号有由緒子細、及六十年以不知行之地、称当知行之間、不及被相尋当知行、任掠申之旨、被成下　綸旨於教繁卿畢、仍無左右押妨間、帯本所進止之支証、就被歎申、既可被返付当方由、被経御沙汰之時分、故教繁卿以来至教高朝臣以下、募近習奉公権威、於諸方相支之間、依本所不肖、于今不事行者也、所詮当方者、元亨三年関東付進　永嘉門院以降御相伝、当知行無相違者也、山科方不帯元亨三年以後之公験上者、更次非御沙汰之限者歟、此子細先度重付松田豊前守歎申時、及両三ケ度、雖成召文於山科方、遂以不明之上者、殊近日被究御沙汰理非之最中、争不達愁訴哉、且云大社之神職、且云本所之牢籠、可被任御相伝之所見之条、可為恩化哉、仍粗言上如件、

応永三十年五月　日

【応永三二年（一四二五）】

七月一三日　鰐淵寺僧栄□、法華経読誦料所として、大社領一二郷のうちの高浜郷内上別所の田地・屋敷を賜ったとして、その公事などについて記す。

八一　鰐淵寺栄□証文（千家家文書・県図影写）

法華経読誦料所
大社御領十二郷高浜郷内上別所事
合田玖段小　屋敷三垣者　如本□
右、件別所任先規令拝領畢、然間師□和合而、可奉致御祈禱精誠、雖然万□或奉向　国造殿奉致不忠、或至彼料□於令沽却他所・他坊者、件別所可召返候、聊不可及異儀、次当郷溝・堀等所□郷内一烈可致公事、次御検断事、是又被任御社領大法、全不可令各別、但寄□（事）於左右、定役之外、於非分非法事者、不可□仰之、次於口説者、被決実否可有御□、此条々於後々住持、全不可令違背、仍

□文之状如件、

応永卅二年乙巳七月十三日　　権律師栄□

【永享二年（一四三〇）】

四月二十一日　親康と憲景、鰐淵寺領漆治郷八幡宮神主小三郎に神領を安堵する。

八二　親康・憲景連署安堵状（稲田家文書・県図影写）

定

合、田四段、畠三反半、者、

右、守先例、御神役等無懈怠令勤仕、次ニ於御造営等致其沙汰者、永不可有相違之状如件、

永享弐年卯月廿一日　　憲景（花押）

（漆治郷八幡宮）神主□□小三郎（殿脱カ）　　親康（花押）

五月三日　大社両国造、雑掌塩穴貞吉が一二郷のうちの武志郷・鳥屋郷を押領しようとしているとして、その成敗を奉行所に訴える。その中に、中世出雲神話の一端が見える。

八三　国造千家高国・北島高孝連署申状（北島家文書）

□（杵）築大社両国造高孝・高国雑掌直吉謹言上、

欲早被停止塩穴貞吉種々奸訴拾弐郷之内武志郷・鳥屋郷欲令押領間之事、

副進一通右大将（源頼朝）家御時御下文之案

二通当御代（足利義教）御判安堵御教書案

二通拾弐郷庄官等起請文之案

□（右）、当社御敷地者、以神力築留異国山、平四之凶徒、影向垂此地以来、霊験無双神明也、国造即　当社大明神為子孫、至高孝・高国五十二代、聊無改動神職也、然者公家・武家代々御下知・御教書不可勝計、依事繁所令詮略也、随而当国十二郷於所々国造令管領了者、庄官等起請文如此、条々明白之所、不顧神慮、猶以企押領事、冥見（顕）有其恐者哉、而証文明鏡之上者、如元任神威蒙御成敗、可抽御祈補（禱）精誠者乎、粗目安言上如件、

永享二年五月三日　　国造北島

高　孝（花押）

国造千家
高　国（花押）

御奉行所

○千家古文書写甲にも本文書の写あり。

【永享九年（一四三七）】

この頃　山陰六カ国のうち最も景勝の優れているのは出雲、そしてその中で最も優れているのは鰐淵寺だと称される。

八四　海山佳処（東海瓊華集）

△五山文学新集第二巻

海山佳処

国山陰者六、皆山水勝遊也、而雲州為称首、鰐淵亦雲中最也、恵日（圜爾）高弟正覚師（山叟慧雲）、創置華蔵禅寺、号山□（日）龍翔焉、明窓英上人、愛此山、築室而処有年、茲春々（マヽ）来京、藉（籍）名琴台（万寿寺）、登外記任、既美罷、偶秋風一夕而起、巻衲径帰、寄紙需扁其室、余聞鰐淵之勝耳熱（熟）、欲往一遊、未能而已、仍摘海山佳処四字、題紙還之、別賦唐律二章、前篇則以所得于伝聞、形容此山万一、且壮上人行色、后篇則寄声於山中主盟咲山（笑巌韶闇）老友、以抒中年感慨之所寓云、

山陰勝絶説雲陽、華蔵重々開瑶坊、巨鰐他移沙戸喜、群龍自赴法筵翔、江湖（潮）隠々揚僧梵、島霧霏々雑仏香、雒下黄塵還似海、知君帰夢赴秋凉、

四十頭顱已可悲、海山佳処苦相思、半間分座爾同去、方丈老禅吾最知、有志非韓（韓愈）忘忘輔教、無能是杜（杜甫）愛唫詩、西風江上易悽断、采々芙蓉寄与誰、

○本書は、永享九年四月二〇日に没した惟肖得巌の漢詩集なので、しばらくここに収める。

【文安二年（一四四五）】

二月二二日　某、鰐淵寺領漆治郷にある直江八幡宮の神主職を安堵する。

八五　直江八幡宮神主職安堵状写（稲田家文書）

△鰐淵寺・寺外拾遺六

出東郡漆沼（治）郷直江八幡宮神主職事、

合、田畠者、坪付別在之、

右、彼八幡并十羅刹女御殿等之破壊之時者、御造営無怠転可被取行、然者、神主職永代不可有相違之者也、仍為

後鏡状如件、

文安二年二月廿二日　（花押）

【文安四年（一四四七）】

閏二月九日　妙善、国富庄の大蓮坊稲田入道屋敷は旅伏別当の屋敷として諸公事なども免除されていると申し置く。

八六　妙善置文写　（稲田家文書）

（端裏書）「おきふミの状　いなた」

雲州国富庄大蓮坊稲田入道屋敷之事

合壱所者

右、彼の於屋敷者旅伏別当屋敷也、代々此旨任て天下より御公事又地下人へあたり候共、此在所ニハまんさう（万雑）公事をちやうし（停止）候、地下の御百姓中よりもいろ井あるましく候、其上八幡宮の御頭役なともつとめす候処也、

一身の給分ハ先年ハ

一所壱反しまさき　一所壱反九ノ坪　一所壱反西ノ坪

一所弐反ミさき　一所六十分さわ田　一所壱反水田北より

已上六反六十歩　此内弐反六十歩けん（現）作なり

一所三反歩ハ　ミかたの井料田にて候、

仍為後日状如件、

文安四年丁卯閏二月十九日　妙善　書判

いなた入道

【享徳元年（一四五二）】

八月　栄浄、大般若経を納めた箱の蓋に裏書きする。

八七　大般若経箱蓋銘　（鰐淵寺旧蔵）　△鰐淵寺一二〇

（一一一巻、版本）

享徳元年八月造之、

勧進少僧都栄浄

【康正二年（一四五六）】

この年　鰐淵寺、内裏造営のため諸国段銭・国役を賦課される。

八八　康正二年造内裏段銭幷国役引付　△群書類従巻五〇一

合。

五貫八十文。五月廿九日廿六日定。送状在。請取出。　嵯峨大雄寺領。尾州味岡庄段銭。

五貫文。同日。廿五日定。同。　嘉隠領。段銭

九貫六百文。同日。廿六日定。同。　宝寿院領。雲州飯田也。段銭。

参貫五百文。同日。同前。　三条師殿御家領。摂州細川庄段銭。

拾貫文同日。同。　三条師殿御家領。江州加田庄段銭。

（中略）

拾貫文同日。同。　塩冶三川守殿。段銭

（中略）

弐貫文同日。同。　杉原兵庫助殿。雲州安田庄段銭。

（中略）

二拾壱貫九十文同日。六五日定。同前。　鰐淵寺領。雲州所々段銭。

（中略）

拾五貫文同日。同前。　速成就院。雲州福頼庄之段銭。

（中略）

弐拾貫文六月廿一日。送状アリ。請取出。　塩冶参河守殿。段銭。

（中略）

参貫文同日。同前。　岩山美濃守殿。出雲国大峯国段銭。

（中略）

四貫文前日。六十二日定。同前。　鴨社領。雲州美州両国両所段銭。

物已上。三千五百五十四貫八十三文。

【寛正三年（一四六二）】

一二月二四日　東福寺僧健冑華岳和尚、雲州鰐淵寺を行基建立の地と称す。

八九　臥雲日件録抜尤寛正三年十二月二十四日条　△大日本古記録

二四日、東福常喜（建冑）華岳和尚来、茶話之次、及夢岩（祖応）和尚之事、岳曰、昔号出雲三蔵主者、夢岩・玄一峰（通玄）・三蔵主、皆一代有名之士也、雲州鰐淵《ワニブチ》教《有》寺、行基建立之地也、夢岩在雲時、教寺穿岩之次、得一石、有祖応二字、以此呈示夢岩、々曰、当如本埋之云々、人皆謂岩蓋行基再来歟、妙喜中岩（円月）、聞夢岩講蒲室曰、彼不入唐、争知蒲室近時、因令僧行聴之、帰来如所講告之、然中岩入唐朝所見聞之事、夢岩亦ヒ講之、中岩後送北礀箋曰、当見之、夢岩命合寺僧、一日写之、明日即还去、夢岩不要見后留蹤迹、遺命以書籍等、令供本成寺祖塔修造資、又画師（按察）《アセチ》其弟子也、謂人曰、平生不許写御影、故舊下行道時、自旁写之云々、又近時尚有聞夢岩講者、曰、本成寺内、不足

容众、然自門外遠聞之、亦如左右、此旲事之一也、又曰、某師（華岳ナリ）哲岩（祖濬）、住南禅時、椿庭（海寿）来過、話次曰、和尚講碧岩之時、解参《サン》同契之義曰、参音針、々同契之義也、実然乎、哲岩曰、或説有此義耳云々、岐陽（方秀）后間哲岩（某）曰、哲岩之義、或夢岩之説乎、有記此義之抄否云々、予又問、前日東福長老（天覚宗綱）入院道旧疏、和尚（建冑）所製也、冒頭所謂長慶魚籠、霊光螭虎之対、何義、曰、皆用俗故事（也、）○韋（応物）蘇州詩、有長慶潭中出魚籠之句、又霊光殿賦中、有螭虎之字、霊光盖龍吟庵塔額也、又有元枯木之句、何義、曰、枯木亦祖塔桄縁也、元五斗亦号元枯木、皆旲名也、｜

（四行空白）

日件彔第五十四冊　寛正四年癸未、自正月至閏六月、　寿徳北禅

大慈東亭

【寛正四年（一四六三）】

一二月一八日　円尊が願主となって、菩薩立像が作成される。

九〇　木造菩薩形立像墨書銘（鰐淵寺所蔵）

呪詛諸毒薬　所欲害身者

念彼観音力　還著於本人

真観清浄観　広大智慧観

悲観及慈観　願主円尊敬白

寛正四年十二月十八日

【年未詳】

月日未詳　安居院の寺領の一つとして鰐淵寺が見える。

九一　華頂要略（門下伝諸院家第一）

△天台宗全書一

安居院

山上本坊号竹林院　在東塔北谷

山下本坊号安居院　在京師寺内大原之東

寺領　越前気比庄　近江坂田別府　備後津田庄

出雲鰐淵寺

安居院相伝目録云

遍昭光院本尊阿弥陀画像

安居院当住居住在所

本房今擬本堂　住房一宇　経蔵一宇

対屋二宇　車宿　雑舎一宇　北房

山上本房竹林院 在東塔北谷八部尾末房広厳院等所々散地等
桜本房 西塔東谷有坊領
円生院 勅願寺 在嵯峨 有院領 本尊普賢像炎上以後奉渡当院
法勝寺大学頭職
豊原寺別当職
願徳寺別当職 遍昭光院領
房領
青蓮院門跡給
近江国坂田別府　備後国津田庄
越前国気比庄　出雲国鰐淵寺
（後略）

○本文書は年月日未詳であるが、安居院が応仁の乱で焼失・廃絶したことから、それ以前ということでしばらくここに収める。

月日未詳　鰐淵寺什物の磬が作られる。

九二　磬刻銘（鰐淵寺所蔵）

鰐山

【文明五年（一四七三）】

八月一六日　室町幕府、仙道村の名主に対し、朝山郷の牛蔵寺領が還付されたので、南別所の押妨を止めるよう牛蔵寺雑掌に命じたと伝える。

九三　室町幕府奉行人連署奉書案（法王寺文書）

雲州朝山郷牛蔵寺領事、被還付寺家之上者、停止南別所押妨、可被沙汰付当寺雑掌由、被仰出候也、仍執達如件、

文明五
八月十六日　英基判
元連判
仙道村名主中

八月一六日　室町幕府、朝山郷の牛蔵寺領である種郷内別所等が返付されたとして、早く領知するよう妙光院と同雑掌に命じる。

九四　室町幕府奉行人連署奉書案（法王寺文書）

出雲国朝山郷牛蔵寺領同国種郷内別所并里坊坂本等事、如元被返付訖、早可被全領知之由所被仰下也、仍執達如件、

文明五年八月十六日　　散位判
大和守判
妙光院

九五　室町幕府奉行人連署奉書案（法王寺文書）

雲州朝山郷牛蔵寺領同国種郷内別所・矢谷郷原并里坊村内乙多惣領分・同庶子分・多賀紀伊守・須佐弥五郎・川村五郎太郎等跡事、御敵同意上者、任本知行之旨被返付訖、早可被全領知之由所被仰下也、仍執達如件、
文明五年八月十六日　　散位判
大和守判
妙光院雑掌

八月一八日　比叡山西塔の行林房如意、朝山郷内の山門末寺牛蔵寺領を去る十六日の奉書の旨に従って沙汰するよう、両人に下知すべきとの衆議があったと鰐淵寺衆徒に伝える。

九六　比叡山西塔南尾行林房如意遵行状案（法王寺文書）

就出雲国朝山郷内山門末寺牛蔵寺領所々事、今月十六日奉書如此、早任御成敗旨、可致其沙汰之由、対于両人厳密可被加下知由、依衆議状如件、
文明五　　西塔南尾行林坊
八月十八日　　法印如意判
鰐渕寺衆徒御中

九月一二日　朝山郷牛蔵寺領の種郷内別所と里坊坂本等が返付されたとして、普天太平・宝祚長久を祈るようにとの宣旨が妙法院に下される。

九七　官宣旨案（法王寺文書）

出雲国朝山郷牛蔵寺領同国種郷内別所并里坊坂本等事、如元被返付訖、早任武家下知之旨全領知、可奉祈普天太平　宝祚長久之由、被仰下之状如件、
文明五年九月十二日　　左少弁判
妙光院法印御坊

【文明六年（一四七四）】

八月吉日　教順が願主となって、山王七社の御正体の懸仏が造

られる。

九八　**銅造山王七社本地懸仏裏墨書銘**（鰐淵寺所蔵）

文明六年甲午八月吉日
山王七社御正体
奉懸信心願主教順

【文明一八年（一四八六）】

一二月二七日　鰐淵寺僧頼顕、宇賀郷にある大福坊の経田一町を宇賀弥四郎に売却する。

九九　**鰐淵寺大福坊頼顕売券**（日御碕神社文書）

売渡申
鰐渕寺大福坊経田之内田地之事
合一所者、宇賀郷二分ノ内、七段大八三尾たい也、一分ノ内、二段小岩珍谷也、
此代物拾貫文也
右、かの田地者、頼顕大徳十代（重）之領知也、しかりといゐ共、用々あるニよんて、宇賀珍四郎方ニ永代売渡申所めいけい也、但天下一同のとくせい行候共、地（自）もんとい、たもんとい、いさゝかい儀（異議）お申ましく候、若申事候ハゝ、川下きたさこの経田おおさいてめされ候へく候、又此田地ニ所やくありましく候、仍為後日状、如件、
文明拾八年ひのへむま十二月廿七日　大福坊
頼顕（花押）
宇賀珍四郎殿まいる

【延徳三年（一四九一）】

八月一五日　鰐淵寺の焼失により失われた綸旨の再発行が認められる。

一〇〇　**御湯殿上日記延徳三年八月十五日条**（続群書類従補遺三）

十五日。かくゐん（鰐淵寺）しとて四てうにりんかう寺の。この春やけて（焼）。もとのりんし（綸旨）やけたるよしにて。ふるきあんけさん（見参）に入て。りんしの事権弁申。かきつかはすへきおほ（仰）せらるゝ。（後略）

【明応七年（一四九八）】

三月七日　別火虎丸、親の綱吉が国造千家氏によって召し放たれた別火職に、鰐淵寺一心坊片寄筑前守の取り成しで任命されたとして、今後は千家氏の命に従うと誓う。

一〇一　別火虎丸起請文（千家家文書・県図影写）

親にて候綱吉、依御意罷違候、我々迄同前思召候之処ニ、鰐渕寺一心坊片寄筑前守堅就御詫事申、別火職被仰付候、忝畏入候、然間私任先祖之状旨、為御恩之下而奉公可申候、若不儀緩怠之儀候者、自当家様下給候上官職可被召放候、其時於我々子孫兎角不可申候、若此条々偽申候者、

大社大明神御罰於身可蒙罷(マヽ)候、仍為後証状如件、

明応七年戊午三月七日　別火虎丸（略押）

進上千家殿

御代官

【明応一〇年（一五〇一）】

二月一二日　慶応、吉衛門に朝山郷粟津村八幡宮神主職を譲与する。

一〇二　慶応譲状（稲田家文書）　△鰐淵寺・寺外拾遺七

雲州神門郡朝山之郷粟津村当社八幡宮神主職之事

右、依有志、吉衛門仁譲与所実也、然間、就我等末期、別実子なく候間、片寄筑前御請候迄、彼者しらせ申定候上者、別莵角申仁あるましく候、別異議煩申者出来候ハヽ、任此状、為公方地下御沙汰、堅可預御成敗候、為後日状如件、

明応十年辛酉二月十二日　慶応（花押）

吉衛門へ

【永正六年（一五〇九）】

一〇月一五日　求聞持私記が筆写される。

一〇三　求聞持私記奥書（冊子、鰐淵寺文書）

（表紙）

求聞持私記　母州池上　「栄円」(異筆)

宥海之

（奥書）

文亀四年三月十九日

永正六年己巳閏八月十三日壬寅晨朝始之、

同十月十五日癸卯夜月蝕結願之、
岩屋山太子堂　栄海四十四歳修之、

【永正八年（一五一一）】

一一月二二日　国造千家豊俊、大草郷六所神社の遷宮次第について記す。天蓋役は本来鰐淵寺僧が勤めるべきところ、新嘗会の序でに行われたため平浜八幡宮僧が勤めたという。

一〇四　六所神社遷宮次第写（千家古文書写乙）

大草之郷六所の御遷宮次第

合永正八年辛未十一月廿二日丑刻

其時の国造豊俊（千家）生年廿五歳、御こしのさきをハ宮留別火、あとをハすかいかき申、上くわんの役・塩道の役・御へい長谷・御けん中・同御けん東又七郎・てんかいの役これ在、衆僧八幡より被出候、惣而者わにふち（鰐淵）より可被下事候処に、しんしやうゑ（新嘗会）のついてに、にわかにとり成候間、此分候、以後の引懸になるへからす□　□外けんやく分にて候、くわん仁に一筆させ候て取候、又御棟上も同□　□様也、又国造へ取合何かに五百疋御身のこいこりおけ是在、

出雲豊俊　花押

【永正一六年（一五一九）】

四月晦日　国造千家豊俊、尼子経久の援助によって成った造営と遷宮の次第について記す。山上衆（鰐淵寺僧）二〇人も参加したという。

一〇五　永正年中大社造営・遷宮次第（千家家文書・県図影写）

（表題）「永正年中大社御造営之次第」

永正年中大社御遷宮覚次第

一、当社御造営之事、現せん上人ト申僧、当国石州致勧進、御柱五本、其外材木少々雖用意候、神慮ニ背候哉、永正四年十二月ニ死去ス、

一、当国佐々木尼子民部少輔経久造営之立願有ニよって、（大原郡）中郡高さのようかい御出張之時、御造営之次第当家へ御尋有、其時当家ヨリ使親類阿吾泰経、為当家使高さのようかいへ被参候、永正五年九月十五日の事にて候、其時社家へも御本願有へき由御返事有、社家中目出度

不過之候、左候所明ル永正六年三月十七日ニ為造営奉行藤原惟宗朝臣（亀井秀綱）、多胡悉休入道神門ヘ被差候、阿吾泰経之所為旅宿逗留候、其年之四月廿四日、神宮寺ヘ宿替アリ、又人別五文にて当国中ヘあてらる丶、勧進本願ハ源春ト申僧、又尼子殿中間ニ彦左衛門尉ト申者両人也、

一、釿之始ハ永正六年六月廿八日、両国造出仕アリ、かふりそくたい也、大工吉川平兵衛、多胡入道ト申事あって、子ニて候才若御てうのはしめたてまつる、北島方大工塩冶の神門名代ニ又大夫・次郎両人也、当方大工左を仕候、まふとの丶東ニ候也、大工ハしやうゑたてゑほしニて候、祝言ニ料足十貫、酒九具也、

一、地形定ハ永正六年五月廿三日、

一、御柱立ハ永正七年六月廿四日、両国造致出仕候、かふりそくたひ也、此方ふうし物御供調候へハ、跡ヲ北島方ヨリふうし物被仕候、尼子殿より引馬一疋、造営奉行多胡入道殿より壱疋、尼子殿御子息吉田の孫四郎殿（国久）より壱疋、以上三疋大工ヘ給之、大工しやう衣立ゑほし、当方ひたり東ニ付申候、つちうちもしやう衣立ゑほし、先当方大工御ぬさをまいらせ候、

一、山上衆廿人下向候、

一、長々作事、永正六年九月廿三日ニ御柱立候、其時尼子殿御社参候、長之御柱者六十人之神人北島之おくよりとり候、やかて年之内ニふかれ候、

一、御正殿御柱之次第、いぬいの御柱遅参候間、七月廿一日ニ立納候、

一、御正殿より先御長をたてられ候、是ハ不謂こと、社家中ヨリ申候へ共、無承引候、以後之引懸ニ成ましく候、向後ハ御正殿を先御立あるへき事ニ而候、

一、御棟上之事、永正十六年己卯三月十四日戊申午之刻、両国造出仕、奉行亀井能登守・多胡入道両人、国方より大工ヘ引馬あり、両国造よりハ馬不出候、

一、御遷宮之事

永正十六年四月廿八日かのとのう亥之時、社徳分ハ当日当夜等分ニ分申候、当方之上官、別火上官ト以上八人也、左之御役也、

一、御こしかきの事、さきをハ北島方ノ役者江田重服たる間、名代ニ今岡源兵衛・上田源三郎両人也、御こしの跡をハ菅井長門守・同名弥左衛門両人メかき申候也、北島雅孝ハ御輿の先、当方ハ御こしの跡を行、豊俊(千家)行年三十三歳也、

一、当夜古殿にての御供、当方執行也、遷宮ノ明ル日の御供、先当方執行いたし候、其後北島方取次也、

一、別火上官之事、北島方より惣合たるへきよし申事共候、雖然当方孝宗ヨリ別火国吉ニ御出し候而、当方之上官八人之内まかはさると、奉行亀井殿宿ニ而、此方よりハ中高清証跡持進候而罷出候、北島方より稲岡清孝被出候而、亀井殿宿ハ越峠ノ民部兵衛方也、両方たいけつ候て、当方之上官ニ落着候、別火源六弟千家上官ニ罷出候而、当方之役左ヲ仕候、其上文明十八年九月廿八日ニ閣院ノ御遷宮なし被申時も、別火勘解由左衛門尉、当方之上官ニ罷出候、為已後愍ニ印置者也、北島方ニハ上官四人ニ而候、上官十二人之中ヘ六貫文、尼子殿ヨリ御出候、壱人前五百文宛ニ而候、当方ヘハ別火上官共ニ四貫文請取候、

一、一神子三人内壱人ハ中座神子也、きぬ三疋被出候、二疋当方ヘ請取申候、神人ヘハゑほし一かしらあて、すひかんの布弐たんあて被出候、四人之役人立ゑほし、四かしら、上官中へも立ゑほし、十二かしら、ひあふき十二本被出候、

一、武家役朝山殿名代ニ佐陀ノ別火罷出候、御くつの役也、多祢殿役をは完(宍)道六郎殿ヨリ御やとひ候て、中高清御けんの役申候也、是ハ多祢役也、中上官ヲハ中右馬丞宗清御弓ヲ持申候、北島上官無人ニ候とて、ゆ屋の別火子・秋上両人出仕させられ候、新儀ニ而以後叶ましく候、

一、六てやうちの事、しそくの役也、成長と申者、島祢ヨリ罷出候、かふりくろそくたひニて候、同しそく之役森脇也、佐陀ノ郷多久しやうけんと申者、森脇分ヲ知行仕候、名代ヲやとひ候間、当方被官ニ而候、佐草宗六彼名代ニ出申候、是もかふりくろそくたひニ而候、

一、安所(案主所)・才所(税所)両人、是も名代にて候、御てうしを持申候、

かふりくろそくたひニ而候、安所名代ニハ柳原民部兵衛子小太郎仕候、当方より罷出候、才所名代ニ北島被官大熊又次郎仕候、惣〆多祢・朝山・成長・森脇、安所・才所之役ニ候、何も公方より御給分過分ニかゝへ申候而、下知之役ニ罷出候、然間しやうそく出立をもわたくしニ仕候而罷出候、名代方へハ過分ニふせを出し候、

一、御遷宮精進之事、国造ハ三七日二七日ニハ別〆座敷をこしらへ、しめを引候て、きんそくニ而候、三七日目ヨリ社頭ニ参籠也、女ニ物をも取不渡候、上官ハ二七日、後之一七日国造同前ニ社籠也、

永正十六年四月晦日　　出雲豊俊（花押）

○千家家文書に同文の覚書がもう一通ある。

【永正一七年（一五二〇）】

六月　両国造、大庭伊弉諾社の御神体を修造。鰐淵寺の竹本坊栄伝が導師を勤める。

一〇六　杵築大社旧記断簡（千家家文書・県図影写）

永正十七年六月日

東方山城(代)いさなキ御神体ころひ御□候時、伊与殿(尼子経久)より両国造罷出候て、なをし申候へと承候間、両家なから御出候、入目ハ山城御神領年貢反銭被仰付候て御祈禱アリ、わにふち(鰐淵)よりモ十人御下候、永正十七年後六月十五日ニなをし申候、わにふち道(導)師竹本法印栄伝ナリ、豊俊(千家)卅四・雅孝(北島)四十九ナリ、祈禱入目廿俵十貫、当方ヨリ御出仕上官阿吾殿・西殿・長谷殿・すかい殿、北島方ヨリ佐草・井田、御宿ハ山城四王寺妙寿庵、両国造殿御あひに御宿めされ候、其時毎年屋形への御礼銭、国造御無力ニつゐて御無沙汰候ヲ、大庭保よりかいの在所へ被仰付、両国造殿へめされ候て、屋形銭御なし候、但当知行きう人かたハ反銭御めし候ハて、衆と国造殿と申事アリ、社家の理運ニなり候て、反銭めされ候、伊与殿御披(批)判ナリ、

○本文書は年月日未詳の断簡であるが、記載内容の関係からしばらくここに収める。

【大永二年（一五二二）】

二月　杵築大社の神前で万部の法華経読誦が行われる。御経導師は鰐淵寺、また四座頭は鰐淵寺・岩屋寺・清水寺・興法寺が勤める。

一〇七　岩屋寺快円日記（鳥取県立博物館所蔵　岩屋寺旧蔵文書）

△新鳥取県史・資料編

（前略）

出雲国杵築大明神ニテ、万部之法花経、人数千百人、大永二年壬午二月九日ヨリ、同廿日結願、廿一日ニ退参ス、

大鳥居ヨリ西一町計アツテ、浜ニ経所造ル、五間ハリノ十五間ノ家四ツ、フナ並ニ作レリ、四々テウノ座敷中台ニ本尊釈迦、

四ツノ座頭　一ハ鰐淵寺　一ハ岩屋寺《横田庄》　一ハ清水寺《ヨシタノ》　一ハ興法寺《古志ノ》

其外国中ノ衆会、不足所ニハ禅僧衆、始末御経導師鰐淵寺ヨリ、四日メノ導師岩屋寺快円、

尼子殿興行、被官亀井能登守（秀綱）奉行日々ツメ畢、与州（尼子経久）ハ塩冶ニ御入、導師各日易也、先四ケ寺其外シマ（島）根（成）浄相寺衆二ト、小蔵寺ヨリ一ト、イシリ（井尻）ノミ（峯）祢寺、八幡ノ谷ノ寺ラ、

岩屋寺衆経江出《ツル》人数十三人、

大林坊快円　正乗坊良順　妙音院幸秀　妙乗坊現海

教蔵坊真秀　山本坊秀円　池本坊秀海　岩本坊窓円

賢光坊顕海　形部卿円親岩本　常陸房山本坊の、　伊予房妙乗坊の、

大林坊の尋重房　高田衆三人、梅本坊・竹本坊・杉本同前、宿仕畢、

（後略）

六月二日　朝山利綱、旧記を筆写して杵築大社三月会頭役の神物注文を尼子経久に進覧する。その中に鰐淵寺僧による大般若経転読費用も含まれる。

一〇八　杵築大社三月会相撲頭神物注文（千家家文書・県図影写）

大社三月会相撲頭一方、色々御神物注文

合

一御差符用途十二貫文内

御神馬一疋代三貫文、上官引出物三貫文、郎等一貫文、

御差符持神人一貫文、下部一貫文、雑掌料三貫文、小口開時肴代五百文、

一、解除饗三十二膳代三貫八百四十文、同時奉行別火引出物弐貫文、同時奉行別火下人水飯代三貫文、
同時肴代五百文、
一、月詣十一度
大宮初月御神馬一疋、成一貫、二貫頭人心十ヶ月一貫文、一箇月百文宛、仮宮初月成五百、成三百、頭人心十箇月五百文月別五十文宛、御幣十一帖、
大宮御幣紙十一帖
一、酒見饗二百五十膳代卅貫文膳別百廿文宛、
同時国造殿引出物馬代三貫文、同時御火入物一貫文、
同時上官引出物十二貫文、同時庁肴代一貫文、
一、日饗三百膳代六十六貫文膳別三百廿文宛、山上尽僧膳此内在之、
同時御入物一貫文、同時庁肴代一貫文、同時頭人招請神人引出物三百文本頭役也、
一、御殿水引綾代二貫五百文、御箸台四文、絹二代三貫五百文、御幣覆二綾面代四貫文、御幣紙二帖、水原代百文、同時奉行別火引出物二貫文御幣挿時、幣持神人二人引出物六百文同時、神子襷懸帯以下色々代十二貫文、同時神子引出物一貫文御幣御其時、同時肴代二百文、試楽、
一、国造殿前宛代十貫文、同仮宮詣時膝突一貫文、
一、御神馬二疋代廿貫文、同二疋衣飾代五貫文、同二疋指縄代六百文、同膝突馬代五貫文、同衣飾代一貫五百文、
同指縄代二百文、
一、小社神馬八疋代十六貫文、神立神馬代二貫文、
一、酒肴二百合代十貫文、同引副出物馬代三貫文、
一、方神人広皆敷三百文、少舎所広皆敷代三百文、
一、三十八所初物代二貫百九十文内頭布十五端、代一貫五百文、順布二十三端、代六百九十文、
一、楽帳布代三百文、
一、御供所雑掌料一貫文、
一、頭人宿雑掌引出物一貫文、
一、御供時色々菓子事
昆布十巻代、厥代、大根代、茶子代、串柿千代三百文、橘千代百五十文、大梨子七十代二百文、柚柑七十代百文、生栗一斗代百文、搗栗一斗代百文、柑子三百代百文、署預百本代五十文、野老三斗代百文、糒六升代百文、糖二升代五十文、油二升代百文、稗根五把代卅文、

折敷五束代七十五文、牛房三束代廿五文、土筆代十文、
蓮根代五十文、苔五束卅五文、神馬草代十文、衝重十
四膳代五百五十文、尻高二百代二百文、土器大小三百
代五十文、大豆二升十五文、小豆二升廿文、中入米二
升代卅文、厚紙二帖百枚代十五文、鍋一口代百文、鉄
輪一本代五十文、手巾布一切代百五十文、莚三枚内上一
枚下二枚代百文、雑掌料一貫文炭八籠薪、御供所可有其沙汰也、
一大般若経転読布施物十五貫文、
結願発願導師布施十貫文、行事丞仕一貫文、同僧膳朝
夕六十六膳代七貫九百廿文、雑掌料一貫文、巻数杉原
油炭代三百文、
一相撲纏頭物占手五貫、最手十貫文、
取十五人内社相撲三人四十五貫文、浴衣一貫七百文、饗代
八貫五百文、纏頭布二百五十端内頭布五十端代五貫文准布二百端代六貫文、錦被物
一重代五貫文、綾被物三重代三貫文、方神人取布卅端
内頭布十端代一貫文准布廿端代六百文、方屋幕一帖代一貫文、
一引米五十石国斗定、此内社五石、
一色々白米分
御供白米一石九斗二升、糯白米一石五斗、庁鍋飯両度
四斗、御火二斗、御仏供二斗、小舎所二斗、楽屋一斗、
方小俵五斗、経所雑掌料六斗白米、従料一石白米、月
詣大宮一石一斗、仮宮五斗五升、
已上八石二斗七升、
一色々御酒
御殿御酒四斗、御火五斗二升、解除酒三斗二升、
同時奉行別火下人六升、
酒見二石五斗、同殿上三斗、同饗二石七斗、同時殿上
酒三斗、少舎所七斗二升、元酒一石、方酒五斗、御供
所三斗六升、巻数酒三斗、楽屋一斗四升、酒肴酒八斗
八升、経所酒二石一斗、小口開色々酒一石、御幣挿時
一斗二升、
已上十四石二斗二升
一頭人衣裳事
道浄衣一具代二貫文成一貫五百文、奉幣浄衣一具代三貫文、
交一貫五百文、大口二貫文、小袖二代三貫文、立烏帽
子百五十文、踏一足代二百文、

白木念々一連
一、纏頭取八人、狩衣八具代六貫四百文、同袴一貫六百文、踏八一貫六百文、同帯八八（マヽ）百文、扇八本二百四十文、立烏帽子八一貫二百文、銚子提一具代一貫文、
一、流鏑馬一騎装束当色等色々在之、
此外庁御供所経所炭炭両度四、御供所二、経所二、薪松、

杵築大社三月会舞頭注文

合

一、御差符用途拾弐貫文内、
御神馬代三貫文、御差符上官神人三貫文、郎等一貫文、
御差符持神人一貫文、下部一貫文、雑掌料三貫文、
一、月詣十一箇月分大宮御花米一石一斗、仮宮五斗五升、膝突五百五十文、
膝突一貫文、初月御神馬、
一、小解除酒一石、同時肴代五百文、
一、御殿御酒四斗、御火御酒五斗二升、
一、解除饗卅二膳代三貫八百四十文、同時酒三斗二升、同時奉行別火引出物二貫文、同時三種肴代五百文、下人水飯代三百文、
一、酒見饗二百五十膳代三十貫文、同時神主殿引出物馬代三貫文、同時上官神人十二人引出物十二貫文、同時酒二石五斗、同時殿上酒三斗、同時三種肴代一貫文、同時御火入物一貫文、同時御火小俵二斗、同時庁鍋飯二斗、同時小舎所鍋飯二斗、同時広皆敷代三百文、同時酒七斗二升、
一、同饗三百膳代卅六貫文、同汁追物卅貫文、
同時神主殿庁前宛代十貫文、同御火入物一貫文、同小俵一斗、庁鍋飯二斗、同三種肴代一貫文、同時酒二石七斗、同殿上酒三斗、
一、御殿水引綾一端代二貫五百文、同御箸台四大絹二代三貫五百文、同御幣覆絹織物代四貫文、同御幣紙推原二帖代三百文、同時御幣挿時奉行別火引出物二貫文、同時御幣持神人二人六百文、同時酒一斗二升、同神子八人襷懸帯細々気粧具足代十二貫文、同神子引出物一貫文、同時肴代二百文、
一、御神馬二疋代廿貫文、同神馬衣飾二代五貫文、同指縄代六百文、同膝突馬代五貫文、同衣飾代一貫五百文、

同指縄代二貫文、

一頭招請神人、引出物三百文本頭役也、雑掌神人一貫文、

一引米五十石、

一三十八所初物布三十八端内頭布十五端代一貫五百文 准布二十三端代六百九十文、

一取酒一石、

一酒肴二百廿合代十一貫文、同酒八斗八升、同引副馬代三貫文、

一御供白米三石四斗二升、同糯白一石五斗、 糒白一石九斗二升、

一菓子分、

串柿千代三百文、橘千代三百文、大梨子七十代二百文、柚柑七十代百五十文、柑子三百代百文、生栗一斗代百文、搗栗一斗代百文、署預百本代百文、野老三斗代百文、糒六升代百文、糖二升代五十文、油二升代百文、稗根五把代卅文、折敷五束代七十五文、牛房三束代卅文、苔十束代卅五文、和布三束代十五文、土筆代十文、莚代百文、神馬草十文、衡重十四膳代五百文、尻高二百代二百文、土器大小三百代五十文、大豆二升代十五文、小豆二升代廿文、中籠米三升代三十文、厚紙三帖代五十文、鍋一口代百文、金輪一本代五十文、手巾布一端代百五十文、御供所酒三斗六升、

一大般若経発願結願導師布施拾貫文、同転読布施十五貫文、同行事丞仕一貫文、同雑掌料一貫文、御仏供二斗白米、同従料白米一石、同雑掌料白米六斗、同時酒二石一斗、巻数酒三斗、巻数紙一帖代百文、同僧膳朝夕六十膳代七貫九百廿文、油代五十文、

一舞人落付鍋飯白米四斗、同時十六盃広皆敷代一貫六百文、同時鱒四侯(喉)代六百文、同無塩魚代三百文、同時紙五帖、土器折敷等代二百文、同時折敷五束、餅饗五膳代二貫文、同時小俵八内、但一斗入白米五挿、 御菜土器折敷在之、同酒廿五瓶子、以上酒五斗、同馬粥料八斗、大豆八斗、

一伶人禄物事

散須三貫文、貴徳十貫文、

一庭纏頭国絹十切代二貫文、頭布百端代十貫文、准布百五十端代四貫五百文、

一胡飲酒纏頭十貫文、

一御神馬口取四人侍、

一、酒見日饗庁恪勤三人侍下恪勤四人、
一、於宿所足桶、長櫃、桶杓、御殿御火、造酒時器物、瓦器、折敷、畳、幕、銚子、堤炭、松薪等数多不能具注、

一、杵築三月会左右舞方雑事注文

合

まく二てふ・た丶ミ十枚、内左ニまく一てふ・た丶ミ五てふ、右方同、お丶つきのなへ・たうはん二口、内左ニ古、右同、十六はいのひろかいしき之内左ニ八、右同、ふゑん十こん、ますのうを六こん、内左ニふゑん五こん、ますのうを三こん、右同、おしきかわらけあり、
一、もちいきやふ十六せんの内
右同おしきかわらけあり、左ニ十せん、右ニ六せん、
一、さけ卅へい之内、左ニ十五へい、右同、
一、小たわら十六内、左ニ十、右六、ぬかわらあり、
一、馬かいの米一石か内、左ニ六斗、右ニ四斗、
一、馬まめ一石の内、左ニ六斗、右四斗、
一、三月三日くわしの廿合、酒四へいし之内、左ニ十合、さけ二へいし、右同、
一、こいしゅのてんとふの事、馬ハしんめにしゅせうにや丶、くらハまきくら、あふミちんちうし、とら之かわのきつつけ、あうりハくまのかわ、あつふさのしりかい、しろくつわ、たん之たつな、はるひ、かさりさしなわ、おもつら、ひふつ五ちふ之内、内上一ちうにしき、中二ちふの内けちやうおりもの、下二ちうしろきあやなる、

以上代五十五貫文也、

一、貴徳てんとふの事、馬ハこいしゅのニ同、くらあか丶ねふくりん之かい丶くら、あふ見一めんく丶み、きつつけあさうし、いとしりしりかい、ぬりあうり、あか丶ねくつわ、ひきりやふのたつな、はるひ、かさりさしなわ、おもつら、ひふつ三重、

以上十八貫文也

一、さんしゅのてんとふの事、馬ニきぬきせうる、かさりおもつら、かさりくつわ、ぬのさしなわにてひかる、ひふつ一重、

以上代六貫文

一、はのてんとうの事、かしらぬの百たん、こんあいすりなり、くにきぬ五十たん、すんのぬの三百五十たん、以上五百たん、同しかくに二百たん之内ニかしらぬの三十たん、くにきぬ二十たん、すんのぬの百五たん、ちにちに三百たん、かしらぬのハ一たん別ニ二百文也、くにきぬハ一たん別ニ五百文、すんのぬのハ一たんへちに五十文つゝ也、

以上代六十二貫五百文也、

右きうきの注文如件、

雖不審之儀共多候、不及筆置本之まゝ是写者也、

大永弐年六月二日　朝山安芸守利綱（花押影）

佐々木伊与守(経久)殿 進覧候

【大永三年（一五二三）】

九月二七日　宇山久秀、日御崎十羅刹女に妙法蓮華経を奉納する。

一〇九　妙法蓮華経端書及奥書（鰐淵寺旧蔵）　△鰐淵寺一二一

（第一巻）

○端書

奉施入播州金剛城寺本堂常住、願主師金資円祐

妙法蓮華経序品第一（四行め下欄外ニ云）

雲州日御崎(日御碕神社)十羅刹女之御前奉納、紺紙金泥之法華妙典、一部之処、慈者、為孝(考)妣両親頓(証)登菩提、専祈立保祐、檀那久秀現世安穏、後生善処之志願也、

干時(大永三年カ)癸未年九月念七日

願主宇山飛驒守勝部(松永)朝臣久秀敬白

夫到当社、紺紙金泥、一字三礼、法華書写、耄(毫カ)末之次以、代施主、

石州之住侶釈氏易東景寛書之、

○奥書

右、彼紺紙法華経、開結心、阿弥陀経等十一軸、几今経者、諸仏内証之真文、諸経之誠締也、爰、以祈二親師徳、仏果菩提、為六道四至、皆成仏道、権律師円祐、存日之

間、奉読誦之、現世当生之願念、任経中之金口者也、可
没(歿)後者、令播州七種滝金剛城寺根本堂安置、毎年三月、
二夜一昼、読誦之時、立本尊御宝前、可被成道俗之結縁
遽(処)也、然者、堂内之外、不可有散在、仍為成願、奉寄符(附)
状、如件、

干時享徳二季癸酉二月時正九日願主金剛資円祐（花押）

（第二巻）

○端書

奉施入、播州金剛城寺本堂常住、願主権律師金(マヽ)資円祐、

妙法蓮華経譬諭品第三　二

(六行め、下欄外ニ云)奉納、日御崎十羅刹女、願主久秀、

（第三巻）

○端書

奉施入、播州金剛城寺本堂常住、願主律師金(マヽ)資円祐、

妙法蓮華経薬草喩品第五　三

(四行め、下欄外ニ云)奉納、日御崎十羅刹女、願主久秀、

（第四巻）

○端書

奉施入、播州金剛城寺本堂常住、願主権律師金(マヽ)資円祐、

妙法蓮華経五百弟子授記品第八　四

(四行め、下欄外ニ云)奉納妙典、日御崎十羅刹女、願主　久秀、

（第五巻）

○端書

奉施入、播州金剛城寺本堂常住、願主金(マヽ)資円祐、

妙法蓮華経提婆達多品第十二　五

(五行め、下欄外ニ云)奉納、日御崎十羅刹女、願主久秀、

（第六巻）

○端書

奉施入、播州金剛城寺本堂常住、願主金(マヽ)資円祐、

妙法蓮華経如来寿量品第十六　六

(四行め、下欄外ニ云)奉納妙典一部、日御崎十羅刹女、願主久秀、

（第七巻）

○端書

奉施入、播州金剛城寺本堂常住、願主金(マヽ)資円祐、

妙法蓮華経常不軽菩薩品第二十　七

(四行め、下欄外ニ云)奉納、日御崎十羅刹女、願主久秀、

（第八巻）

○端書

奉施入、播州金剛城寺本堂常住、願主金資（マヽ）円祐、

妙法蓮華経観世音菩薩普門品第二十五　　八

（四行め、下欄外ニ云）奉納、日御崎十羅刹女、願主久秀、

○奥書

妙法蓮華経第八

于時享徳二季癸酉二月時正九日

願主金剛資円祐（花押）

この頃　斐伊川上流の天淵についての縁起の中で、八岐蛇退治を終えた素盞嗚尊が浪に浮かぶ一八里の山（島根半島）を繋いで宮居を定め、杵築大明神として鎮まったと記される。

一一〇　天渕八叉大蛇記（内神社文書）

日本国山陰道出雲州仁多《ニタノ》郡三沢《ミサワノ》郷樋河上天淵《ヒノカワカミアメノフチトハ》者、上古ハ海潮来往ノ之渓曲《タニノクマナリ》也、今ハ既ニ澗《カン》水衰《コン》々然《トメ》、為《タリ》二漲流洄洑《クワイフクノ》《ウスマク》之渕一矣、去レル二杵築ノ海浜一ヲ者ノ十許《コ》里也《ナリ》、去レル二温《オン》泉一ヲ者ノ十余町ノ之下流《カ》ニ有リレ焉《コレ》、窃《ヒソカニ》按二スルニ暦数《レキスウ》一ヲ二百三十四万四千六百五十年ノ之昔シ（自二天照皇《アマテラスヘラキ》即位甲寅ノ歳一、至二今大永三年癸未ノ歳一也）、天地二神之交《アメツチフタハシラノアハイニ》、有テ二八叉ノ大蛇一而居《ヲレリ》二之レカ中一ニ焉、是ノ故ニ八色ノ雲気、常ニ起レリレ自リ二此ノ渕一、而メ射《イル》二斗牛ノ之間一ヲ也、惟《コレ》時、素盞烏尊《ソサノヲノミコト》被レ謫《ダクセラ》《ナガサル》二雲州一、相ミル二宇《ヤトコロヲ》雲土一ニ、々々空虚而相逢者少《ニメアイアウモノマレナリ》、於レ是ニ経《ヘ》テ二大原ノ郡福武《タケノ》荘一ヲ、到ル二八頭坂麓《ヤトカサカノフモト》長者原《ハラ》一ニ、但《タヽ》有リ下老翁嫗《ヲウ》《ヲキナ、ウハ》ノ、中《ナカニスヘテ》坐二少女一而泣《ナク》上、其ノ女甚美《ムスメハナハタイトヲシ》、素尊《ミコト》問テ曰《ノ玉ハク》、何為レ哭《ナンスレソコクスルヤ》、又タ你等何人《ナンジラナニビトソ》、対《コタヘ》テ曰ク、我カ名ハ手摩乳《テナツチ》、妻《メ》ノ名ハ足摩乳《アシナツチ》、少女ノ名ハ稲田姫《イナダヒメナリ》也、我ハ是レ此ノ地《トコロ》之ノ主《アルシニメ》而富《トメリ》二諸宝一ニ焉、已《ステニ》得タリ二長者ノ之称《ナヲ》一也、又河西ノ山腰《コシニ》酒泉《シユセン》涌出《ワキイツ》焉、以テレ樋《ヒヲ》通ス二之ヲ河東《カトウ》一ニ、故ニ呼《ヨンテ》レ水ヲ為ス二樋《ヒ》ノ河一ト矣、又此去《ココヲ》「河上二里有余《リウヨニメ》、隔《ヘタテ、ナ、》二七山ヲ七谷《ナ、タニ》一ヲ而有二深渕《シンエン》《フカキフチ》一、名テ曰二天渕《アマノ》一ト、即大蛇《ヲロチノ》之窟宅《スミカナリ》也、其ノ中ノ大蛇食二噉国人《ハミクラフクニヒト》一ヲ、々々将《マサニツキ》レ尽《ス》、故ニ歳《トシ〳〵ニ》以二一人一ヲ充二彼犠牲《カノキセイ》《ニエ》一ニ、雖トモ二然ニ如《ロ》ク此ノ、人民既尽《ステニツキヌ》、我レニ有リ二八児《ヤツタリノコ》一、又経テ二七年《ナ、トセ》一ヲ而其ノ七已《ナナタリ》ニ為《タメ》ニレ蛇ノ吞《ノマル》、今此ノ一女、又無シレ由レ脱《マヌカル、》、将《ニマサニ》レ就《ツカンニメ》二蛇口一ニ、故ニ哭《コク》ス、素尊《ミコト》憮然《ムゼントメ》《アワレム》而曰ク、与《アタヘハ》二女ヲ於我一レニ、可《シト》レ解《トク》二此ノ愁《ウレイ》一ヲ、父母喜《ヨロコンテ》曰ク諾《ダクト》、素尊先ツ欲《ホツメ》レ隠サ二

ント此ノ女一ヲ、去レル者ノ七里ニ而《メ》、構《カマヘ》二八重墻《ヤエカキ》ヲ於佐草《サクサ》ノ里一ニ、隠二ス女ヲ於其ノ中一ニ、于《ヲイテコヽニ》レ時始テ詠《ヨミ玉フ》二三十一文字《ミソシヒトモシ》倭歌《ノヤマトウタ》一ヲ曰ク、倭歌《ワカ》三十一字ノ例《レイ》起レリ自《ヨリ》二此時一、

八雲起《ヤクモタツ》　出雲八重墻《イツモヤエカキ》　妻籠而《ツマコメニ》　八重墻作《ヤエカキツクル》　其八重墻男《ソノヤエカキヲ》

依二テ此ノ御詠《ギヨ》一ニ八色ノ雲気忽《タチマチニ》焉消失矣《エントメシヨウセツシヌ》、呼《ヨンテ》二此ノ国ノ名一ヲ為二ス出雲一ト者ハ蓋《ケダシ》起二レリト於此一ヨリ矣、稲田姫ハ乃チ八重墻大明神是也《ナリ》、而《シカウメ》後素尊《ミコト》還二テ長者原一ニ、問テ曰《イワク》《ノ玉フ》、其ノ蛇何ノ形ソ、対テ曰ク、其ノ形甚タ可レシ怖《ヲソル》也、八頭《ヤツノカシラ》八ノ尾《ヲ》アリ而《テ》十六ノ角ハ如二シ参天《サンテンノ》枯木《コフク》一ノ、十六ノ眼ハ如二シ日月ノ光輝《テリカヽヤクカ》一、上下ノ利牙《トキキハ、》如レ交《マジヘルカ》二剣戟《ツルキホコ》一ヲ、出入ノ気息《イキ》ハ如二火焔ノ色一ノ、其ノ舌ハ如三紅袴《クレナイノハカマヲ》流二カ急湍《ハヤキセ》一ニ、其ノ大サ斉《ハカレリ》二七山七谷一ニ、彼《カレ》出二ル渕窟《エンクツ》《アナ》一ヲ則ハ洪霧《コウムキリ》降下《フリ》リ、腥《ナマクサキ》風俄カニ吹テ、河水気起《キヲコリ》、渕ノ色如二シ猛火一、逆《サカシマニ》流而《テ》作ナル声《オトシケル》、大蛇出レテ自二リ其ノ中一、朝日《テヨウシツノ》昇レルノ山ニ之時キ、乃チ取二ルト犠牲《ニエ》一ヲ、云《ユウ》レ尓《シカ》素尊《ミコト》設《マウケテ》二一ツノ奇計《アヤシキハカリコト》一ヲ、置《ヲキ》二八ノ槽《ムマフ子ヲ》ヲ於渕ノ畔《ハタ》一ニ盛《モルニ》以三ス醞酒《コキサケ》ト与《トヲ》二麻油《アフラ》《コマノアフラ》一、又作二艾偶女《ツクリガイグウ》《モクサニテイアウ》一ヲ腹ニ包《ツヽミ》三□□一ト与《ト》二ヲ硫黄《イワウ》一、装《カザリテ》レ之ヲ置二ク東ノ山ノ頂《イタヽキ》一ニ、其ノ影沈《カケシツメ》二八槽《サウ》一、大蛇見レテ之ヲ以二為《ヲモエラク》真女一ナリト、喜テ作二ス哮《イカミ》吼《ホユル》一ヲ便《スナハチタメテ》矯二八頭一ヲ飲二ム八槽一、々《マブ子ノ》中ニ無レシ女《ヒメ》、仰テ見二山頂《テヤウ》一ヲ無レク端《ハシ》呑二ム艾女《ガイニヨ》《モグサ》一ヲ蛇腹《ジヤブク》火起テ醽酔《ノミヨイ》熱悩《子ツナウシ》悶乱反側《ハンソク》《イキリワシシクソリ》ス、素尊《ミコト》抜《ヌイ》二テ所レノ佩《ヲフル》十握《トツカ》ノ剣一ヲ斬《キル》二蛇ヲ段々《ツタヽヽ》一ニ、至二一ノ尾《カエル》一ニ刃《ヤイバ》少シ欽《カケヌ》、割《サイテ》而見レハ之ヲ中ニ有二宝剣一、蓋《ケダシ》八色ノ雲気ハ従レ此而起レリ矣、天叢雲《アマノムラクモノ》剣是也《ナリ》、素尊奉二剣ヲ於天照太神一ニ、々々ノ曰、我屏《カクレシ》二天岩屋《アマノイワト》一ニ時キ、落二ス此ノ剣ヲ于近州伊布貴《イフキ》山一ニ、是レ我カ神剣也《ナリ》、太神命《メイ》二メ其ノ孫瓊《ミマコニ、》杵《キノ》尊一ヲ降《アマクタ》二此ノ国一ニ、付《ブ》二メ三神器一ヲ為《スル》二国ヲ鎮一ント、剣ハ其ノ一也《ナリ》、累世《ルイセイタリ》為二国ノ宝一、其ノ後素尊縄レ杵繫《ツナトシキ子ツナキ》二浮浪山ノ島《シマ子》根十八里一ヲ、定二ム宮居ヲ於杵築ノ浜マ素我里《ソガノサト》一ニ也、素尊ハ乃チ大社杵築大明神是ナリ也。（中略）

旹《トキニ》大永三年癸未十月ノ之交《アハイ》、李庵寿璚与《キツト》二二三子一浴《ヨクスル》二ノ仁多《ニタ》ノ温泉一ニ之日、或ハ聞二之ヲ居俗《ケヨソクノ》伝説一ニ、或ハ得二之ヲ古史《コシ》一ニ、或ハ自親《ミシタシク》行テ而見《ミ》レ之ヲ、記二万《シルストマンカ》之一一ヲ云、因《ヨツテフスル》賦二ニ小詩《シ》一ヲ擬《ギスル》二胡《コ》曾詠史《シノ》之格《カク》一ニ者也、剣気当初《ソノカミ》射《イル》二斗牛一ヲ、変リ経《フ》二陵谷一ヲ幾ク春秋ソ、似レタリ看ルニ素盞ノ割《サキシ》レ蛇ヲ日、十握《トツカ》霜寒《ヒヤヽキテ》落二シコソ八頭一ヲ、

恵日ノ荘厳門下、河内州光通李庵（印）（印）

持主大宮司秀持（花押）
元亀三年壬申卯月吉日聖家原内蔵助定清（花押）（印）

○本書は群書類従所収『雲州樋河上天淵記』の古態を伝えていて、大永三年の成立、元亀三年の筆写である。

【大永六年（一五二六）】

八月一五日　出雲大社居住の僧侶、本乗小仙乗仙の意を受けて大乗妙典の経筒を、越前国（福井県）の朽飯八幡宮に奉納する。

一一二　**福井県越前市今立町朽飯出土銅経筒銘**（朽飯八幡神社所蔵）　△経塚遺文五七四

十羅刹女　雲州大社住侶敬白
奉納大乗妙典六十六部内一部
三十番神　本願本乗小仙乗仙
大永六年丙戌八月十五日

【享禄三年（一五三〇）】

五月一三日　尼子晴久、鰐淵寺本堂に大般若経六〇〇巻を寄進する。

一一三　**大般若経奥書**（鰐淵寺旧蔵）　△鰐淵寺一四四

（二巻、版本）
奉寄進、鰐淵寺本堂大般若経全部（墨書）
法務卿実尊（版）
佐々木源（尼子）晴久、為武運長久、子孫繁昌也（同上）

（六巻、版本）
奉寄進、鰐淵寺本堂、大般若経全部、（墨書）
佐々木源晴久、為武運長久、子孫繁昌也（同上）
権律師善範（版）

（九巻、版本）
春日御社執行、正預正四位下中臣連遠忠（版）
奉寄進、鰐淵寺本堂、大般若経全部、佐々木源晴久、
為武運長久、子孫繁昌（墨書）

（六五巻、写本）
一　盃酒　闔湖家甫十年之灯（五六二巻ト同筆）

（一〇〇巻、写本）
雲州出東郡国富庄、於旅伏権現、
享禄三年庚寅五月十三日
再興比丘継文

他筆「山陰道伯州大応山観音寺常住也、」
（一五一巻、写本）
雲路（マヽ）州出東郡漆沼（治）郷八幡宮、
（二〇〇巻、版本）
雲州出東郡国富庄、（以下墨書、見エズ）
於旅伏権現、　再興比丘
享禄三年庚寅五月十三日
（四〇〇巻、版本）
雲州出東郡国富庄、（以下墨書、見エズ）
於旅伏権現、
享禄三年庚寅五月十三日　再興願主比丘継文
（五〇〇巻、版本）
再興願主比丘継文（以下墨書、見エズ）
他筆「山陰道伯州大庭山観音寺常什也、」
（五六二巻、版本）
僧重舜（版）
伯州路観音寺常住（墨書）

（五七一巻、版本）
再興比丘継文、
（五七二巻、版本）
再興比丘継文、
（五七三巻、版本）
再興比丘継文、
（五七四巻、版本）
再興比丘継文、
（五七五巻、版本）
再興比丘継文、
（六〇〇巻、版本）
雲州出東郡国富庄、於旅伏権現
再興比丘継文、
享禄三年庚寅五月十三日

【享禄四年・天文元年（一五三二）】

三月七日　鰐淵寺南院大蓮房の栄円、山王私記を筆写する。

一一三　山王私記〈本地供〉奥書（冊子、鰐淵寺文書）

（表紙）
山王私記　本地供
栄円
（奥書）
天文元年（マヽ）三月七日、諸尊法之内叡山西塔院南尾禅定房朝
舜賜御本書之、
雲州不老山鰐淵寺南院大蓮房

【天文二年（一五三三）】

七月二〇日　鰐淵寺大蓮房の栄円、曼荼羅供養表白を筆写する。

一一四　曼荼羅供養表白〈合行〉奥書（冊子、鰐淵寺文書）

（表紙）
曼荼羅供養表白　合行
栄円
（奥書）
天文二年癸巳七月廿日書、
権少僧都法印大和尚栄伝
相受
大蓮房栄円四十歳

一一五　曼荼羅供養表白〈金〉奥書（冊子、鰐淵寺文書）

（表紙）
曼荼羅供養表白　金
栄円
（奥書）
天文二年癸巳七月廿日　大蓮房栄円

【天文三年（一五三四）】

三月一五日　鰐淵寺大蓮房の栄円、伝授作法を筆写する。

一一六　伝授作法奥書（冊子、鰐淵寺文書）

（表紙）
伝授作法　二九　胎　金　蘇
別尊
（奥書）
天文三年甲午三月十五日令書写之、
不老山鰐渕寺南院大蓮房
権少僧都栄円四十一歳書之、

当房常住不可出他房、

【天文五年（一五三六）】

三月　鰐淵寺大蓮房の栄円、明星供を筆写する。

一一七　明星供奥書（冊子、鰐淵寺文書）

（表紙）

明星供　　五ノ内

（奥書）

西山末塵三部阿闍梨豪栄記之、

天文五年丙申三月日

法印豪栄賜御本書写畢、

大蓮房栄円修之、

【天文六年（一五三七）】

一〇月二八日　後奈良天皇、旧規に従い、出雲国における諸寺法事の座次は清水寺を左座となすと定める。

一一八　後奈良天皇綸旨案（東山御文庫所蔵延暦寺文書）〈史料纂集・古文書編〉

就当国諸寺法事座次之事、任旧規可為左座候、此旨可存知之由、

天気所候也、仍執達如件、

天文六年十月廿八日　　左中将（中山孝親）

雲州　清水寺衆徒中

○孝親卿記にも本文書の写が収められている。

【天文七年（一五三八）】

八月一九日　別所重信、武志郷千家分内の田地・屋敷を岸四郎右衛門尉に代銭三貫文で売却する。

一一九　別所信重売券（千家家文書・県図影写）

永代売渡申武志郷千家分之内北給事

合屋敷ほり

右子細者、我々依在用要、代銭参貫文永代売渡申分明（処カ）鏡也、但公方役之儀ハ十分弁にて米参斗、御沙汰あるへく候、是より外ハ諸役有ましく候、か様申定候上ハ、我々子々孫々ニおき候ても、違儀煩申者有ましく候、若申者出来候ハヽ、公方・地下之御さたとして、堅御せいはい

あるへく候、
別所六郎左衛門
天文七年つちのへいぬ八月十九日　重信（花押）
岸四郎左衛門尉殿　参

【天文八年（一五三九）】

四月吉日　蔵王権現を鎮守とする牛蔵寺の勧進帳が作成される。

一二〇　牛蔵寺造営勧進状写（法王寺文書）

夫以崇仏神治国家始、仰天道除災禍基、造立伽藍招福祐媒也矣、伝聞当寺者聖武天皇御草創勅願勝地也、御本尊者行基菩薩刻彫弥陀覚王尊像也、抑珊提乱国□起五劫思惟一念称名輩不漏来迎引接給也、貴哉嘉哉懸憑人不導永不取正覚誓給也、婆婆安養境所有衆生弥陀結縁之一類也、誰人此度不殖解脱種乎、就中鎮守者釈尊降魔再誕金剛蔵王権現也、卜居於巌崛利生星霜良旧、加之顧山嶽霊地松栢並梢移鷹峯谷深流冷水尼連禅川有近、殊更大威徳明王鞭打水牛影向給旧跡□、于今残巌石故曰牛蔵寺、最初精舎並甍金捶貫珠見人建立須達疑祇薗寺、痛哉時代遷澆季興隆倍衰数度兵乱本堂破壊、留本尊計給、寺僧皆奉拝毎催涙有志無力、依之廻国郡隣里人々勧懇志欲励再興、捧加不可□一紙一銭不可蔑寸鉄尺木須弥微塵大海起一滴何不遂造栄乎、若然者助成之緇素結縁之男女現世保東作西母齢当来至安養都卒台者也、仍勧進帳如件、
天文八年卯月吉日　牛蔵寺之寺僧敬白

八月　尼子国久、大般若経（版本）を神宮寺に寄進する。

一二一　鰐淵寺旧蔵大般若経奥書（常光寺所蔵）

（一巻、版本）
奉寄入当経一部新宮之神宮寺常住　佐々木刑部少輔国久
天文八年己亥八月時正
（五三一巻、版本）
奉寄進当経一部新宮之神宮寺常住　佐々木刑部少輔国久
天文八年己亥八月時正

一一月五日　杵築大社仮殿遷宮の際の祭礼担当者などが書き上

げられる。導師は竹本坊栄伝が勤め、衆僧一〇人が参加したという。

一二二　杵築大社仮殿遷宮引付（千家家文書・県図影写）

（表題カ）「かりとのうつしの引付」

□□仮殿遷引付之事、天文八年己亥霜廿五日子剋（当）□時之国造高勝行年卅八歳、上官次第者、□□東彦十郎・同安通・阿吾名代、中塩松丸・同右京進・長谷□□郎丸・別火上官名代、飛岩与七、以上八人也、別火□道之役也、神大夫覆之役也、四郎左衛門尉籠手覆面之役也、□□敷皮役也、御輿之役、崎ハ祝源十郎、跡ハ中修理亮勤仕、□役、清水与三右衛門尉、御火所ニ御役者在之、（鰐淵）□□寺導師竹本栄伝法印、衆僧十人下山也、□其沙汰アリ、国造上官役者鰐渕寺衆、何茂御普□□之御火之垢離桶垢離維出之、敷布在之、□役進大夫也、仍為後代之引付如件、

天文八年己亥霜月五日　注之

この年　国富荘の結解状が作成される。

一二三　国富荘結解状写断簡（木佐隆良家文書）

（端裏書）「国富荘結解状年貢段銭己亥分増行坊」

国富荘結解状之事

合天文八年卯（マヽ）己分

惣都合五拾四石六斗三升五合六勺一才之内

現米四十石八斗八升六才之内

定引物

三俵　八幡御反引

壱俵　旅伏御神楽引

三俵　上虫くひ　役下行

拾俵　代官許物

壱　虫くひ　天神御神楽引

三俵　虫くひ　金つき神主下行

壱　ちきれ　虫くひ

三俵　虫くひ

九俵　上使許

三俵壱斗　宝幅御虫くひ

三俵三斗五升未　追検引
三俵　御蔵入引
三俵　ちきれ　虫くひ
四俵　虫くひ
同
以上四拾七俵壱斗五　虫くひ
壱石九斗三升六合八勺
一佃之下行
此所虫くひ　ちきれ
廿八文　竹下名
□一嶋
二百七十九文　市蔵散田
六十八文　役人　文字不分
虫くひ　岩崎散田
虫くひ　三文　いなた散田分
虫くひ　二十一文　たんほり分
虫くひ　十六文　安平寺分

是ゟ先一向虫くひ開不被申

【天文九年（一五四〇）】

一一月三日　亀井国清が出西郷八幡宮を修造し、鰐淵寺が遷宮導師を勤める。

一三四　出西八幡宮棟札写（島根県神社由緒書七、簸川郡上）

奉修造雲州神門郡出西郷八幡宮棟上酉時御遷宮丑時
地頭亀井藤左ヱ門国経代官末次対馬守
同松浦四郎右ヱ門　別当公文岡田神六兵衛重久
多々納源兵衛真久　本願永桒　大工神門与三左
ヱ門藤原国久　天文九年庚子十一月三日　導師鰐
淵寺敬白

【天文一一年（一五四二）】

三月「湯氏、鰐淵寺僧を導師として尼子経久の菩提を弔う」という。

一三五　〈参考〉忌部総社神宮寺根元録（忌部神社文書）

天文十年十一月、雲州大守経久(尼子)公御歳八十四歳被レ成ニ逝去一、嫡孫尼子右衛門尉晴久公為ニ復祈願所一、為ニ御武運長久一給レ被レ成ニ加持修行一。時晴久公芸州吉田発向敗軍後、不レ成ニ国内諸将之志一致一、宍道庄地頭佐々木正隆殿並三刀屋弾正久祐(扶)殿相通、前京極塩谷(冶)伊予守殿兼レ忘ニ旧恩一、窃尼子公狙ニ油断一。茲湯美作守殿為ニ尼子伊予守殿菩提弔一、湯庄坊山被レ成ニ常楽寺再興一。従ニ三刀屋庄(郷)一大工鍛冶合計百人、従宍道庄人夫合計百人当山内滞在、建立ニ立所本坊一棟一、従ニ鰐淵寺一招ニ導師一。天文十一年三月伊予守殿之追福供養勤行筈、周州大守大内義隆公大軍引連。同年三月雲州発向之事、国内雑騒故、追福供養時期不レ至。

○本記録の内容は正確な歴史的事実とは認め難いが、参考のために掲げる。

【天文一三年（一五四四）】

一〇月中旬　鰐淵寺井上坊の栄芸、音曲を記す。

一二六　鰐淵寺音曲奥書（鰐淵寺旧蔵）　△鰐淵寺一五六

天文十三年甲辰十月中旬、書之訖、雖悪筆無極、堅依所望令染筆者也、

主井上坊栄芸之(也)
老筆　法印栄円

この年　井上坊栄芸、本堂に銅製の閼伽桶を寄進する。

一二七　銅製閼伽桶銘（鰐淵寺所蔵）

奉寄進本堂
天文十三年
井上坊栄芸

【天文一九年（一五五〇）】

九月二八日　国造千家慶勝・北島秀孝と上官佐草孝清、この年の造営・遷宮次第について記す。内殿での大般若経読誦は竹本坊が一〇人で勤め、また御幸に際しては、まず最初に鰐淵寺衆が射水の勤行を行ったという。

一二八　杵築大社造営遷宮次第（千家家文書・県図影写）

一、大社御釿始之事、天文十五年丙午六月三日也、別ニしるし置也、
一、御柱立之事、同年拾月何モ別而しるし候也、慶勝(千家)出仕

候而御供取次、身柱之下へ慶勝納物納候也、
一、大社御棟上之事、天文十九年九月廿四日壬寅刻、国造慶勝出仕有、尼子晴久御供被仰付、御取次申候也、然者廳而御供相過候而、北島雅孝出仕候也、於内殿大般若経読誦候也、竹本坊十八人にて被罷下候也、大工之事、此方大工神門左衛門二郎左ノ方仕者、ぬさも左をおかミ申候、右をハ北島方大工神門二郎左衛門ぬさおかミ申候、大工へハ引馬有之、冠そくたい色黒候也、大工キル、壱疋晴久より御出候、同尼子(国久)形部少輔殿より一疋有之、両国造よりハ本願樽弐具宛、使者長谷・佐草也、大工ヘ両国造より馬引候、尼子経久被仰付候時ハ馬不出候へ共、此度ハ何も出候、
一、奉行ニハ多賀与三(久幸)左衛門被罷出候、
一、大社御遷宮之事、天文十九年九月廿六日丙辰、亥子之時也、両国造出仕候而渡申候也、社徳分ハ当夜ノをハ両家ヘ分候而取申候、今度ハ弓計参候而其分候、
一、導師ニハ竹本栄印(伝)法印也、衆僧廿人被罷下候、於内殿かた有之、御供具足等ハ明日参候、何も此方へ納候也、

一、上官之事、此方より八人ニ定候分ニ出仕候、権検校孫三郎、赤塚上官ニハ中弥四郎罷出候、東上官ニハ椎村罷出候、簗抜上官ニハ多久与三郎、中上官ニハ中七郎罷出候、阿吾上官ニハ赤塚左京進出仕候、長谷・別火以上八人罷出候也、完(宍)道六郎左衛門殿御剱ノ役ニ而候、此名代ニ中(宗孝)右京進罷立候、同朝山殿名代ニ中修理亮罷立候、是ハくつの役也、別火上官ニ付而申事共候へ共、先年伊(尼子経久)与守殿遷宮被仰付候時、北島方より色々無筋目事被申候へ共、伊与守殿被得御意候而、亀井能登守(秀綱)比(批)判ニ而落着候、能州宿ヘ此方証跡持、拝見候而不紛之由被申候、此方申分ニ八人前上官徳分以下被相渡、請取申候、今度遷宮之時も、色々事六ケ敷被申候へ共、証跡等持せ、社奉行多賀与三左衛門方・同本願見せ申候、此方よりハ中右京進・同長谷罷出候、北島方より佐草・上田対馬罷出、互対論候へ共、此方証跡不紛之由候而、此方へハ上官上衆八人前立ゐほし九つ可被渡候へ、かしらハ惣官等へ、同ひあふきも九本、一本ハ惣官ヘ参候、北島方ヘハ六人前被渡候、両方ニ拾弐人

にて上官候所ニ、不謂之由色々申分候而、此方ニハいにしへより八人、北ニハ四人にて候、只今六人と被申候、常々此方上官の取申候社徳分も不紛候、此方八人之儀ハ何モ分明成之由、社奉行も被聞候、然共遷宮之時北島ゟハ上官数しらすニ被出候、不謂時儀と悉申事候、楽孝(マヽ)子息宗四郎、稲岡宗二郎、井田、竹下、秋上周防守、同子七郎、野井、ゆやノ別火代堀内源左衛門、市場宗右衛門、其外ことハりなしニ多めしつれられ候、ケ様之儀も新儀不謂之由申事候、御意得落着候上を以、北より二人前之儀取返し候ハんと約束ニ而被相渡候、

一、慶勝行年卅四歳遷宮成申候也、

天文十九年九月廿八日　慶勝　在判

一二九　杵築大社造営遷宮次第（佐草家文書）

大社御遷宮之次第

一、御遷宮者尼子晴久御成就候也、

一、修造本願南海上人也、

一、御神体奉懐時誦文有之、

一、御輿之前行当月之国造ハ跡也、

一、御宝物持参上官役也、

一、御かふり役　北島宗四郎是あゆミの上官也、

一、御手箱役　稲岡是森脇上官也、

一、御きねの役　竹下是向上官也、

一、御剣之役　佐草是神代よりの御釼也、

一、御衣之役　井田

一、二の御手箱　竹下善兵衛尉

一、御弓　秋上

一、多禰・朝山方武家よりの御剣之役也、多禰名代ニハ野井仕也、

一、御幸之次第、一番ニ鰐渕寺衆射水勤行有之、次別火縁(紙継目)塩道、次御鉾、次御弓、次御剣是多禰朝山也、次御きね、次琴、次御手箱、次御衣、次御かふり、次御くつ、次御剣是神代の也、次国造当月ハ跡也、次　御輿天蓋、其外御宝物ハ取々持参也、御輿之跡ハ両家衆中供仕也、

一、新宮へ移奉る時ハ人をのけ灯一ツにて御神体移し奉り、しとミををろし勤行有テ、両国造勤後火をとほし、御

戸を開心持子細有之、
一、五社之遷宮、当方ハ竹下・佐草両人仕之也、
一、御遷宮之時之得分ハ両国造同前也、
一、古宮之道具両国造へ分也、
一、両国造幷上官得分有之、

（紙継目）

一、大工へ両家より馬被引也、棟上之時也、
一、鰐渕寺衆社頭ニて大般若有之、
一、御棟上ハ天文拾九年九月廿四日ニ有之、御棟上之日ハ甲寅之日之巳午之時也、御遷宮之日ハ同月廿六日丙辰丑之時雖儀定、急候て亥之時ニ有之也、
一、尼子殿御名代ニハ多賀与三左衛門尉殿御出候也、
一、御遷宮御けいこにハ神西殿・古志殿也、
一、当方国造秀孝五十五歳執行也、
一、御遷宮前一七日参籠有之也、

右之儀式任旧例者也、

天文十九年九月廿八日認之也、

佐草孝清（花押）

一三〇　杵築大社造営遷宮次第（佐草家文書）

（端書）「天文十九年国造北島秀孝御代
遷宮行別記」

当社御遷宮記録

国造秀孝為当役執行之

御輿御前行次第

先唱誦文御神体奉懐事　国造役
次御宝物持参人数幷上官役
次第一御手箱役　権《ゴン》国造宗四郎
次御冠役　稲岡宗次郎
次杵之役　竹下助七郎

（紙継目）

次御束体役　井田三郎右衛門尉
次御手箱役　竹下善兵衛尉
次御剣之役　是ハ神代ゟ之御剣也　佐草孫兵衛尉

上官外

一、御経箱役　富兵部太輔
一、御弓役　秋上周防守

一、御剣之役　野井兵庫助
一、御琴之役　秋上七郎
一、礼盤之役　大熊次郎右衛門尉
一、天蓋之役　祝是者惣合
一、以大奴佐清延道并杵之役　別火惣合
一、御輿役前左　荏田勤之
前右ハ堀内源左衛門尉勤之、同後左右ハ千家方被官菅
井勤之、
一、御輿手縄并古御殿ヨリ新社之間敷布事、御輿役人給之先例如此、
一、御遷宮役人精進三七日也、御遷宮之後一七日精進仕、
社頭ニ参籠、其間別火也、
一、御輿飾御手縄、
一、古御殿ヨリ新社ノ間敷布有之、
一、上衣、内衣、籠手、覆面共、
一、神人役如先例、但此内兼役之儀茂在之、
一、神子役如先例、
一、中座市廿四人頭トメ、別盃勤仕（紙継目）詫宣役也、

一、御供、楽、笛役、千種勤之、上代如此、得分別在之、神外
別在之、
一、別当就御神馬之役在之、
一、御供取役人兼役之儀勤之、
一、灯事アン所サイ所役トメ出之、
一、小内殿ニ天蓋アリ、奥ヘ寄可釣之、
一、鰐渕寺勤行規式、従兼日相定也、其外御遷宮之規式為
兼役之儀間、細ニ不記之、
一、御幸次第、
先鰐渕寺射水勤行在之、
次別火延道御鉾　次杵
次礼盤　次御弓シコ　次琴
次御剣　次御手箱　次御冠
次御衣　次沓天蓋其外古御宝物ハ取々ニ持之、
一、新御殿ヘ奉移、人ヲ退、灯一ニテ御神体奉移、蔀ヲ下シ
行事在之、両国造所勤之、其後数火ヲトホシ、御戸ヲ
開心持之子細在之、次古御社道具、両社家ヘ相分也、
一、御遷宮時、至社頭得分何茂等分、両社家ヘ相分候也、

一、御棟上ノ事、天文十九年九月廿四日也、両国造出合所勤之、御供備之、鰐渕寺竹下有出仕、於内神（陣）大般若在之、両国造ヨリ対大工引馬在之、

一、五社遷宮之時、当家者竹下勤之、千家方者平岡勤之、

一、御遷宮之節、当月之国造者後役所勤之、（紙継目）

一、御遷宮吉田良辰事、天文十九年庚戌九月廿六日、子丑剋、

右、社頭御再興幷御遷宮事、尼子戸部員外郎晴久依御立願、南海上人為修造本願、森山藤兵衛尉等奉之、諸共抽懇節、速御願御誠（成）就所、如件、

天文十九年九月　日　　（北島）秀教（花押）

【天文二〇年（一五五一）】

四月　鰐淵寺が焼失する。

一三一　**華頂要略**（門主伝第二三）

同（天文）二十辛亥年四月雲州鰐淵寺焼失。

△大日本仏教全書

【天文二二年（一五五三）】

正月一日　富田城で越年した連歌師宗養、千句の法楽を催し杵築大社に捧げる。この法楽に鰐淵寺大蓮坊栄円や和多坊栄芸も参加する。

一三二　**宗養歌日記**（多胡家文書・県図影写）

天文第廿二暦、於雲州富田越年、正月元日杵築大社

法楽、

宗養

八雲にもけふ九重の霞哉

生さきや若葉にほう千代之草

風の色もうす雪かゝる柳かな

（尼子晴久）御屋形御千句　第十

先さかは色香もいはし桜かな

産前祈禱会ニ

天のはら出と千とせの春日哉

乗林坊

松ならぬ宿や梅かゝ夕嵐

牛尾遠江守幸清興行

あひにあひぬ花ニくは、る宿の春

大西越中守月次ニ

月や春あらし乃うへのうす曇
酒屋四郎兵衛尉私宅にて
竹乃葉を酌手にのこる雪もなし
尼子（敬久）左衛門大夫殿御興行
春幾代松にあひをひの家桜
錦浦一見次多胡浄周興行
花鳥はにしきのうらのうきも哉
八重垣参詣途中にて
花もその八重墻かこふ宮木かな
同所にて
若草のつまこめになく雉子哉
熊野備前守久家千句
ときは木ニ雲ゐる花の下葉哉
牛尾信濃守亭にて、これかれ人をまつとて、
うくひすも春まつ雪の深谷哉
涅槃像手向
けふそミむさけハ散世の法の花
馬田尾張守慶信千句、十梅
とへは梅月のかつらの匂哉
佐世伊豆守清宗千句、四季之内落葉を、
散やらて時雨やたのむうす紅葉
於御崎百枝の松とて神木あ□
百枝のこけのみたれか松の藤
御屋形御興隆不断連歌の会所にて
いとたらぬ種やこと葉の玉柳
於杵築千家殿
稀に来てなつとふ袖か岩つゝし
同北島殿興行、不老山の麓
春《鶴》もまておなし常世の春の月
成相寺
行水や根ニかへる花の山下行
馬尾（馬田慶信）所望
山明や春をしからむ谷の水
疋田左馬允袖師のうらにて興行
ほさてみよ袖師のうらの春の月
同長門守

ゆかハ春こゝをせにせよ遅さくら
　於横田岩屋寺、来福寺興行、
時はいつ若葉の千しほ花の雪
大林坊
　木の間みる月や卯花よるの雨
　於鰐渕寺大蓮坊栄円法□（印）
山ふかきしるしの杉かほとゝきす
　同惣山より興行
滝の糸やから藍そめの夏木立
　於和多坊、栄芸阿闍梨興行
水くらき山をたのむの水雞かな
　多胡左衛門尉辰敬興行
ゆくと来と契や花ニ深見草
　同辰敬両吟ニ
みすもあらぬうす雲にほふ欅かな
　於錦浦
棹姫のにしきのうらのたてぬきに
波をりかくる花の春風

おもひきや袖師のうらをかたしきて
にしきのはまの月をみむとハ
立かへるみちとおもはゝいかはか□（り）
にしきの浦口□□□□□、

【天文二三年（一五五四）】

月日未詳　「梶井応胤法親王、清水寺は梶井宮門跡有数の寺院だとして、綸旨に基づいて座次論争に終止符を打つべき旨を清水寺に伝える」という。

一三三　**梶井応胤法親王令旨写**（清水寺文書・県図謄写）

於国中次席左右相論有之由、清水寺之儀者不混余寺当門跡御競精舎候、有誰可論哉、雖為何宗、背勅命当門之掠硎進止族、頗以自由奸謀候、所詮ハ以綸旨筋目対乎、慥可遂裁断者也、仍執達如件、

　天文廿三
　　　　座主宮御在判
　清水寺衆徒中

○文書の形式・内容ともに疑問の多いものであるが、参考のために掲げる。

【天文二四年・弘治元年（一五五五）】

五月二〇日　後奈良天皇、清水寺が綸旨を掠め取ったが、鰐淵寺が国第一であることに紛れはないとして、改めて鰐淵寺を左座となすよう命じる。

一三四　後奈良天皇綸旨案（東山御文庫所蔵延暦寺文書）

△史料纂集・古文書編

当国諸法事座次之事、先年清水寺旧規之由、雖掠賜　綸旨、当寺者為　推古天皇勅願之浄場、於一州第一之儀無紛云々、歎申之旨被聞食畢、所詮、任先例可為左座者、天気如此、仍執達如件、

天文廿四年五月廿日　右中弁（柳原淳光）在判

雲州
鰐渕寺衆徒中

〇本文書の正文、『出雲鰐淵寺文書』にあり。

閏一〇月一七日　佐草孝清、阿式社の遷宮式において用いる諸道具や得分などについて書き上げる。その中に、鰐淵寺衆への賄い料も見える。

一三五　阿式社遷宮入目注文（切紙、佐草家文書）

阿式御遷宮入目日記之事

一、御神御いしやう
一、御けん
一、御弓矢
一、御手箱
一、御供
一、神楽
一、神馬
一、御こしの水引きぬ
一、ゑんたう（莚道）きぬ幷御へいかミ
一、てんかい（天蓋）のきぬ
一、みつきかけはん
一、ゑんたうの役人しやうへ（浄衣）とくふん五百文
一、御こしのつな布
一、こてふくめん御手箱弓袋のにしき十たん

（紙継目）

一、たききぬ
一、敷布五たん
一、国造いしやう幷とくふん事□
一、上官しやうへ幷とくふん六人有三貫文宛

一、おけひきやく《桶・柄杓》幷ゆかたひら
一、御こしかきしやうへとくふん二人六百文
一、神人すいかん《水干》とくふん二十疋あて
一、みこ《神子》いしやうとくふん二十疋宛
一、別当しやうへとくふん三十疋
一、国造くつもちしやうへとくふん三十疋
一、こも《薦》敷とくふん二十疋
一、ちやうちん五ツ《八》幷ろつ《う》そく卅
一、まかなひの事
一、かくゑん《鰐淵》寺衆まかないの事
各けんやくの分也

佐草孫兵衛

天文廿四年潤《閏》十月十七日　孝清（花押）

一一月一九日　梶井応胤法親王、清水寺は往古から梶井宮門跡の末寺だとして、退転なきよう吉川広家に求める。

一三六　梶井応胤法親王御判御教書（切紙、清水寺文書・県図影写）

雲州清水寺事、従往昔為当門跡《梶井宮》之末寺、至当今寺役等令沙汰候間、如前々於無改転者、併武運長久之懇祈、仏法紹隆之洪基可為喜歓候、猶遍照院可在演語《説カ》候、穴賢、

十一月十九日　（花押）《応胤法親王》

吉川侍従《広家》殿

○本文書の上包に「梶井宮御筆」とありという。

一一月二八日　満蔵院直運、鰐淵寺正教坊法印房に対し、鰐淵寺のことについては先日事情を聞き、了解したので安心せよと伝える。

一三七　満蔵院直運書状（鰐淵寺旧蔵文書）　△鰐淵寺二一五

昨日、御報可申処、従京都□《申》来候而、延引慮外至、可預御免候、

不寄存知両種壱荷送給候、過分至、乍迷惑、御芳情畏入候、鰐淵寺之儀、最前蒙仰候条、得其意候上者、曾以不可有異議《儀》候処、数度被入御情段、尤大切存候、弥向後之儀可被御心安候、将又元三会、貴院請僧分廻章、可載申候、以敬信之儀、御出仕所仰候、猶期面談存候、恐惶謹言、

（弘治元年）
十一月廿八日　　直運（花押）

「（礼紙封ウハ書）
（墨引）　　満蔵院
正教坊□□（法印）御房　　直運
御返報」

一一月二九日　国造北島秀孝、阿式社の遷宮式の際の任務配置などについて記す。この儀式に鰐淵寺僧も参加する。

一三八　阿式社遷宮儀式注文（佐草家文書）

「（異筆）天文廿四年秀孝公御判、阿式宮遷宮役者、附同入目日記、佐草孝清水手跡」

阿式宮遷宮儀式

一、鰐渕寺衆
一、塩（莚）道　　別火
一、らいはん（礼盤）　　大熊
一、御弓　　別火上官
一、御けん　　野井
一、御かふり　　稲岡
一、御衣　　竹下
一、こてふくめん　　井田
一、御手箱　　左京進
一、御手箱　　宗《あゆミ》四郎
一、御けん　　佐草
一、御こし
一、御てんかい（天蓋）

天文廿四年霜月廿九日　　神主
秀孝（花押）

【弘治二年（一五五六）】

この頃　清水寺から、鰐淵寺に対する初問状が提出される。

一三九　清水寺初問状（東山御文庫所蔵延暦寺文書）

△史料纂集・古文書編

「（端裏書）清水寺」

清水寺左座一座之事

一、伊予守経（尼子）久於富田千部経読誦之時、毎度左座之事、
一、晴（尼子）久於富田千部経興行之時、左座無紛事、
一、其後鰐渕寺依新儀相論、為当座之口入、清水寺者左之

後座、鰐渕寺者右之後座出仕之事、
一、去年（天文二十四年）二月経之砌、鰐渕寺及違乱之条、於富田晴久両寺之座次遂対決之処、清水寺以理運無紛旨左座之事、
一、数度之左座分明之儀、於国中事旧訖、所詮鰐渕寺申掠子細歴然之上者、弥可被任順路之儀事、

以上、

○本文書の案文、『出雲鰐淵寺文書』にあり。

五月二十二日　鰐淵寺から、初答状が提出される。

一四〇　鰐淵寺初答状（東山御文庫所蔵延暦寺文書）

〔史料纂集・古文書編〕

（端裏書）
「鰐渕寺初答弘治二五廿二」

鰐渕寺雑掌謹言上、

右、清水寺為左座之一座由申掠条々事

一、伊与守経久（尼子）於富田千部読経之時、左座之由申歟、恣言上也、毎度読経之砌、当寺左座事無紛者也、然者、先年読経之時、二ケ日遅参之事在之、然時モ残置左座上、当寺任先例左ニ着座、不及異論事、
一、晴久（尼子）於富田千部経興行之時、左座無紛由申歟、此条、天文十四年初而清水寺及新儀之違乱条、自其以来、左右方之対座一切無之上者、以何清水寺左ニ着座之由申上者哉、謀略之言上、無謂者也、
一、其後当寺依新儀相論、為当座之口入、清水寺者左之後座、当寺者右之後座出仕之由言上歟、既左右共以不着本座上者、後座之座次、更不可立本座之証拠者也、
一、去年（天文二十四年）二月経之砌、当寺及違乱条、於富田晴久両寺（紙継目）之座次遂対決之処、清水寺以理運無紛旨、左座之由申歟、此儀去天文六年ニ掠給　綸旨、今度初而出帯之間、難背　勅裁、先不及是非、当寺者不罷出者也、因茲、当寺驚存、則致参洛、先規趣申披之間、被聞召分、被成下厳重之　綸旨之間、一山奉成安堵之思処、重而企謀訴所行、無是非次第也、被破先度之讒訴、被任後証理運之旨、　勅許之上者、猶以無相違可被仰付事、
一、清水寺数度之左座分明之儀、於国中事旧候由申歟、当寺左座之事、国中不可有其隠処、只今不恐　叡慮、不憚宗旨誡、悉以虚言之申状、前代未聞之次第也、殊於

杵築大社三万部之時モ、毎度当寺左座無其隠者也、所詮理運之旨被聞召分、預順路之御成敗者、忝存弥可奉抽御祈禱之丹誠者也、仍粗言上如件、

弘治弐年五月　日

一四一　鰐淵寺衆徒申状案（鰐淵寺旧蔵文書・県図写真）

鰐渕寺衆徒申上条々、

一、当寺者推古天皇為御勅願之浄場、其後山門最初御末寺候、青蓮院殿御時、殊知行等油（由）緒在之付而、他異無紛旧寺子細共、御院家可有記録御座条、不及申上事、

一、於国中、当寺法席毎度左座之事不珍候、然而天文十四年修理大夫千部経執行之時、清水寺初而左座仁可令着座之由申出候、既御経之日取被定置砌（間）者、両寺相刻故、御経可延被申儀一向無分別之間、双方乱座読経可仕旨両奉行御口入候、国守他国出陣付而、依理明不成如此（其無究）候、次第処、去年春　綸旨并梶井門跡御　令旨出帯仕、自前々如此与申、左座彼寺望申候、去天ノ（文）十四年之時者、左様書物無其沙汰、無明申給候、其後罷上　叡慮門跡申掠、如此致企候、相刻仕出時与　綸旨以下年号等、遥令相違候、然時、新儀已謀略之段者為顕然者歟、

〇本文書は、鰐淵寺に残された、初答状に準じるもの。

五月二八日　清水寺、鰐淵寺に対する二問状を提出する。

一四二　清水寺二問状（東山御文庫所蔵延暦寺文書）

△史料纂集・古文書編

（端裏書）「清水寺二問状弘治二五廿八」

清水寺雑掌重謹言上

当寺法席左座連錦（綿、下同ジ）之処、鰐渕寺濫訴無謂条々事

一、伊予守経久（尼子）於富田読経之時、左座之由申歟、以外之虚説也、所詮、経久初而読経之時、両寺之座次、当寺左座出仕訖、毎度本座無紛者也、

一、先年読経之時、二ケ日遅参之事在之、然時モ残置左座之上、鰐渕寺任先例左仁着座之由申歟、恣言上也、当寺毎度着本座上者、彼寺以何称左乎、旁以新儀之偽謀露顕者乎、絶言次第也、

（紙継目）

一、晴久(尼子)於富田千部経興行之時、対座無之由申歟、当寺任理運左座出仕之処、彼寺構私曲不及出仕、剰只今無対座之由、胸憶之言上、非拠之随一也、

一、後座之座次、更不可立本座之証拠之由申歟、既両寺左右之差別於在之者、左座無紛段、証拠之随一也、

一、去年(天文二十四年)二月経之砌者、天文六年仁掠給 綸旨、今度初而出帯之間、依難背 勅裁、先不及是非、鰐渕寺者不罷出由申歟、此条、自由之言上也、彼寺背先規、企新儀之異論、不罷出段者、頗以背勅命者哉、天文十四年読経之砌、鰐渕寺及違乱之間、雖可遂糺明、晴久出陣之間、以当座之口入、不及是非遵行畢、其後読経之時、毎度当寺任理運差本座上者、 綸旨出帯之儀無之候、去年鰐渕寺含横訴、重而及違乱故、晴久遂対決処、先規左座無紛旨申極、殊 綸旨等出帯申、旁以不及異論、当寺左座分明者也、弥被任先規可被仰付事、

一、鰐渕寺左座之事、於国中不可有其隠之由申歟、当寺左座之儀雖事多、古今不珍上者、其巨細前後事旧訖、

一、当寺只今不恐 叡慮、不憚宗旨誡、悉以虚言之由申歟、当寺左座之事連錦之上者、先年既被任先規之由、忝被成下 綸旨、弥備一山之亀鑑処、去年鰐渕寺掠給(紙継目) 綸旨、相語三院役者、調連署罷下云々、其砌子細為梶井宮(応胤法親王)被達 天聴訖、次三院之儀被尋下之処、諸谷不致存知由被申入云々、其通為東谷・南学頭代、対晴久被差遣一行候、然処、当寺所詮致上洛、可遂一途之糺決之由、対当寺晴久書状如此候、備右、則罷上御糺明之上者、奉仰順路之御沙汰、当寺左座無紛条々申上者也、乍存旧規之勅裁、廻新儀之攻略、彼寺掠給 綸旨、恣之所行歴然之処、剰当寺只今不恐 叡慮之由申段、子細何事候哉、前代未聞之申状、驚入存者也、

一、於杵築大社読経之時左座之由申歟、此条、彼寺一旦号社僧、以猛悪無道之謀訴、令自専者也、一向背法儀上者、不及是非者也、速此砌預破邪帰正之御成敗而、弥奉可抽御祈禱之精誠旨、仍粗言上如件、

弘治弐年五月　日

○本文書の案文、『出雲鰐淵寺文書』にあり。

六月三日　鰐淵寺、清水寺に対する二答状を提出する。

一四三　鰐淵寺二答状（東山御文庫所蔵延暦寺文書）

△史料纂集・古文書編

（端裏書）
「鰐渕寺二答状弘治二六三」

鰐渕寺雑掌謹重支言上

就法席座次相論、清水寺申状之旨悉以慭之事

抑当寺者、乍　推古天皇之御願、尋其根元者、自　神
代別而霊験之勝地也、其縁起者、本尊講之式仁粗被書
載訖、則一巻備右、昔者、谷々隔路、坊院並軒、凡三千
余坊雖為歴々、次第仁令零落、今者、其名計之為体也、
然間、人々軽賤、口惜次第也、寺務者　青蓮院殿、寺
務代者安居院、其外仁有本谷本坊、山門之交雖致其役、
連々仁無力之侭、諸事無沙汰之条、失其便、依之、当
時清水寺風情之寺与相紛様、被及執沙汰之段、無是非
次第也、仍彼寺守時節、掠申而　叡慮給　綸旨、掠而
御門跡、罷成御末寺分云々、廻種々調法、新儀仁可越当
寺造意之働、言語道断之次第也、巧而慭申触旨聴之、
国之俗方者、不立入法中之実儀之条、只為静当座之諍
論、一端口入之扱等者、更不可為正儀歟、依新儀之企、
毎々諸事之妨不可然之条、去年致言上子細、令頂戴
綸旨、山門之副状等無紛処、為　座主宮（応胤法親王）、前之　綸旨
可為正本旨依被仰下、国守（尼子晴久）難有分別由被申、就意見今
度致上洛、歎申処也、然而、彼寺猶以慭之言上、無是
非次第也、

一、当寺不私事者、勅附之田地麓仁有之、号経田、以件
料所、毎年（紙継目）正月廿日寺家衆罷下於杵築之社、大般若
経奉読之者也、自修正始而、　勅願之御祈于今厳重也、
廿日以前者、国守江年頭之礼儀等無之段、依　勅願之
行事也、国中無其隠候哉、就中、将軍家御代々　御
判・御教書以下数通備右、在目六、依如此証拠、当寺者無双
之処、彼寺以如何様之由来・証跡等可超越哉、恐者、
於国可超当寺事者、無覚束者也、

一、天台末寺之目録備右、争可及対論哉、

一、彼寺、天文六年始而申請　綸旨、頗以不審也、若為根
本理運之上座者、珍敷可蒙　勅裁事者、不可有之歟、
但当寺若新儀仁於成妨者、其段曲事之由、対当寺被加

御成敗様、可被訴申処、一方向仁申給　綸旨、経数年出帯、更不得其意、并御門跡御令旨、可為　綸旨同時処、遥之後被成之趣、出帯何事哉、

一、彼御令旨天文十九、八月廿一日、御文言仁、清水寺者当門跡御境内之精舎云々、於国不及承事也、但為梶井御門跡之御境内仁建立之精舎者、叡山以後与相聞畢、当寺之草創者二百余歳之前也、然者不及対論次第也、是等之条々、彼寺掠申段者無紛旨言上之処、還而当寺掠申由言上之段曲説也、其掠申子細何事哉、帯証跡於無言上者、無正体謀言也、

一、依不能国守分別、令上洛可一決之旨、左右方江出状之上者、近年於国兎角之往復者、互不入申事歟、只古今之次第、就証跡可被仰付也、仍三万部之時左座之事、国之侍立原備前守(幸隆)書状如此、備右、以口状恣申事者、互不可有際限者哉、

一、去年山門役者副状之事、満遍仁無存知之間、不可為正意之由、為両谷国江被申下云々、其段者、寺家衆無案内之条、為寺務代之谷、其理言上也、仍北谷之状備右、(紙継目)此儀者、去年又当年両度迄、自彼方三執行代江連署之状、雖為御所望、無同心云々、若於有判形者、以其旨可被背　綸旨之造意歴然也、依無加判、此方江任　綸旨并山上之故実等、判形之書状者可為反古趣、国江被申下段、無其謂者歟、所詮、速被披聞召、任理運堅被加御成敗様、被経御奏聞、於為如先規者、弥可奉抽御祈禱之精誠者也、仍謹重支言上如件、

弘治弐年六月　日

○本文書の案文、『出雲鰐淵寺文書』にあり。

六月九日　清水寺、鰐淵寺に対する三問状を提出する。

一四四　清水寺三問状（東山御文庫所蔵延暦寺文書）　△史料纂集・古文書編

「(端書)清水寺三問状弘治二六九」

清水寺雑掌謹重言上

就当寺法席左座之儀、鰐渕寺重奸陳恣之事

一、当寺左座之事、毎度理運無紛旨、猶重而雖載条数、不立入其条、只今捧本尊講式言上云々、恣之謀略歴然者哉、

当寺者号瑞光山、推古天皇御願、本尊者十一面観音、希代之霊地、子細異于他者哉、昔者、至坊舎、雖為厳重之次第、送数百廻星序之間、追年及荒廃、名称計之体、愁吟之処、剰先年掻（騒）乱之時、群兵乱入寺中仁、殺衆徒、奪取雑物、当時残所之坊舎・仏像・経蔵等以下、悉以令焼失畢、雖然、於本堂一宇者無恙者也、廻（回）禄以後、建立坊院、長日之勤行・顕密之行業、于今不怠、奉抽御祈禱之精誠処、当時清水寺風情之寺之由、為彼寺於申者、当寺勅願之浄場卑劣者哉、殊於国中、諸寺（紙継目）雖多之、当寺古今左座不珍者也、

一、国之俗方不立入法中之実儀之由申歟、不可説之陳答也、法中之儀、国之俗方於申分者、雖為前々理運之儀、可被奇（寄）捨哉、彼寺不止新儀之邪執、依申掠、去年既対決之処、先例云、綸旨与申、当寺左座分明之上者、弥理運無紛由、国守（尼子晴久）申分憲法者哉、

一、勅附之田地、将軍家御代々御判・御教書等在之由申歟、田地等、或御奇（寄）附之以一義於申上者、不可立左座之証拠候、寄事於左右、彼寺申掠段、一向無謂題目也、

一、依不能国守分別、令上洛可一決之旨、出状之上者、近年於国菟角之往復者、互不申入申事歟之由申云々、於国之往復者、彼寺依新儀濫訴也、其儀更不可及隠蜜（密）題目候、当寺古今左座之例証、於不申入者、以何之可為御糺明哉、恣之申状、前代未聞之次第也、当寺左座之以後、万部読経之事者、於於（衍）杵築社之執行也、其儀彼寺違背先例之座次、不憚視聴之人口、以逆悪之所行令自専段、更不可為正儀候、併時之奉行亀井能登守（安綱）等、不知案内故也、重而彼寺読経之時、令妨乱先例之座次間、為退治法事之魔障、天文六年仁当寺左座数度之先例、（紙継目）以無紛旨依申上、被任先規之由、被成下　綸旨上者、不可有其妨処、彼寺以謀訴背　勅命段、言語道断之次第也、於杵築社万部読経之時、号社僧、以一旦非分之傍例、彼寺理運之由、濫吹之申状、近比荒涼者哉、此儀最前雖申入候、子細猶以申上者也、所詮、当寺左座以連綿之旨、被聞召分、可預御奏聞者也、

一、去年、対鰐渕寺山門三役者一札之事、子細諸谷江可有其届処、且以無存知之由、為谷々被申披候、傍之所行

歴然者哉、於請文者、為　御門跡可在御出帯候、自然雖為何事、以傍之儀、三役者判形於在之者、惣山之可為証拠哉、剰事之子細、恣役者不伺衆議出状者、山門之故実哉、以北谷之状其理何事哉、東塔執行代江、座次之事、於　禁中御紀明之最中之間、以一方向之儀、理不尽仁役者連署於在之者、旁以可為聊爾之由、度々被御届者也、

一、当寺　御門跡之御末寺分仁罷成之由申歟、然者自去年至当年、彼寺茂御末寺仁可罷成之由、廻内外之馳走、種々致懇望之由、造意何事候哉、縦彼寺於罷成御末寺者、何　当寺之先例可空哉、旁以理運無紛者也、（紙継目）為彼寺懇望之子細、於御不審者、　御門跡江被尋申、被召出証人者、巨細之儀定而可被申披者哉、所詮、当寺理運之旨、具被披聞召、被任先例者、弥奉抽御祈祷之精誠者也、仍謹重言上如件、

弘治弐年六日　日

○本文書の案文、『出雲鰐淵寺文書』にあり。

六月一三日　鰐淵寺、清水寺に対する三答状を提出する。

一四五　鰐淵寺三答状（東山御文庫所蔵延暦寺文書）

△史料纂集・古文書編

（端裏書）
「鰐渕寺三答状弘治二六十三」

鰐渕寺雑掌謹又重支言上

清水寺幾度モ同篇之言上、更無其実体事

当寺出帯申分、縁起一巻、将軍家御判・御教書目録別在之、天台末寺目録二本、左座之証状一通、山門役者連署御所望之内状三通、

為遠国之条、証跡注進次第猶可被進上也、

一、天文十九年之御令旨仁、清水寺者、当門跡境内之精舎云々、山門以後之儀歴然之由、先度言上之処、既承伏畢、於国守（尼子晴久）対論之時者、為大同年中開起之寺之由、慥被申之畢、今度之申状者　推古天皇御願云々、定其証跡可在之、争出帯無之哉、大同之建立モ、御門跡御境内之精舎モ、共以山門以後之段勿論也、又万一当寺同前仁推古天皇之御願成共、非天台末寺之数、然上者、三ケ寺何モ不相並当寺条、為顕然者哉、其上、只以一寺、

三ケ度之被申様相違候上者、悉皆虚言之段、無異論者哉、仍遠与近、寺大与小、証跡之有与無、山門根本之末寺与非末寺之数、以今案之謀略恣申掠与生得之有様計申、彼是不能対論者哉、依何可令超越哉、不及自余之御沙汰歟、此外之儀者、問状之条々、不致承伏験仁、悉雖相理申、大略以前同篇之趣歟、

一為顕縁起、本願講之式奉捧之処、謀略云々、非新調子細、又非人作之題目、旁以無私者哉、彼方者、只以口状恣之言上、非法之至極也、幷左座之事、不入立条数云々、此問答之終始、悉非左座之儀哉、寺社共依前後之次第、上座之相剋者連綿之事歟、左座之沙汰者珍敷之由、及執沙汰者哉、只依寺之次第相極事也、取別而左座計(紙継目)之沙汰、不及相論儀也、仍古寺之証文、則左座之証跡也、彼寺者、其証跡一向依無之、巧而　綸旨幷御令旨等仁左座之御文言掠給之、以是計為証文、恣之謀言、以外次第也、更以彼寺左座之例者無之事也、為先規由　綸旨仁申給之段、其先規何事哉、証跡一向不可有之、此方者立原(幸隆)書状無紛者哉、

一彼寺兵乱之砌寺家悉回禄云々、依無証跡、寄事於左右、為陳防言上歟、若為生得之道理者、不依多少、証跡散在而可在之者哉、当寺之回禄者、草創以来雖及十ケ度各有記録、今一両谷如形相残、依年久相続、証跡散在之分、出帯申処也、然而、以口状只左座之一義計之由言上之段、誠以浅近也、両寺之前後於無紛者、座配者絶言之儀也、

一国之俗方依難相定、上洛一決之段、以前言上事旧了、猶以同篇之被申事也、上座之儀者、此方帯証跡申上処、猶以去年彼方左座云々、当寺者、不罷出上者、対当寺左右之沙汰、一向不入事也、何モ不罷出時之儀者同之、以左座之言上、去年所被成下之　綸旨、彼方違背之段相聞者哉、

一勅附之田地之事、又将軍家御判・御教書等令出帯事者、寺家年旧不私証拠、何事如之哉、然上者、無双之段無紛処、不可立左座之証拠之由言上、理不尽之至極也、

一三万部之時、当時上座之段、帯証状等無紛旨言上之処、種々防言、太以奸謀也、揔而前々者、為国守法事興行

之儀者希有也、経久依為法花経信仰、被誅亡大敵、其切取所領之土貢、以之為足付、或千部・万部之読誦、或以摺写之経、諸国之堂舎江被賦之了、仍彼三万部者、三ケ度仁万部宛被執行者也、何モ自国方、驚(警)固諸公事以下之奉行者、亀井能登守(安綱)、堂中之経奉行者、当寺之桜本坊豪栄・鏡林坊円怡両人、開白結願之導師者、橋本坊円海法印・西本坊頼円法印等也、彼亀井能登守者、其時分、経久存知之国々大小事悉皆令存知、為明白之仁体事、無其隠、于今其儀為亀鏡者哉、(紙継目)依之、被差奉行、被執行法事仁、争聊モ未尽之儀可在之哉、其上三万部之間、二年・三年隔年数之間、若為理運者、子細先例等申披、可為上座処、不及是非之沙汰罷過、彼第三番目之経者、当年廿七年以前也、如此経数年後、至于今、或当寺押而至上座由申、或亀井為奉行無案内之故等、恣之被申事、旁以虚言之随一也、眼前之例証不可過之者哉、殊当寺者、杵築社僧云々、鎮守者蔵王権現也、必非社僧者哉、誰又雖為社僧、自元座次之次第於相定者、更不可有異儀事也、不可依在所、為其国之奉行罷立、被執行者哉、

一、執行代江、於禁中御糺明最中也、卒尒之一行不可被出之由、自　座主宮(応胤法親王)被仰届云々、其段者、此間之御事歟、如以前言上、去年此方江任　綸旨幷故実、副状被出之後、自去年至当年、度々雖有御所望証状備右、依無証跡、同心不申旨、役者被申由、為北谷能々相尋、慥被申者也、若彼副状為反古者、御所望何事哉之由、山上内々沙汰也、以前具言上畢、

一、当寺　御門跡(青蓮院)江内々懇望之事、既　叡慮者雖申披、為御門跡(梶井)種々被仰塞段迷惑之間、幾重モ懇望之由申入段、有何咎哉、兼帯之儀不珍事也、於無御承引者、不及力次第也、此等之趣、被披聞食、彼寺謀訴曲事段、堅被加御成敗様、為預御　奏聞、謹又重支言上如件、

弘治弐年六月　日

○本文書の案文、『出雲鰐淵寺文書』にあり。

六月頃　四辻季遠、三問三答状について意見を述べる。

一四六　四辻季遠仮名消息（東山御文庫所蔵延暦寺文書）

△史料纂集・古文書編

もしうしろ座もせうせきに成候ハヽ、こうしういたし候てハ、何事候や、そのうへ、両寺の僧ならぬよの寺のもの、左座の上さたうし以下つかまつり候へハ、さらに入らさる事にて候、たうし清水寺ハ、人のうしろニ成とも左につきたきとののそミにて候ハヽ、かくゐん寺左座のうしろニつかせ候ハんよし、くにのかミ（尼子晴久）ところにてたいけつの時申候へハ、ミな一とうニわらい候へく候とて候、又清水寺より、ひとつの寺としてもんせき御けいたいのしやうしやと申候、国にてたいけつの時は、大とうたひこんりうといひ、又三もんの申状にハ、すいこ天皇のちよく願寺と申、ミなさおひにて候、一をもちて万をしると申候へハ、こと〳〵くきよこんたるへく候、このよし御心え候て、御ひろう候へく候、かしく、

文のやう、かしこまりてはいけんいたし候、いつもの国（出雲）かくゐん寺（鰐淵）・せい（清）水寺左さの事、このたひのしよたうに、二日ちさんの事、なを清水寺二もんニ申候へとも、二たうに申わけ候ハぬとの御事、これハ初もん・二もんいつれも、たゝこうしやうハかりの申ふんにて候へハ、いか程申あひ候ても、けつし候ハぬ事にて候へハ、たゝせうせき次第ニおほせつけられ候へきよし、かくゐん寺弐答第五か条めに申候へハ、せうふくにハ成候ましく候や、又きつきのやしろ（杵築社）にて、かくゐん寺左座の事ハ、天文六年りんし（綸旨）いせんの事にて候へハ、せうせきに成候ましきとの御事、これハ、かくゐん寺初答に、天文十四年はしめて新儀のいらんのよし申入候ところニ、やかて二もんにも、十四ねんよりのよし、同心に申入候へハ、このたひ初て互のさうろんれきせんにて候、なを三もんニ、法事のましやうをたいちのため、天文六ねんニりんしを給候と申候、八年ハかりいせんニ、後々さうろんいてき候へき事、かねてそんし候て、りんしを申うけ候ハん事、ふしんの事にて候、もしこのさうろんニつきて申うけ候ハヽ、かくゐん寺新儀のいらんをやめて、清水寺左さにつき候へきよし、りんしの御もんこんニのせられ候へきを、たゝきうきにまかせてとハかり御入候、これよりいせんのせうせきハ、かくゐん寺度々まきれなく候、清水寺にハ、此たひの御きうめいにも、一度のせうせきをも出帯候ハぬうへハ、申かすめ候たん、れきせんにて候、

さるニより候て、去年(弘治元年)かくゑん寺にたいし下され候りんしに、せい水寺かすめてりんしを給候しさい、けんてうニりんしをなし下され候、あんもん御めにかけ候、このうへニおきてハ、せんはんをやふるこうはんと申事の候へハ、六ねんのたひのりんしのむねをもちて、いくたひせい水寺左さをつかまつり候とも、ミないらさるせうせきにて御入候、又せい水寺左のさのうしろにつき候事、れきせんにて候へハ、申ところあるよしおほせ下され候、これハ、たかいに左さと申候ハ、第一の座の事にて候、法事のかいけつのたうし、又経の一ゑをさハき候はんとの事にて候、さためて清水寺もこのふんたるへく候、この事三たうニくはしく申候、

「(切封ウハ書)

(墨引)　　すゑ遠(四辻季遠)」

○本文書は年月日未詳であるが、弘治二年六月頃のものと推定されるので、しばらくここに収める。

六月二十五日　清水寺を左座と認めるとの後奈良天皇綸旨が下される。

一四七　御湯殿上日記弘治二年六月二十五日条　△続群書類従補遺三

廿五日。御くらはせかわ御たるしん上申。七月ふんなり。さす(座主)の宮より三色三かまいる。こんとせい(清)水寺りんしさ(輪旨)(な)さ)なれ候につきて。御しゆうちやく(祝着)のよし申さるゝ。せい水寺よりも御ほん。かうはこたい(香箱代)にて五百疋まいる。きたのゝ御ほうらく(法楽)二百いんあそはす。

一四八　後奈良天皇綸旨案（清水寺文書・県図謄写）

出雲国両寺座次之事、三問三答訴陳之上者、任者(マヽ)天文六年之綸旨、清水寺可為左座者也、仍執達如件、

清水寺衆徒中

○本文書の日付は、右の記録から弘治二年六月二十五日と推定される。

六月二十八日　延暦寺北谷正教院において一院衆議あり、清水寺の左座勅許は承諾できない旨門跡に嘆訴することが決定される。

一四九　延暦寺北谷一院衆議案断簡（鰐淵寺旧蔵文書）　△鰐淵寺一九五

弘治二年六月廿八日、於北谷正教坊、一院衆議条□(々)、

一、雲州鰐淵寺与清水寺座論之事、為鰐淵寺捧旧記、先規

料金受取人払郵便

京都中央局
承　　認

5682

差出有効期間
平成31年４月
９日まで

（切手をはらずに お出し下さい）

郵便はがき

6008790

110

京都市下京区
正面通烏丸東入

法藏館 営業部 行

愛読者カード

本書をお買い上げいただきまして、まことにありがとうございました。
このハガキを、小社へのご意見またはご注文にご利用下さい。

お買上 **書名**

＊本書に関するご感想、ご意見をお聞かせ下さい。

＊出版してほしいテーマ・執筆者名をお聞かせ下さい。

お買上
書店名　　区市町　　書

◆新刊情報はホームページで　http://www.hozokan.co.jp
◆ご注文、ご意見については　info@hozokan.co.jp

16.5.5

ふりがな
ご氏名　　　　　　　　　　　　　　年齢　　　歳　　男・女

〒□□□-□□□□　　　　　電話

ご住所

ご職業 ご宗派)	所属学会等

ご購読の新聞・雑誌名
（ＰＲ誌を含む）

ご希望の方に「法藏館・図書目録」をお送りいたします。
送付をご希望の方は右の□の中に✓をご記入下さい。　□

注 文 書

月　　日

書　　名	定　価	部　数
	円	部
	円	部
	円	部
	円	部
	円	部

己本は、○印を付けた方法にして下さい。

. **下記書店へ配本して下さい。**
（直接書店にお渡し下さい）

（書店・取次帖合印）

ロ. **直接送本して下さい。**
代金（書籍代＋送料・手数料）は、お届けの際に現金と引換えにお支払下さい。送料・手数料は、書籍代 計5,000円 未満630円、5,000円以上840円です（いずれも税込）。

＊お急ぎのご注文には電話、ＦＡＸもご利用ください。
電話 075-343-0458
FAX 075-371-0458

店様へ＝書店帖合印を捺印の上ご投函下さい。

（個人情報は『個人情報保護法』に基づいてお取扱い致します。）

之次第種々申上之間、去年既被成下綸旨之条、三院執行代同被遣一行、鰐淵寺理運無紛之処、至当年、又清水寺、以新儀申状、申掠座主宮、清水寺江被成　勅許云々、雖然、不及旧議之是非、天文六年已来新儀、当院更難一諾者也、所詮、不日、以列参、幾重茂、御門跡江、其理可被歎由事、

一、鰐淵寺理運之通、一度被遣三院一行、□

六月晦日　近江国六角義賢、比叡山梶井門跡の庁務坊（富小路任尚）に対し、鰐淵・清水両寺の件に関して、清水寺が左座なることと間違いないとの綸旨をもらったのは結構だと伝える。

一五〇　六角義賢書状（切紙、清水寺文書）

雲州両寺座次之事、先度雖被仰出、彼国遠路之儀候間、難申届之旨申上候、然者清水寺左座無紛由被成　綸旨候、尤可然存候、此方之儀、最前如申候、不可存疎意趣、宜預披露候、恐々謹言、

（弘治二年）六月晦日　（六角）義賢（花押）

庁務坊（富小路任尚）

九月九日　梶井の門徒と延暦寺本院南谷の学頭代、速見有益に対し、鰐淵寺に与同する山徒の強訴を却下するよう奏聞されたいと訴える。

一五一　梶井門徒連署状（東山御文庫所蔵延暦寺文書）△史料纂集・古文書編

（封紙ウハ書）「梶井宮　御門徒中連署

速水（右、下同ジ）左近大夫殿（有益）　法印宣祐」

雲州両寺座次事、被成下　倫（綸）旨之処、鰐渕寺依有邪執、彼与同之山徒、令参洛及嗷訴、其次第希代之由候、既被遂三問三答之御糺明、　勅許之上者、不可被入聞召段、雖無是非題目候、尚以堅可被仰付之旨、預　御奏聞候者、可為衆悦之由、御披露肝要候、恐々謹言、

（弘治二年）九月九日

御留守　法印宣祐（花押）

刑部卿　祐　舜（花押）

勧学院　定　秀（花押）

光　乗　賢　舜（花押）

双厳院 存慶（花押）
大教 栄松（花押）
西生院 宣円（花押）
実相 坤海（花押）
覚林 法印暹海（花押）
成就院 法印舜継（花押）
高光院 法印豪親（花押）
鶏頭院 法印日舜（花押）
鶏足院 法印良賢（花押）
正覚 法印空運（花押）

速水左近大夫殿

（切封ウハ書）
「（墨引）」

一五二 延暦寺本院南谷学頭代連署書状（東山御文庫所蔵延暦寺文書） △史料纂集・古文書編

（封紙ウハ書）
「本院南谷
速水右近大夫殿（有益） 学頭代」

雲州両寺座次之事、以三問三答被遂御紏明、綸旨明白之処仁、鰐渕寺以邪執、猶訴申入族在之由候、前代未聞候、於此段者、定而不可被入聞召題目候、弥堅可被仰付之由、預御奏聞候者、可為衆悦之由、可有　御披露候、恐々謹言、

（弘治二年）九月九日　学頭代（花押）
学頭代（花押）

速水右近大夫殿

（切封ウハ書）
「（墨引）」

九月一四日　延暦寺本院南谷の学頭代、庁務法印御房に対し、山徒の強訴を却下し、領内に清水寺勝訴の旨を周知するよう要請する。

一五三 延暦寺本院南谷学頭代書状（東山御文庫所蔵延暦寺文書） △史料纂集・古文書編

（封紙ウハ書）
「　南谷
学頭代
（富小路任尚）庁務法印御房 尊報」

就雲州両寺座次之儀、御札之旨致披露候、清水寺理運之段、被成下　綸旨処、為悪徒儀及嗷訴之由、前代未聞之次第候、重而申子細雖在之、不可有御許容候、将亦領内下知之事、可申付候、各不可有疎意候、恐惶謹言、

(弘治二年)九月十四日　学頭代（花押）

庁務法印
御房

(切封ウハ書)「(墨引)」

九月二〇日　三上士忠、清水寺を左座となすとの綸旨が出された上は、嗷訴をすべきでないと青蓮院門跡に申し入れがなされたが、遠方の出雲のことなのでこちらの意見が届きにくいと富小路任尚に伝える。

一五四　三上士忠書状（切紙、清水寺文書・県図影写）

就雲州両寺座次之儀、尊書謹而拝見仕候、幷従梶井　御門跡(六角)義賢江被成御書候、申聞則御請申上候、此儀自鰐渕寺被申越候、雖然為　叡慮被仰出候上者、是非難申之由被申放候、然者　御門跡へも其趣被申上候、山訴嗷々儀者太不可然之旨被申候、雲州之儀候間、此方異見難相届存分候、猶鶏頭院・実蔵坊可被得御意候間、不能巨細候、恐惶謹言、

(弘治二年)九月廿日　(三上)士忠（花押）

富小路殿(任尚)
貴報

一〇月　延暦寺三院の行者、近江葛川明王院において、鰐淵寺についての衆議を行う。また、延暦寺の衆徒、三ヵ条の採決を行うよう奏聞することを求める。

一五五　華頂要略（門主伝第二四）　△大日本仏教全書

十月於㆓葛川明王堂㆒延暦寺三院行者中衆議条々。

一、汲㆑流尋㆑源者。天台之法語吾宗之指南也。寔雲州鰐淵寺忝為㆓推古天皇之勅願寺㆒。扇㆓叡岳山門之古風㆒。為㆓一州最頂之寺㆒之間。青蓮院宮為㆓御寺務㆒之段。事旧訖。然処彼国清水寺。近年称㆓梶井宮之御門徒㆒。企㆓新儀之非道㆒及㆓法席之相論㆒。剰為㆓座主宮　叡慮㆒種々被㆓仰掠㆒被㆑成㆓綸旨㆒云云。前代未聞之乱吹也。所詮

青門自二往古一為二当寺之法務一崇敬異二于他一之上者。任二令旨一三院行者令二一味同心一。可レ被レ募二寺務之鬱訴一事。

一、各更不レ存二異儀一之旨。則参籠行者以二連署一御門跡江可レ被二申入一事。

一、若依二梶井宮之横訴一。鰐淵寺之儀及二御裁許停滞一者。不日奉レ仰二明王三尊之照覧一。一段被レ修二大法秘法一可レ被レ払二訴訟之障碍一之事。

以上

一五六　延暦寺列参衆申状（東山御文庫所蔵延暦寺文書）　△史料纂集・古文書編

山門列参衆申

一、鰐渕寺・清水寺両寺共以　推古天皇之御願寺実否之事

一、鰐渕寺　青門御存知之実否、清水寺梶井門跡御境内之実否之事

一、天文六年　綸旨仁被任旧規云々、其旧規之次第、慥承度事

右三箇条、各以証跡可被決之旨、可被経御　奏聞事

弘治弐年十月　日

一一月四日　清水寺と鰐淵寺との座論について、朝廷での裁決を求める訴えが山門から出されるという。

一五七　御湯殿上日記　弘治二年十一月四日条　△続群書類従補遺三

四日。御ひつし新ないしとの。御所〳〵なしまいらせらる丶。せい《清》水寺。かくゑん《鰐淵》寺さろん《座論》の事に。山もんよりてい中申。めうしん寺よりしゆく一おりまいる。

一一月一二日　鰐淵寺方の山門衆の訴えに従い、改めて綸旨と青蓮院宛の女房奉書が出される。

一五八　御湯殿上日記　弘治二年十一月四日条　△続群書類従補遺三

いつも《出雲》のくにせい《清》水寺。かくゑん《鰐淵》寺さろん《座論》の事。清水寺三もん三たう御さたありて。きうめいのうへにて。去六月にりんし《綸旨》をつけらる丶所に。又鰐淵寺かたの山門のしゆ。庭中とて去九月の八日より申て。この四日よりよるひるつめて。かうそ《強訴》をいたすにつきて。かれかのそみ申

ま丶に。りんしをいたさる丶。又女房の奉書青蓮院へのそみ申て。おなしくいたさる丶。かんこん以下さたのかきりなから。中〳〵にそのことくにいたさる丶。御つかひ尹豊卿。孝親卿なり。綸旨は経元におほせらる丶。祝着とて進物あり。これをはやかてかへさる丶。さたのかきりなり〳〵。

一一月二一日 延暦寺の根本中堂で集会が行われ、鰐淵寺への再度の綸旨発給が糾弾される。また、延暦寺本院執行代、庁務法印に対し、その旨を座主から朝廷に伝えるよう、要請する。

一五九 延暦寺根本中堂集会事書（東山御文庫所蔵延暦寺文書）

△史料纂集・古文書編

（附箋）
「端云、弘治二十一廿一
　鰐渕寺・清水寺座論之事」
弘治二年十一月廿一日、根本中堂集会議曰、
　可早為山務（応胤法親王）沙汰、被献覧　天聴事、
厚夫桓武天皇者、以王道而定法化民、伝教大師（最澄）者、以仏道而守国利生矣、自尓已降、仏法者護　王法、王法者崇仏法、然則当山者、為　皇帝本命之道場、儼国家鎮護之精誠、爰雲州両寺座論之事、理非顕糺明之上、是非知諍論之文、仍被成下綸旨於清水寺処、今度寄事於青門之末寺、濫理於在俗之権威、軽　王命、亡　貫首、不可不誡、因茲、西院往還之路次、上下之出入相止、張行之凶徒、放覚師（円仁）門徒、堅加制止訖、偏是為庭中之相当、報　天恩也、天台大師（智顗）曰、夫人王外無所畏、内不二言、法王亦尓矣、仰願、天文丁酉（六年）之　紹勅無更、丙辰（弘治二年）九夏之　綸旨不改兮開一山喜悦之眉、含三千歓喜之笑、祈至尊之宝祚延長、専国家之无事安全之旨、群議如件、

一六〇 延暦寺本院執行代書状（東山御文庫所蔵延暦寺文書）

△史料纂集・古文書編

（封紙ウハ書）
「（富小路任尚）
庁務法印　　本院
　御坊　　執行代」
就雲州両寺座論之儀、西塔院之衆令庭中濫訴之段、併依青門之衆馳走、諸家之引扱（級）事候、仍奉驚叡慮於悪徒幷同心之谷者、及衆議最中候、於非拠鰐渕寺贔屓之諸侯者、急度可被　仰付候、然者、今度対彼寺被成下　綸旨、不

可為正儀之段勿論候、自然於有猶予者、及神輿動座之歟
訴、可申達之旨、若徒之憤堅固候、此等之趣、為　座主(応胤法親王)
宮可被達叡聞之由、御披露肝要候、恐々謹言、
(弘治二年)十一月廿一日　執行代（花押）
庁務法印
御坊
「(切封ウハ書)(墨引)」

一一月頃　梶井門跡の応胤法親王、勾頭内侍に対し、鰐淵寺を曲事と認定するよう取りはからってほしいと求める。

一六一　梶井応胤法親王仮名消息（東山御文庫所蔵延暦寺文書）

△史料纂集・古文書編

御こゝろへ候て、御ひろう候へく候、かしく、
いつも両寺さうろんの事につきて、おほせ下され候とをり、かしこまりそんし候、てい中とかうし、此たひのらうせき、さたのほかなるやうたい、山もんのかきんとそんし候へハ、とうたうのいきとをり、もつてのほかなる御事にて、こゝもとにをきて、ちやうほん人の事ハ、永断いたし候、はいくわいにつきては、せいはいいたし候ハんするよし候、さいたうの事ハ、みちなとかたくとゝめ候まゝ、きと申たつし候へきとのしゆきけんこ候、御所中にて、此たひのらうせき、あまりなる事にて候へハ、此まゝにてハ、はてまいらせ候ましきまゝ、かくゑん寺くせ事のとをり、いよ〳〵かたくおほせ付られ候ハゝ、一山のめんほく、かたしけ(なく脱)そんし候へく候よし、
「(切封ウハ書)(墨引)」
(高倉量子)勾当内侍とのへ」

○本文書は年月日未詳であるが、弘治二年一一月頃のものと推定されるので、しばらくここに収める。

一二月　延暦寺本院の大衆、鰐淵寺への綸旨を召し返し、清水寺の勝利を認める勅裁が下されるよう求める。

一六二　延暦寺本院大衆申状（東山御文庫所蔵延暦寺文書）

△史料纂集・古文書編

「(附箋)延暦寺大衆言上　雲州清水寺・鰐渕寺事弘治二年十二月」
延暦寺本院大衆法師等、誠惶誠恐謹言
請特蒙　天恩、追却濫訴興行之凶徒、明両寺相論之
正否子細状

右、就雲州両寺座論之儀、庭中不儀之趣、先度注子細
経　上奏之処、于今不預勅答段、弥添鬱陶条事
一、逆党追伐之事
今度尋濫訴之元起、山中之悪徒・　青門之候人、以巧
略之調談、号三院之列参、乱逆无紀莫之能正(生カ)、然間、
無道狼籍之企、積悪不善之働、天下嘲哢、山門瑕瑾、
何事如之乎、凡山僧不皆悪、諸家不悉咎、只依一両之
凶悪者也、豈不愆僧侶、寧无咎卿相可残恥辱於後代（紙継目）
哉、仍張行人載高札、加制禁已、与同之党類、所及視
聴可有成敗旨、東川両塔之若徒令群議、続連署訖、京
都引級之諸衆、可為同前事
一、吾宗者、訪(謗)非止悪為本、持戒持律為専、爰当尊(慈承)勝院、
破戒不法之名称、无其隠者也、背仏家罪障、違律蔵重
科、可企訴詔衆存之処、今度鰐渕寺之馳走異于他、内
外之入魂勝于人云々、云袷云恰、黙而難止者歟、先以
於横川検校職者、可有　御改易者也、若有遅退者、為
彼院内可申達由事
一、曼(覚恕)殊院門跡、青蓮院為御代、既被預置御法流上者、諸
事可有御存知儀也、雖然、再三被遂　御糺明、被成綸
旨之間、不可有御取続之由、被仰放訖、門(尊朝親王)主又御幼稚
之処仁、恣号　令旨被触催事、希代次第也、旁謀悪之
至極、具不及記事
右、条々大概衆議如斯、
仰請、今度被成下鰐渕寺卒尓之　綸旨、速被召返之、（紙継目）
弥清水寺理運之旨蒙　勅裁、満山属静謐、御願如恒例
之由、衆徒等誠惶誠恐謹言、
弘治二年十二月　日　　本院大衆法師等上

一六三　延暦寺本院執行代書状（東山御文庫所蔵延暦寺文書）
△史料纂集・古文書編

一二月一一日　延暦寺本院の執行代、梶井門跡庁務富小路任尚に、若徒が遺恨の旨を事書きに記して進上するので、梶井応胤が天台座主として天皇に披露してほしいと要請する。

(封紙ウハ書)
「庁務法印　　執行代
　御坊(富小路任尚)　」
今度庭中不儀之子細、雖言上候、于今無　勅裁候、若徒
遺恨之趣、被献事書候、為　座(応胤法親王)主之宮、可被達　叡聞之

旨、御披露肝要之由候、恐々謹言、

執行代（花押）

（弘治二年）十二月十一日

（端裏切封ウハ書）「（墨引）」

庁務法印御坊

一二月頃　梶井門跡の尊応法親王、清水寺に綸旨を下し、鰐淵寺を成敗するよう求める。

一六四　梶井応胤法親王仮名消息（東山御文庫所蔵延暦寺文書）△史料纂集・古文書編

（附札）「いつもの国両寺の事」

いつも《出雲》の国両寺の事につきて、ひとひ《一日》おほせ下され候とをり申聞候、めんほく《面目》のいたり、満徒かたしけなきよし、本院よりれつさん《列参》をもつて申候、山中の事、かたく申つけ候へハ、かくゑん《鰐淵》寺事、きと御せいはい《成敗》をくはへられ、おほせつけられ候ハんする事、かんよう《肝要》に存候よし申候、それに付て、もとのことくせい《清》水寺にりんし《綸旨》をなし下されれ候ハヽ、かしこまり存候へく候、此よし本院としてたひ〳〵そせう《訴訟》申候、きとおほせ出され候やうに、御こゝろへ候て、御ひろう《披露》候へく候、かしく、

（切封ウハ書）「勾当内侍（高倉量子）とのへ」

○本文書は年月日未詳であるが、弘治二年一二月頃のものと推定されるので、しばらくここに収める。

一二月頃　後奈良天皇、梶井宮応胤法親王に、西塔横川の悪徒が強訴を行うのは先例に背くとして、張本人を成敗するよう求める。

一六五　後奈良天皇女房奉書写（清水寺文書・県図謄写）

（異筆）「御勅旨案文」

出雲国両寺の事、西塔横川の悪徒として列参いたし、傲訴のたん、よろつ先例にそむ《背》きたる様体、さた《沙汰》のかきりに思召のところ候、本院として長《張》本人少々成敗いたし候よし候、同義堅も疎略を不存堅申付のよし、神妙に思めし候、弥山上之儀堅固に可被心付事専用候也、あなかしこ、

座主梶井との旨御ちこの中（まいるカ）

（異筆）「是ハちらしかきにて候」

○本文書は年月日未詳であるが、弘治二年一二月頃のものと

推定されるので、しばらくここに収める。「　」の部分は東大史料編纂所所蔵影写本によって補った。

【弘治三年（一五五七）】

三月一一日　天台座主の尊応法親王、清水寺の件でのお礼として、五〇〇疋を献上するという。

一六六　御湯殿上日記弘治三年三月十一日条　△続群書類従補遺三

十一日。御しゆかいあり。御ふせいつる。さす(座主)より。せいすい(清水)寺御れい(礼)十かう十かまいる代にてとて。五百疋まいる。

三月頃　改めて清水寺を左座になすとの後奈良天皇の綸旨が下される。

一六七　後奈良天皇綸旨案（清水寺文書・県図謄写）

今度鰐渕寺龍致列参雖帯　綸旨、為山当座之嗷訴也、所詮者去年六月任勅裁之旨、弥清水寺左座不及異論候、推所道理裁定既乎者、天気如斯、仍執達如件、

清水寺衆徒中

○本文書は年月日未詳であるが、弘治三年三月頃のものと推定されるので、しばらくここに収める。

五月一八日　延暦寺西塔院の執行代、中山・勧修寺の両職事に対し、昨年十一月の裁許に基づいて座論を処理するよう求める。

一六八　延暦寺西塔院執行代書状写（華頂要略・門主伝第二四）△大日本仏教全書

雲州両寺座論之儀。去年霜月於二　禁中一左右方糺決被レ尽二源底一。鰐淵寺理運之段則被レ成二下　綸旨一之上者。改転之儀一切不レ可レ在之処。至二去三月十七日一。為二梶井宮庁務一清水寺理運之旨重而被レ成二　綸旨一之由雲州江被二申遣一云云。誠以虚言乱漫之横道不レ過レ之候。然者此等之趣被レ経二奏聞一。去年一途之筋目無二別儀一之通。具雲州江被二仰聞一候様御馳走簡(肝)要候。恐惶謹言。

(弘治三年)五月十八日　　執行代判

勧修寺殿

中山殿

五月　延暦寺の大衆ら、女房奉書に任せて決着の綸旨を清水寺に下すべきことなどを申請する。

一六九　延暦寺大衆申状（東山御文庫所蔵延暦寺文書）

△史料纂集・古文書編

（附箋）
「弘治三五月
　延暦寺大衆等、永止濫訴、速募理訴状、清水寺・
　鰐渕寺之事」

延暦寺大衆法師等、誠惶誠恐謹言
　請被特蒙　天恩、因准先例、永止濫訴、速募理訴子細
　状
右、止悪修善者、如来之頓制焉、捨邪帰正者、皇憲之徳
化也、因茲、去年鰐渕寺与同之凶徒、或放覚（円仁）師之門徒、
或立誅罰之制札畢、是則為敷　帝徳（紙継目）於八埏、振法威於
九野也、凡山門匪啻臻御願之精祈、剰復献政道之諫言者、
衆徒之故実、朝廷之模範也、其例不遑羅縷、抑寄事於悪
徒之嗷訴、対鰐渕寺天載（裁）之趣、頗再三之御糺明、似無其
詮、衆鬱之至極、何事如之乎、仍忽忘国家鎮衛之護持、
可企　神輿動座之大訴旨、評儀之処仁、忝奉拝　勅書、
開喜悦之眉、含歓喜之笑訖、然者、被任女房奉書之旨、
今般一途之　綸旨、可被（紙継目）成下清水寺段、勿論之処、于
今遅慢、遺恨甚以不散者也、但　宸筆頂戴之上者、乍繫
無価之宝珠、似勤苦憂悩歟、得珍玉加琢磨、尋常習也、
豈重不願高恩乎、改悪行専正性者、天子耘矣、寧速不蒙
裁許乎、然者、弥抽二宗之懇篤、増祈一天之安寧之旨、
衆徒等誠惶誠恐謹言、
　弘治三年五月　日　　山門大衆法師等上

九月四日　某春任、安居院御房に対し、守護代宇賀野に命じて、鰐淵寺領の国富・漆治郷に乱入した遠藤掃部助を召し出し、糺明するよう求める。

一七〇　春任書状（鰐淵寺旧蔵文書・県図写真）

就鰐渕寺領国富・漆治郷事、依成令旨、遠藤掃部助乱入
郷内之由、注進候条、驚入候、曾以不可有其儀候、殊此
題目者、去々年山訴之時、無動寺事書条目入候て、達
上聞候間、仏陀施入之反古、不可帰入候上者、旁奸謀
之至候、所詮、被仰守護代宇賀野方、彼遠藤掃部助被召
上、堅可有御糺明（紙継目）候者、尤可然候也、恐惶謹言、
　（弘治三年カ）
　九月四日　　　春任（花押）
　安居院御房

○紙継目以後の第二紙部分は、写真版の欠落により『鰐淵寺文書の研究』によって補った。

年月日未詳　清水寺、戦乱のために文書は失われたが、度々綸旨が下されたことなどからも、当寺が左座であるのは明白だと、記録のために書きとどめる。

一七一　清水寺覚書（清水寺文書・東大写真）

（前欠カ）

一、両寺相刻之儀、　先皇様御代、広橋殿天（マヽ）奏之時、両寺共ニ致上洛、於叡慮被遂三問三答御糺明、当寺左座無紛之上、以重々被成御綸旨候、殊叡山三執行代連署・院々谷々連判悉取下候、於隣国不可有其隠候、然所ニ当寺今度再乱之刻、証文等取失候、雖然此段於都鄙不成院〔穏〕便御公事落着之上ハ、今更不及異論事候、

一、鰐渕寺近年青蓮院殿御末寺仁被替申候、雖然梶井殿御門跡始にて、七代已後青蓮院者御建立之御門跡事候、此旨叡慮にも被分聞召、当寺左座仁被仰付事不紛事候、是ハ自然彼寺青蓮院の末寺の由被申候者、此上を礑可被仰理候、内々覚のためニ申候、

（後欠カ）

【弘治四年・永禄元年（一五五八）】

三月二日　多賀久幸、佐草氏に対して、三月会三番饗銭の注文を提示する。その中に鰐淵寺衆徒も見える。

一七二　杵築大社三月会三番饗米銭注文写（佐草家文書）

弘治四年大社御三月会三番饗米銭渡

一、三貫文　別盃銭　秋上周防守へ渡

一、三拾五貫文御宿　佐草方へ渡

一、六拾俵米但三斗入　同人ニ渡

此内渡方

仮宮詣之時

一、弐百廿五文之内百文ハ神楽銭、百文ハおひさつき十文むしろ一まい、紙一てう之代也

一、御供米壱斗

大社入目

一、もろ御供拾三俵代七百文也

一、三貫文　祝詞代　国造殿へ

一壱貫弐百文　神馬銭　国造殿へ
一五百卅文　同かさり銭　別当徳分

（紙継目）

一壱貫弐百文　具足弓代　国造殿へ
一壱貫文　小袖之代　国造殿へ
一四百文　国造殿御火所之役人へ
一米弐俵　国造殿御火所へ酒米
一壱貫弐百文　神楽銭
一三百五十二文　あふきさうりの代
一壱貫四百文　神子廿四人御へいもち二人共
（異筆）「自清云此時マテハ両家ノ御子廿四人神人六十人打合出申候
也」
一四百文奉行別火御へいはきの時
一三貫百廿三俵御へいはき神事其外諸妢入目也
一百文　御へいかミの代
一壱貫四文十三具酒代庁座神事之事
一五百文三俵国造殿御まへあて
一壱貫五百文米三俵壱斗饗膳

（紙継目）

一四百文　　奉行別火両人へ

庁座之時
一五百文　御名代浄衣之代
一弐貫文酒五具米壱俵たくミかたへ
但五具代四百文
一五百文かハらけの代
一三百文ともしすミの代
一三俵壱斗　惣上官中
一弐斗　一宮御供米
一弐百文　上馬弓ほこさし
一百文　弓袋之代
一四百文　曾生四人　（異筆）「自清云今ノ中官ノ事也近年六人ニ被仰付候也」
一三百文　たうしきへ
一百文　ミとせ神楽銭
一弐百文　笛ふきとうとり
一百文　宮にて神事引手

（紙継目）

一百文　大社　参銭
一百文　こも敷役人
一三貫五俵　鰐渕寺衆へ

一、壱斗　同宮仕へ
一、四百文　すまうきやうし共ニ
一、五百文　的板代
一、三百壱俵　やふさめ射手へ
一、壱貫弐俵　しゝてんかく《（獅子・田楽）》衆へ
（異筆）「一、二貫文　あち《ら（マヽ）》の木之代」
一、弐三番有之
　以上四十壱貫文也
右代方何れも請銭也
弘治四年三月二日　　多賀対馬守
　　久幸利
大社奉行佐草殿

【永禄五年（一五六二）】

年末頃　「毛利元就、鰐淵寺和多坊栄芸に尼子氏の調伏を命じる」という。

一七三　**〈参考〉雲陽軍実記**（巻三）　△勝田勝年校注本

元就、元春厳島並びに鰐淵山に調伏法を修めらるるの事

吉川元春思惟し給ふは、出雲大半討ち取り、今は富田へも押し寄すべしと思ふ折柄、国人ども大勢心替はりしけるは唯事に非ず、本庄を方便《たばかり》討ちし怨念怨霊《おんねんおんれう》のなす業《わざ》と覚えたり。所詮怨敵調伏せば治国速かるべしとて、厳島に法外高験の僧ありけるに予《か》ねて懇ろの仲なれば、尼子退治の祈願を頼まんとて、やがて早打ちを以て件《くだん》の願書に、此の間雲州にて得給へし重宝の器物ども数々取り添へ、また布施料莫大に添へられて、僧の方へ送らる。抑《そもそも》尼子は当家累年の怨に候処、兎角国人どもの心定まらず、今に富田攻め遅滞に及び候条、近頃申し兼ね候へども、晴久が一命急々没し候様に、叱祇尼天大聖天の法を修められ、怨敵退散の祈念、丹誠を抽んでられ給ふべし、大願成就するに於ては、追って宜しく謝礼を演ぶべしとなり。かの僧拠《よんどこ》ろなく諒承して我が坊に壇を構へ、半生の藁にて、晴久公の人形を拵《こしら》へ、壇に立て色々供物を備へ、七月七夜断食して祈られける。

七日目の朝、厠《かはや》へ行き帰りて見れば、不思議や人形の

首落ちて炉壇の花皿の中にあり。さては大願成就せりと喜びて、やがて雲州元春方へ件の事ども言ひ送られけり。また元就公も斯く味方となりし国人の心替はりせし事は、本庄が遺念のなす業なり、古今不双の勇士をたばかり殺せし怨みなるべしと心附けられければ、陣処に程近き鰐淵山へ参詣あり。則ち和多坊を宿坊として、現住栄敬《（芸）》へ対面して、本庄が怨念静まり、且つまた晴久一命を給はり候様に、無二に根祈を尽くされ候へど、余儀なくして頼み給ひける。栄敬も辞するに道なく、やがて鰐淵の滝坪に壇を構へ、初三日三夜は五大尊の法、中三日三夜は六観音の法、終はり三日三夜は七仏薬師の法を修めらる。炉壇の煙は満山に霞み、振鈴の声は万峰に響き、大法秘密九日九夜修行ありて、元就公も陣所に帰り給へば、追付け其の験《しるし》顕はれやせんと、闇《あん》に恐ろしくぞ覚えける。

それ天子、将軍は天下の軍乱を静め、万民安楽に住ましめる為めに、怨敵退治、調伏の悲報を修し給ふ旧例多しと云へども、是は民を利し給ふ大仁大度なり。然るに毛利、尼子は民を治むるに仁戦にも非ず、我意の働きを以て他の国を切り取って我が有とせんとの欲心故、累年中国を騒動させ、万民を苦しめ給ふ戦なり。責めて剣戟刀鎗にて敵を亡ぼし、其の国を得るならば、武門の業《わざ》とも謂ふべきに、智謀計略に敵を亡ぼすこと能はずして、仏神に祈り、呪詛して敵を落命させらるる事、元就公、元春不仁不義例《ため》し少なかるべし。また、六観音の法を修められたれば、呪詛《じゅそ》諸毒薬は忽ち還りて本人の要文にあらはるを以て、毛利家にも此の後如何様の不思議の愁ひか生ずべしとて、人々眉を寄せ愁嘆せり。

晴久公、永禄五《（三）》年十二月廿四日の暁、行年四十八歳にて手水の為めに縁先へ出て頓死ありしこそ労《いた》はしけれ。これ厳島、鰐淵山にて修せられし祈禱の験《しるし》なり。また翌年八月四日、和地の元実が毒薬にて、毛利大膳大夫隆元は行年四十一歳にて頓死《とんし》し給ふ。これ唯事に非ず。毛利家の柱石も還著本人利益に於て砕かれ、御父元就公に先立ち給ひ、御子幸若丸《（輝元）》とて十一歳の幼稚を捨て置き給ふ。御心《おんこころ》の中推し量られて労はししと、万民因果の道理を感じける。

○記載内容がどこまで事実を伝えるか検討の要があるが、参考のために掲げる。

【永禄六年（一五六三）】

この頃　神魂社の神主秋上孝重、毛利氏の命を受けて山代郷内の伊弉諾社修理免田を注進する。その中に和多坊抱え分も見える。

一七四　伊弉諾社修理免注文（秋上家文書）

伊弉諾御修理免

上柳 六百尻　よし中也、二郎兵へ

こうのめん 三反　とみ田 水有田 一貫弐百尻　とみ殿　五郎衛門

滝のまへ 六百尻　田下　同人へ □斗七升蒔　宗衛門尉

いしか坪 三百尻　田中　同人へ　五郎衛門尉

同所 二百尻　田中　同人へ　同人

山代馬路小井手 五百尻　神宮寺分　七郎《くみ》衛門尉（略押）

矢田のさこ 二反半　一貫弐百尻　神宮寺抱（略押）

かちかめん 二反　一貫尻　六所へ　和多坊抱（略押）

いさなき馬路そへ 一反　五百尻　修理めん 神宮寺へ付　弥三郎作（略押）

くるひ 三反　一貫四百尻　とみ殿　上□田

丸■原のまへ 三反　一貫六百尻　とみ殿

神宮寺の前　かみやなき 一反　ゝ三《六》百尻　田中　同人へ

滝のまへ 一反　ゝ六百尻　田中　同人へ五郎衛門尉

まな井 一反　ほけ谷 ゝ三《二》百尻　神宮寺分之内 同人へ

○本文書は年月日未詳であるが、永禄六年頃と推定されるので、しばらくここに収める。

一二月一日　毛利元貞（康カ）、（直江）八幡宮に神田を寄進する。

一七五　毛利元貞（康カ）寄進状写（稲田家文書）

△鰐淵寺・寺外拾遺九（ロ）

奉寄進、八幡宮御崎十羅刹女御宝前、

雲州出東郡仙導直江之内田地五反、

右、意趣者、信心大施主庚寅歳、息災延命、武運長久、悉地円満、殊者、子孫繁昌、城内堅固、善願成就、皆令満足処也、

永禄六年癸亥十二月朔日　大江朝臣元貞（康カ）

九月二六日　毛利元就、漆治郷内の大社神田二町を国造千家氏に安堵する。

一七六　**毛利元就安堵状写**（千家家譜旧記六）

漆沼(治)郷之内、杵築大社御神田弐町之事、前々(如脱ヵ)末代無相違
可有御知行候、恐々謹言、
九月二十六日　　元就　判
国造千家殿
御宿所

○本文書は年未詳であるが、永禄六年頃と推定されるので、しばらくここに収める。

【永禄八年（一五六五）】

二月二六日　尭円、漆治郷（直江）八幡宮に社領を寄進する。

一七七　**尭円寄進状**（稲田家文書・県図影写）

(端裏書ヵ)「八幡宮大菩薩寄進状　当主乙未歳　尭円」
雲州出東郡漆治郷社領之事
合弐俵尻、坪者源次郎名・鍛冶屋名之内、明正庵之前、一所在之、茶園
右彼田地者、為武運長久、抽懇祈而、八幡大菩薩江末
代奉寄進候也、無怠慢大願大祈念攸祈富貴長命、有諸善
神加護三宝之徳歟、若違犯此旨者、於子孫親類異儀之者
ニ、為公方地下可有誅罰之状、為後証如件、
永禄八年乙丑二月廿六日　　当主乙未歳　尭円（花押）

一〇月一一日　智尾権現社と舞殿が造営される。

一七八　**智尾権現社幷舞殿造立棟札**（鰐淵寺所蔵）

（表）

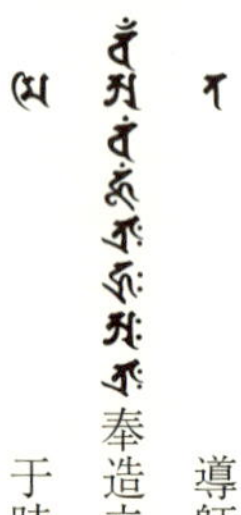

導師大蓮房印海法印
奉造立智尾権現社幷舞殿一宇修
于時永禄八年乙丑十月十一　施主

大工小島
寿円来善重円

（裏）

【年未詳】

九月二六日 毛利元就、国造北島秀孝に対し、漆治郷の大社神田二町を安堵する。

一七九 毛利元就書状（北島家文書）

漆治郷之内杵築　大社御神田弐町之事、如前々、末代無相違可有御知行候、恐々謹言、

九月廿六日　元就（毛利）（花押）

国造北島殿（秀孝カ）
御宿所

（捻封ウハ書）
「（墨引）　毛利右馬頭
国造北島殿　元　就
御宿所」

○本文書は年未詳であるが、国造秀孝が没する永禄九年九月九日以前と推定されることから、しばらくここに収める。

【永禄一〇年（一五六七）】

五月 「毛利氏の家臣、毛利元就・吉川元春の命により、年来鰐淵寺が支配してきた杵築御崎山を両国造家の管轄に移すと、大社別火・本願に伝える」という。

一八〇 毛利氏家臣連署安堵状（千家家文書・県図影写）

きつきミさき山の事

尼子経久の帰依ニまかせ、年来かくゑん寺ゟ支配すといへとも、神代の御稜たれは、大社の神山相違無之候、因茲向後一山都而両国造家の指輝不可有異儀よし、元就・元春所仰如件、

永禄十稔五月　桂　能登守
元澄（花押）
児玉周防守
就方（花押）

本願覚誉殿

別火阿波守殿

○本文書は後世の作で、内容的にも検討を要する。

【永禄一二年（一五六九）】

正月一四日　国造千家義広、北島家の国造職継承をめぐる久孝と幸孝との相論に関する小早川隆景・吉川元春からの事情聴取に応えるとともに、神の意志は鰐淵寺・神門寺に尋ねてほしいと伝える。

一八一　国造千家義広書状（北島家文書）

尚々神慮之次第、鰐渕寺・神門寺江可被成御尋候歟、

可被任御賢慮候矣、

旧冬十三日之貴札、今月十四（日脱カ）到来拝上候、北島縫殿助（久孝）与同左京進（幸孝）、就火切相論社法之儀、今度被成御尋候、於神道并火切之作法者、凡秀孝死去之刻、至吉田致注進候キ、其案文為御一覧進上候、併神慮之儀候条、乍恐　上様為御心得と存、右之如案文申上候ツ、且　上様之御為、且為国家神道、無相違様ニと存、如此候、然処左京進事、御判頂載之由取沙汰候、于今（紙継目）実否者不存候、又縫殿助事者、継火被罷居候、莵角於趣者、従彼左右方可有言上候歟、　上様以御思慮之上、準（順カ）次ニ落着可被仰付儀、神慮私可目出度候、此由得御意候、恐惶謹言、

（異筆）「永禄拾弐年」

正月十四日　　国造千家　義　広（花押）

（捻封ウハ書）「（墨引）

（隆景）小早川殿

（元春）吉　川殿　貴報　参　国造千家

義広」

二月二日　衆議により六所惣社大明神の修正会の頭役が定められる。その中に和多坊分も含まれる。

一八二　六所神社修正会勤頭役差定注文（秋上家文書）

（端裏書）「勤頭　一」

六所惣社大明神修正月会勤頭

廿八□□□（日裏飯）頭左座　　別火殿

同　御酒頭　　（中村）和多坊

廿九日御飯頭　　懸田分

同　御酒頭　　（名蔵殿）和多坊

二月

一日　御飯頭左座　　懸分田
同　御酒頭　　甚太郎《へいしゅ》
二月
二日　御飯頭　　法名分
同　御酒分　　（水口頭）和多坊分
同　花餅千枚　　一和尚
右守衆義(議)旨、差定所如件、
可被守護　六所大明神
大小神祇　十八善神
大黒天神　摩訶羅天
永禄十二年己巳弐月初二日　　敬白

一二月二日　尼子勝久、国富の金山散田を買地分の抜地を含め、喜佐四郎左衛門尉に安堵する。

一八三　尼子勝久袖判奉行人奉書（折紙、木佐常光家文書・県図影写）

（尼子勝久）
（花押）
国富之内金山散田之事、従前々抱来之由候、諸役如近年相勤可抱候、又少買地分抜地事、任証文之旨、是又可抱候也、謹言、
永禄十二
十二月二日　　山中鹿介
幸盛（花押）
喜佐四郎左衛門尉殿

【年未詳】

五月三日　毛利元就、鰐淵寺和多坊を通じて、朝山の内で五〇石を日御崎社に寄進する。

一八四　毛利元就書状（切紙、日御碕神社文書）

態令啓候、某許　日御崎大明神江、於朝山之内五拾石可致寄進候、弥御祈念可為本望候、猶委細之段和多坊可有演説候、恐々謹言、
五月三日　　元就（花押）
日御崎
検校殿
御宿所

○本文書は年未詳であるが、元就没年の元亀元年以前のものなのでしばらくここに収める。

【元亀元年（一五七〇）】

八月吉日　喜佐氏が本願となって、この年から始められた国富八幡宮の頭役を勤めた人の名前が書き上げられる。

一八五　国富八幡宮御頭指帳写（冊子、木佐隆良家文書）

（表紙）

元亀元年
御頭指牒　　本願喜佐氏
庚午八月吉日

第一
上頭金山散田鍛冶屋敷
元亀元
午年　四郎右
　　　六郎右よりこ
戌年　六郎右
　　　四郎右よりこ
丑年　佐左衛門
　　　六兵衛よりこ
　　　佐平
午年　六兵衛よりこ
戌年　佐平
　　　伝兵衛よりこ
寅年　五郎兵衛
　　　三右衛門

第一
下頭さゝら屋敷大連坊分
同さゝら屋敷
午年　六蔵
戌年　弥市
丑年　弥市
午年　五平
戌年　五兵衛
寅年　安右衛門

第二
上頭稲田散田半分亀井半分室屋敷
元亀二
未年　弥右
　　　吉左右

庄兵衛

亥年
弥三右
藤平
七郎

卯年
茂平
七郎右よりこ
弥次平よりこ

未年
弥次兵衛
茂平よりこ
三平よりこ

亥年
七郎右衛門
三平
彦三郎

卯年
彦三郎
三太郎
弥市

第二
下頭 難波分 但隔年
案平寺

未年
四郎左衛門
弥右衛門よりこ

亥年
弥右衛門
四郎左衛門よりこ

慶長八
卯年
又兵衛
八之助よりこ

未年
佐次右衛門
弥次衛門よりこ

亥年
弥二右衛門
佐次衛門よりこ

卯年
太郎助
三郎左衛門

第三
上頭 長迫散田
猫屋敷

申年
吉三
吉右衛門よりこ

子年
久兵衛
吉左衛門よりこ

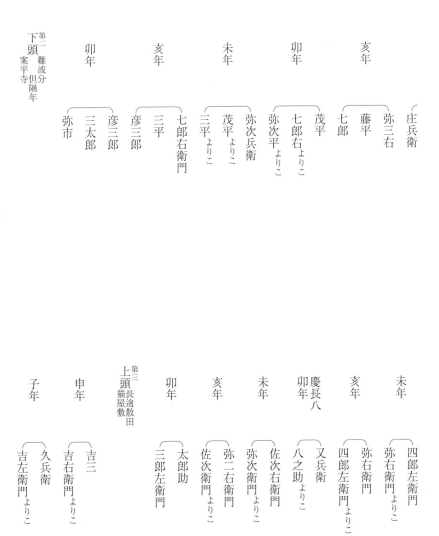

辰年　吉左衛門
　　　久兵衛よりこ

申年　善太
　　　五郎よりこ

寛永十三子年　五郎助
　　　善太よりこ

辰年　吉右衛門
　　　五郎助

第三下頭　伊藤屋敷、大連坊分、竹尾分小御堂やしき

申年　四郎左衛門
　　　弥二兵衛よりこ

子年　弥二兵衛
　　　四郎左衛門よりこ

辰年　又兵衛
　　　四郎右衛門よりこ

申年　弥次衛門
　　　久右衛門

子年　七衛門
　　　弥二衛門よりこ

辰年　三郎左衛門
　　　佐左衛門

第四上頭　妙栄寺散田　小柳分蜜厳院分

天正元酉年　弥三左右
　　　市五郎よりこ

丑年　市兵衛
　　　弥三左右よりこ

巳年　三太郎
　　　市兵衛よりこ

酉年　善左衛門
　　　三太兵衛

丑年　三郎右衛門
　　　善左衛門よりこ

巳年　善之助
　　　三郎右衛門

第四 下頭 市倉散田 河田屋敷

酉年 四郎左衛門 次郎よりこ

丑年 又右衛門 庄三郎よりこ

巳年 甚兵衛 又右衛門よりこ

酉年 四郎右衛門 甚兵衛

丑年 甚松 四郎衛門よりこ

巳年 滝右衛門 七右衛門

第五 上頭 勝部散田 原屋敷 但隔年

戌年 次郎右衛門 助よりこ

寅年 六郎兵衛 次郎右衛門よりこ

午年 次郎平 六兵衛よりこ

戌年 松 次郎兵衛よりこ

丑年 六郎兵衛 長衛門よりこ

午年 助十 六郎兵衛よりこ

第五 下頭 奴物散田 伊藤分たうの本分

戌年 五郎次 平左衛門よりこ

寅年 五左衛門 平左衛門よりこ

午年 甚兵衛 七蔵よりこ

戌年　庄兵衛
　　　甚兵衛

丑年　五郎太郎
　　　庄兵衛よりこ

午年　平左衛門
　　　七左衛門

第六
上頭竹下名

亥年　四郎左衛門

卯年　与三右衛門よりこ

未年　次左衛門

元和九
亥年　次左衛門

卯年　七左衛門

未年　治左衛門

第六
下頭井頭名

亥年　吉左衛門
　　　与三衛門

卯年　吉左衛門よりこ

未年　宮松
　　　次左衛門よりこ

亥年　次左衛門
　　　吉三郎

卯年　長左衛門
　　　又四郎よりこ

未年　治左衛門
　　　次郎松

第七
上頭赤枯分
小柳大蓮房分

天正四子年　吉右衛門

辰年　与三衛門
　　　吉左衛門よりこ

申年　吉左衛門
　　　次左衛門よりこ

子年　次左衛門

辰年　七太郎

　　　七太郎
　　　七左衛門よりこ

申年　利右衛門
　　　吉右衛門

第七
下頭　佐々布　但隔年
　　　掛屋浮散田

子年　寺
　　　孫三次よりこ

辰年　弥三衛門
　　　寺よりこ

申年　寺
　　　五郎太郎よりこ

子年　万蔵
　　　寺よりこ

辰年　寺
　　　弥左衛門よりこ
　　　弥助

申年　寺よりこ

第八
上頭　桑原又六左衛門分　但隔年
　　　峯寺分

天正五丑年　次郎左衛門
　　　六左衛門よりこ

巳年　六左衛門
　　　市蔵よりこ

酉年　六兵衛
　　　峯松よりこ

丑年　松右衛門
　　　六兵衛よりこ

巳年　六兵衛
　　　松右衛門よりこ
　　　与太郎同

酉年　九右衛門
　　　佐次衛門よりこ
　　　与太郎同

第八下頭 胡麻屋敷 但隔年 舟津屋敷

丑年　吉兵衛
　　　四郎兵衛よりこ

巳年　又兵衛

丑年　吉兵衛よりこ

丑年　又兵衛よりこ
　　　与五平よりこ　あへ

丑年　三郎左衛門
　　　捨五郎よりこ

巳年　与五兵衛
　　　三郎左衛門よりこ

酉年　兵太郎
　　　九郎右衛門よりこ

第九上頭 籐名

天正六丑年　四郎左衛門

午　又兵衛

戌年　又兵衛

子年　弥次衛門

午年　弥次衛門

戌年　三郎左衛門

第九下頭 三嶋散田 但隔年 高橋散田

丑　四郎左衛門
　　太郎次よりこ

文禄三午　善四郎
　　　　　又兵衛よりこ

戌年　又兵衛
　　　善四郎よりこ

丑年　吉蔵
　　　弥次衛門よりこ

午年　弥次衛門
　　　吉蔵よりこ

戌年　庄次郎
　　　清五郎

弥三衛門

第十
上頭 天神散田 但隔年
平屋敷大蓮房分

天正七
卯年 与五左衛門
吉次郎よりこ

未年 吉次郎
市右衛門よりこ

亥年 久左衛門
与郎右衛門
忠兵衛よりこ

卯年 彦太郎
喜左衛門ち子
久左衛門同
与郎右衛門同

未年 九左衛門
喜左衛門
与太郎

亥年 八太郎
与左衛門
九左衛門ち子
市郎左衛門同
六兵衛同
吉右衛門同

第十
下頭 岩崎散田
角屋敷蜜厳院分

卯年 角兵衛
文禄四
未年 角兵衛
亥年 庄太郎
卯年 庄右衛門
未年 庄左衛門
亥年 清右衛門

十一
上頭 坪垣名

天正八
辰年 五郎七
申年 与次助

子年　与次助
辰年　喜右衛門
申　五郎右衛門
子年　吉左衛門
十一
下頭山王散田
横屋やしき
辰年　庄左衛門
申年　太郎右衛門
子年　多郎右衛門
辰年　五郎右衛門
申年　五郎右衛門
庄三郎
子年　庄太郎
物右衛門
吉左衛門
十二
上頭中村名
巳年　五郎七

慶長二
酉年　市熊
丑年　長蔵
巳年　長蔵
酉年　五郎右衛門
丑年　五郎左衛門
十二
下頭今井散田
丹堀五郎左衛門屋敷
巳年　庄蔵
四郎左衛門よりこ
酉年　四郎左衛門
庄蔵
丑年　権九郎
三右衛門
巳年　三右衛門
権右衛門
酉年　四郎□□
又兵衛
又兵衛

丑年　庄右衛門

十三
上頭　福田散田
竹尾分うたしやしき

天正十
午年　太郎
与左衛門よりこ

戌年　与左衛門
太郎左衛門

丑年　吉郎右衛門
仁左衛門

午年　仁左衛門
吉松

戌年　孫左衛門
勘左衛門

寅年　勘右衛門
孫蔵

十三
下頭　丹堀与三右衛門金剛院分
桃去庵隔年

午年　与三左衛門
佐大夫よりこ

戌年　捨五郎
与三右衛門よりこ

丑年　式部
八右衛門よりこ

午年　八右衛門
式部

戌年　富勝
八太郎

寅年　辺右衛門
右京よりこ

十四
上頭　槙野名

天正十一
未年　清左衛門

亥年　次郎平

卯年　次兵衛

未年　弥三左衛門

亥年　弥三右衛門
卯年　弥左衛門
十四
下頭　西覚寺分　但隔年
　　　永春庵分
未年　寺
　　　市兵衛よりこ
亥年　市兵衛
　　　寺よりこ
卯年　寺
　　　仁右衛門よりこ
未年　仁右衛門
　　　寺よりこ
亥年　寺
　　　小平次よりこ
卯年　市蔵
　　　寺よりこ
十五
上頭　井瀬多名

天正二
申年　七松
子年　七蔵
辰年　茂左衛門
申年　茂左衛門
子年　次郎左衛門
辰年　茂吉
十五
下頭　坪田屋敷、但隔年
　　　新屋やしき蜜厳院分
申年　藤左衛門
　　　新蔵よりこ
子年　新蔵
　　　よし松
元和二
辰年　彦衛門
　　　寺よりこ
申年　寺
　　　彦衛門
子年　勘五郎
　　　寺

辰年　寺
　　　甚右衛門

十六
上頭尺井名
天正十三
酉年　吉四郎
丑年　彦左衛門
巳年　彦左衛門
酉年　新右衛門
丑年　新右衛門
巳年　七左衛門

十六
下頭山根散田
　　鳥井松大蓮房分
酉年　弥次衛門
丑年　市若
元和三
巳年　与五衛門
酉年　与五右衛門
丑年　万四郎

寛文五
巳年　万四郎
　　　治郎左衛門

○本文書は内容的には寛文五年までの記載を含み、寛文五年ないしそれ以後に、それまでの記録を取りまとめたものと推定されるが、表紙の年号を取ってしばらくここに収める。

この年　元亀元年から以後一七年間に及ぶ国富八幡宮の頭役の分担が定められる。その中に鰐淵寺大蓮房や密厳院分なども見える。

一八六　国富八幡宮御頭番帳（冊子、木佐隆良家文書）

（端裏書）
「元亀元」
　国富八幡営（宮）御頭番帳

庚午
一、上頭　金山散田
　　　　鍛冶屋やしき
　下頭　さゝら屋敷
　　　　同さゝら屋しき大蓮房分

辛未
一、上頭　稲田散田半分
　　　　亀井分半分
　　　　むろや屋しき
　下頭　難波分、但かく年ニのり
　　　　案平寺案平寺

壬申 一、上頭 長迫散田
禰こやしき
下頭 伊藤屋敷、大蓮房分
竹尾分こミたうやしき

癸酉 一、上頭 妙栄寺散田
小柳分、蜜厳院分
下頭 市蔵散田
河田屋しき

甲戌 一、上頭 勝部散田但かく年也
原散田
下頭 好物散田
伊藤分、たうの本分

乙亥 一、上頭 竹下名
下頭 井かしら名

丙子 一、上頭 あかかれ分
小柳、大連坊分
下頭 佐々布分但かく年
かけや浮散田

丁酉 一、上頭桑原 又六左衛門分但かく年
きし本分
下頭 こま田屋しきかく年
船津屋しき

戊寅 一、上頭 簾名
下頭 三嶋散田かく年
高橋散田

己卯 一、上頭 天神散田
平屋しき、大連坊分
下頭 岩崎散田
すミやしき、蜜厳院分

庚辰 一、上頭 坪垣名
下頭 山王散田
よこや屋しき

辛巳 一、上頭 中村名
下頭 今井散田頭代庚午歳ヨリ かく年
たんほり五郎左衛門分屋敷

壬午 一、上頭 福田散田
竹尾分うたしやしき
下頭 たんほり与三衛門分但こんかういん分 かく年
とうけ庵

癸未 一、上頭 槇の名
下頭 正覚寺分
永春庵分

甲申 一、上頭 井瀬名

下頭　坪田屋しき、かく年
　　　新や屋敷、蜜厳院分
乙酉
一、上頭　尺井名
　下頭　山根散田
　　　鳥井松、大連坊分

【年未詳】

この頃　鰐淵寺創建の謂われなどが示される。

一八七　某書状断簡（鰐淵寺旧蔵文書）　△鰐淵寺二八六

一筆令啓候、仍為可得御意之、桜本坊参上候之条、貴坊為御心得、由緒等少々申入候、当寺者、最初、西天鷲嶺之艮隅欠而浮浪流来於、素盞烏尊築留玉フ、故ニ曰浮浪山矣、麓ニハ建霊祇利生之大社、定諸神降臨之勝地、峯ニハ構権現和光之社壇、示仏天影向之結界、所以夜半毎ニ大明神飛滝之社前運歩、護仏法、持国家成盟誓玉フ、爰以杵築与鰐淵ニ而不二、而並仏道・神道暫モ無相離ル事、然則、司帝都西隅乾、人王三十四代　推古天皇勅願之寺門トメ、智春上人草創之霊場也、挑真言止観之恵灯、神明之祭祀、仏陀之会、職不移時日、于今無廃怠、加之、振三宝智剣、払衆魔怨敵、宝祚延長、治国利民之丹誠、励衆力者也、因茲、当寺領直江・国富之儀、雖送数百之星霜、依為勅附之地、守護使於令停止之、従古来至于今、無改替寺領也、就夫、当御代ニモ、自最前御理申上之、如往古、守護諸天役、御免許之御判、重々頂戴訖、任其御約諾、為御祈念、於杵築大社、毎年正・五・九月一七ケ日宛、一山衆中遂参籠、不動立印護摩供被修行之、御武運長久之懇祈厳重候、護摩焼供之威力者、明王ハ示薄伽梵誓約、退三障之凶賊、神明ハ薫焚焼加持力、除五衰之患闇焉、故ニ恵亮ハ、結誦ノ大威徳之印、明定　清和天皇之玉体、文覚ハ、唱満メ（マヽ）、聖不動之明呪、（マヽ）添征夷将軍之武運、仏神之感応、無過此勤修、又於当寺本堂薬師・千手御宝前、長日護摩幷常灯、其外於坊々茂、御家門繁栄・息災延寿之祈願、晨夕無緩候、灯明者主智恵功徳也、故ニ軍神回智力、増武徳之兵略、殊医王・千手御宝前之灯明、有其謂者乎、抑尊氏将軍者、憑千手威力、寄附スルニ仏供灯料、忽率廿八部衆、放怨敵摧破之箭給る、卜夢中仁感得之、納四海於掌中、医王ハ、又酬衆病悉除之願力、授身心安楽之精気、令保松椿之齢者也、然者、平田河除之儀、当寺領へも、可被仰付之由候哉、自然

○この間一行程切取あり。

（紙継目）

安堵仕候者、可為一山大慶候、従最前重々如申上候、自前々仕来、勤行御祈念之儀者不及申、洞春様（元就）已来、別而於杵築大社、正・五・九月御祈念之護摩、又於当寺本堂不断護摩、常灯構新壇、御武運長久之御祈禱、抽懇誠、依之、如往古無抜目、諸天役御免許之御判、重々致頂戴候、雖然、今度之儀者、百貫前有御暫借之、元康様（毛利）へ可有之御渡之由御理之条、寺家之儀者、応　御上意候之処、元康様依御難渋、有無落着之段、迷惑此事候、当寺之儀者、　御上意違背之事無御座候、弥御祈念等不可存緩怠候之条、向後、当寺相続候之様、被副御心候者、衆中可忝候、□

○本文書は、後半部分が欠落していて年月日未詳であるが、内容的には永禄末年・元亀頃と考えられるため、しばらくここに収める。

【元亀二年（一五七一）】

三月二一日　神宮寺卜心、和漢朗詠集下巻を書写する。

一八八　和漢朗詠集抄下巻奥書（鰐淵寺旧蔵文書）　△鰐淵寺二八一

急候間、難見候、後見之朝、呼嗟漸汗、
元亀弐年辛未　沽洗（三月）廿一日書之畢、
神宮住山　卜心（花押）

六月頃　「鰐淵寺の麓は山中鹿之介の出生地だ」という。

一八九　〈参考〉雲陽軍実記（巻五）　△勝田勝年校注本

山中鹿之助漂泊、社寺宝物押領　並びに因伯
度々合戦の事

山中鹿之助幸盛は伯州尾高、末石を落ちて、仁多郡岩屋寺に隠れ居て、近郷の諸浪人、山賊を駈け催し、兵糧軍用の為めにとて仁多郡中寺社の宝物重器を押領し、飯石郡へ出て同宮寺へ押し入り或は福祐《ふくいう》の民家を追ひ入り、

悪行限りなく少しにても支へたる者をば切り捨て、それより神門郡宇竜日之御崎、鷺辺の浦々にて、他国より入津の廻船を点し、金銀残らず奪ひ取つて大社へ出す。両国造《(千家義広・北島久孝)》は無二の毛利方なれば、押し寄せ合戦して社内の神宝を集むべしと従《(徒)》党者も頻りに申しける。されども山中申しけるは、当社は国家経営の祖神、国造は穂日《ほひ》の命《みこと》の正統なり。いかに我々斯様に狼藉悪行を為し難し。国家を経営して当国の民を安穏に治めん為めなり。当社においては用捨然るべし。併し度々毛利家より寄附せられたる宝物給はり候へと国造へ訴へ、承引なくば社中の者ばかり打ち散じ申すべしと評議して、元就公、輝元、元春より寄附させられたる鞍置馬などは奪取、宮と両国造とは妨げざれば国造も道理に服し、誠に鬼神横道なきとて感じ入り、米穀十日ばかりの糧を送られけり。

　それより鰐淵寺の麓は鹿之助出生の地にて、即ち山中屋敷とてありける処なれば、昼は隠れ夜は出て民屋をなやましけり。または枕木、清水寺等にも隠れける故、ここにあるかと聞けばかしこに行き終に在所を重ねず、誠に天狗の如く飛行する故、何程心懸け給へども終にとらへられず。されども雲州にては大望叶ひ難しとて但馬、丹後の方へ越して海賊を語らひ、手下の軍勢また四百人に及びければ、やがて山名《(豊国)》を頼み、初めて軍旗を立て、処々の小城を攻め落とし、小笠原を敵に取つて合戦にいとまなく、此の年鹿之助三十二歳の血気勇猛の最中なり。元亀三年中八月、因州巨野郡甑山《こしきやま》城に籠りける武田高信五百余騎にて押し寄せけれども、戦ひに利を失ひ、島取城へ武田は引き退く。其の後、度々拒《ふせ》ぎ合ひて山名豊後終に勝利を得しかば、これ偏へに山中が軍功なりとて、厚禄を与へければども、なほ大義謀り難く思ひける折節、立原源太兵衛《(久綱)》京都より使者をもって急々上京これあるべしと申し越しにつき、同年の冬に至りて上洛し、織田信長公に対面し、明智日向守《(光秀)》が手に属し居けるが、やがて勝久公をも呼び上《のぼ》せ、大将として集まる者どもには山中鹿之助、立原源太兵衛、神西三郎左衛門《(信通)》、加藤彦四郎、亀井新十郎《(茲矩)》、吉田三郎左衛門《(義邦)》、森脇市正《(久仍)》、横道源介《(高光)》、同権之丞《(清高)》、牛尾大炊介、同次郎左衛門、足立治郎左衛門、同じく次兵衛、進佐吉兵衛等、天正元年十二月京都を立ちて但州へ下り、山名但馬守を頼みける故、武田高信も元来表裏の士故、逆心してまた尼子へ志を通じけるにつき、因幡へ入りて十日が間、城を攻め取る事十五ケ所。其の勢ひ破竹の如し。

　これにより勢卒も三千に余りければ、私都城《きさいちじやう》を攻め、大坪甚兵衛一之、牛尾大蔵左衛門尉を打ち取らんとて、天正二年正月大坪と散々戦ひけるに、山中敗軍しけるが、また武田源三郎、日野五郎八百騎にて後陣に加はり尼子を助ける故、相引きにして其の日の軍は止みにける。同三月鹿野城より武田源三郎、亀井新十郎打つて出、暫く戦って相引きになる。九月廿二日、山中、立原《たちばら》、牛尾大炊介、森脇市正、横道兄弟、足立兄弟三千五百騎にて鳥取城へ押し寄せ、毛利入道浄意を攻めけるに、利を得て勝久公鳥取へ入城し、山名豊国と合体せられけり。私都《きさいち》合戦に吉川、小早川四万五千余騎にて寄せ給ふにつき、森脇、横道、牛尾等降人に出て、吉川元長の手に属しけるこそ尼子泯没《びんぼつ》の前表なり。山中も大いに力を落とし機を屈し、勝久公供奉《ぐぶ》し、また但馬へ落ちける。これによって因伯も全く平定して九月廿五日開陣あり。雲州平田へ引き入り給ふ。小早川は先達て芸州へ下りける。

　○山中鹿介が、鰐淵寺の麓で生まれたということの記事について、史実の確認は困難であるが、参考のために掲げる。

【元亀三年（一五七二）】

正月一〇日　橋姫大明神（売布神社）の縁起書にスサノオによる国づくりと浮浪山が見える。

一九〇　橋姫大明神縁起（売布神社文書）

夫以南瞻浮州大日本国山陰道雲州意宇郡橋姫大明神之縁起

抑天地開闢而後、伊弉諾・伊弉冉尊国土ヲ見立給フ、天竺月氏国之東ニ鳩留国ト云国有、其鳩留国之乾方ニ一ノ島有、其島四分一欠テ浪ニ浮テ爰ニ来ル、其時素盞烏尊独古ヲ以テ築留玉フ、其ヨリ以来浮浪山ト申也、彼浮浪山三郡ニ分ル、島根・秋鹿・楯縫是也、伊弉諾・伊弉冉尊浮浪山ニ坐ス、佐陀大明神是也、素盞烏尊ハ意宇郡白潟

ニテ詠シ玉フ、

立出テ見レハ長橋秋ノ夜ノ晶ニ照ス月ノ白潟

其ヨリ此所ヲ白潟ト申也、白潟郷ノ西ニ当テ七里湖有リ、連々風波ノ便ヲ以テ砂ヲ吹寄、遙ニ洲崎ヲ出ス、白潟ノ住人青砥ト云人有、彼洲崎ニ令住宅ケル、諸方ヨリ万民集テ人家繁昌ス、此所ニ従昔神社在之、是則水神連秋津比咩命ト申也、青砥ト云人ハ神主ニ成リ、諸人此社ヲ信仰スル也、元正天皇御宇、養老八年正月七日ノ夜、神主青砥重信ト云人、社内ニ籠、当所可トレ成二福貴ノ村一ト致二念願一処ニ、夢中ニ容顔美麗ノ女人立二枕上一ニ宣、吾ハ是レフメヒノヤシロ白潟ノ明神ナリ、汝幾久シクマツレ、現当二世之所願ヲ令二ント満足一告給、神主青砥今夜夢中ニ蒙二難レ有教一ヲ由ヲ語ケレハ、諸人神変奇特ト思、神前ヲ奉レ拝、其後諸方ヨリ人々馳集リ、田畠出来シ町ヲ立、然レハ意宇郡ト島根トノ堺ニ湖有リ、橋ヲ懸人馬ノ通路ヲ成シ賜フ、是則衆生済度ノ神力也、橋長久安全ニ護玉フ明神ニテ坐故ニ、橋姫大明神トソ申也、御本地ハ薬師如来ニテ、正月八日御祭礼也、扨当町ニ毎月六才ノ市ヲ立、恵美須ヲ祝、売買多有之、或時女人白布ヲ手ニ持来、其形端正無レ並、商人問曰、汝何処ヨリ来ルヤ、女人不レ言含レ咲、社内ニ入リ玉フ、則明神ノ現来ナレハ、人々難レ有思信心渇仰無レ限、神主神前ニテ祝詞ヲ申、神楽ヲ奏ス、明神巫女ニ乗移リテ、御託宣ニ云、自ハ白潟ノ主ルシ、比咩布ナリ、厚ク敬ヒ奉ラハ海河ノ漁《スナトリ》ヲ与《アタヘ》ント矣、明神ノ教ニ依テ筌ヲ仕出上下有レ之、神田筌ト申也、白潟村庄官ノ次第、角名字松浦・森脇・湯原・菅井名字也、御祭之次第ハ毎年神田ヲ耕作シテ、被レ勤者也、御頭之次第ハ正月八日従二三日前一精進潔シ、八日ノ朝代宮屋・神主・位知・胴取、亦右ノ名衆各々次第、梯登ニ御頭被レ勤、先向二饗膳一ニ、其時鱸鱠ヲ引申、是ヲ筌祝ト申也、其膳組者、五三三之仕立也、後段ハ羹饅頭也、扨折供饗真台色々有二馳走一、乱酒相調、去テ頭人衆各有二社参一、白米八斗築大餅備二神前一ニ、御内殿ニ京銭一貫弐百文之御弊代樽二具、又拝殿ニ樽二具・散米、若宮殿ニ樽一具、薬師ヘ餅・鏡・散米、又荒神ノ御前ヘ神酒・散米、此宮荒神者白潟中之惣荒神地主ノ神也、扨於二神前一御神楽相

調申、持神酒最花ヲ土器ニテ頭衆各々被頂戴也、其上来年ノ頭人ヲ可レ被ニ差定一者也、九月之祭礼ハ二夜三日、其後一日法楽也、

元亀三年壬辰正月十日　　青砥弥三左門光重

三月五日　鰐淵寺栄芸や毛利氏家臣福井景吉ら、過日大社神前で行われた元就供養のための千部経読誦の際、岩屋寺と興法寺との座次相論のため座次を定めなかったが、これを先例とはしないと岩屋寺年行事に伝える。

一九一　鰐淵寺栄芸等連署書状（岩屋寺文書・県図影写）

端書不申候〳〵矣、

元就為御祈念、於　大社千部経被成読誦候、然処貴寺与興法寺座次之出入被仰候、此度之事者更及開白之時剋候之条、不被定座次、我等式被任異見、右之後仁御着座候、後例ニ者成間敷候、為其若斯以捻申入候、恐々謹言、

三月五日　　栄芸（花押）
尊盈（花押）
景吉（花押）

（封紙ウハ書カ）
「　鰐淵寺和多坊
同　年行事
福井出雲守
岩屋寺年行事御房中　　栄芸」

○本文書は年未詳であるが、この頃のものと推定されるので、しばらくここに収める。

【元亀四年（一五七三）】

正月二〇日　「熊野庄地頭三刀屋弾正の代官安倍善左衛門尉、常楽寺を忌部大宮の神宮寺曹泉寺の直末とすることを承認するが、鰐淵寺との関係は従来通りとする」という。

一九二　安倍善左衛門尉直状写（忌部大宮濫觴記）

今度当寺逗留之儀、種々御馳走無是非候、向後異于他、為当流之直末仏法相承之儀、不可有異儀候、雖然、於川下鰐淵寺、自他無隔心可被申通候、仍状如件、

元亀四年正月二十日　　安倍善左衛門尉花押

常楽寺法印聖香殿

○発給者の安倍善左衛門尉は、「熊野庄地頭三刀屋弾正の代官」だという。本文書は検討の要あり。

【天正三年（一五七五）】

一二月吉日　沙門某、鰐淵寺本堂再興のための勧進帳を作成する。

一九三　鰐淵寺本堂再興勧進状（鰐淵寺旧蔵文書）

△鰐淵寺三〇四

勧進沙門某敬白

請、早蒙十方檀那之御助成、速遂雲州浮浪山鰐淵寺

　本堂九間四面之伽藍一宇造営之大功、子細之状

厥惟、法身無相之秋、大空月常掛而、離雲霧之出没、応化随園之春園、美花新発而、被雨露之潤沢焉、凉是法爾之化道也、豈非自然之益物乎、抑尋当山開闢之濫觴、一伝記云、神代之昔、西天霊鷲山之艮隅欠而、蒼海漫々波浪与共浮流、寄来東海日域之此州、于時、素盞烏尊知食其来由、以杵築留此山、垂亦（迹）於彼麓、故山日浮浪山、社号杵築社云々、誠知、昔在霊山、妙法之説処、今為像法輪、時如来之仏閣加之、一記録云、杵築大明神与当山蔵王権現、仏法護持之一心、和光同塵之盟誓、毎日夜半、大明神飛滝之社壇、在御影向云々矣、先蹤非一、由緒惟多、不遑具記、観夫向前碧巌、峨々矣、峙雲上、表仏果之高位、顧後、滝水颯々矣、漲幽谷、亦凡地之底下立、為霊神利物也、利物之勝砌、可謂古仙経行之依処、因茲、人王三十四代推古天皇御宇、智春上人、智海満胸中、行徳達天聴、忝奉　詔勅、草創一宇之伽藍、被安置両躯之本尊、支医王善逝者、登出東方浄瑠璃界之客殿、耀毫光、於同居有、為之塵刹、又観自在尊者、遠起南方補陀落之宝崛、開慈眼、於能施無畏之娑婆、斯是、二毒七難衆怨、退散之利生在侍、彼亦十二願王、衆病悉除之、擁護無疑、然則寺中浄俗、風（夙）夜挑四教五時之法灯、祈天長地久之御願、晨夕湛三密五智之瓶水、尽鎮護国家之要術、雖然、去天文廿年首夏、仲旬之候、不測失火、忽起而、堂舎一時為灰燼云々、嗚呼、傷哉、如劫末之災火、頓時到悲哉、似天魔之障難、頻競来一寺、老若皆、咽煙鬱満山、衆徒悉沉愁涙、適雖企再興之評議、且恨有遼東之貧、無蜀都之賄、且歎有近国之乱、無郡郷之静、只、礎石之上、累星霜、徒空閑之地、送光陰、爰勧進沙門某、今忘愚質之小量、恣《ヨシ》発興隆之大願、辟如蟷螂之取斧、対流東、然而風聞泰山起一簣之壌、合抱、生古苗之樹、仍起、自大江輝元朝

臣、并一門家族之懇誠、勧中国貴賤之奉加、乞、聚梁棟椽柱之良材、以上、上下万民之剹(戮)力、欲助巧匠杣取之営作、所詮、敢莫軽一紙半銭之小施、所望更無撰、寸銭尺木之微志、若亦者、同心結縁之男女、早殖仏種於心田、与善随喜之道俗、速結覚菓於意樹、仰願、善根余慶、家門繁昌而、飽誇須達陶朱之富、功徳之薫修、子孫長久而、恣保東朔西母之齢哉之旨、勧進意趣、所奉唱之状、如件、

天正三年十一月吉日

勧進沙門某敬白

【天正四年（一五七六）】

正月　青蓮院門跡、和多坊栄芸の要請により、鰐淵寺勧進帳を清書する。

一九四　華頂要略（門主伝第二四）　△大日本仏教全書

(天正)同四年丙子正月出雲国鰐淵寺勧進帳清二書之一。物代和多坊法印営芸望申。再興施主発起大江朝臣輝元云々

一一月二日　井本坊豪栄、聖教を筆写する。

一九五　聖教断簡奥書（鰐淵寺文書）

天正四年丙寅十一月二日

井本坊

豪栄

(異筆)「今ハ自性院豪喜法印之、」

一一月二六日　栄賢、根本堂に祀られる大威徳明王を本尊として行われる修法書（大威徳護摩法）を筆写する。

一九六　大威徳奥書（冊子、鰐淵寺文書）

（表紙）

大威徳　松本坊
本覚坊　常住
現成院

（奥書）

天正四丙子十一月廿六日根本堂百二十尊之内、法印栄賢記之、

右、以御本法類三ヶ寺為常住物奉書写者也、

維時宝暦十二壬午二月七日、本覚坊現住法印湛堂十九歳拝書畢、

【天正五年（一五七七）】

一一月二九日　毛利輝元が願主となって、鰐淵寺根本堂が建立される。

一九七　鰐淵寺根本堂建立棟札（鰐淵寺所蔵）

（表）

一切日皆善　一切宿皆賢　諸仏皆威徳

奉建立根本堂一宇

羅漢皆行満　以此誠実言　願我常吉祥

（以下第二段）

伏惟、扶桑朝雲州浮浪山鰐渕寺者、神代昔、西天霊鷲山艮隅欠、浮東海之浪流来、素盞鳴尊築留之、故曰浮浪山矣、粤以嶺晴、真如之月高顕仏陀本地、麓下法性之都遥示霊神垂迹、所以鰐渕与杵築本迹不二、并如牛角云々、抑尋其濫觴、人王三十四代　推古天皇勅定之勝地、智春上人草創之霊窟也、挑舎那止観之法灯以降幾星霜乎、雖然、去天文廿暦辛亥卯月十一日、天火頓起堂舎忽回禄訖、自尓已来、依国之忽劇、徒送歳月焉、爰起自大守　毛利右馬頭大江輝元朝臣御願心、如旧一宇伽藍遂造営畢、于時天正五丁丑歳首夏廿三日釿始、同十月廿七日調棟上儀、則霜月廿九日修新造供養之法会、奉遷医王・千手両躯尊容、誠是主将御敬奉之故、冥賢（顕）諸天隠形添力哉、纔二一百余日之造畢、前代未聞之勝事也、伝聞、薬師者発十二大願、衆病悉除誓約無違、観音者除三毒七難於身上、授二求両願於心中、夫諸仏菩薩者、出無想究竟之宮、雑同居有余之境、導苦海群生、発願雖区、無如此二尊之誓願、兼亦奉安置不動明王、禅侶代番々遂参籠、勤修長日護摩供、是払三障四魔之怨敵、祈願効験不可疑者也、皆是明君尚理世、帰仏徳、治国家、招福禄始也、因茲、信心御願主、保東朔西母仙齢、振武運兵略一天矣、就中今此根本堂者、以往古差図建之、猶良木広大宛超過古閣、夫柱五十九本者、薬師十二大願・観音三十三身・不動根本印契都之縁、数多表示一念三千法門、又内陣・外陣四土階級分浄穢、正面九間顕極楽九品三拝、在天表九曜、脇七間七仏薬師、又表七星云云、特者、当山両院三重之衆僧、一日片時茂不懈、或入山林求良材、或巧匠番匠与力不顧

辛苦、是併殖仏種於心田感果也、次当州十郡之人足曳木
運石、外応公事順役、内催渇仰心緒、皆得一善勝利証二
世安楽者也、仰願、金輪聖皇、玉体安穏・天下泰平・五
穀豊楽、乃至施与之類、結縁之族、現当所願速疾成弁、
重乞造立事畢、梁棟欄楯、不朽僧祇却之霜、修営功成、
寺院繁興而至慈尊会之暁、仍棟札之旨趣如件、

天正五丁丑十一月廿九日

大檀主従五位下行右馬頭大江輝元朝臣（花押）

寺奉行
国司右京亮藤原朝臣元武（花押）
児玉三郎右衛門尉平朝臣元良（花押）

（裏）

児玉三郎右衛門
尉元良因州出陣
之砌、於国富村
和多坊当山之儀
無異議之事、偏
和多房心遣之故
候、然上者、此
節本堂建立有之
者、公私之可為
御名誉之由依被
仰候、寺僧霊発
機、即伺上意之
処、尤可然之由
被仰出之条、数
通之御吹挙申請
之、催勧進頓遂
造立畢、誠元良
之御一言併御本
陣之御方便与衆
僧各成寄特之思
候、弥可為家門
昌栄・武運増進
・子孫長久・息
災延寿者也矣、

【天正六年（一五七八）】

九月　吉川元春が願主となって、常行堂の内殿として摩多羅神御影向所が建立される。

一九八　常行堂内殿摩多羅神御影向所建立棟札（鰐淵寺所蔵）

□（梵字）　雲州鰐淵寺

奉建立　摩多□□（羅神）御影向所

常行堂御内殿

上来意趣者、信心御施主吉川駿河守藤原朝臣元春慶寅御歳
武備伝家門共略、蓋天下恵命安全而不老門之月前
□□□楽琴詩酒明夜長生殿之花底語万春出支
□雪月花矣、仍神明感応願文若斯
天正六年戊寅九月如意日　藤原朝臣元春（花押）

一〇月二日　漆治郷惣社の直江八幡宮が造営され、鰐淵寺僧が導師を勤める。

一九九　直江八幡宮造営棟札（直江八幡宮所蔵）

△鰐淵寺・寺外拾遺一〇

雲州鰐淵寺領出東郡内

（梵字）奉建立　八幡宮

漆沼（治）郷六百貫惣社

（以下第二段）

夫以当社者宇佐八幡之霊神也、法性凝然不動転兮（乎）、感応
動交真如、家静興去来兮（乎）、霊徳利物矣、御託宣曰、内証
慈悲無随、他国吾国、他人我人也、御誓願寔有憑者兮（乎）、
謂御本地弥陀之三尊、是則仲哀天皇・神功皇后・応神天
皇也、忝名曰護国霊験、威力神通、大日在王菩薩、依勅
託知之貴焉云々、倩顧、社頭之御景、松樹更瑞籬、摸不
変真如之粧、田畔自連前、後呈国邑聚落之富田、茲参詣
之輩者、満願望於一心之底、渇仰之類花成、悉抱於二世
之保矣、就中、当所漆沼（治）郷者亦云直江郷、浮浪山鰐淵寺、従開
闢之最初至于今、無改転寺領、為守護使不入之地、一円

仁帰依仏陀、肆　天下安寧・国土豊楽之祈精、年々節々
無怠慢者也、然処、去兵乱之刻社殿空廻（回）禄、有（マヽ）神主懐悲
歎之処、起自和多坊栄芸法印之願志、山上之衆徒幷当所
道俗男女悉励懇力、或官物、或以山里之奉加、目録裏書、蔵之、
造立事訖、所祈者、国家安全而久伝平均之業、郡郷豊饒
而共発声十壌之歌、所願者、一山安泰而永倍法灯之光、
僧侶和合而各保仙寿悦、興社春秋□（嘉カ）汎貫無滞、舞楽之曲
節有勇者也、仍一札旨趣粗若斯、
天正六年□□（宿）十月二日、棟上遷宮成就畢、
遷宮導師御本坊（竹）三部（マヽ）都法大阿闍梨法印大和尚豪円
竹井坊円金律師　和多坊栄芸法印
勤行大衆
井本坊栄信法印　池本坊尊憂法印

（以下第三段）
密厳院栄叔律師　少納言豪淑　太輔公豪真
大蓮坊円芸律師　井上坊栄哉　中納言尊真
本覚坊俊海阿闍梨　桜本坊信芸　民部卿円超

（以下第四段）
神主稲田因幡守（秀周）　大工奈木良平右衛門尉
本願持田賀舜斎　諸裁判足立新左衛門尉
和多坊権大僧都法印栄芸

一〇月一五日　毛利氏奉行人の国司元相と児玉元良、鰐淵寺年行事に直江郷の神主は粟津神主に申し付けたとして地下に周知し、かつ宮殿を造営するよう命じる。

二〇〇　国司元相・児玉元良連署書状（折紙、稲田家文書・県図影写）

直江郷神主之儀、先御公領内粟津神主申付候間、被成其御心得、地下江可被申付候、殊御宮破壊之由候間、是又可有造営之由候、恐々謹言、

（天正六年）十月十五日　児玉小次郎
元良（花押）
国司右京亮
元相（花押）

鰐渕寺
年行事
御中

一〇月二三日　国司元相と児玉元良、粟津神主与一左衛門に対

し、直江神主に任じられたとして、その継承と鰐淵寺地下役の勤仕を命じる。

二〇一　国司元相・児玉元良連署書状写（毛利家文庫五国証文・稲田家文書）

直江神主ニ、御公領之内あわつ神主被仰付候、然者、子共ニ成共、又ハ何の仁成共、為名代其方可被申付候、鰐淵寺地下役等之儀も、可為近年之并候、弥社頭御奉公肝要ニ候、恐々謹言、

（天正六年）十月廿三日　　児玉小次郎
　　　　　　　　　　　　国司右京亮

あハつ神主
　与一左衛門殿

【天正七年（一五七九）】

八月五日　大庭保は仁保元棟の所領となったが、神魂社人の抱え分は和多坊が管轄していた当時のものがそのまま認められるという。

二〇二　某覚書（秋上家文書）

天正七年己卯八月五日より、（吉川）元春様御二男少輔五郎元棟様より、秋上三郎衛門尉抱分皆御けつ（欠）所候て被召置候、此時宮分さし出し、安部二郎兵へ・片山宗四郎仕候て、引渡し申候社人抱分、少も無相違被仰付候、諸祭和多坊之さいはん（裁判）時のことく被仰付候、

〇本文書は、後に作成された年月日未詳のものであるが、内容から判断してしばらくここに収める。

一〇月　竹本坊豪円、大般若経の版本を鰐淵寺の蔵王権現の宝前に寄進する。

二〇三　鰐淵寺旧蔵大般若経見返書（常光寺所蔵）

（三巻、版本）
雲州鰐渕寺蔵王御宝前　法印豪円　寄進之、

（四巻、版本）
雲州鰐渕寺蔵王御宝前　法印豪円　寄進之、

（五巻、版本）
雲州鰐渕寺蔵王御宝前　法印豪円　寄進之、

（七巻、版本）
鰐渕寺、

（九巻、版本）
法印豪円　寄進之、
（一〇巻、版本）
雲州鰐渕寺蔵王権現　法印豪円　寄進之、
（三〇巻、版本）
雲州鰐渕寺蔵王権現　法印豪円　寄進之、
（三一巻、版本）
出雲国鰐渕寺蔵王権現御宝前　法印豪円　寄進之、
（三三巻、混合本）
雲州鰐渕寺蔵王御宝前　法印豪円　寄進之、
（三五巻、版本）
雲州鰐渕寺蔵王御宝前　法印豪円寄進、　天正七年己卯十月、
（三六巻、版本）
雲州鰐渕寺蔵王御宝前　法印豪円　寄進之、
（三七巻、版本）
雲州鰐渕寺蔵王御宝前　法印豪円　寄進之、
（三八巻、版本）
雲州鰐渕寺蔵王御宝前　法印豪円　寄進之、
（四〇巻、版本）
雲州鰐渕寺蔵王御宝前　法印豪円　寄進之、
（四一巻、版本）
出雲国浮浪山　蔵王御宝前　法印豪円寄進、　天正七年己卯十月日、
（四二巻、版本）
雲州鰐渕寺　蔵王御宝前　法印豪円　寄進之、
（四三巻、版本）
雲州鰐渕寺　蔵王御宝前　法印豪円　寄進之、
（四四巻、版本）
雲州鰐渕寺　蔵王御宝前　法印豪円　寄進之、
（四五巻、版本）
雲州鰐渕寺　蔵王御宝前　法印豪円　寄進之、
（四六巻、版本）
雲州鰐渕寺　蔵王御宝前　法印豪円　寄進之、
（四七巻、版本）
雲州鰐渕寺　蔵王御宝前　法印豪円　寄進之、

（四八巻、版本）
雲州鰐渕寺　蔵王御宝前　法印豪円　寄進之、
（四九巻、版本）
雲州鰐渕寺　蔵王御宝前　法印豪円　寄進之、
（五〇巻、版本）
雲州鰐渕寺　蔵王御宝前　法印豪円　寄進之、
（六二巻、版本）
雲州鰐渕寺蔵王御宝前　法印豪円　寄進之、
（六三巻、版本）
雲州鰐渕寺蔵王御宝前　法印豪円　寄進之、
（六四巻、版本）
雲州鰐渕寺　蔵王御宝前　法印豪円　寄進之、
（六五巻、版本）
雲州鰐渕寺蔵王御宝前　法印豪円　寄進之、
（六六巻、版本）
雲州鰐渕寺蔵王御宝前　法印豪円　寄進之、
（六七巻、版本）
雲州鰐渕寺蔵王御宝前　法印豪円　寄進之、
（六八巻、版本）
雲州鰐渕寺蔵王御宝前　法印豪円　寄進之、
（七〇巻、版本）
法印豪円　寄進之、
（一〇一巻、版本）
雲州鰐渕寺蔵王権現　法印豪円　天正七年己卯十月、
（一〇二巻、版本）
蔵王権現　寄進豪円、
（一〇三巻、版本）
蔵王権現　寄進豪円、
（一〇四巻、版本）
蔵王　施入豪円、
（一〇五巻、版本）
蔵王　寄進竹本房豪円、
（一一一巻、版本）
天正七年己卯十月□日　雲州鰐渕寺蔵王御宝前　法印豪円
寄進、
（一一二巻、版本）

雲州鰐渕寺□□法印豪円、
（一一三巻、版本）
雲州鰐渕寺　蔵王御宝前　法印豪円　寄進之、
（一一四巻、版本）
雲州鰐渕寺　蔵王御宝前　法印豪円　寄進之、
（一一五巻、版本）
雲州鰐渕寺　蔵王御宝前　法印豪円　寄進之、
（一一六巻、版本）
雲州鰐渕寺　蔵王御宝前　法印豪円　寄進之、
（一一七巻、版本）
雲州鰐渕寺　蔵王御宝前　法印豪円　寄進之、
（一一八巻、版本）
雲州鰐渕寺　蔵王　法印豪円　寄進之、
（一一九巻、版本）
蔵王　寄進豪円、
（一二〇巻、版本）
蔵王　寄進豪円、
（一二一巻、版本）
出雲国鰐渕寺蔵王権現　法印豪円寄進、天正七年己卯十月日、
（一二二巻、版本）
雲州鰐渕寺　蔵王御宝前　法印豪円　寄進之、
（一二三巻、版本）
雲州鰐渕寺　蔵王御宝前　法印豪円　寄進之、
（一二四巻、版本）
雲州鰐渕寺蔵王御宝前　法印豪円　寄進之、
（一二五巻、版本）
雲州鰐渕寺蔵王御宝前　法印豪円　寄進之、
（一二六巻、版本）
雲州鰐渕寺　蔵王御宝前　法印豪円　寄進之、
（一二七巻、版本）
雲州鰐渕寺　蔵王権現　寄進竹本坊　法印豪円、
（一二八巻、版本）
雲州鰐渕寺　蔵王御宝前　法印豪円　寄進之、
（一二九巻、版本）
雲州鰐渕寺　蔵王御宝前　法印豪円　寄進之、

（一三〇巻、版本）
雲州鰐渕寺　蔵王御宝前　法印豪円　寄進之、
（一三一巻、版本）
雲州鰐渕寺　蔵王御宝前　寄進　法印豪円、
（一三二巻、版本）
雲州鰐渕寺　蔵王御宝前　法印豪円　寄進之、
（一三三巻、版本）
雲州鰐渕寺　蔵王御宝前　法印豪円　寄進之、
（一三四巻、版本）
雲州鰐渕寺　蔵王御宝前　法印豪円　寄進之、
（一三五巻、版本）
雲州鰐渕寺　蔵王御宝前　法印豪円　寄進之、
（一三六巻、版本）
雲州鰐渕寺　蔵王御宝前　寄進豪円、
（一三七巻、版本）
雲州鰐渕寺　蔵王御宝前　寄進豪円、
（一三八巻、版本）
雲州鰐渕寺　蔵王御宝前　法印豪円　寄進之、

（一三九巻、版本）
雲州鰐渕寺　蔵王御宝前　法印豪円　寄進之、
（一四〇巻、版本）
雲州鰐渕寺　蔵王御宝前　法印豪円　寄進之、
（一四一巻、版本）
雲州鰐渕寺　蔵王御宝前　寄進豪円、
（一四二巻、版本）
雲州鰐渕寺　蔵王御宝前　寄進　法印豪円、
（一四三巻、版本）
雲州鰐渕寺　蔵王御宝前　寄進　法印豪円、
（一四四巻、版本）
雲州鰐渕寺　蔵王御宝前　法印豪円　寄進之、
（一四五巻、版本）
雲州鰐渕寺　蔵王御宝前　法印豪円　寄進之、
（一四六巻、版本）
雲州鰐渕寺　蔵王御宝前　法印豪円　寄進之、
（一四七巻、版本）
雲州鰐渕寺　蔵王御宝前　法印豪円　寄進之、

（一四八巻、版本）
雲州鰐渕寺　蔵王御宝前　法印豪円　寄進之、
（一四九巻、版本）
雲州鰐渕寺　蔵王御宝前　法印豪円　寄進之、
（一五〇巻、版本）
雲州鰐渕寺　蔵王御宝前　法印豪円　寄進之、
（一五一巻、版本）
天正七年己卯　雲州鰐渕寺　蔵王□　□御宝前　法印
豪円、
（一五二巻、版本）
雲州鰐渕寺　蔵王御宝前　法印豪円　寄進之、
（一五三巻、版本）
雲州鰐渕寺　蔵王御宝前　寄進　豪円、
（一五四巻、版本）
雲州鰐渕寺　蔵王御宝前　寄進　豪円、
（一五五巻、版本）
雲州鰐渕寺　蔵王御宝前　法印豪円　寄進之、
（一五六巻、版本）
雲州鰐渕寺　蔵王御宝前　法印豪円　寄進之、
（一五七巻、版本）
雲州鰐渕寺　蔵王御宝前　法印豪円　寄進之、
（一五八巻、版本）
蔵王御宝前　寄進豪円、
（一五九巻、版本）
雲州蔵王御宝前　寄進　法印豪円、
（一六〇巻、版本）
雲州鰐渕寺　蔵王御宝前　法印豪円　寄進之、
（一六一巻、版本）
天正七年己卯　雲州鰐渕寺　蔵王御宝前　法印豪円　寄進
之、
（一六二巻、版本）
蔵王御宝前　寄進豪円、
（一六三巻、版本）
蔵王宝前　寄進法印豪円、
（一六四巻、版本）
蔵王宝前　寄進法印豪円、

（一六五巻、版本）
蔵王宝前　寄進法印豪円、
（一六六巻、版本）
蔵王御宝前　寄進法印豪円、
（一六七巻、版本）
蔵王御宝前　寄進法印豪円、
（一六八巻、版本）
蔵王　寄進法印豪円、
（一六九巻、版本）
蔵王　寄進法印豪円、
（一七〇巻、版本）
雲州鰐渕寺　蔵王御宝前　法印豪円　寄進之、
（一九二巻、版本）
蔵王　寄進豪円、
（一九三巻、版本）
蔵王　寄進豪円、
（一九四巻、版本）
蔵王　寄進豪円、
（一九五巻、版本）
蔵王　寄進豪円、
（一九六巻、版本）
金剛蔵王　施入豪円、
（二〇一巻、版本）
雲州鰐渕寺蔵王御宝前　寄進竹本坊　法印豪円、
（二〇二巻、版本）
雲州鰐渕寺蔵王御宝前　寄進竹本房　法印豪円、
（二〇三巻、版本）
雲州鰐渕寺蔵王御宝前　法印豪円　寄進之、
（二〇四巻、版本）
雲州鰐渕寺蔵王御宝前　法印豪円　寄進之、
（二〇五巻、版本）
雲州鰐渕寺蔵王権現　法印豪円寄進　天正七年己卯十月□（日カ）
（二〇六巻、版本）
雲州鰐渕寺蔵王権現　法印豪円　寄進之、
（二〇七巻、版本）
雲州鰐渕寺蔵王御宝前　法印豪円　寄進之、

（二〇八巻、版本）
雲州鰐渕寺蔵王権現　法印豪円　寄進之、
（二〇九巻、版本）
雲州鰐渕寺蔵王宝前　法印豪円　寄進之、
（二一〇巻、版本）
雲州鰐渕寺蔵王御宝前　法印豪円　寄進之、
（二一一巻、版本）
雲州鰐渕寺蔵王宝前　法印豪円　寄進之、
（二一二巻、版本）
雲州鰐渕寺蔵王御宝前　法印豪円　寄進之、
（二一三巻、版本）
雲州鰐渕寺蔵王宝前　法印豪円　寄進之、
（二一四巻、版本）
雲州鰐渕寺蔵王御宝前　法印豪円　寄進之、
（二一五巻、版本）
雲州鰐渕寺蔵王御宝前　法印豪円　寄進之、
（二一六巻、版本）
雲州鰐渕寺蔵王□□（御宝前カ）　法印豪円　寄進之、

（二一七巻、版本）
雲州鰐渕寺蔵王御宝前　法印豪円　寄進之、
（二一八巻、版本）
雲州鰐渕寺蔵王権現御宝前　法印豪円　寄進之、
（二一九巻、版本）
雲州鰐渕寺蔵王権現御宝前　法印豪円　寄進之、
（二二〇巻、版本）
雲州鰐渕寺蔵王御宝前　法印豪円　寄進之、
（二二一巻、版本）
雲州鰐渕寺蔵王権現御宝前　法印豪円　寄進之、
（二二二巻、版本）
雲州鰐渕寺蔵王権現御宝前　法印豪円　寄進之、
（二二三巻、版本）
雲州鰐渕寺蔵王権現御宝前　法印豪円　寄進之、
（二二四巻、版本）
雲州鰐渕寺蔵王御宝前　法印豪円　寄進之、
（二二五巻、版本）
雲州鰐渕寺蔵王御宝前　法印豪円　寄進之、

(一二二六巻、版本)
雲州鰐渕寺蔵王御宝前　法印豪円　寄進之、
(一二二七巻、版本)
雲州鰐渕寺蔵王御宝前　法印豪円　寄進之、
(一二二八巻、版本)
雲州鰐渕寺蔵王御宝前　法印豪円　寄進之、
(一二二九巻、版本)
雲州鰐渕寺蔵王御宝前　法印豪円　寄進之、
(一二三〇巻、版本)
雲州鰐渕寺蔵王権現御宝前　法印豪円　寄進之、
(一二三一巻、版本)
雲州鰐渕寺蔵王御宝前　法印豪円　寄進之、
(一二三二巻、版本)
雲州鰐渕寺蔵王御宝前　法印豪円　寄進之、
(一二三三巻、版本)
雲州鰐渕寺蔵王御宝前　法印豪円　寄進之、
(一二三四巻、版本)
雲州鰐渕寺蔵王御宝前　法印豪円　寄進之、
(一二三五巻、版本)
雲州鰐渕寺蔵王御宝前　法印豪円　寄進之、
(一二三六巻、版本)
雲州鰐渕寺蔵王御宝前　法印豪円　寄進之、
(一二三七巻、版本)
雲州鰐渕寺蔵王御宝前　法印豪円　寄進之、
(一二三八巻、版本)
雲州鰐渕寺蔵王御宝前　法印豪円　寄進之、
(一二三九巻、版本)
雲州鰐渕寺蔵王御宝前　法印豪円寄進　天正七年己卯十月日、
(一二四〇巻、版本)
雲州鰐渕寺蔵王宝前　法印豪円　寄進之、
(一二五一巻、版本)
雲州鰐渕寺　蔵王御宝前　法印豪円　寄進之、
(一二五二巻、版本)
雲州鰐渕寺　蔵王御宝前　法印豪円　寄進之、
(一二五三巻、版本)

雲州鰐渕寺　蔵王権現　法印豪円寄進　天正七年己卯十月
日、
（二一五四巻、版本）
雲州鰐渕寺　蔵王権現　法印豪円　寄進之、
（二一五五巻、版本）
雲州鰐渕寺　蔵王権現　法印豪円　寄進之、
（二一五六巻、版本）
雲州鰐渕寺　蔵王権現　法印豪円　寄進之、
（二一五七巻、版本）
雲州鰐渕寺　蔵王権現　法印豪円　寄進之、
（二一五八巻、版本）
雲州鰐渕寺　蔵王御宝前　法印豪円　寄進之、
（二一五九巻、版本）
雲州鰐渕寺　蔵王御宝前　法印豪円　寄進之、
（二一六〇巻、版本）
雲州鰐渕寺　蔵王御宝前　法印豪円　寄進之、
（二一七一巻、版本）
雲州鰐渕寺　蔵王御宝前　法印豪円寄進之　天正七年己卯
十月日、
（二一七二巻、版本）
雲州鰐渕寺　蔵王御宝前　法印豪円　寄進之、
（二一七三巻、版本）
雲州鰐渕寺　蔵王権現　法印豪円　寄進之、
（二一七四巻、版本）
雲州鰐渕寺　蔵王［　］（権現カ）　法印豪円　寄進之、
（二一七五巻、版本）
雲州鰐渕寺　蔵王［　　］（御宝前カ）　法印豪円　寄進之、
（二一七六巻、版本）
雲州鰐渕寺　蔵王権現御宝前　法印豪円　寄進之、
（二一七七巻、版本）
雲州鰐渕寺　蔵王［　］（御宝カ）前　法印豪円　寄進之、
（二一七八巻、版本）
雲州鰐渕寺　蔵王御宝前　法印豪円　寄進之、
（二一七九巻、版本）
雲州鰐渕寺　蔵王御宝前　法印豪円　寄進之、
（二一八〇巻、版本）

雲州鰐渕寺　蔵王御宝前　法印豪円　寄進之、

（三〇一巻、版本）

出雲浮浪山蔵王権現御宝前［　　　　］天正七年己卯十月

□（日カ）

（三〇三巻、写本）

雲州鰐渕寺蔵王権現御宝前　法印豪円　寄進之、

（三〇四巻、版本）

雲州鰐渕寺蔵王御宝前　法印豪円　寄進之、

（三〇五巻、版本）

雲州鰐渕寺蔵王御宝前　法印豪円　寄進之、

（三〇八巻、版本）

雲州鰐渕寺蔵王御宝前　法印豪円　寄進之、

（三〇九巻、版本）

雲州鰐渕寺蔵王御宝前　法印豪円　寄進之、

（三一一巻、版本）

雲州鰐渕寺蔵王御宝前　法印豪円　寄進之、

（三一二巻、版本）

雲州鰐渕寺蔵王御宝前　法印豪円　寄進之、

（三一三巻、版本）

雲州鰐渕寺蔵王御宝前　法印豪円　寄進之、

（三一四巻、混合本）

雲州鰐渕寺蔵王御宝前　法印豪円　寄進之、

（三一五巻、版本）

雲州鰐渕寺蔵王御宝前　法印豪円　寄進之、

（三一六巻、版本）

雲州鰐渕寺蔵王御宝前　法印豪円　寄進之、

（三一七巻、版本）

雲州鰐渕寺蔵王御宝前　法印豪円　寄進之、

（三一八巻、版本）

雲州鰐渕寺蔵王御宝前　法印豪円　寄進之、

（三一九巻、版本）

雲州鰐渕寺蔵王御宝前　法印豪円　寄進之、

（三二〇巻、版本）

雲州鰐渕寺蔵王御宝前　法印豪円　寄進之、

（三二一巻、写本）

雲州鰐渕寺蔵王御宝前　法印豪円　寄進之、

（三三二巻、写本）
雲州鰐渕寺蔵王御宝前　法印豪円　寄進之、
（三三三巻、写本）
雲州鰐渕寺蔵王御宝前　法印豪円　寄進之、
（三三四巻、写本）
雲州鰐渕寺蔵王御宝前　法印豪円　寄進之、
（三三六巻、写本）
雲州鰐渕寺蔵王御宝前　法印豪円　寄進之、
（三三七巻、写本）
雲州鰐渕寺蔵王御宝前　法印豪円　寄進之、
（三三九巻、写本）
雲州鰐渕寺蔵王御宝前　法印豪円　寄進之、
（三七一巻、版本）
雲州鰐渕寺蔵王御宝前　法印豪円　寄進之、
（三七二巻、版本）
雲州鰐渕寺蔵王御宝前　法印豪円　寄進之、
（三七三巻、版本）
雲州鰐渕寺蔵王御宝前　法印豪円　寄進之、

（三七四巻、版本）
雲州鰐渕寺蔵王御宝前　法印豪円　寄進之、
（三七五巻、版本）
雲州鰐渕寺蔵王御宝前　法印豪円　寄進之、
（三七六巻、版本）
雲州鰐渕寺蔵王御宝前　法印豪円　寄進之、
（三七七巻、版本）
雲州鰐渕寺蔵王御宝前　法印豪円　寄進之、
（三七八巻、版本）
雲州鰐渕寺蔵王御宝前　法印豪円　寄進之、
（三七九巻、版本）
雲州鰐渕寺蔵王御宝前　法印豪円　寄進之、
（三八〇巻、版本）
雲州鰐渕寺蔵王御宝前　法印豪円　寄進之、
（三九一巻、版本）
雲州鰐渕寺蔵王御宝前　法印豪円　寄進之、
（三九二巻、版本）
雲州鰐渕寺蔵王御宝前　法印豪円寄進　天正七年己卯十月

日、
（三九三巻、版本）
出雲国鰐渕寺蔵王御宝前　法印豪円　寄進之、
（三九四巻、版本）
雲州鰐渕寺蔵王御宝前　法印豪円　寄進之、
（三九五巻、版本）
雲州鰐渕寺蔵王御宝前　法印豪円　寄進之、
（三九六巻、版本）
雲州鰐渕寺蔵王御宝前　法印豪円　寄進之、
（三九七巻、版本）
雲州鰐渕寺蔵王御宝前　法印豪円　寄進之、
（三九八巻、版本）
雲州鰐渕寺蔵王御宝前　法印豪円　寄進之、
（三九九巻、版本）
雲州鰐渕寺蔵王御宝前　法印豪円　寄進之、
（四〇〇巻、版本）
雲州鰐渕寺蔵王御宝前　法印豪円　寄進之、
（四〇一巻、版本）
雲州浮浪山鰐渕寺　蔵王権現御宝前寄進、　天正七己卯八
月十九日　竹本坊豪円法印　竹尾坊□豊律師、
（四〇二巻、版本）
蔵王御宝前　天正七年八月十九日　豪円　篤秀、
（四〇三巻、版本）
蔵王御宝前寄進　天正七年八月十九日　豪円　篤秀、
（四〇四巻、版本）
蔵王御宝前　天正七年八月十九日　寄進豪円　篤秀、
（四〇五巻、版本）
蔵王御宝前　天正七年八月十九日　寄進豪円　篤秀、
（四〇六巻、版本）
蔵王御宝前　天正七年八月十九日　寄進豪円　篤秀、
（四〇七巻、版本）
雲州鰐渕寺　蔵王御宝前　天正七年八月十九日　寄進豪
円　篤秀、
（四〇八巻、版本）
雲州鰐渕寺　蔵王御宝前　天正七年八月十九日　寄進豪
円　篤秀、

(四〇九巻、版本)

雲州鰐渕寺　蔵王御宝前　天正七年八月十九日　寄進豪円　篤秀、

(四一〇巻、版本)

雲州鰐渕寺　蔵王御宝前　天正七年八月十九日　寄進豪円　篤秀、

(四三一巻、版本)

雲州鰐渕寺蔵王御宝前　法印豪円　寄進之、

(四三二巻、版本)

蔵王　施入豪円法印、

(四三三巻、版本)

金剛蔵王　寄進豪円法印、

(四三四巻、版本)

蔵王　施入豪円法印、

(四三五巻、版本)

蔵王　施入豪円法印、

(四三六巻、版本)

雲州鰐渕寺蔵王御宝前　施主法印豪円、

(四三七巻、版本)

金剛蔵王　施入法印豪円、

(四三八巻、版本)

蔵王　施入法印豪円、

(四三九巻、版本)

雲州鰐渕寺　蔵王　施主法印豪円、

(四四〇巻、版本)

金剛蔵王御宝前　寄進法印豪円、

(四五一巻、版本)

雲州鰐渕寺蔵王御宝前　法印豪円　施入之、

(四五二巻、版本)

蔵王　施入豪円、

(四五三巻、版本)

蔵王　施入法印豪円、

(四五四巻、版本)

蔵王　寄附豪円法印、

(四五五巻、版本)

蔵王　施入法印豪円、

（四五六巻、版本）
蔵王　寄附豪円法印、
（四五七巻、版本）
蔵王　施入法印豪円、
（四五八巻、版本）
蔵王　宝前　施入法印豪円、
（四五九巻、版本）
蔵王　施入豪円法印、
（四六〇巻、版本）
雲州鰐渕寺蔵王御宝前　施入　豪円法印、
（四八一巻、版本）
雲州鰐渕寺蔵王御宝前　法印豪円　寄進之、
（四八二巻、版本）
蔵王　施入　豪円法印、
（四八三巻、版本）
蔵王　施入　豪円法印、
（四八四巻、版本）
蔵王　施入　豪円法印、
（四八五巻、版本）
蔵王　施主　豪円法印、
（四八六巻、版本）
蔵王　施入豪円、
（四八七巻、版本）
蔵王　施入豪円、
（四八八巻、版本）
蔵王　施入豪円、
（四八九巻、版本）
蔵王　施入　豪円法印、
（四九〇巻、版本）
雲州鰐渕寺蔵王宝前　法印豪円　寄進之、
（五〇一巻、版本）
金剛蔵王　鰐淵寺　施入竹本房豪円法印、
（五〇二巻、版本）
鰐渕寺　蔵王御宝前　寄進豪円法印、
（五〇三巻、版本）
鰐渕寺　蔵王御宝前　寄進豪円法印、

(五〇四巻、版本)
蔵王権現　雲州鰐渕寺　施入豪円法印、
(五〇五巻、版本)
蔵王　寄進豪円、
(五〇六巻、版本)
金剛蔵王　雲州鰐渕寺　施入豪円、
(五〇七巻、版本)
蔵王御宝前　雲州鰐淵寺　寄進豪円法印、
(五〇八巻、版本)
金剛蔵王　雲州鰐渕寺　寄進豪円法印、
(五〇九巻、版本)
蔵王御宝前　出雲鰐渕寺　施入豪円法印、
(五一〇巻、版本)
雲州鰐渕寺　蔵王宝前　寄進豪円法印　天正七年己卯十月日、
(五二一巻、版本)
雲州鰐渕寺　金剛蔵王御宝前　施入法印豪円、
(五二二巻、版本)
蔵王　施入豪円、
(五二三巻、版本)
蔵王　寄進法印豪円、
(五二四巻、版本)
蔵王　施入法印豪円、
(五二六巻、版本)
蔵王　施入豪円、
(五二七巻、版本)
蔵王　施入豪円法印、
(五二八巻、版本)
蔵王　施主豪円、
(五二九巻、版本)
蔵王　施入豪円法印、
(五三〇巻、版本)
雲州鰐渕寺　蔵王御宝前　法印豪円　寄進之、
(五三四巻、版本)
蔵王　施入法印豪円、
(五四一巻、版本)

蔵王　寄進竹本房豪円、
（五四三巻、混合本）
蔵王権現　寄進豪円法印、
（五四五巻、版本）
蔵王権現　寄進豪円、
（五四六巻、版本）
蔵王　施入豪円法印、
（五四七巻、版本）
蔵王権現　寄附豪円、
（五四八巻、版本）
蔵王　寄附豪円法印、
（五四九巻、版本）
蔵王権現　寄進豪円法印、
（五五〇巻、混合本）
蔵王　寄附豪円法印、
（五五一巻、版本）
蔵王権現　寄進豪円法印、
（五五二巻、版本）
蔵王権現　寄進豪円法印、
（五五三巻、版本）
蔵王権現　寄進豪円法印、
（五五四巻、版本）
蔵王権現　寄進竹本房豪円、
（五五五巻、版本）
蔵王　寄進　竹本房豪円、
（五五六巻、版本）
蔵王　施主　豪円法印、
（五五七巻、版本）
蔵王権現　施主　豪円法印、
（五五八巻、版本）
蔵王権現　施入豪円法印、
（五五九巻、版本）
蔵王権現　寄進豪円法印、
（五六一巻、版本）
蔵王権現　寄進豪円法印　天正七年己卯十月日、
（五六二巻、版本）

蔵王権現　寄進豪円法印、
（五六三巻、版本）
蔵王　寄進豪円法印、
（五六四巻、版本）
蔵王権現　施入豪円法印、
（五六五巻、版本）
蔵王権現　寄附豪円法印、
（五六六巻、版本）
蔵王権現　寄進豪円法印、
（五六七巻、版本）
金剛蔵王　寄進豪円法印、
（五六八巻、版本）
蔵王権現　寄附豪円法印、
（五六九巻、版本）
蔵王　寄附豪円法印、
（五七〇巻、版本）
蔵王権現　寄進豪円法印、
（五七一巻、版本）

天正七年己卯　雲州鰐渕寺　蔵王御宝前　法印豪円　寄進
之、
（五七二巻、版本）
蔵王　寄進豪円、
（五七三巻、版本）
蔵王　寄進法印豪円、
（五七四巻、版本）
蔵王宝前　寄進法印豪円、
（五七五巻、版本）
蔵王　寄進法印豪円、
（五七六巻、版本）
蔵王　寄進豪円、
（五七七巻、版本）
蔵王　寄進豪円法印、
（五七八巻、版本）
蔵王　寄進豪円、
（五七九巻、版本）
蔵王　施入豪円法印、

（五八〇巻、版本）
雲州鰐渕寺　蔵王御宝前　法印豪円　寄進之、
（五八一巻、版本）
蔵王宝前　三部都法　豪円寄進　天正七年己卯十月日、
（五八二巻、版本）
蔵王権現　寄進豪円法印、
（五八三巻、版本）
蔵王権現　施入豪円法印、
（五八四巻、版本）
蔵王　寄進豪円、
（五八五巻、版本）
蔵王　施入豪円法印、
（五八六巻、版本）
蔵王　寄進　竹本房豪円、
（五八七巻、版本）
蔵王　寄進豪円法印、
（五八八巻、版本）
蔵王　寄附豪円、
（五八九巻、版本）
蔵王　寄進豪円、
（五九〇巻、写本）
金剛蔵王御宝前　法印豪円　天正七己卯十月日、
（五九一巻、版本）
雲州鰐渕寺蔵王宝前　寄進豪円　天正七己卯十月日、
（五九二巻、版本）
雲州鰐渕寺蔵王宝前　寄進豪円、
（五九五巻、版本）
雲州鰐渕寺　宝崛　寄進豪円、
（五九八巻、版本）
雲州浮浪山宝崛　施入竹本房豪円、

○これらの記載は、五四八巻を除き、いずれも見返し貼紙の下に記されている。

【天正八年（一五八〇）】

三月二九日　毛利輝元、杵築大社の霊宝の管理を別火氏に委ねるよう、鰐淵寺和多坊を通じて両国造及び諸社官に命じる。

二〇四　毛利輝元書状（切紙、別火家文書）

大社霊宝之儀、古今社納之所相究之、如前々別火可令裁判之通、対両家申候条、各可存其旨候、猶和多坊可有演説候、恐々謹言、

（天正八年）三月廿九日　　輝元（花押）

杵築諸社官中

二〇五　毛利輝元書状写（佐草家文書）

大社霊宝之儀、古今社納之所、被相究之、以書立可■（注）給候、自先年別火存之由候間、如前々無緩令裁判候様可被申付候、委細和多坊任演説候、恐々、

（天正八年）三月廿九日　　輝元

千家殿
北島殿御書両通之案也、

五月　かつて松江市西忌部にあった鰐淵寺の末寺正覚寺の護摩壇が作られる。

二〇六　正覚寺護摩壇座板裏書（正覚寺所蔵）

△鰐淵寺・寺外拾遺一一

□仏壇、

□（雲）州浮浪山鰐淵寺本堂常□（住）、□（抑）当寺領直江・国富之事、自昔至于□（今）、無改替知行、弥為堅散在田畠、有□無抜目、如往古為守護使不入之□（処）、元就朝臣・輝元朝臣以御信敬、亦御証判歴（々脱カ）被成下候、因為（茲）、国土安全御祈禱始、自元亀二辛未歳、以本尊、□（霊カ）前常灯幷構仏壇、不改（断カ）護摩、杵築大社御神茂、毎年正月□（廿）日□〔　　　〕（日之護摩供）一山衆侶等、必唱□□（杵築）大明神、殊、当山〔　　　〕御護摩〔　　　〕（之一心和）□〔　　　　〕（□□之豊楽到□万民□喜）信心大壇主□□（息災カ）延長□（攸カ）御家〔　　〕、希伽藍常住、諸徳繁□（昌）、諸願成就、皆令満足之旨、□□（祈請）之若斯、

天正八年庚辰五月　日

和泉坊之番匠　善心〔　　〕之

○年号・署名者と〔　〕の部分は『八束郡誌』によって補った。

一〇月七日　国造千家義広、旧記にある杵築大社遷宮儀式のうち、主なものを抜き書きする形で入目次第を記す。その中に鰐淵寺の入目も含まれる。

二〇七　杵築大社遷宮儀式入目次第（佐草家文書）

（異筆）「天正八年迁（遷、下同ジ）遷宮之節書付
千家義広之判アリ」

（端裏書）「天正年中大社迁宮入料物
共書付千家義広判有　」

当社遷宮数多相除候而此旨可被仰付事

一、御棟上之時御供参候幷御神楽、

御遷宮当夜御神前入目之事、

一、於古宮御供参候但、洗御供、付御神楽、十二貫文

於新宮入目之事、

一、御輿の天上三重にはられ候也、

外方錦其内絹其下紙也、

四方のこミ右同前、

一、御しとね唐錦二ひろ、

一、御弓一対錦の袋入幷尻籠二ツま羽のそ矢十二手宛、

一、御釼一対錦の袋入候但是ハ御脇物事也、

一、御太刀一対錦のゆたん入、

一、御甲二はね御具足二両、

（紙継目）

一、御手箱何もゆたん入、

一、虎鞘の御太刀十二ゆたん有、

一、御正体、

一、牛飼殿御彩色同牛共ニ、幷御装束下ねりの絹上唐錦、

一、於新宮御供参候、但もろ御供也、御入目之儀者御宿より可申入候、

一、御神楽拾弐貫文、

一、翌日御湯立九鎌《釜》、

一、当夜神馬二疋鞍置也、何も道具新候也、但大房ニ鞦くミ合ニ火ゐんかたの宝殊すわる也、轡ニ大鈴付也、何もきさし也、手縄腹帯白布也、

一、神馬庄（粧）銭一疋拾弐貫宛、

一、神馬庄（粧）の絹一疋宛付手縄の布一たん宛、

一、神馬鼻革錦二端宛、

一、翌日十二番のやふさめ有之、

（紙継目）

一、於神前てやうちん蠟燭過分入候浮橋の間、一間ニ灯ちん一丁宛付五社ニ一丁宛、

一、灯ちん十二蠟燭共千家方へ御渡候也、

一、従御国衆被出候役人者、如前々衣装等可有御支度之由可被仰催事、

一、当日当夜翌日三日之間、御驚（警）固出候事、

一、灯ちん一丁宛上官衆へ蝋燭共ニ、
一、古宮新宮へ浮橋之間、従古宮ノ小内殿新宮之御小内殿ノ縁まてニ下ニハ布、上ニハ絹を御敷候、こもハ浮橋の間也、
一、御小内殿御戸張内錦、其間御簾、其外ニハ唐錦也、釣針黄さしふさハからくれない也、
一、於内殿内外之間の御戸張唐錦又ハとんきんか、
一、しとミの間、御戸の間みす二間地紫にもつかうかたにへりとられ候、釣針黄さしふさからくれない也、
一、御小内殿ニて御天蓋金物有之、四方ニ（紙継目）小幡有之、何もかな物あり、天上錦ニてはられ候也、
一、新宮きさ橋布ニたんしかれ候也、
一、御輿かき千家分四人烏帽四頭浄衣四くたり、脇帯扇ふくめんにしき四人ニ二たん、
一、御こしの手縄絹二たん、
一、内殿之御座、
一、てうしひさけ、
一、御供鎰二ツ、

一、上官衆人数之事、
権検校上官、但五社遷宮装束ハ黒そくたいかふり也、こてふくめんにしき、
西兵庫助（春俊）抱
月木上官東分也
千家彦三郎抱
森脇上官
千家宮内少輔抱
仲上官
仲左近允抱
（紙継目）
島上官
赤塚右近允抱
阿吾上官
北島新介抱
あゆミの上官
仲左京進抱
椎村上官
仲与七郎抱
長谷上官、両門客人遷宮役也、黒そくたいかうふりこてふくめんにしき也、
長谷助次郎抱
別火役
同上官一前
上官一前
祝内蔵尉
但御天蓋役、仮宮ニも役有之
祝彦二郎
以上十三人
右人数へハ立烏帽一頭浄衣越後三きたけ（紙継目）脇帯せんしの絹一ひろしたうす檜扇一本宛、

一、別火役入目之事、御幣縁道何も別火所ゟ可申候、
一、別当役浄衣立ゑほし脇帯扇出候也、
一、当家神官卅人此衆ヘ折ゑほし一頭浄衣布二たん扇一本
宛出候也、
一、神太夫・四郎左衛門両人ヘハ立ゑほし一頭浄衣こし帯
扇出候、
一、千家分御子十二人、
此内一御子たくせんの御子ヘハ絹二疋ちわやニ出候、
又ちわやのかけ帯二筋宛、又鈴一ツ房の帯二筋也、
一、鰐渕寺入目之儀者惣山ゟ可被申候、
一、大社番匠入目儀者、大工所ゟ可申候、付、ほか同前、
一、鍛冶入目之事、神大夫所ゟ可申候、
一、やふさめ入目之儀者いてゟ可申候、
（紙継目）
右、可条者披旧記各集評を以為御神被仰付候ハて、不叶儀計記進之候、惣別遷宮執行成就之儀式入目等之儀者、先例雖多々有之令省略候、為御分別候、遷宮成就候者、於後日先例如注文相残加条数認置候之間、可進之候、為御心得委申候、猶此者含口上候、以上、

天正八年庚辰拾月七日　国造千家義広（花押）

社奉行
願成寺
高勝寺
本願まいる

【年未詳】

八月九日　毛利氏奉行人、鰐淵寺和多坊栄芸に対し、石田四郎左衛門尉の室を安堵する旨を伝える。

二〇八　毛利氏奉行人連署書状（折紙、坪内家文書）

杵築石田四郎左衛門尉室之儀付而、重而蒙仰候、如此折紙認進之候、於其元可被付御心候、恐々謹言、

八月九日　国司右京亮
元武（花押）
児玉三郎右衛門尉
元良（花押）

和多坊参
御返報

○この文書は、元亀・天正年間前半のものなので、しばらく

ここに収める。

【天正一一年（一五八三）】

二月二三日　国造千家義広、大庭別火に対し、神魂社焼失の件を鰐淵寺や毛利氏へも連絡の予定だと伝える。

二〇九　国造千家義広書状（折紙、秋上家文書）

尚々鰐渕寺へも今日、芸州へも今日未刻に飛脚遣之候、其段分別之為に候〳〵、かしく、

神魂社頭煙生(炎上)之事、早々注進之趣、其意成之候、彼飛脚同前に土居を出候、今夜至直江参着候、然者彼御神之御跡、少も手を不可付之候、北島方も被罷出之候、其元於作法者、段々可在之候条、可其分別候〳〵、明日者午時に其元可参着候、恐々謹言、

(天正十一年)二月廿三日　千　義広（花押）

(秋上久国)大庭別火殿

二月二八日　毛利輝元、神魂社の焼失につき、神託を聞くために鰐淵寺和多坊を遣わす。

二一〇　毛利輝元書状（切紙、秋上家文書）

当社頭焼失之段、不及是非候、仍神託為可承之、和多坊(米芸)差出候、様体示給候者、可得其心候、尚従児玉小二郎所可申候、恐々謹言、

(天正十一年)二月廿八日　輝元（花押）

浄音寺

秋上左京亮殿

三月六日　神魂社の神主・別火と浄音寺ら、神魂社の焼失とその再建方法について、桂春忠に意見を具申する。

二一一　神魂社別火秋上久国等連署書状（折紙、秋上家文書）

神魂御炎上付而、山県殿被成御上候、先月廿二日子刻ニ、天火にて御本社棟より焼申候、天火不紛事候、隣郷揖屋阿■(陁)加江八幡之猟師、従海上見申候、於趣ハ山太(山県太郎左衛門尉)御存知にて候、

一、御仮殿之儀、両国造・鰐渕寺衆被罷出、当座草屋被申付、御神秘之処被移置候、然共只今之分にてハ無勿体候、軈而六七月之比ハ、御かり殿被仰付候ハて不叶候

儀、
一、御仮殿ハ二間梁にて御座候つる間、其分被仰付可然存候、千家殿よりハ、柱九本立申候て、仮殿成共仕候へ由被申候へ共、前々被成、自此方申上候、同小内殿も御座候、
一、拝殿二間堀立萱葺にて候、
一、長丁二間、梁五間ほと、かやふき、
一、御供所三間、かやふき、
一、末社二間、是者そきふき、
一、内殿ニハ畳可被仰付候、
一、御つき日記を以申上候、
一、御はん(飯)廿膳、
以上、
右之分萱葺、当時大切之時分候間、八九月ノ比被仰付候ハん哉、委細太郎右衛門尉殿御下之時、可被得御意候、何も御取合奉頼候、恐惶謹言、

(天正十一年)三月六日　　浄音寺
恵運（花押）
神主左衛門尉
良忠(秋上)（花押）
別火長門守
久国(秋上)（花押）

桂与三兵衛殿(春忠)
参　御返報

三月二二日　神魂社の神主秋上良忠、神殿・諸末社の造営の旧例などを記して毛利・吉川氏に提出する。鰐淵寺和多坊は造営奉行や毛利輝文の名代を勤めるという。

二二　神魂社造営覚書断簡（秋上家文書）

二月廿三日卯剋、両国造殿へ註(注)進仕候へハ、廳而廿四日の午之剋ニ、両国造殿鰐渕寺衆僧めしつれられ候て御出候、未之剋程ニ御着候て、小内殿御跡を御らんなされ候へハ、先規御置文ニちかハす、火ニ入てもやけす、水ニ入てもくちさる御神秘御座候て、先榊にて御垣をゆいこめ被申、廿五日ニ千家国造殿義広より番匠をすゑ候て、まかない被仰付、かり殿を作、かりにかや屋を作、廿五

日夜丑剋ニ御せんくうお被成候、神璽・宝剣・内侍所玉満足成就、国造殿なみたをなかし、忝歓喜被申候、玉ヲ(マヽ)の御手はこに被納御安座、しや水竹本法印豪円、御こしへうつし被申、くわんけん御勤行有、本式、今夜御供入目千家殿御出し候、御戸帳錦同殿、湯立神楽同殿、北島国造久孝よりも御供神楽湯立入目被出候、番匠かたへ大工へ三百疋宛被出候、めしさけハ番匠普請衆社人へも給候、

千疋一腰千家殿へ　元春様より代官山県申付、
千疋一腰北島殿へ

日本ハみな神国といひなから、いさなき・いさなみ御天神御影向之所、天《アマツ》の御空《ミソラ》をひらき、御かけを世界ニ広めたまふニ仍(依)、出雲の国と号せられ、当山ニ御社を祝奉る、地神御代ニ至、諸神も面々いにしへあかめ、御孝之之次(マヽ)第をあらハし、御本地垂跡あらハし給ふ也、今度御炎正(上)有て、御造宮ハ毛利右馬頭輝元御下知にて御造立也、奉行鰐渕寺之和多坊(栄芸)・多陀寺(清円)、元春より相奉行、

日本神国也、其中にも出雲之国ハ神国の眼也、然ニ神慮をなき物ニ仕成、仏神以上無ニなす間、御社御■休《ヤスミ》所焼すて、御天上なさるヽ由御託宣也、末世ニ衆生思ひしらすへきとの御たく也、然則天下さうとう可仕と御託也、御神楽ハ毛利右馬頭輝元様から御神楽也、

三月廿三日己丑(乙巳)の日取行、御名代和多坊へ被仰出、竹本坊御参候、

三月廿五日丁未日、辰之時、大くらみ大風俄ニ吹出、大き成あられふり候、先年も有事と存なから、時節と存候へハ、是ふしきとさたする也、

小内殿御跡ハ、御経御道具やけ候すみはいをハあたらしき俵ニ入、神官ニになはせ、いさなみ池へ入候、火きやうへんしやう地之心、又残て候はいをハ、土共ニ取あつめ、御神殿の上之山岸のはき口より上、二間御除候て、

うつみ申候、御神殿の通西之方也、（紙継目）
一貴布禰之左の大神、上山ニ同納申候、御みそきはやけ
申候、御正体、木一つヲ二体ニ座ざうニ御神体つくり
申候つる、男体かふり御そくたい内合掌左方、右ハ女
体也、御座をハひたと作合申たる物也、さけかみ、
一同左の方御社之御神をハやけぬ時出し申候、神主秋上
一人出し申、
一外山之御神体御やけ候、尊刑(形)垂跡正体大菩薩焼灰、上
之山へ納置、ふみ候ハぬやうニ、用捨可仕事也、
一左方末社諸大神御神体しかと御座候也、
一御宮御ゑんしやう之事、神主左衛門尉より元春・輝元
様へ致註進候へハ、軈而御屋刑(形)様から児玉殿一所己巳《こい》
の孫二郎殿御出し候て、宮之体見せ被申候、則御か（紙継目）
り殿可被仰付由候て、御書被下候、軈而鰐渕寺之和多
坊被仰出候、御湯立神楽被参せ候、
御神楽御託宣之事
当国御乱入之時、社前ふみけかし大不浄候、清めさせら
れす候、然時者、日月の面ニ天のさ霧をくもらせ、無明
のやみとなし候、天命の御恩徳を人間ニおもひしらせへ
きとの御たくせん、五月ニハ日本国天下のさうとうをな
すへき、六月には万民驚仰天すへし、是天命道の罸のか
れへからす候、於信心申ニ者、慈悲之誓《チカイ》たるためしも有
事候間、天下安穏無為ニ可成鎮護と御託宣也、
被尋候、又かり殿立様被尋候、
一先規ハかり殿なれ共、如本社之、東西へ棟を立候て、
御柱九本立、二間あてけたはりゆき同作り申候由、千
家殿より被仰越候、
一御末社之事、別而御かり殿ヲ立、御神うつし申由先例
也、され共軈而本社御立候て、少之間之儀ならハ、同
社にても御座あるへく候哉と申事候、
一かり殿御前ニ拝殿の事、そさうにも御座候ハて、不叶
儀候、
一かり殿へ御神御渡候へ共、拝殿・長廊・御供所ハ有事
候、神事をハ取行仕候、

一今度者悉皆宮焼失候条、かやふきにも長拝殿ハ仕候ハて不叶儀にて、木竹郡中へ御当候て、諸村へ当くはり候てつくらせられ候、

一大永三経久御代、御造立ハ奉行亀井能登守秀綱、其下奉行引野神兵へ・三庄二郎右衛門、其下納所の者水田六郎右衛門、

一亀井殿宿ハ正林寺、其時之住寺(持)ハ■《全》種蔵主也、其内ニ泉知客と申僧、下々の用被召仕候、

一天文廿四より始、尼子修理大夫晴久被仰付候御造営時、(紙継目)一国反銭御納候、奉行多賀掃部殿、下奉行ハ白根三郎四郎、大庭之奉行浄音寺泰尊也、反銭納口田壱反ニ廿五文あて納候、大庭之内ハむかしから守護不入にて、与所儀伊弉諾御造営・杵築御造営、其外屋形反銭国中へあたり候へ共、一銭も不成候、御前帳にものらす候、神魂御造営之時ハ、一反別百十三文あて宮へなし申候、田数卅九町辻也、寺社祭田国造殿分何茂一同ニして、如此都合也、

一造営之時、そま衆・番匠悉皆之まかない米方、国主より御出し候、

一作事庭夫、意宇郡中より出仕候、

一番匠こや・かちや・納所屋等、村々へ当仕候、

一才(材)木之事、いつれ成共、神木なれ共、在次第ニ切申事、是大木入故也、

一才木宮へ引付事、国衆分限ニ当、引せ申候事、

一島(根脱カ)郡にて木取候へハ、其近辺隣郷の者、杣庭夫仕、

一木山出し海上へ引事、島根之郡林方より被申触候て、(紙継目)村送ニ外海・内海ヲ舟にてこかせ、津田表へ引付候、

一ふきくれの事、同内海まて島根三郡より送付、

一竹釘之事、国中寺へ当、

一かなくきの事、かね炭をかわせ、宮にて打候事、多分かい候て、釘仕候、

一社之内外普請之事、村々へ当之事、

一番匠之所へ茶番之事、当社神宮寺領供僧分田地より日々仕、

一かり殿立時、大庭反銭をなし申、米ハ御屋形様より、

一先代より番匠大工之事、金田民部、

一、先規より鍛治大工之事、水助兵へ、
一、山大工之事、佐草之かちや、
右条々次第、又御神殿諸末社之さしすみな仕、毛利殿吉川殿へ下申候、

天正十一年三月廿二日　神主秋上左衛門尉
良忠

四月二〇日　神魂社の神主秋上良忠、遷宮式の際に要する調度品などを書き上げる。

二一三　神魂社造営遷宮支度次第日記案（秋上家文書）

（端裏書）
「神魂御せんくう［　　］［　　］」

天正十一年［　　］［　　］

神魂御遷宮支度次第事

一、御内殿絵定所　雲之数之事奥表
一、御池鵁榊之絵　一破風ニ龍四　
一、いなおほせ鳥　佐陀山　不老山　かゝくけ戸
一、日本最初四海まん〳〵《上求菩提、下什衆生さいとの事、》くたる絵之事
一、御鉾の島　天地開闢之時芦原

一、御戸に日月　千秋楽・万歳楽・拍子・笛・太鼓・琴・琵琶　鳥かふと
一、御三月会有之、昔一頭国造殿時、神事取行儀式御座候、景《（マヽ）》図・装束、
一、当社神主・別火装束座之次第
一、上官出仕　一、神事すまふ　一、花女参詣
一、てんかく《（田楽）》　一、舞台舞衆道具
一、百番之鏑流馬　射手十人的立
一、鰐渕寺衆僧くわとう長刀
一、四季花鳥々　山木

（紙継目）

一、須弥山光空　加賀・白山
一、御はた《（旗）》六流、はたかしら金物きさし也、
一、御戸ちやう《（帳）》一間、きぬ、
一、歌人
一、小内殿御事、才《（材）》木杉檜也、柱以上、
一、ひはたふき《（檜皮葺）》　一、二重たる木
一、小内殿内かうし《（格子）》天井
御内三段有、作所二段、其上ニ打置有、御たゝミにし

きへり、其上にあやを御敷候、其上ニにしきの御しとね御敷候、御てんかいつり申、てんかいの四のすみ御はたかゝり申、御てんかい錦にてはり申、宝珠形有、金はく、御戸帳、唐錦、上の面ニかゝる、下段の御戸きはにかゝる、御斗帳きぬ、是ニ御種字真言意趣書、

（紙継目）

表に八錦をかけ候、表二重戸帳也、又らんかん左の方にしき斗帳懸申、

一、小内殿造やう、二重たる木、なけしかな物有、たる木しり金物有、ほり物有、花かたなけし釘かくし金物、はふ金物、むねけたさき、又けんきよ金物、ひわたふき、御戸とひらかな物、上かい下かい共ニ雲かた御戸てうに三所金物、其上ニ花かな物、六よう座有、らんかんほこ木、中けた土居、いつれも木くちに金物、何茂きさし、

一、金御幣、きさし二本、

一、御かけはん、八所、金物きさし、

一、御はん（飯）八膳也、表赤、うら黒、

一、みつき、黒漆ぬりひさけ（提）、

一、供かいの錦、

一、御簾三間のきぬ、同へりにりんかう紋、つりかねきさし、

（紙継目）

一、下膳十二せん、かな物なし、

一、まる御盤六つ、

一、御こしはり（腰帳）にしき、　一、水引きぬ、

一、てんかいのにしき、御ゆきの御こしの上の、

一、内殿たゝみへりしら布、

一、貴布禰の御盤、上二膳、下二膳、

一、御正体二面、

（紙継目）

一、御手はこ（筥）一対、御もん（紋）、きこう（亀甲）にあり（有）文字、　一、はんさう一対、

一、御鏡二面、　一、御くし（櫛）二対、

一、かうはこ（香筥）六、　一、わたし二つ、

一、てうす四つ、　一、へにつき（紅付）二つ、

一、まゆつくり（眉作）二、　一、たう紙四、

一、ひな十二、　一、大もとゆひ（元結）二、

一、御かうろ（香炉）二つ、　一、とうたい（灯台）、

一、らうそく（蝋燭）数、　一、屏風、

一、御剣二振、　　一、弓三ちやう、きぬ袋布か、
一、しこ矢、同的矢、　　一、御ほこ《鉾》、
一、御鞍あふみ皆具、切付錦にてつゝミ候、しりかいむなかい同、
一、くつは《轡》、
一、御くらの御もん、きこう中ニ有文字、

（紙継目）

御神御道具　□□

一、御かふり一つ、　　一、御念珠二れん内侍所ゆたん、
一、御束帯御神あや四端、金色、
一、御かさねもんしや《紋紗》二端、赤色、
一、御下のかさね、御すわう《素襖》二つ、うら有、
一、さしぬき《指貫》、白あや二たん、うらハねり紅梅、
一、上の御はかま《袴》、うきをり《浮織》物二つ、
一、御おひ《帯》、こんとう二すち、
一、いし《石》のおひ《帯》二すち、わすれ帯、
一、大口せいかう《精好》二具、
一、御尺二つ、　　一、ひあふき二本、
一、金帯二つ、　　一、御したんす二足、あや、
一、ひらお《平緒》、むらさきむらこ、

一、御くつ二そく、うらをこん《紺》地の錦にてはる、
一、当社神主・別火浄衣、立ゑほし《烏帽子》、

（紙継目）

一、あや四たん、そくたい《束帯》、くろいろ、
一、さしぬきのあや、色紫、二たん、うらハきぬ也、
一、かさねのあや二たん、色むらさき、うら有、
一、かふり二かしら、うちなし、
一、くつ二そく、　　一、したんす二そく、ねりきぬ、
一、尺二つ、　　一、ひはふき二本、
一、金帯二つ、　　一、内衣、　　一、大口、せいかう、

（紙継目）

一、御こしかき四人、浄衣、立ゑほし、
一、杵築より来神馬の両別当、しらはり、ゑほし、
一、布廿六たん、当社へ十三人、しらはり、神官・宮仕、
一、おりゑほし十一、立ゑほし二つ、
一、きぬ一疋、みこのちはや、かミしも、
一、すゝ《鈴》、同人、　　一、太鼓、

御供の道具事

一、かま、　　一、おり、　　一、たか、　　一、こしき、
一、ひしやけ、　　一、洗米桶、　　一、米かしおけ一つ、

一、にしき六七十たんほと、　一、手水おけ、ひしやく、
一、御行の地布、
一、しきこも、御せんくう（遷宮）の、
一、御供二度、かり殿にてハ洗御供も参、新御神殿本式也、
一、諸末社、
左右之大神殿御■（供）も当夜本式、
一、湯立の諸道具釜薪等、
（紙継目）
一、内殿御幣紙　二束、
右之書立、
天正十一年四月廿日芸州へ書下案文
日記ひかへ案
神主左衛門尉（秋上良忠）

六月一〇日　和多坊栄芸、神魂社造営奉行として、作事杣木取初の経緯を記す。

二一四　鰐淵寺和多坊栄芸覚書（神魂神社文書）　△八束郡誌

神魂大社御本社御建立御作事杣木取初日之事

天正十一年癸未六月十日庚申之日、当社宮山未之方材木三本採用始有之、則今日当社御供参、神楽銭一貫二百文、
御湯立在、懇ニ社人酒有、
御内殿仁王経、三部読誦候、
経僧迎接寺・能満寺栄尊、
布施妎奉行和多坊・多陁寺より被仰付候、鳥目九百文ふせ
今日御湯立一釜立、
社人神官召酒、
番匠山大工鍛冶罷出候、
木を伐り候所へ、為祝儀樽銭五十疋、
当日□申之日也、未申刻木取初候、
木を伐候山へ為祝儀代　樽被出候、今日庚申刻ニ松三本取初候、
神前にて御湯立、奉行出仕、惣代人参、
番匠・山大工・鍛冶水神参候　酒有之、
奉行　和多坊　栄芸

六月二三日　鰐淵寺僧の竹本坊豪円、伊弉諾・伊弉冉社の大工

今井平次兵衛尉に神魂社造営中の別盞と精進潔斎を命じる。

二一五　**鰐淵寺豪円書下**（今井家文書）

夫、和光同塵者尊神之本誓、精進潔白之社職之所致也、
因茲　伊弉諾・伊弉冉御社之大工、造営中致別盞、停止
鳥獣之肉食、専可励勇猛精進之心者也、仍所示之状如件、
天正十一年癸未六月廿三日
権大僧都法印豪円（花押）
大工今井平次兵衛尉殿

九月三日　桂春忠、神魂社の造営は和多坊の奮闘もあって過半が完成したとして、神主・別火両氏にさらに励むよう求める。

二一六　**桂春忠書状**（折紙、秋上家文書）

御折紙拝見候、其元御造営之儀付而、和多坊（栄芸）被罷居候、
旁以被入御精、過半出来申之由尤可然存候、雖不及申候、
頓成就候様ニ御気遣肝要候、恐々謹言、
桂与三兵衛尉
春忠（花押）
（天正十一年）九月三日
神主左衛門尉殿（秋上良忠）
別火長門守殿（秋上久国）
御返報

九月二三日　鰐淵寺、青蓮院門跡に銀二枚を進上する。

二一七　**華頂要略**（門主伝第二四）

（天正十一年九月）同廿三日雲州鰐淵寺銀二枚進上。

△大日本仏教全書

一〇月一日　鰐淵寺僧豪賢、杵築大社造営の際に番匠が行うべき石敷の作法を改訂する。

二一八　**番匠石敷大事**（鰐淵寺旧蔵文書）

（端裏書）「番匠石敷大事　同柱立　□賀」
番匠石敷大事、堂宮共、同之、
先護身法、如常、
次、無所不至印、南無平等大会地神王天照太神、四天王（梵字一二）
次、合掌印、天地和合、除一切難、諸神影向、皆令成就、
同柱立大事、
先、護身法、如常、次、内得印、（梵字三）次、八葉印、（梵字二）中、次、地詰印、（梵字二）地、次合掌印、

△鰐淵寺三五四

南無梵天・帝□(釈)・増長・広目・多聞・持国、皆□(来)集会、
皆来影向、次□□、以散供、□明白、(梵字一二三)、□
□頭以籠、□柱書テ合掌、歌曰、千葉耶振、神主立□(天)
□(志カ)御柱ハ、幾千代ヲ経ン、
天正十□(一カ)天十月一日　改与家賢
法印栄信□

一一月二日　神魂社神事の神官の人数等が書き上げられる。

二一九　神魂社神事覚書（折紙、秋上家文書）

(異筆)「神魂之」

神官人数之事

一、十一人　神官
一、一人　へい(幣)衆
一(、脱カ)人　宮仕
合十三人分、
布廿六端すい(水)かん(干)為、
一、立ゑほし(烏帽子)二つ　新大夫
一、折ゑほし十一　二郎大夫
以上、
(異筆)「天正十一年十一月二日」　別火
(異筆)「奉行
和多坊之内」
新二郎殿
まいる

神官本名之事
新大夫　立ゑほし
二郎大夫　同
秋上名　折ゑほし
同周防守
神主分
深田分
菅井名
かちや名兵部

山崎名
帯刀分
別火分
　　以上十一人、
一、へい衆
一、宮仕
　　十三人のすいかん
一、みこ(巫女)ちはやきぬ
「(異筆)天正十一年みつのとのひつし」
○本文書は近世になって執筆されたと推定される。

一一月吉日　求聞持法の祈禱が行われる。

二三〇　修求聞持法祈禱札（鰐淵寺所蔵）

□□□□
奉勤修求聞持妙法諸人□□所
天正十一年十一月吉日

一二月二二日　鰐淵寺和多坊、神魂神社の造営・段銭奉行を勤める。

二三一　神魂神社棟札写（佐草家文書）

其年月漸廻来、時節不測、当年二月廿二日夜半、天災之
一炬落本社之棟、忽ニ成灰燼訖、冀本社末社並庇、縦過
楼至仏之出世弥□(昌)栄、国主黎民充富、復送星宿却之春秋
尚無滅、此趣者神代ゟ之意趣ニ御座候、

天正十一年　　造営奉行并段別奉行
癸未極月廿二日　　鰐淵寺和多坊
　毛利輝元様御判有
吉川元春様御判有
　　輝元様御守護代
　　　児玉小次郎元兼
　元春様御守護代
　　　桂与三兵衛春忠
一、右之御造営御仮殿之時、普請御奉行至時、神法相違之
儀被仰付候ニ仍、国造千家義広ヨリ御違乱之攏参候、

有之候ニ書付申事、
一、山太爰許入儀ニ付而、先日仮殿之趣、段々申入候、扨々
其元にて浄音寺相続（談）候て、我等申候事相違候哉、不苦
儀ニ候、□

【天正一二年（一五八四）】

三月二日　毛利輝元、鰐淵寺山内の竹木の伐採を禁じる。

二三二　毛利輝元禁制高札（鰐淵寺所蔵）

制札　（毛利輝元）（花押）　鰐渕寺
右、当寺山中竹木採用事、任往古之例、堅令停止訖、若
於有違犯之輩者、可処厳科者也、仍執達如件、
天正十二年三月二日　児玉
三郎右衛門尉奉
国司
右京亮
粟屋
右京亮
桂
左衛門大夫

四月吉日　鰐淵寺の僧豪円と栄哉、神魂社の造営につき、神主方に渡すべきものを書き上げて別火と神主に示す。

二三三　神魂社造営神主方渡物注文（秋上家文書）

神魂就御造営神主殿へ渡申物之事
一、御内殿庄厳諸道具、
一、御神御衣装弐具通、
一、御手箱御宝物等之事、
一、御太刀一腰、紀新大夫、銘行平、
毛利右馬頭輝元様御社納、
一、御具足壱両、甲惣糸也、
吉川駿河守元春様御社納、
一、拾俵但宮升、御供米、
一、拾貫吉銭、同入目、
一、弐俵、御仮殿ニて御供米、
一、五十疋、同御供入目、
一、壱貫弐百文、御神楽銭、

一白あや一端、浄衣ニ、
一越布一端、重袴ニ、
一立烏帽子壱頭、
一小袖板之物、うらきぬ共ニ、
一珠数壱れん、
一相扇、付したうす布、
（紙継目、裏花押二）
一錦一端、内侍所之ゆたん、
一錦二端、末社遷宮之時、貴所へこて・ふくめん之ため
に渡申候、
一きぬ半疋、末社たききぬニ渡候、
一料紙三束、御幣紙ニ、
一挑（提）灯三丁、らうそく共ニ、
一布廿六端、社人水袴、
一立ゐほし弐つ、社人ニ、
一折ゐほし十一、社人、
一壱俵、付代壱貫文御遷宮之時飯米、
別火殿
一珠数、　一扇、

一弐百疋、祓之代、
一烏帽子、　一錦一たん、ふくめんニ、
一越布一端、浄衣上下ニ、
一布一端、重ニ、
一帯扇きぬ壱疋、ゐん道の幣、
一布五たん、末社戸ちやう雑きんニ、
一きぬ一疋・鈴壱つ・帯一、みこニ、
一御供之釜并諸道具、
一くうかいの絹、
一湯立入目、
（紙継目、裏花押二）
一紺布、　一絹中（マヽ）幣ニ、
一新釜、　一返拝之太刀、
一代、　一木具、
一かわらけ、一米、
一はち、　一樽、　一帯扇、
一御神楽銭、
一米壱俵代壱貫文、御遷宮之時、しんくわん給ニ飯米渡
候、

以上、

天正十二年四月吉日

西本坊
栄哉（花押）
竹本房
豪円（花押）

神主左衛門尉《（秋上良忠）》殿
別火長門守《（秋上久国）》殿

七月二七日　和多坊栄芸入寂し、画像を霊位として、その画に賛が記される。

二三四　和多坊栄芸画像賛（鰐淵寺所蔵）

（識語）
前住和多坊権大僧都栄芸法師大和尚霊像天正十二年甲申七月廿七日終焉

（画賛）
穆《（賛）》訖躭穆訖底播他鉢羅跋躭試乞灑野、素旗野縛姿体躭、
乞矖恒覧尾始、瑟鴻寠拏、刎曩謎僧健左婆鉢羅噺跢

（裏墨書貼付）
和多坊先住栄芸異像

この頃　和多坊の跡職の継承について記される。

二三五　和多坊栄芸跡職断簡（鰐淵寺旧蔵文書）　△鰐淵寺三七〇

敬申上候、
一、今度和多坊《（栄芸）》遠行、被申付跡職之事、□

二三六　和多坊跡職断簡（鰐淵寺旧蔵文書）　△鰐淵寺三七〇

一、桜本之尊澄之弟子ニ栄芸と申弟子有之、其弟子を、則彼和多坊へ被渡畢、
一、栄芸之弟子ニ栄哉と申弟子有之、則跡を次《（継）》畢、
一、栄芸之弟子ニ、金剛院与申弟子有之、然共、栄哉之由緒ニハ、桜本信芸へ被譲与候キ、然処、栄哉弟子ニ金剛院と申、彼和多坊を被渡畢、
一、金剛院・和多坊（梵字一）とも、左右之□

○この二通、ともに年月日未詳であるが、右と関係するため、

しばらくここに収める。

八月二六日　出雲の山伏、吉田兼見宅を訪れ、国造千家氏宛の書状を光源院からもらってほしいと要請する。

二二七　兼見卿記天正十二年八月二十六日条　△史料纂集

廿六日、庚午、雨降、無量院（殿脱カ）（兼和母、妙蓮）月忌、焼香之事、持病口中依発病不参、有二一（マヽ）、自休庵（阿野）書状・鯉一、到来、返事了、雲州之山伏、峯ヨリ罷出来云、内々予下向之儀如何、明日俄在同道之間、罷下也、国造千家（義広）へ自光源院書状之義、可相調乎、火急之儀也、入夜之間唯今難成、明朝相添使者、光源院へ可申遣之由云、相意得之由申、今夜滞留、喜介所ニ一宿申付之、自勧亜相両使、丹後・豊後来、近衛町之儀也、

八月二七日　吉田兼見、出雲の山伏に使者を添えて光源院に赴かせ、国造千家氏宛の書状を調えさせる。

二二八　兼見卿記天正十二年八月二十七日条　△史料纂集

廿七日、辛未、早天光源院へ、彼山伏ニ相添使者喜介、申遣、千家《センゲ》方へ書状調来、院主山伏ニ不対面之由申了、又此方へ来之間、進朝飡、同道一人在之、（後略）

九月一三日　杵築大社の上官長谷広佐、千家方の年中行事目録を注進する。その中の正月一九・二〇日条に鰐淵寺僧が見える。

二二九　杵築大社年中行事目録写（千家古文書写乙）

杵築大社年中行事目録之事

一正月分

一正月元三会之御供神楽神馬参ル也、朔幣之御供与申也、御守護殿ヨリ参也、

同日命主大明神ヘ御供神楽神馬参也、国造殿御出仕候而御祝御座候而、左候テ国造殿ハ大社ヘ御下向候、命主社には権検校殿御座候而、大社ト命主殿馬場にて十連之祭ト云的御座候、立烏帽子上衣ニテ馬十疋ニテ大社之御馬場ニテ十度命主之馬場ニテ十度やふさミの儀式御座候、是も御守護殿ヨリ被仰付候祭也、

同元日之夜御筒ノ口明鳴ソメ恒例ト申神事御座候也、

又依之朔幣之御供ヲ祢籠の御供共申也、其故者御内殿ニ一夜ノ御供御備候而御置候故也、昔ハ大社ヘハ同御

供参候、御供田ハ朝山之郷ニテ候、命主神田ハ神西安原与申在所ニテ候、右之十連之祭之儀ハ塩冶ノ判官高貞御時ヨリ不被仰付候而絶申候、只今迄ハ大社元三会之御供神楽神馬計参候、命主神田神西従安原為御初尾ト十二俵尻、近年迄ハ御座候而命主ヘハ元日ニ御供参候カ、頃廿ヶ年余神田御をとし候に付テ御供不参候、

一、正月二日於長廊ニ国造殿御出仕ニテ御姫ノ神事御座候、朝姫ハ権検校殿御勤仕候テ、サテ御神楽参ル也、夕姫ハ神太夫被勤仕候神事也、

一、同三日御座《姫》御座候、赤塚中勤仕候、サテ国造殿御下向候ヘハ、国造殿御館所ヘ各ノ御上官衆ヘ御出候而、御一礼候也、大晦日ノ夜ヨリ正月三日迄ハ国造殿・御上官衆御参籠ニテ、同国造殿ヘ上官衆御供ニテ、仮宮大明神ヘ御参詣候而、於内殿御祈念ノ御祝アリ、左候而同於拝殿御包丁始候而、御歯堅之神事有之、左候而百番之御神楽参ル也、何モ是ハはうり殿被相勤仕神事也、左候而国造殿御下向候而、御土居ニテ、御上官・神官・御子・神主・其外惣家中之衆中、御清進ほときの食ニテ大酒ヲ被下候、神事御座候也、

一、正月七日ニ大社之御頭参ル也、御頭之内ニテ候十七様之神事御座候也、是ハ銘々ニ別而小日記有之、

一、同十日之夜ヨリ御参籠之神事有也、

一、同十一日ニ於長廊御吉書之神事、国造殿御出仕にて御巻数被遊、此上ニテ国造殿直ニ御ひめの御飱ヲ御行ニ而後、上官衆御飱参ル也、

一、十一日ニ御ひめ有之、東殿御勤仕候也、御捶一ッ森脇上官ヨリ出申候也、

一、十一日ニ大社御釿始有也、本願両大公其外杵築之番匠出仕候而、長廊ニテ御釿始有、従両国造殿烏帽子上下にて御捶一ッ宛にて、本願ヘ御祝儀有り、両大工国造殿へ御礼ニ参ル也、

一、当夜ニ於長廊千度之御殿原舞之神楽参候而、御祈念有神事也、

一、同十二日ニ朝姫ハ別火殿被勤仕候也、サテ恒例之御神楽参ル也、夕ひめの御神事長谷殿・別火殿両人ヨリ被相勤仕候也、

一、同十三日御ひめ北崎殿之勤仕也、左候而国造殿於御花垣之内水行之御神事有之、其後御冠速(束)帯ニテ御天井障子之間ニテ御祝有、先於拝殿別火殿御祝御申候也、左候而四人之へいしゆん二人之神楽、おの子参〻(楽)嘌ニテ舞童之儀式神事有之、其後国造殿昔ハ仮宮大明神ヘ御参詣候而、御神楽参る也、軈而早玉大明神江御参詣候而、卅三度之御神楽参候而御祈念之御祝御座候、国造殿ノ高俊従御代中殿為御名代、於于今御参詣候也、早玉之社鐘取神大夫ニテ候間、御供申参ル也、此御神事于今懈怠無之候、

一、同十三日御宮周之神事御崎検校勤也、只今ハ無之候、

一、同十五日御神前もちの御粥参ル神事有之、

一、同十九日鰐渕寺衆竹本坊并御経田持御下候也、竹本坊ヲ始而何茂一礼ニ先国造千家殿ヘ御出候而、其後国造殿ヨリモ各ヘ御礼有之、左候而竹本坊国造千家殿ニテ一夜之御行法并転読大般若経御修行候而、天下太平国守之被成御祈念御神事有之、

一、同廿日ニ社頭於経所、竹本坊其外経田持之衆中御出仕にて、転読之大般若経御座候、左候而巻数国造殿ヘ参ル也、其後ニ従国造殿モ御一家ヲ為御使者、御樽二ツ二種之折ニテ御出シ候、御かよふの芳烏帽子上下、其後北島にて鰐渕寺御出候而、御三献終日之御飛舞御座候也、是モ神事ニテ候、

一、廿五日御連歌御座候、是茂正月中之御神事也、国造千家殿にて御座候、御連歌也、

一、二月分祭礼無之候、北島殿御月也、

一、三月分

一、一日ニ於長廊男者之祭有之、国造殿御出仕候也、同御前当之御飧有之、上官には権検校殿・東殿・長谷殿・別火殿出仕也、三肴ニテ御酒有之、神官共被下候也、其後別火殿弓搆ニテ楽はやしにて、長廊前之馬場ヘ出、南之三間かうしの間より、天井之国造殿御座之間之次ヘ罷出、弓搆ニ而太(大)明神ヘ向テ礼候也、其時太社之御かふミを以長谷殿有参拝、高読したまふ也、其後別火殿弓かまへなから有参拝テ、於馬場有御的ヲ男者之御的ト申也、平田ト云神田よりの祭也、当時ハ役人平衛門

ハ仕候也、昔ハ三月会一番行之神事之内也、

一、昔ハ三月会とて大成ル祭有之、一番行二番行三番行とて、三月一日より三日の日までの祭也、千石千貫之祭也、仁王四十二代亀山院之御時、文永八年ニ当国中之田数ヲ定給也、文永八年より応永三十五年迄ハ彼御頭之神事相続候而見ヘ申候、応永三十五年ヨリ天文廿四年迄一円欠番ニテ候、此欠如之間ハ百四十四年余にて候ハん哉、但古キ事候間しか〳〵とハ不見分候、彼神事之儀断絶無勿体候之由ニ而、尼子之晴久瀕ニ就申上候、晴久御代ニ御三月会之為初尾天文廿四年ヨリ被仰付候而、於今三月一日ヨリ三日修行候神事を一番行ヲ一年《手》〻、二番行を一年《手》〻、三番行を一年《手》〻、三年《手》ニ被仰付候、御頭之儀式ハ本式之三月会之御初尾にて候、彼初尾三月会御頭之儀ハ、従晴久被参せ候、三番行ヨリ始リ候而、宿ハ佐草ニテ候、北島方ヘ従此方分付之頭ニて候間、秀教執行始也、三月十七日壬子之日御頭之儀式参る也、一番行之宿ハ長谷、二番行之宿ハ別火、此両頭ハ従当方御裁判也、三番行者北島方ヘ分付之頭にて、佐草御宿申也、

一、同三日ニ国造千家殿内殿江御出仕にて、千度之御物参有之、是モ三月会之神事之内なり、至高間か原之御札等ハ、中殿・長谷殿より出申候也、

一、四月分之事、

一、四月八日ニ於長廊神事有、影向之御神事と云也、赤塚殿被勤仕也、北島方ヘ分付之神事也、三肴ニテ神官其外御近習衆出仕有テ、御酒有神事也、

一、廿九日おりゐ之神事とて、御神慮御涼見殿被成御影向候、国造殿涼見殿ヘ御出仕にて神楽参候、神事昔ハ有之、いつの時より断絶候哉、只今ハ無之、

一、五月分

一、五霊会之御頭参御神事有之、是ハ北島殿ヘ分付之御頭也、

一、六月分

一、六月廿八日之夜、涼見殿より明神御くわんきよ（還御）の神事有之、国造殿涼見殿ヘ御出仕御祝有之、同影向之井ニテ柳之御幣にて御祝有之、同南之井垣之本にて御神ニ

御向テ御祝有之、左候而二ツノ柳之御幣両門客人ヘ納
也、涼見之御神田とて御田有之、しかる上ハ四月晦日
夜之御神事茂可有之事存候、
一七月分
一四日に見逃之御神事有之、御見逃と申ハ国造殿御方た
かへの事にて、依其御土居職并御上官御土居職悉掃事
させ、水を以家之内ヲ洗イ塩ヲ清め候而、至其当夜ハ地
下ヘ御国造殿御一家之内御一人之方ヘ御下候而御宿有
也、其宿にてさま〳〵の御神事有之、
一就御見逃別火殿役有、七月朔日ヨリ五日ノ午刻迄ハ禁
足也、家之内を三間ヲ隔テ注連を引、女人ニ言葉ヲ不
替人火を不服、真実之別火也、左候而四日之夜行道之
神事神秘也、依之四日之酉之刻之下より、明ル卯之剋
迄ハ、総杵築之内町を放ての歩行上下共ニ無之者也、
別火殿奉会ハ則当座にて死去する也、大事之神事也、
一同五日ニ御神慮ニつまむきの御供と申て、新く出来五
穀其外悉差繕参る也、此時迄ハ国造殿新物ヲ御手ニ御
取もせす、御ふミも候はぬ也、此御供参候而より後者
不苦候、其故ハ神慮候、悉御手向之時国造殿御手をふ
れらるゝ故也、つま向之御供田ハ朝山之郷之内鳥井田
也、御神田也、昔彼神田権検校殿就御代官御勤仕候也、
其故ニ只今も無御神田候へ共、従昔儀式斗にてつま向
之御供権検校西殿より御調なり、
一同七日七夕之神事有之、近年頃ハ御崎検校よりも被相
勤仕神事ニテ候へ共、検校政光より尼子殿へ得御意、
不仕候也、
一八月分
八朔之御供とて、御守護殿より昔ハ参候、久敷中絶候
也、
一九月分
同九日御頭参る也、北島方之分付神事也、
一十月分
同十一日ニ至大社ニ諸神影向也、国造殿日夜之御参籠
にて御神事有之、御神秘之事候間、委記不中候、忌之
御供とて昔ハ従守護殿被参候、近年其沙汰無之候、上
忌・中忌・下忌ト云事有也、上忌ハ大社、中忌ハ神、下

忌ハ佐也、
一、同十八日神上之御神事、ミなとの社ニテ有之、御崎検校役也、今ハ断絶也、
一、十一月分
一祭・二祭・三祭と云神事有、一祭ハ十七日於長廊国造殿為御名代権検校殿御出仕にて、三種之肴にて神官悉御酒之神事有之、尾副宗三郎勤仕之有神事、
一、二之祭廿二日国造殿御かうしの井ヘ御出仕にて、百番之御神楽有、琴曲ニテさい原の噤有也、唄物也、左候而於長廊ニ神官等御酒之神事有之、御中間神官与一兵衛勤仕也、祭田有之、平田也、
一、同三之祭、廿七日於長廊国造殿為御名代権検校殿・別火殿御出仕にて、三種之御肴にて御酒之神事有之、各神官御出仕にて、御酒給御神事也、
一、新嘗会御神事とて、至大庭神魂国造殿有御歩行、新物御執行之神事さまざま有之、霜月キ中之卯ノ日也、始之卯ノ日ハ大嘗会、中之卯ハ新嘗会也、御神事調御下向にて、御はたこ振と云神事有之、
一、十二月分
一、同十三日ヨリ国造殿上官一七日、太社ニ御参籠候而御祈念之神事有之、
一、同廿七日ニかうしの井にいたつて、北島殿御参詣候而、御前当御座候而御神事有之、別火殿被勤仕也、御神田有之、三田之祭也、石神大明神之神事也、
一、同廿七日之夜、御筒細之神事ニ而、別火殿宿にて北島殿役人衆罷出候而、釜之前之神事行之、
一、同廿八日神前之御酒亀酒ヲ作、一夜置候而、大晦日之夜別火殿出仕候而、別火殿千家殿役人衆神官衆同道候而、彼御酒かめをかゝせ候而、国造千家殿御土居にて御釜之前御神事御けちよの御祝候而、右之一夜御酒を御こさせ、七献之御肴にてさま〳〵の御神事有之、左候而ヨリ、別火殿ヲ始ト而、又各御上官衆至社頭国造殿御籠所、早々御参籠候也、此上にて役人新太夫各御上官衆御参籠之由、国造殿へ御安（案）内申上也、其上にて御上官衆御一礼候而、御晦を被申、各御宿ヘ御帰也、別火殿一人者参籠候而、国造殿ヘ明ル元日之寅ノ刻ニ御

一統之儀式有之、則是年頭之始之左法也、右之分、荒々久（旧）記を見分写、又者当時断絶なく奉勤仕御神事等何茂是ヲ注記申也、於向後弥々の御神事等、全各可有御執行之事肝要也、為以後之記置申所也、仍如件、

天正十二年九月十三日　　長谷左衛門尉
　　　　　　　　　　　　広佐

進上御近習中

【天正一三年（一五八五）】

四月二三日　国造千家義広、伊弉諾社の柱立に名代として赤塚右近丞を遣わし、遷宮の際の装束や入目などについては和多坊も不案内だとして、必要あれば協力する旨を神魂社の別火秋上大炊助に伝える。

二三〇　千家義広書状（折紙、秋上家文書）

呉々先度者、両度対高市折紙本望候、随而上茶二袋進之候、於賞翫者、可為快然候、かしく、

一筆令達候、明日吉日ニ付而、伊弉諾社頭御柱立有之之由承候、最目出度存知候、就夫為名代赤塚右近丞差出、御柱下江之納物相持せ候間、如前々万事指南可為本望候、御造立之儀者、頓ニ可為御成就候条、定而驪而遷宮可被仰付候、左候者御神御将（装）束、其外入目等之儀者、和多坊も可為御無案内之間、御尋之子細候者、其方存知之処ヲ茂荒々可被申候、此方へ茂御尋候者、先年経久様彼社御造立之時、国造豊俊御遷宮成就被申候、其目録有之事候条、左様之趣可申入候、内々其心得肝要候、恐々謹言、

（異筆）「天正十三年」
卯月廿三日　　義広（花押）

秋上大炊助殿

四月二五日　国造北島久孝、神魂社の神主秋上良忠に対し、明日の伊弉諾社柱立の連絡が遅れたのを遺憾とし、名代として諸事調えるよう指示するとともに、和多坊にも連絡するよう求める。

二三一　北島久孝書状（折紙、秋上家文書）

猶々自爰許名代可申付候へ共、明日巳午刻候へハ不成候条、如此候、殊ニ此方月之儀候条、其心得候て、可相調候、申候、又申候、此大事□□三返となへ候て置可申候、向後隠密干（肝）用候、中を見候ハヽ、

罸あたり可申候、以上、

折紙披見候、仍伊弉諾社御柱立之事、明日廿六日ニ相定由候、此方へ御案内御延引如何之儀候哉、はや明日巳刻ニ候へハ、俄事ニ候条、御柱立御大事、於神前令執行、其方へ進候間、為名代被相調事肝要候、惣別之儀者、縦彼方ゟ延引被申候共、其方ゟ兼日内儀に可被申越候、只今之儀を俄ニ被申越候事、無是非候、和多坊へ書状進候条、慥可被相届候、恐々謹言、

（天正十三年カ）
卯月廿五日　久孝（花押）

（良忠）
秋上左衛門尉殿

閏八月二三日　和多坊栄哉、伊弉諾社の壁画に何を描くべきか相談したいと神魂社の別火秋上久国に伝える。

二三二　和多坊栄哉書状（秋上家文書）

（端裏捻封ウハ書）
「（墨引）（秋上久国）
別火殿
まいる　御宿所
いさなきより
和多□　」

（端裏書）
「いさなき
御造立之時」

御戸の絵ニハ、何をかき候て可然候哉、御このミにて候、此方ニハ望もち候す候〳〵、御方御望候ハ、、申たもうへく候、とかく御出候時、相談可申候、御戸之絵書度候条、乍御辛労かき御持参候て、御ひらき候て可給候、侍申候〳〵、恐々謹言、

閏八月廿三日　栄哉（花押）

（異筆）
「天正十三乙酉
いさなき宮立之時」

一〇月　竹本坊豪円、京都の絵師早瀬又右衛門に依頼して尼子義久の寄進になる両界曼荼羅図を修復する。

二三三　両界曼荼羅図軸木修理墨書銘（鰐淵寺所蔵）

（金剛界軸木修理銘）
「明治三午九月吉日
神門郡古志町
中西屋唯白
仕手直し　」

「代物百貫也」

「寛永拾五年九月吉日表補絵師安田長右衛門
南無妙法蓮華経」
「　　　　　従
此界両界者権筆也、五百年之後奉修補於杵築郷前京都
表□□也、元来伯州桜山ヨリ出也、雲州来海庄聖道衆
へ奉寄進也、
願主法印恵海（花押）」
「此両界者雲州太守尼子義久鰐渕寺江御寄進也、於富田
為晴久御吊千部経御読誦之刻、自御蔵被取出之、当寺
衆徒中江被下畢、
天正十三年乙酉十月日豪円重檀之時表補絵師訖
表補絵師
京ノ早瀬又右」

（胎蔵界軸木修理銘）
「奉修補両界者為末代仏法興隆、本願法印権大僧都
恵海（花押）
大永八年戊子霜月廿一日」

「南無妙法蓮華経表補絵師安田長右衛門
寛永拾五年九月吉日年行事ハ西□坊・橋□坊也」

「代物百貫也」
「和多坊かんなうノふくせん坊御やと事」
「此両界者自尼子義久鰐渕寺御寄附也、然於竹本坊豪円
重檀大蓮房円芸
開檀之砌修補畢、
表補絵師早瀬又右衛門一幅手間料寄進也　天正十三乙酉
十月」
「年行事　明治三午とし
厳王院ニ而　古志町中西屋
唯白仕立直し」

【天正一四年（一五八六）】

五月一二日　竹本坊、池本坊とともに青蓮院門跡を訪れる。

二三四　華頂要略（門主伝第二四）　△大日本仏教全書

（天正一四年）
五月十二日鰐淵寺竹本坊礼来。五百疋進二上之一。同池本坊同道。二十疋進上。

【天正一五年（一五八七）】

七月二八日　鰐淵寺僧栄哉、祈念のため伊弉諾社と神魂社に御供米・神楽銭などを進める。

二三五　和多坊栄哉祈念注文（秋上家文書）

御祈念之注文

一、伊弉諾大社江御供米壱俵、ひさつき銭弐百文チヤン、

一、神魂大明神へ神楽銭壱貫弐百文、但南京也、

幷法花経百部読誦之札社納申候、

右分可有御請取候、於趣者成就時可被申候、恐々謹言、

天正十五年之
七月廿八日　　和多坊
栄哉（花押）

秋左（秋上左衛門尉）　まいる

一二月二〇日　鰐淵寺、先例に従って国富荘竹下名の作職を木佐四郎左衛門尉に預ける。

二三六　鰐淵寺寺領預ケ状（木佐常光家文書・県図影写）

当寺領国富散在分之内、竹下名作職之事、田畠共ニ去永禄五年壬戌以来預ケ置候、向後迄相違有間敷、弥納所幷諸役相調之、可抱候、若不儀之事候者、何時成とも可召放候、仍如件、

天正十五年丁亥十二月廿日

代官　豪村（花押）

年行事　信芸（花押）

竹本坊　豪円（花押）
大連坊　円芸（花押）
本覚坊　俊海（花押）
密厳院　豪叔（花押）
和多坊　栄哉（花押）
井本坊　豪哉（花押）
西本坊　澄芸（花押）

木佐四郎左衛門尉殿

【天正一六年（一五八八）】

四月九日　豪村、鰐淵寺領国富竹下名の年貢注文を作成する。

二三七　鰐淵寺領国富竹下名年貢注文（木佐常光家文書・県図影写）

鰐渕寺領国富之内竹下□辻之事、

一、壱石八斗五升尻　畠

此内引

一、五斗尻　此内　惣山より御合□□

一、六升尻　畠　東谷庵寺かしニ引之、
一、壱斗五升尻　八幡神主居やしきニ御出候、
但五升也、上なしなり、
以上七斗壱升尻引方之
残而壱石壱斗四升尻　当納之、
（草田）一、四俵三升尻　田高辻
此内
一、壱俵壱斗尻田　惣山より御合力也、
残而弐俵弐斗三升尻　□々

天正十六年戊子四月九日　代官　豪村（花押）
木佐四郎左衛門尉殿

六月　鰐淵寺における祭礼のための湯立注文が作成される。

二三八　鰐淵寺湯立注文（鰐淵寺旧蔵文書）　△鰐淵寺三七四

（端裏書カ）
「湯立之注文」

湯立之注文

（一紙）
□□一束五帖、二束成共、　一、絹一疋、　一、布三端、　一、紺一端、
一、釜、一口、新用、　一、桶一口、杓、　一、手水桶杓一、　一、大土器五
拾計、小土器百七十計、　一、饗飯米三升、　一、小餅百計、
一、踏形餅五十、　一、銚子提、　一、瓶子一双、　備棚、
一、白米精三升、　一、散米一升、　一、□（柳カ）藤二束、
一、棚ニ二升十二坏、土器盛用之也、　一、湯帷衣一、
一、鏡三、
一、荒麻ヲ為帯也、　一、□□、　一太刀、　一、細帯三筋
此外ニ、布施之用意、可有之者也、
天正十六年六月　日　授与勝四郎
神道阿闍梨権僧都法印円芸

七月二九日　和多坊、鰐淵寺の物代として、青蓮院門跡のもとに運上銀一〇枚を持参する。

二三九　華頂要略（門主伝第二四）　△大日本仏教全書

（七月）
同廿九日雲州鰐淵寺惣代和多坊来。百疋進上并運上銀拾枚持参。

八月二二日　和多坊、青蓮院門跡に院号を賜りたいと要望する。

二四〇　華頂要略（門主伝第二四）　△大日本仏教全書

（八月二二日）同日鰐淵寺和多坊院号望申。一樽一折進上。

九月一八日　和多坊、院号を賜ったことへの礼物を進上する。

二四一　華頂要略（門主伝第二四）　△大日本仏教全書

（九月）同一八日雲州和多坊院号免許之礼板物一端進上。

【天正一七年（一五八九）】

八月　栄哉、木造不動明王二童子立像を安置する。

二四二　木造不動明王二童子立像光背裏墨書銘（鰐淵寺所蔵）

天正十七年己丑八月法印栄哉安置之
茲至嘉永五壬子歴二百五十三之春秋
漸及損廃因令命工加修補火焔新
造之換旧者也　現主僧都法印実山

【天正一八年（一五九〇）】

正月二五日　豪村、最勝王経以下四経を書写して山王講箱に納める。

二四三　山王講奥書（鰐淵寺旧蔵文書）　△鰐淵寺三七八

（表書）

山王講　最勝王経　仁王経
　　　　無量義（寿）経　普賢経
　　　　豪村筆

（奥書）

天正十八年正月廿五日
山王講御箱ニ納畢、
　　豪村筆

一一月二〇日　和多坊、青蓮院門跡を訪れ、密厳院の院号を与えられたことに感謝する。

二四四　華頂要略（門主伝第二四）　△大日本仏教全書

（一一月）同廿日鰐淵寺密厳院礼来。三拾疋進上。

【天正一九年（一五九一）】

月日未詳　豪円、阿闍梨公作の木造元三大師坐像を求め、安置する。

二四五　木造元三大師坐像墨書銘（鰐淵寺所蔵）

（像底墨書）
法印豪円求之
慈恵大師像
（厨子内墨書）
慈慧大師尊像
阿闍梨公御作
天正拾九年辛卯豪円求之
元禄十六癸未暦厨子新調
法印円与

【天正二〇年（一五九二）】

四月二六日　佐世正勝、大社別火に対し、両国造と同じく高麗役を免除すると伝える。

二四六　佐世正勝書状写（出雲大社諸社家所蔵古文書写・別火家）

尚々、右之趣被申候、日本之御公役ニ候へハ、一まとめの御成之儀候、弥御手前之儀者御理尤之儀候、委細於様子ハ清光院可有御物語候間、不能詳候、以上、

御折紙令拝見候、仍高麗御役目之儀、就御触御分国中寺社無残所可被指渡之由候キ、就（雖）然両国造殿御事者御赦免候、就夫御手前之儀御理之段、石州（佐世元嘉）・堅兵（堅田元慶）重畳様子御理申候、於于今ハ雲芸寺社家御公役目之儀を於此□（面）被仰付、高麗へ被指渡間敷候（之）分之（候）、殊更御方御事ハ御神前之儀、御鑰を日参被作せ次第候、両家御事者月易ニ御社入之次第ニ候へとも、別火殿之儀者不断御神前復入儀候条、此役目之儀ハ被成御赦免候ハてハ不叶儀候、御無案内ニ而触為被申与申入候、堅兵など御使ニ入御候、恐々謹言、

（天正二〇年カ）
卯月廿六日　　佐世
　　　　　　　　正勝（花押影）

別火殿
　　参御返報

○本文書は鰐淵寺と直接の関係はないが、朝鮮出兵の軍役免除を口実とする大規模な寺社領削減の状況を示すものとして、参考のために掲げる。

六月一四日　鰐淵寺桜本坊信芸と本覚坊俊海、国富地下神主職の職掌について定める。

二四七　鰐淵寺僧信芸・俊海連署定書案（木佐隆良家文書）

国富地下神主職定之事

一、地下祈念之儀者、神主甚三郎・とう取彦二郎両人して半分宛村分ニ仕、かく年に祈念可仕之事、
一、諸宮内殿参物ハ甚三郎一せき可取之事、
一、場之神楽物をも壱人まへ可取事、
一、荒神参たくさ等之時者、惣地下可存之事、
一、神前庁屋なとにて湯立其外祈念之かけ物、甚三郎まゝたるへく事、
付、諸宮籠并さうち等、神主甚三郎・とう取彦二郎談合候て、無懈怠可相調事、
右、条々無緩可相勤肝要候（事脱カ）、如件、

天正廿年壬辰
六月十四日　　代官桜本坊
　　　　　　　　信芸書判
　　　　　本覚坊
　　　　　　　　俊海書判

神主甚三郎との　　木佐又兵衛との
とう取彦二郎との　　今井二郎兵衛との
大塚与兵衛との　　多久和助左衛門との　　笠原新二郎との
国長清右門尉との　　同　二郎左衛門との　　安田宗清との
長田右衛門尉との　　原　助右衛門との

【年未詳】

四月二七日　鰐淵寺の年行事ら、毛利氏の奉行人に対し、鰐淵寺は杵築の奥院、仏神不二の内証、国家護持の伽藍であるのに、さきの検地で二千石が没収され、僅かに千石が残され、今度はまた三九〇石余が没収されるのは困るとしてその免除を求める。

二四八　鰐淵寺年行事等連署書状（鰐淵寺旧蔵文書）△鰐淵寺三九〇

態申上候、今度御検出分、以余並、可被召出之由候、此以前茂、重畳如申上候、当寺領之儀者、先年、度々、御撰作之割、任御意之大分之地ニ、致上表候、其段、先度、和多坊参山之時、委申上候ツ、然者、相残之地、無住ニメ、御祈念一篇之依御定、従往古之勤行、一事茂不欠之、致執行、国家安全之御祈禱、無緩之（候カ）、又　殿様為御祈念、別而構檀場、杵築御本地仏并不断護摩供、毎日所願之、致修法、其外爾、坊々茂、御祈念供養法、朝暮無油断、

御武運長久、御子孫御繁昌之御祈誓、抽懇祈候、右之仏供、口料過分入目、進調之、御祈念無緩之上者、不准同並候歟、待受鰐淵寺者、為杵築奥院、仏神不二之内証、国家護持之伽藍也、依之、一山衆徒中、折々遂社籠、致御祈念候、然処、先年御改之時、両度ニ弐千石、於被召上之、残千石被付置之、諸役御免除之御奉書、頂戴仕候、此度、又御検出三百九十石余、可被召上□□(之由カ)候、左様ニ候へ者、山院中迷惑千万候、此等之趣、可然様可被仰上之、右、御検出被成御宥免、寺家無怠転勤行御祈念等、相続有之様、御憐愍所仰候、此旨、急御披露候、恐惶謹言、

卯月廿七日

鰐淵寺年行事
信芸（花押）
和多坊
栄哉（花押）
竹(本カ)下坊
宣乗（花押）
大蓮坊
円徴（花押）
密厳院
豪伝（花押）
日頼院
栄舜（花押）

佐世(元嘉)石見守殿
榎本(元吉)中務太輔殿

○本文書は年未詳であるが、天正末年頃のものと推定されるので、しばらくここに収める。

月日未詳 鰐淵寺和多坊・井上坊の手で大草村六所神田の坪付帳が作成される。

二四九 六所神田坪付断簡（秋上家文書）

畠一所 〔 〕 (国衙)こくか分
長の明神
一貫尻 御供し□り■■■ 敷地、正月廿八日・十二月廿四日まつり有、神主秋上分
くつかた
四百尻 十二月廿日御供田 へいちう
宮のうしろ
宮のうしろ
四百尻 安所分 小草作人安所分

ありのまへ
四百尻　正月七日
　　　　御供田　　秋上分

宮すミ
二百尻　　神官へいしう作

大町名内さいのもと
壱貫尻　三月　　さつへいてん安所給

同所
六百尻　十月廿八日
　　　　御供　　中のま神官作

若つき
壱貫尻　　大神楽田幣衆作

ゑんのつめ
二百尻　安所分　　あたち作人

若つき
九百尻　さい所　　へいしう作

神領やしきの前
四百尻　正月朔日
　　　　御供　　かた山作

同所前うしろ
四百尻　　二郎兵衛作

同所屋敷のまへ
（紙継目）
二百尻　　同人作

前川
百尻　畠少在　　安所（案主所）殿、同人

一所　　安所殿、居屋敷

安所分やしきのまへ
三百尻　　かた山作人

山きは
二百五十尻　　安所分上おん（浄音）寺

西光寺たうめん
三百尻　　さい所（税所）分、左兵へ作

松の木
五百文尻　　八郎大夫給

同所
百五十尻　　安所分、小二郎作

壱貫尻　「　」所さい所屋敷、今ハ田成候、　　宮へ役有、税所分

同所
百尻　堀田

さい所ほり
七百尻　九月十九日
　　　　御供　　中ま、たこ三郎兵へ方預り

さい所分
三百尻　堀　　上おん寺預

もりわき分屋敷
四百尻　　かた山預

（紙継目）

山きハ
七百尻　　税所分

大日めん
二百尻　　たこ方預り

同所
一貫尻　　神宮寺分

北松の木
五百尻　　神主分、うしほ殿預

一貫五百尻　　さい所分、かめい殿預

竹のうしろよこちやう
五百尻　六月廿八日
　　　　御供　　神主分、亀井殿

たんこ田
三百尻　　王子免、上おん寺

中の村
五貫尻　　一和尚分社役けひやう千数次

杉のした
四百尻　伊勢の森ミたけ馬ぬか飼口出、

さうしんかき
壱貫五百尻　十月一日神よせ祭田
　　　　　　同廿五日御供

たん□□□んならひ
三百尻

神領やしき
壱所　又二ケ所ほり在、

壱所《河原はたけ》
壱所　ゆや河原畠、渡辺分神官やしき
壱所《ゆや河原》　あさな中間、神官やしき
壱所《なくら□所》かちやはたけ
（紙継目）
二ケ所　八郎大夫やしき
一所《きんは》　同人分
一所《松原》　へいちう屋敷
一所　道きんやしき　神主分
一所かわらの畠《田》　せんあミ作　神主分
代四百文尻也、　神主分
一所《うらをかき》畠　ほり合四百文尻　同分
一所《れんけゑはたけ花立》二百五十尻　同人
一所《れんけい田たん原》九百文尻　同人
二反《よいのてん》六百文尻十二月晦日御供田　かけ田分同人
一反《けとてん》三百文尻　同人
五段　国衙給
山代郷内六所神田

五百尻《もちてん》　正月十五日　六所御供　神主分
二百五十尻《けちょてん》　同人分
（紙継目）
一貫尻《五りやうへてん》　二反、此内六百尻、　同分
六百尻《おと九日》御供田　浄音寺《上おん寺》抱
四百文尻《くるひ》六所とうミやうてん　浄音寺預
八百文尻《いさなきのまへ》　十月廿八日もろ御供　中の間、神官
一反四百尻《よいのてん》　十二月晦日御供田　かけ田分
竹屋郷六所御神田
四百尻《井ての下》　御しゆめん
四百尻《同所》　同事
壱貫尻《くわんこう寺》　御供田　安部神官
六百尻《同所》
四百尻《すミ田》　秋上分修理免
三百尻《六反田》　御供田　八郎大夫作
二百尻《角田》　神主秋上分
（紙継目）
三反八百尻《食免下の坪内》　御修理也、　社米納

同所
三反七百五十尻　かねつきめん　秋上分、いさなきの神宮寺抱

こもう
二反八百尻　社米成、　秋上分

同所
一反四百尻　　同分かねをへ

同所
一反四百尻　　同分龍善寺へ

初九日田
二反八百尻　役御供　同分 此内一反龍雲寺へ、

みかちり
一貫二百尻　御供田

同所
四百尻　社米在、　神官分

たまむし
五反一貫五百尻 宮へ半納、　浄音寺預

へいかミ田
三反一貫二百尻 かミを出し、又半納、　知雲預り

六反田
一反三百尻　半納田　せいへき

一反四百尻　六所神宮寺抱

九日田なわての下　六反
一反七百尻　御供田　中ま神官

みそゝへ
二反八百尻　安部浄林

（紙継目）

ふくてん原のもと　せちふん御供田
三反壱貫二百尻　安部浄林抱

食免
七反一貫七百五十尻　秋上分 社役残地頭仕、

同所
七反一貫七百五十尻　同分 但修理式ニ宮へ米納、

よこまくら
一反三百尻　あたち

はたけほり
二反七百尻　神主分

中の九日
一反六百尻　御供田　中のま

一反五百尻 社米半田　浄音寺

こもう
一貫弐百尻　御供田　八郎大夫

すゝはらい
二反六百尻　たこ修理買地仕、

くまのてん
一反六百尻 十二月晦日御供田　八郎大夫

永禄九年、毛利元就御分ニ成ニ付而御検地候、鰐渕寺之和多坊奉行ニて、悉被付立候、

右御まつり田之外者、社頭為造営之所務所半納宮へ成、神官ハ普請万社用奉公儀候、当国惣社にて御座候付而、大御社領有、国分寺も当社を鎮守として行事有、

（紙継目）

右御神領年々御供頭諸まつり役仕所者除而地利ニ取、田地公用、毎年社頭へ納置、御修理調候、連々つもりを以御造営仕所也、

此帳付和多坊・井上坊地見被仕候、其村之役人案内者にて被付候、此方秋上大炊助・八郎大夫・片山神官共罷出候、

○本文書は年月日未詳であるが、天正末年のものと推定され

るので、しばらくここに収める。

月日未詳　鰐淵寺領が書き上げられる。

二五〇　鰐淵寺領覚断簡（鰐淵寺旧蔵文書・県図写真）

（端裏書）
「覚」

鰐渕寺領覚

広家様江渡り申し候、島根郡之内、
一、五拾石三斗　常福寺分
此替地、宇賀之内にて被下候、

神門郡之内、因幡殿へ渡り申候、
一、百九拾三石七斗九升　別名村、
内
百八拾七石壱斗四升
此替地、宇賀・万田にて被下候、
残而、六石六斗五升、未被下候、
一、神門郡朝山之内ニ摩陀羅神領、修正勤行・引声勤行料田御座候、三輪殿御検地まへにて、彼御帳ニ、□

○本文書は年月日未詳であるが、天正末年頃のものと推定されるので、しばらくここに収める。

【文禄四年（一五九五）】

一〇月一〇日　杵築大社の上官赤塚安信、高浜郷上別所の所領を書き上げて毛利氏に報告する。

二五一　杵築大社上官赤塚氏領書立（赤塚家文書）

雲州神門郡高浜郷上別所赤塚分付立之事
一、田弐町拾壱石六斗尻
一、畠参段半五十歩代方貫石ニノ
幷而米拾弐石六斗弐升也
右内所務八石弐斗参升六合定
屋敷三ケ所
右、言上之辻少茂於相違者、日本国中大小神祇、殊者大社大明神可蒙御罰者也、仍神文如件、

文禄四年　杵築　赤塚新左衛門尉
十月十日　安信（花押）

国司備後殿
山田吉兵衛尉殿

【慶長三年（一五九八）】

この年　稲岡孝忠、北島家に伝わる文書を写して、北島方の年中行事次第を書き上げる。その中の正月二〇日と三月三日条に鰐淵寺僧が見える。

二五二　杵築大社年中行事次第（佐草家文書）

北島殿御家に有来儀おほへのまゝ書立事

正月

一、元三ニ御火さま御うへさま御同座候て三こん（献）之御祝在之、佐草殿早々ゟすわうはかま（素襖・袴）にて出頭候て、御樽一具持参ニて、ざうに（雑煮）在之、其後大社御神前へ御参候、御下向之時命石（主）之社へ御参候也、御ばん過候て御家中衆御出仕候、十五間にて御たいめん之時、御樽・鈴・たる銭それ〳〵似合之御持せ有之、座はい候てとうふ（豆腐）のすひ物にて、さけ一通過候て皆々下座へさがり候、わうばん（垸飯）ちやわん出候て、お火さま御しやく（酌）ニて、さかつき（盃）初佐草殿也、一へんさけ過候て御火さまの御さかつき出御一つ御うけ候時ゟはやし在之、後之はやしのきりを佐草まいれ候て其まゝミな〳〵ひらく也、

一、二日ニ大とち（土地）・小土地・中之村・あかつか（赤塚）・かり（仮）の宮之御百姓衆出仕有之、何もひねりとび也、御しやく（紙継目）にて御酒有之、

一、三日ニ御ゆわひ（祝）をなつしに《としおとこ》かさり候て、御うへさま・御つほね（局）・おち、さまへすへ申也、○三日之間佐草殿出仕にて御前之御ゆわひにあひ被申也、○近習衆も三日の間ざうに在之、○御なかへにハミや（宮）の六人の役者、其外どう（鼕）取、笛ふき、御ほこもち、此等之衆朔日ゟ五日之間二人宛番かわりニ罷出、家人のまかなひ仕候也、○又市庭・越峠之御百姓衆鈴ニて罷出、御火様御しやくニて御酒たへ申候也、○又神宮寺之三光さまへ御参候時、御親類衆・御被官御供候也、殿さまゟ御持せたる二具さかな、又御供之衆も似合に御持参有之、せり（芹）のすひ物出候、御火所之てうし（銚子）出候て、時にゟ御はやし在之、惣別御火所へしやく取すわうはかま也、又神宮寺ヨリ御下向之時、すくに天徳寺へ御参候、御持せ樽三く参銭三貫、

一、四日ニとのさま御ゆわひ（祝）過候て、天徳寺・薬師寺出

頭在之、九間にて御対面、三こんめに御しやくニて御酒有、さかつきはしめハしゆつせ《（出世）》次第也、○其後四か寺出頭有之、そうしやく《（惣酌）》ハ佐草殿、すわうはかまにて被出、御しやうはん《（相伴）》ハ御親類衆一人、御対面之時、所讃寺ゟ百疋、神宮寺ゟ一貫六百、松林寺ゟちや《（茶）》三袋、西れん寺ちや《（茶）》三袋、此分之（紙継目）持せ也、三こんめにとのさま御しやくにて、さかつき初ハ所さん《（讃）》寺也、たとへ《ひ》名代平僧成共被初也、惣別ハむかしにハ所讃寺之持せ古銭五百文、又神宮寺之持せ古銭二百文之由候へとも、当時ハ寺領無之故右之分と聞之申也、右之四か寺之ひらかれ候後、○惣之持庵衆出頭也、持せハ何も茶也、そう《（奏）》者時之そう者也、とうふのすひ物出候て、御しやくニて御酒有、さかつき初ハしゆつせ次第也、

一、五日ニ遙堪之御百姓衆ひねり米ニて罷出也、両公文ハたる一く《（具）》あて、又阿式之神主たる一く《（具）》、出家衆ハ茶、右両公文・神主・出家衆ニハとうふ之すひ物出候て、一通さけ過、わうはんちやわん出候て、御しやくニて次第〳〵に酒たへ候也、後御百姓一声にあぐいをうちかへる也、○たけし《（武志）》の御百姓ハ米一升あてもちてまいる也、

一、六日ニ鷺之御百姓衆出頭也、もたせハあわひ《（鮑）》三十、のり一おしき《（折敷）》、かしかめ一おしき、ひねりとび、又本願ハ樽一く可有、御しやくニて御酒過、舟うたをうたひ候也、○又北島村御百姓衆ひねりとひにて出仕申、公文ハ樽一く、役人ハかふ《（薫）》一そく、出家衆ハちや、御しやくニて御酒過、あぐいをうち候てかへる也、（紙継目）

一、七日ニ朝山村・鷺分之御百姓ゆわう賀田五十疋あて持参申也、すひ物出御しやくニて御酒在也、

一、十一日ニ飛馬之連歌在之、但いな岡、竹下、佐草、三人してとう仕也、

一、十八日広島御そう子さま之御祈念連歌百いん在也、

一、十九日おもて中間皆々出候て、御庭門之外迄さうし仕也、

一、廿日ニ天下御祈念之御経在之《ニハかく》ゑん《（鰐淵）》寺ゟ僧衆上下九人被参候、其時御親類衆皆々すわうはかまニて被出、先一礼在之、○さて茶之子はち出候て、御茶なとかしらく〳〵へ参候、○座はい之時佐草被出、御親類衆一次

第ニなをし申也《候也》、先御火さまのさかつき出、後ニなミのさかつき出し候、御火さま之《へ》三こん、すわり、惣人も一こふ《(昆布)》・か■■《ちく》りをめゝがくニをき、あしつき《け》にすへ出、二さうにあしつけにすへ、さきにくろまめとこ《(牛》はう《蒡)》とちう〱にすへ出、三ニとうふのすひ物へきにすへ出、惣別右■《三》こんのあひ也、しやく・くわへ共にすわうはかま也、四ニかわらけニゆでいもをすへ《入あ》しつけにすへ、さきのくミ物ニ、かミニ若和布手本ニけつりもち、何もめゝがくニかいしき《(掻敷)》を仕すへ候也、五ニせりやき《(芹焼)》かわらけに入へきにすへ出、六ニこゞね二遍あて、かわらけに入、へきすへ出也、七ニ一つほし、但むらさき大こん《(根)》六かくもり、其以後くきやう《(供饗)》の物共出、又二つほし《(星)》出す、又をり《(折)》を出す也、此折ハ御親類衆一人・被官衆一人、両人■■《くミ》にしてをの〱番替也、御はやし共過候てがくゑん寺衆法印、御火様の御しやくにまいられ、だいしゆまひ候てひらかれ候なり、惣（紙継目）別右之ほしの物くきやうなとを候て、四か寺之僧衆被出こしらへ候役也、又右之七こんのこしらへハ六人の役人之役也、

一、廿五日ニ連歌、とのさまゟさせられ候、其時御月次之衆くちをとり、毎月の連歌在之、

二月

一、朔日ニ御家来衆被寄候時、とのさま御しやうそくにてうちとの《(内殿)》へ御参候、右之御家中衆御供也、御下向之時召、わうはん在之、各之持せ鈴也、又大庭之秋上其外被官も罷被出也、持せハ時々ニよる也、又常ちやう《(潮》をん《音)》寺ゟも名代参候也、持せハ米也、さて次第ニなをり候時、とのさまへこふ・くり・かきくきやう《(供饗)》ニすへ出、又もちも出也、其後各へもまめのこのもち二つあてかわらけニ入あしつけニすへ出す、さけ一通参候て下座してすうはんちやわん出、とのさまの御しやくニて各御酒御のませ、とのさまの御さかつき出候て、秋上御しやくに被参候、又右之さかつき初も秋上仕也、

三月

一、三日ニ三月会二番郷《(饗)》かりのミや《(仮宮)》のとうねり《(頭練)》過候て、宿ゟとのさまへ御案内ある時、神前へ御まいりニて候、

かくゑん（鰐淵）寺ゟのま■（御名代）参られ候て、御供参候、のつと（祝詞）ハなし、さて長らう（廊）へ御下候てのつと御座候、其後さかつき出、きやうせん（饗膳）すハり、さかつきはしめ御ひ（火）んさま（様）也、さて御名代へ参候三へん過候て、式三番在之、其後しゝ舞・やふさめ候て、御神前へ御まいり、御供のかけはん（懸盤）あけ申候也、

一、四月八日かうじの祭有、かうじ（麹）田を作候者ゟにこり（紙継目）さけたが一つゐにいれ出候、さかなハかすなます、かわらけにいれ、へぎにすへ候、長郎（廊）へ御近習衆ミな〳〵御出候て御さけ有、そのさけあまり候をは、役人太郎右衛門とる也、

一、五月四日ニ宮の六人之役人内四人して、まこもしび（真菰）出候、まき（粽）を何程御ゆわせ候とも、入次第出申候、又役人太郎右衛門ハ御火所のまきのちがや（茅草）としびといたし申候、まきのゆひ手ハおもて被官しゆ・御近習衆也、くさのそろへ手ハ右之六人之役人共也、まきゆひすめ候て、つくねめし（捏飯）をさかなに出し候てさけをたべひらき候なり、

一、五月五日御家来衆出頭有、持せハいつれもすゝ（鈴）也、又人ニヨリ樽肴出す人も有、座はい有而後、まきを二つと又山のいも二、へぎ・しほ（塩）あしうちにすへ出すなり、さけハ一へんとをる也、

一、六月廿八日すゝミとの（涼殿）■くわんきよ（還御）の祭、柳の枝にへい（幣）を付、御火さまと別火とのと御のつと有、御とものしゆ（衆）にさけ一通まいり候、さけハとのさまゟ二具出申候、御下向之時柳のへい（幣）御持候、別火とのさきに立せ御帰候、御そくたい（束帯）也、御くつを御めし候、御下向之時、御神前の井の本にて、御のつと有て、又かとま（門客）らうと（人）のわき、いがき（斎垣）のそはに御立候て御をこなひ在之、国造殿ハ御神ノ左ニ御座候、彼柳の枝の御へい、両かとまらうとにおさめ置候、源十郎へ渡方、米三升三合宮升也、かわらけ十二、かミ一条（帖）、祭田抱ヨリ出也、

一、七月四日ニ身にけ（逃）さうし（掃除）在之、おもてひくわん（被官）衆・御近習しゆ御より候、水にてしきい（敷居）ゑん（縁）なし、あらひ候、水のくミて、あかつか村ゟ出候、さうしすミ候て皆々

にめしさけ在之、又夜ニ入候て御身にけ候、宿ハこん
大夫、御しやうそくハ御うらうち也、（紙継目）御こしにめし、
かりの宮通御下候也、
一八月一日ニ御うちとのヘ御参候、御ねんく《（年貢）》のはつほ《（初穂）》、
ミやへまいり候、御家来しゆ御供申、下向候てわうは
ん在之、とのさまへ御さかつき出候、各へもまめのこ
のもち二つあて、かわらけに入、あしうちニすへ出、
さけ一通まいり候、但五社の宮のはん仕候ものゟまめ
のこのもち百出候也、又神前のかんきん《（看経）》の所のこも《（薦）》か
わり候、宮役人役也、但しで《（紙垂）》ニかミ一条《（帖）》出候、
一九月九日わうはん在之、御親類衆すわうにて御出候、
各持せ披露候てあつきめし《（小豆飯）》すハり候、さけ一通まいり
候て御ひらき候なり、
一十月十一日別式《（別火祐吉）》とのゟあらひ《（洗）》御供参候、同十一日のば
んに宮のかこひをさせ七日御籠候、上官衆も御籠候、
一同十五日もろ《（諸）》御供とのゟ、
一十一月一日ニしんしやうゑ《（新嘗会）》の御供之ふれ在之、同日ニ
しんしやうゑのきぐ《（器具）》のちうもん《（注文）》候て、あつらへ候也、

新物参ハ霜月中のう《（卯）》の日にて候間、うし《（丑）》の日ニ御立候
なり、うの日ハ御留守ニて御連歌一折在之、御連衆ノ
妗とき《（斎）》はかりナリ、同日ノ夜御家中より候《（寄）》てあつきか《（小豆）》
ゆ《（粥）》アリ、御はやしもアリ、
一十二月十三日ゟ一七日御社籠なり、上官衆もこもられ
候也、但夜計の御こもり也、廿日ニ御下向候、しやう《（精）》
じ《進）》ほとき御土居にて在之、
一同廿日ニようかん《（遙堪）》衆北島諸村のせち《（節）》料木《（マヽ）》を立、その
まゝ正月の米なて《（撫）》候也、其外惣のせち料木も立る也、
一同廿日ニ太郎右衛門門松をむかへ米一升とり候、
一同廿一日北しま村衆米なて候也、
一同廿七日ニようかん・北島村・武志村よりかぶ・たい（紙継目）
こん一人別一そくあて立候なり、又北島村よりいもか
しら五十、又ようかん《（遙堪）》よりごはう《（牛蒡）》十五は《（把）》調候なり、
一同廿七日二《の》宵ニ宮の井のまつり在之、別火との先ヘ被
参、国造さまも御そくたいにて御こしにめし御出候、
井の本の西ニたゝミ《（畳）》一条しき、しよく《（燭）》をゝき、うへに
さかき《（榊）》ををき候、先いの本にて別火との井のはたにか

わらけを二所に一かさねあてをき、中へ米を少入、御
酒をまいらせ、のつと（祝詞）まいらせられ候、さてさかきの
はにて三度御舞候、はやしてハちくさ（千種）、其後二郎右衛
門御へいをとり別火とのに渡す、又別火とのの（マヽ）とのさ
まへ御へいを渡、又別火とのも御へいをもち、同前に
御のつと過、井のはたのかわらけ二かさねをさかつき
に候て、御とものしゆミな〳〵御酒たへ候也、○その
まゝすくに長郎（廊）へとのさま御参候、たゝミ（畳）一条しき、
御まへにしよく（燭）をすへ、うへにきやうせん（饗膳）二せんに杉（紙継目）
もりめし、但白つき也、きやうせんのまハりにいか
一まい、たいこん一ほんをき候、又しよくのはたにハ、
いぬのしこもち八十まいすわり候、先明神へ御むき候
て、御へいを御もち御のつと（祝詞）在之、又□井の本のこと
くさか木のはにて三度御舞候、御とものゝ衆もさゆう（左右）あ
り、こもをしき、なをり候、さてさかつき出候、但（紙継目）
さゆうへ二つ出候、さかなはいものこ三つゆで候て、
かミにかすさい、手もとにたいこん（大根）なます（膾）、中にまめ
いつれもかわらけに入、おしきにすへ出候、先御しゆ
かめのさかけ（マヽ）一へんまいらせ候、又にごりさけを二へ
んまいらせ候也、惣別にごりさけを候て太郎右衛門請
取、六人の役人に宮ます二升あて渡候也、右之つかわ
れ候ものハ六人しゆなり、

一同廿八日ニ神主、御かまの前にてけど（解除）よミニ米壱升わ
たすなり、

一□（紙継目）

一同廿八日ニもち御つかせ候、廿七日之晩よりやたまい
り候て、こしき（甑）なとのこしらへ仕候、鳥うたい候へは、
うむし申なり、もちつきハ六人の役人也、夕めし三合
はかり出候、但其内こしきを立候ものハ朝夕ニ六合渡
り候、

一同廿九日ニ六役人の役人まいり、おもてうらのさうじ仕
候なり、○同日ニようかん北しまらのうち夫二人まいり
候也、

一大晦日の宵ニ御かま神事かわらけわり在之、別火との（紙継目）
しらはり（白張）しやうそくにて被参候、二郎右衛門も参候、
太郎右衛門ハ御しゆかめ（酒甕）を持参候、御しゆかめのさけ

つくる事二郎右衛門なり、とのさまより米を壱斗弐升
うけとり、三日まへにつくる也、御かまの神事の事先
御かまのまへにたゝミを二てう、又わきに庭むしろを
二まいしき候、さて御かまのうへ三所にかミ一かさね
あてをき、其上にかわらけををき、米をまいらせ候て
へい(幣)をは(剝)き候事のつと在之、惣別へいはぐ事、別火との役にて候
へとも、近年ハ二郎右衛門はき候也、右御かまのうへ
にをき候、米一升ハ別火との請とり但中白也、此米太郎右衛門とる也、又御しゆかめ持
参候、太郎右衛門も米壱升請取也、さて御さけ参候事、
先御かまのうへのかわらけにて、御しゆかめのさけ一別火殿さけそめ候てかわらけわられ候通、又こふ・くりすわり候てよきさけ一通、又いもの
すい物ニかミにまめ手もとにたいこんなますをりに入、
あし付にすへ出候て、さけ一通、以上三へん、右のよ
きさけも、とのより一具出候也、
一、同大晦日ニ太郎右衛門御火所のさうじ仕候、とのゟ
ゆかたひら(湯帷子)・はた帯御出候、近年ハその方に米壱斗あ
てわたし候也、○又御火所の御まいりのばん仕候もの
にゆかたひら・はだのをひ(帯)出候也、○又同日ニたゝミ
をしき、うへ御座敷番帳をかき候也、御歳おとこ二人
御とし近く御かさり候也、

以上

けい長三年ニしるしをき候なり、

稲岡与三兵衛尉孝忠（花押）

「(奥書)一、御こしかき、宵ハあかつか(赤塚)、大とち《カリノミヤ》より、朝御帰
之時ハかりの大土地宮・中の村より御宿へ用意ニ樽三具、
もち、うり共
一、かんやさい北島ヨリ一人別うり二つ なすひ十 ねいも十は ゆうかう一つ さけ二十は
ようかんヨリゆうかう一つ、うり二つ、なすひ
十は、さけ十、ねいも十は」

【慶長四年（一五九九）】

この頃 毛利氏から代々神魂社に寄進された内容が年代記として記される。その中に、鰐淵寺僧が度々毛利氏の名代を勤めたことが見える。

二五三 武家御寄進年代記断簡（秋上家文書）

元就(毛利)様□巳御歳、
一、千疋御神楽、隆元様、毛利備中守殿也、
一、銀子三枚、両社為御清め之御渡候、御奉行衆桂左衛門
大夫殿・井上四郎兵衛殿より参、
御使者竹内平兵衛殿・内藤弥二郎殿、
北島殿神事所土居屋作道具代之事、富永山城守殿、
元就様へ御申候而、代被下候、
永禄八年拾二月十九日
島ねあらわゐの御陣より、神魂へ御神馬一疋、青毛、
従輝(毛利)元様癸丑御歳、十二月十九日元真(粟屋)御奉書給、御馬
屋奉行児玉四郎右衛門殿承(マヽ)より、御中間三人、御馬
屋の又右衛門、
永禄八十(年脱カ)二月廿三日
神魂へ御神楽銭三百疋、従元就様参、井上四郎兵へ
殿御奉書被下、
永禄九年正月五日
神魂へ三百疋礼剣、元就様ヨリ参候、ひのとのみの
御歳、御使者井上孫右衛門殿、
正月十日神魂へ二百疋、自元(吉川)春様、
正月十一日伊弉諾へ五百疋、自輝元様
正月十一日神魂へ五百疋、一腰、同殿様ゟ粟屋殿ゟ御
使まいり候、粟屋掃部助殿事也、
永禄十年正月十日
従元就様十二貫神魂へ参、十二貫伊弉諾へ参、御神
楽参候、御名代願力坊《佐陀ノ》、
同二月十三日丙申ノ日
六貫文両社へ御神楽参候、御名代井上坊《鰐渕寺》、
二月十八日二百疋輝元様之御内と候て、両社へ参銭参、
酉之歳と被申、御使十郎左衛門と申人、
永禄十三年三月三日
元秋(毛利)様ゟ神魂へ御神馬一疋、さゝ波蘆毛、御使者三宅殿、
壱貫二百文蓙銭、
永禄十三年
従輝元様御神馬一疋蘆毛、伊弉諾へ参、
永禄十三(年脱カ)三月廿四日
粟屋蔵丞元種・児玉三郎右衛門元良両御奉行書有、

忌部の御陳（陣、下同ジ）ゟ参、
永禄十三年十二月十一日
伊弉諾へ御願書社納、御造営可被仰付旨、元春様御判、元資様御判、銀子一つ参、卅目以上、御馬太刀代也、神主請取也、
元亀二年八月廿五日
尼子孫四郎勝久、島ねの新城ゟ没落候、御対（退）治被召為御祝儀、神魂へ御神馬一疋蘆毛、莝銭一貫二百文、元秋様ゟ参、小田蔵丞殿・二宮殿取次、
元亀三年六月廿六日
芸州ゟ伊弉冉、御神馬一疋鹿毛、幷御神楽銭三百疋、輝元様ゟ、元亀三年六月（マヽ）廿六日児玉三郎右衛門元良、
元亀四年十月廿日
元春様因州篠尾御陳へ御出張之時、廿貫両社へ御進納候、御名代富田御城之永福寺御持参候、御奉書天徳庵・井上助三郎殿より、
一、天正二年正月二日
因州さゝ（篠尾）を御陳より御帰陳之時、とたに（富田、下同ジ）て御越年候て、両社へ御参詣候、元春様神魂へ三百疋、御太刀一腰、京太刀、
一、三百疋、伊弉諾へ従元春様、
天正三年四月十三日
四貫八百文、御両社へ従元春様参候、元春様御父子よりまいる、御名代良言・龍門寺、
天正五年八月廿二日
神魂へ一貫文、元棟（仁保）様ゟ、御名代山県孫左衛門殿、其下代栗栖殿被参候、
天正六年三月二日
両社へ従元春様二貫四百文、作州（後筆）「播」（播）上月へ御出張之時、御名代天徳庵被参候、
同三月十日
神魂へ神楽、一貫二百文、従元棟様、御名代岸孫兵へ、
三月十八日
二百疋元棟様之上様ゟ両社へ御進上候、酉ノとし之由候、御名代万福寺也、森山住居、

五月六日
百疋元春様より、幡州上月御陣ゟ為御祈念、神魂へ
和多坊より取次代僧参、
一、九月十七日ニ、
三百疋、御太刀一腰、自元棟様より参、大庭へ御進
上候、御名代山県孫左衛門殿、右之旨趣者、今度幡
州上月城御取詰候て、被任御本意、御祝儀として参
候由候、
天正七年八月十八日
元棟様ゟ秋上三郎右衛門分御欠所ニ付而、大庭へ検
使井上与三左衛門尉殿・山県孫左衛門尉殿・栗栖殿
御入部始之事、八月十九日壬辰之日御張付、田地見
せさせられ候、
神魂へ御神楽一つ参、一貫二百文、元棟様丙辰ノ御歳御祈念、
御両奉行衆ゟも御神楽参、
天正八年庚辰八月十日
伯州羽衣石表へ御出張之時、元春様より参物引付、
一、御太刀一腰、御神馬代銀子、伊弉諾大明神へ、
一、御太刀一腰、御馬代銀子、いさなみへ参候、御名
代願成寺弟子御参也
天正九年辛巳二月晦日甲子
伯州御棟より御中もとり之時、元春様御社参次第、
一、御太刀一腰、御神馬代銀子、伊弉諾へ御進納、
一、御太刀一腰、御馬代銀子、神魂へ、
一、御腰物一つ、銘鎌倉か、一尺八寸、つは赤銅、
はゝき銀、せつは金焼付、目抜赤銅、紋燕、さけ
を紅、
右如此御進納之旨趣ハ、元棟様息災延命の為御祈念、
元春様の御社参之時、御さし候御こし物御社入也、
元春様杵〈直〉築へ御社参候て、芸州へ御下候、伯州南条
か城にハ、八方ニ相城被仰付、至八橋ニ元長様御陣
候て、諸国衆各々被致祇候候、元春様ハ吉田へ御内
談と候て、そと御下之時御社参也、
天正九年十月三日
輝元様至富田城ニ御着陣候、御出張為御祈念、十一
月三日神魂へ御神楽被仰付、御名代鰐渕寺之竹本坊

同宿参詣也、御奉書ハ二宮太郎右衛門尉殿ゟ在(マヽ)神主
殿へと有、輝元様癸丑御歳也、
天正十一年癸未年(マヽ)二月廿二日乙亥ノ日
神魂社天火にて御ゑんしやう(炎上)に付而、芸州吉田より
御使者候、こいの孫二郎殿神魂へ、三月六日ニ御神
楽、　輝元様ゟ被進候、御名代鰐渕寺和多坊ゟ竹尾
坊被参候、神楽銭持参也、三月廿一日神魂前為御清
めと、元春様より御湯立被進之候、御名代多陀寺御
参詣候、入目等両代官山縣太郎右衛門尉殿、中村太郎左衛門尉殿、より御渡候、
天正十三年乙酉神魂御供田
　以上、
元春様御せんさく候て、御寄進御判進納、取次桂与
三兵衛殿、
天正十六年丁亥、吉川蔵人佐広家様御上洛之時、於京都
ニ御夢想被御覧せ候、於新庄御土居ニ、百韻御成就
候、
　水鳥も冬田の原のやとりかな
此御懐紙、

天正十七年二月廿八日丙午
神魂へ御社納候、為御祝儀百疋社納、御名代浄音寺
被参、
天正十七年三月十九日丙寅之日
神魂太(大、下同ジ)社へ一貫二百文、文吉(マヽ)広家様御神楽被参せ候、
御名代新庄之普明寺西田、米原、両人御参、
右御祈念旨趣者、今月十日
天正十八年庚寅二月十日
関白殿(豊臣秀吉)関東北条殿為対(退)治、御進発付而、毛利輝元御
合力ニ御出張候砌、吉川蔵人広家様御出張之為御祝
儀、神魂へ御太刀代三百疋清銭御進納候御書有之、
御代官西田善兵衛殿、米原与一兵へ殿、より代持参候、御書ハ友庵ヲ
以被下也、
天正十八年六月
関東北条殿城小田原を御取詰候時、御陣より吉川広
家様、為御祈禱御太刀代、神魂太社へ百疋御進納候、
六月九日御名代願成寺参詣、代官西田善兵衛殿社参
也、

天正十八年庚寅十月廿一日庚寅日
吉川広家様、神魂へ御湯立、
一、釜有、
一、米大俵一俵、代一貫二百文、御公用銭、
一、薪、人足、百性（マヽ）等出、
御名代山伏とつ（登津）越中守殿まいる、
天正十九年三月廿日
吉川蔵人佐広家様ゟ神魂御湯立神楽被仰付候、代一貫二百文、米二荷、右湯立調申候、御名代佐々木源兵へ殿御参候、御供《トモ》米原与一兵へ殿、西田善兵へ殿、
（コノ間脱アルカ）
一、同日於神前、二夜三日供養法させられ候、浄音寺へ十俵妳かたニ御渡候、御上様御産之御祈禱ニ宇喜多殿御参、
天正十九年六月十八日壬子中段取ノ日、富田御城吉川広家さま御請取候、為御祝儀同六月廿一日乙卯日伊弉諾・伊弉冊江御神楽参、二貫四百文清銭参、佐々木源兵へ殿御奉書左衛門尉殿へと給候、御名代山伏登津越中殿参、杵築へも同御名代今日直ニ被参候、
天正十九年辛卯八月十八日辛亥
吉川広家様富田御入城、為御祈念、神魂へ御名代参、
一、御太刀一腰、金覆輪、京太刀、
一、三百疋清銭被参候、
御名代吉川孫右衛門殿御参、□□御書有之、
広家様被仰付、奉行綿貫宗右衛門殿・二宮孫右衛門殿、普請衆白潟之者追立、大庭之者追立、五月十一日ゟ十六日迄ニ相調、同十八日庚寅之日、御社内為御清御湯立させられ候、三貫文とたゟ参候、米壱石白かた（潟）ゟ御渡候、
天正廿年壬辰二月廿三日
唐渡之御出張、御門出ニ神魂へ清銭三百疋、一腰被参せ候、御名代長寿寺、
天正廿一年ニ年号替、

文禄二年癸巳之年七月十八日庚午ノ日
神魂御宝前へ広家様為御武運長久儀与、鉄灯炉一灯
御寄進也、御取次小井上喜兵へ殿、
（前後也、）○文禄元壬辰年二月廿六日
高麗国へ日本諸大名御切渡同前出張候て、直御対治
之和平調、当年文禄二年癸巳年（マヽ）閏九月十七日ニ御帰朝、
とた御城へ御帰朝候、為御祝儀、いさなき・いさな
み先御案内と候て、御太刀代二百疋広家さまゟ御名
代今田上野守殿、後九月廿日庚子ノ日御参詣候、
文禄二年癸巳六月之御日付ニて、自高麗も広家様御書有、
神魂太社へ為御祈念、三百疋清銭御進納候、八月十
八日庚子ノ日、当社参着候、御名代当岩倉寺御参、
本ノ普明寺、
文禄二年七月廿三日乙亥日
広家様辛酉之御歳、為御祈念、神魂へ百疋御進上、
御名代願成寺御参、
文禄二年九月朔日
神魂太社へ社納具足・鎧一両・甲一・装束揃之、石
川太郎兵衛殿、丙寅とし、武運長久為御祈念、御祝
儀社納也、使僧円通寺、又悴者参也、
文禄二年九月十九日
神魂太社へ、辛酉歳広家様為御祈念、御神馬一疋、
栗毛、山縣九左衛門殿、自分ニ御宝前被立進之候、
名代乾徳寺参詣被申也、
吉川侍従広家様、高麗国へ御出張候て、御帰朝之為
御祝儀、両社御参詣候日之事、
（此間書上［　］）文禄二年癸巳
吉川侍従広家様（コノ一行衍ナルベシ）、高麗国へ御出張候而、御帰朝之為
御祝儀、御社参之事、
文禄二年癸巳十月七日丁巳ノ日
両社御参詣也、先神魂へ御参、
一伊弉諾へ百疋御内殿へ参、二百疋御湯立参、代官中
村与右衛門殿御渡、
文禄三年甲午歳三（マヽ）月廿六日乙巳日、吉川出雲之侍従広家
様、高麗国へ御出張之時、

三月廿六日　　　御神楽参、
伊弉諾　　　御参詣候、
伊弉冉へ　　　御社参候、
百疋　　　御内殿へ、
百疋　　　御神楽銭
文禄三年九月十三日戊子ノ日
吉川広家様御母儀大方様、己丑之御歳、庚寅之御歳
五歳、にて、御□子様才熊丸殿様御参詣被成候、於
神魂社三百疋御神楽銭、

此請取左衛門尉出之、
一、神魂へ御腰物一つ御進上、寸二尺一寸、はゝき金、
めぬき・かうかひ、金龍之ほり物也、小刀つか金、
以上、
百疋内殿へ参、二百疋御湯立、清、中村与与右衛
門殿渡給候、彼方へ請取書左衛門尉出之、
文禄五年五月廿一日
神魂へ殿様、益田之御上様、丁丑之御歳為御祈念候、
百疋御進納、御名代願成寺御弟子けんほ御参、
文禄五年六月十三日己酉之日
神魂太社へ参物之事、吉川広家様、
一、御腰物一尺八寸、銘ハ出羽作、
一、はゝき銀
一、つはゑんふ・みかき
一、めぬき・かうかひ赤銅
一、さけをおり色黒
一、こかたなともつか
一、御馬一疋、鹿毛糟毛、
蓙銭一貫二百文
一、御神楽銭一貫二百文
以上、
御名代佐々木九兵衛殿御参、
文禄五年十二月十九日節分
銀子十五匁、辛酉御歳神魂へ御進上、桂左馬助殿ゟ、
同御神へなみ銭千疋、酉御歳大晦日御進上、慶意捧（マヽ）

書当年元日ニ参着候、

慶長二年丁酉正月十八日

銀子廿五匁、神魂へ辛酉御歳様ゟ御進上、御名代

願成寺弟子経言、

慶長二年六月十一日

広家様神魂御社参候様引付

一、御太刀一腰遣太刀也、

一、御馬代卅貫並銭也、

一、御神楽銭三貫文

一、御湯立釜一つ立、

十貫文、以上、

御湯立、御神楽、

慶長二年十一月廿五日

自富田為御祈念、神魂へ御神馬一疋栗毛、蓙銭一貫

二百文、井上喜兵へ殿ゟ参、

十二月廿三日百疋御歳暮、広家様より、御名代、

慶長三年正月十八日

二百疋、御両社へ、為年頭之儀、被進上候、

御名代善理、

慶長三年戊戌七月廿二日

為大閤様御祈念、従広家様神魂太社へ御供、御神馬

御進上候、御名代山伏宝泉坊御参、但御神馬青毛、

一廉之名馬也、御馬引御中間三人、御名代小者二人、

人夫二人、てん馬宿神主左衛門所也、

慶長三年戊戌八月四日ニ、

神魂太社へ広家様より高麗之鏡御社納有、御名代円

智法印承にて、大山之実相坊社参也、御参銭参、御

祈念神主申、宿も神主所也、

慶長三年戊戌十一月十八日ニ、

神魂へ御大方様・広家様為御祈念、代廿貫文御進納

候、御名代全林坊・桂左之御奉書有之、

（抹消された一行あり）

慶長四年己亥正月十日ニ、

神魂へ三貫、伊弉諾へ三貫文、桂左馬助殿より御進

納候、御名代ハ中村新兵へ殿也、神主左衛門尉御祈

念申也、

慶長四年己亥正月十四日ニ、
いさなき・いさなみへ、広家様より為御祈念、代六貫文御進納候、御名代全林坊、神主左衛門尉御祈念申也、

慶長四年己亥正月十六日ニ、
神魂へ助長之刀、寸弐尺七寸也、癸酉歳山縣衛門尉殿、為祈念御籠候、使ハ小林二介殿と申仁也、案内者ハ秋上権兵へ也、神主左衛門尉請取候而祈念申也、

慶長四年三月四日ニ、
従広家様御祈念ニ、銀三文目両社へ御進納候、御名代全林坊、

慶長二（四）年五月廿四日
栗屋彦右衛門殿為御祈念、神馬栗毛、参也、

○本文書は年月日未詳の断簡であるが、仮にここに収める。

【年未詳】

二月一六日　児玉元良、三月会の入目を別火方に渡すようにとのこと了解した、また名代は鰐淵寺に命じられたので、そちらに連絡するようにと伝える。

二五四　児玉元良書状（折紙、別火家文書）

三月会御神事御入目之儀、別火方江可被相渡之由蒙仰候、如毎年之被仰付候様別火方へ申候、仍御名代之儀鰐渕寺被仰遣候条、可被差□□（下候）、恐惶謹言、

児玉三郎右衛門尉
元良（花押）

□（二）月十六日
□（千）家殿
貴報

二月一六日　大社別火貞吉、三月会の名代鰐淵寺に与えられる奉書は、この文書を持参した者に下してほしいと毛利氏の奉行人に伝える。

二五五　別火貞吉申状（別火家文書）

覚

一、三月会御名代鰐渕寺へ可被仰出之御奉書、此者ニ可被下之事、
一、三月会入目等代五拾貫文米三拾俵也、
一、御供入目之事、代三拾貫文米廿五俵也、右之三月会

之入目計にて難相調ニ付而、御供御加候也、
右之米銭当所へ被成御持せ候様可被仰出候也、

大社別火
貞吉（花押）

二月十六日

国司右京亮殿
児玉三郎右衛門尉殿

三月　正法寺春盛、杵築神前における毎年二一座の供養の修法を鰐淵寺竹本坊に要請する。

二五六　正法寺春盛書状（鰐淵寺旧蔵文書）　△鰐淵寺三八八

（封紙ウハ書）
「元兼参　春盛
人々御中　」

於杵築御神前御祈念事、毎月廿壱ケ座宛之御供養仕、可然御座候処、其方行（竹カ）本坊、可被修法候、委細可申入候、万々（マヽ）思召借楽人（マヽ）能立候而、朝昏御状可申候、恐々謹言、

三月　日　春盛（花押）

四月一一日　鰐淵寺和多坊の栄哉、杵築社三月会の名代を命じられたが、佐草氏が吉日を定め執行しようとしたところ、北島氏から異議が出され執行できないのは勿体ないことだと国司元蔵に伝える。

二五七　和多坊栄哉書状（折紙、佐草家文書）

態得御意候、杵築三月会御名代被仰付候、佐草方吉日相定可有執行之由候処、従北島殿御存分共候、互被差進候、上様御祈念与申、毎年不欠之神事候之処、無勿体候、於趣者従佐草所具可被得御意候之間、不能多筆候、恐惶謹言、

和多坊
栄哉（花押）

卯月十一日

国司助六（元蔵）殿

五月八日　杵築大社上官の長谷広佐、鰐淵寺年行事に、三日会の際の宿泊所となる里坊の場所について連絡が遅れているが、近々直接連絡すると伝える。

二五八　長谷広佐書状（折紙、鰐淵寺旧蔵文書・県図写真）

返々、右之通御入魂可忝存候、以上、

態得貴意候、里坊地之儀、方角付而、得御内意候処、以

御内談、可有御分別之様、被仰聞遣候、其以来、可申入
之処、御透を踉蹌延引之様、罷成候、其儀付而、又々得
御意候条、弥御入魂可忝之由、被申事候、何れも、追而
直ニ可被得御意候、尚御使者口上可申上候、恐惶謹言、
長谷壱岐守
広佐（花押）
五月八日
鰐渕寺
年行寺（事）
参　御同宿中

六月四日　佐世正勝、天王領は佐世元嘉の命に基づいて除知することを和多坊に伝える。

二五九　佐世正勝書状（鰐淵寺旧蔵文書）

△鰐淵寺三九三

是者御出被成、遂面上忝候、御逗留中に、雲見江見計之（廻カ）
由申候、仍天王領之儀支配ニハ、石州（佐世元嘉）任下知除知申、於
下向者可被仰理候、猶面拝之時可申候、恐惶謹言、
六月四日　正勝（花押）
（端裏切封ウハ書カ）
「正勝
（墨引）和多坊様　参」

七月一六日　元長、鰐淵寺が石見まで来て訴えたことは了解したと、和多坊に伝える。

二六〇　元長書状（鰐淵寺旧蔵文書・県図写真）

以上
御状、殊御樽、被懸□（御意候段）、御懇之儀候、仍鰐渕寺被
仰出候儀、石州ゟ被仰上候通、時分弥披露申候間、御分
別候条、可御心安候、吾等事も、晩明朝□（之間ニ被）出、重
畳期後音候、恐惶謹言、
七月十六日　元長（花押）
（封紙ウハ書）
「（墨引）和多坊　御返報　元長」

一〇月六日　毛利輝元、愛宕山での祈願の守り札などが和多坊から送られてきたことに謝意を表わす。

二六一　毛利輝元書状（鰐淵寺旧蔵文書・東京古典会・平成八年『古典籍下見展観大入札目録』）

為今度在陣祈念、被遂精誠、守札歴々送給候、大悦之至

候、殊於愛宕山別而御懇祈之札、是又頂戴満足候、次就
一宇造立、棟札持給之候、寔末代迄之名誉珍重候、随而
樽肴到来候、欽然候、猶大蓮房可有演説候、恐々謹言、
十月六日　　　輝元（花押）
和多坊　廻報

極月三日　岩倉寺真快、鰐淵寺井上坊に対し、毛利家奉行衆難渋につき、鍋鍬を入物注文に書き載せていただきたいと伝える。

二六二　岩倉寺真快書状（鰐淵寺旧蔵文書）　△鰐淵寺二七九

（切封ウハ書）
「（墨引）井上坊　　　真快
　　参　御返報　　岩□（倉カ）寺」

尚々、令申候、御越之方人、乍□□（慮外）、可然やうに御
心得奉憑候、返々、こともたゝさる儀候共、一書ニ
載候て可給候、以前給候日取、軈而遣候、諸事御用
段節々、可被仰聞候、不可有疎意候、已上、
対春盛（正法寺）御捻令拝見候、従貴寺御壱人御越候由、最可然存
候、雖不能申入候、被成御相談、可入物注文、一書以可
蒙仰候、昨日如申入候、万々繁多事候条、節々申渡候へ
者、奉行衆難渋候之条、内義申入事候、御分別専要候、
鍋鍬之儀も、一書ニ被作載候て可給候、軈而可申渡候、
猶御文申入候条、不能巨細候、恐々謹言、
極月三日　　　真快（花押）

月日未詳　毛利氏一族について、注釈が加えられる。

二六三　毛利名書（鰐淵寺旧蔵文書）　△鰐淵寺三七九

毛利元就、　戒名ハ洞春、
一男隆元、　但大内殿家ヲ継也、
二男元春、　吉川之家を継也、但駿河守と申也、
三男隆景、　早川《コハヤカワ》家ヲ継也、
四男左衛門尉、　是ハ毛利宰相殿御親父也、
五男元秋、
六男元安（康）、
隆元御子輝元、　毛利之家を継也、
天野隆重、　是ハ国衆、
元春之子也、二男也、
広家、　是ハ国衆、

元春之一男也、
元長、　国衆、

月日未詳　神魂社の覚書に、天文～永禄年間頃の神魂社をめぐる情勢が記され、その中に和多坊が見える。

二六四　神魂社関係記録断簡（秋上家文書）

欠所候て、三庄ニ被出候、三庄伊賀守所より近年買得候、然ニ天文十九年ニ大水出候、其時竹矢井て石砂流埋候、竹矢ハ尼子殿御公領にて候、代官ハ福頼殿、其下代官はかと申者けんもんにて、彼まこも池之田之北のはしを、井手みそにほり候、それに付而公事候て、彼まこも池の田をハ竹矢へ渡、まこも池年貢を毎年十俵竹矢より立候、趣者大草より井手かゝり候田地、竹屋分一反ニ一升宛役人取立候て、十俵分浄音寺へさた候、右の田地も、亀井殿へ秋上よりうり候田也、竹矢之内神田ニ候、悉一反別一升宛太儀（マヽ）にて候、本井手床ニ井手上候ハヽ、竹屋井手料ハ成間敷候、本のミそ所有之、

一、天文二年ニ立申候六所御宮ハ、天文十一年壬寅歳大内殿当国へ御入候其乱ニ、宮破滅候、驪而天文十二年癸卯（紙継目）五月七日ニ大内殿没落候、其後数十年奉行候て、半納被納候へ共、つゐに宮不立候、数年之公用算用之さたなく候、

一、竹屋食免抱分一町四反之内七反、貫目壱貫八百尻、彼半納之かたへ数年渡候、此田地宮へ半納立候、田之なミハ入間敷候、半納田ニ別火分より立候上者、ミな年貢ハ宮へ可成儀候、半納と被申ふしん成事候、別火分よりハ半納分ニ七反立置候、さ候間、此方ハ隙明候、自然此方分へ重而半納のさた被申候ハヽ、上食免■（北）のはし五反、下食免二反を別火分へ取返し候へく候、

一、天文二年よりはしめて奉行ニ成候て、往古より奉行のやうに申なし、表裏はかり被成申候、

一、芸州代ニも社奉行にハ不被仰出候、和多坊へこそ被仰付候へ共、秋上庵介芸州へ永禄十三年から馳走申（紙継目）忠儀（義、下同じ）仕候、其時武略之使浄音寺泰尊被仕候ニ付而、知行無相違候、和多坊分をハミな六所分にて候間、秋上三

郎衛門ニ元就給候、
一、下代ニも六所奉行をハ、上儀にハなく候て、さいはん
候、
一、宝厳寺之事、是もさいのもとのあん所分田地、彼寺へ
買得候て知行候、自然ちやうちん役之出入之時ハ出銭
有、宝厳寺も数年安国寺へ被抱候、安国寺々中寿光院
の栄林蔵主被抱候か、大内殿当国被入候乱ニ、安国寺
彼坊主とた（富田）へ不入候て、地下なミに被居候、浄音寺恵
尊・栄孝・栄成・栄忠・栄儀、彼是引つれ籠城を被仕
候、其忠儀ニ宝厳寺を取候て、宮役なとの時、事まき
れ候やうに被成申候、
一、六所節分祭田竹矢之内、ふくてん原のもとニ在、神官
安部宗衛門抱分□

車珍宝、以上諸色神主藤原朝臣給候先例也、
御帝御安全、公家・武家・民祈念、
帝　国土安穏　五穀豊饒ヲ可祈、

一、昔から社所務、先代社納物請取来、願書之状有、
一、毛利右馬頭大江ノ朝臣元就御一家様、藤原（吉川）元春様御
判・奉書数通有、各馬参、引付有之、御太刀・刀参、
一、毛利殿豊後国へ御取懸候、御当方陣手をくれ〳〵砌ヲ
見きり候て、秋上三郎衛門尉京へのほり、諸らう人を
引卒して尼子孫四郎勝久を為太（マヽ）将、但馬かいそくもよ
をして、せきおもてをし入候刻、左馬進出向、方々武
略仕、人質奉行仕威勢無双之人にて候つるか、（紙継目）毛利
衆被取出、於布部にて合戦候て、勝久島ねへくつれの
き候時、三郎衛門尉と庵介ハ島根へにけ候、浄音寺ハ
大庭にまきれい候て、毛利殿御方へ秋上庵介を取あつ
かい候て、御上官ニめされ、知行を被下候ハヽ、勝久
ニはらをきらせ候ハんと、秋三・浄音寺談合仕候て、
天野殿へ武略仕候、御返事ニハ、入衆早々打はたす調
略仕候ハヽ、秋上命をもきつかい有ましく候、然ハ親
子中へ知行のそミのことく、可被出之由御返事候へハ、
森山番城之よりかへり、毛利殿かたへ成候、秋三親子
ハ度々表裏者にて候間、御たすけあるましく候御内心

候て、御おくいを存候て、毛利殿様をたはかし申て、御味方申候ハん由候て、たすかり候、知行ハミな御欠所御判御遣し候之事ゆへ、すちめなき御判にて候間、庵介給・三郎衛門尉給、悉吉川元棟様へ御□

神前にて酒もへいちかた〳〵上候間、上官はかりのミそめ候、

一、きつき（杵築）よりまるたい廿五もたせ候由候つ、社人中へハへき共取合出候、

一、御かまの神事、去年北島方にて侍、神事つゝけられ候由候て、当年千家方にてつゝけられ候、是も三郎衛門事始破候、

一、廿一日きつきへ御帰候日、朝めしも秋三不仕、御火御一人も御もたせ候、米にてめし仕参候、御供の衆ハ乃木まて罷候て、宿をかり候て、召支度仕候ハん由、上田はたと存分申候へ共、みなの談合にハ、弥外聞悪候由候て、杵築より人夫持候、らうまいを借入被召、しほ汁にてしたゝめ仕候、

一、とたへの御支度候、礼銭もふり之代ニ引こし候て、きつきより礼銭巻数被進之候、

一、庵介へも同事、

一、ゆ屋へも人を遣候て、御公用さうさ仕候不成候、

一、新嘗会田公用入目さん用不申候、不被仰候、

此方の宮成共、護摩供養法共させられ候ハヽ、たんの上道具ハ行者可取、此方けいはうあるましく候、

一、当社主《ぬし》より、任先規、神前取行か不足にて、余人ニ祈念御頼候ハヽ、昔より法を於当所破事、出家之上ニハ不謂、

一、事ヲ被改御祈念候ハヽ、前之捻有、未開壇ニて公大仁祈念制戒之文、天下ニ無隠、此仁祈念作法、神主取行作法、検使申請知者之目ノ前神前にて尋申候ハて叶間敷候、御祈念被申候ハヽ、興深次第可存候、

一、御祈念申ニちんハ不入事候、浄音寺分・宝こん寺分・

龍雲寺分合九十三石前取候間、少々奉公候てもくるしからす、御祈念之ちん＝神馬ハあまり過候ハんか、本主＝定有[ ]

月日未詳　三月会神事の概略が書き上げられる。

二六五　三月会神事注文（佐草家文書）

三月会神事之趣

一御くう　付杉もりせき飯、
一御かくら
一神馬
一かりの宮こくう神楽
一しきさんはさ（マヽ）
一やふさめ　徳分妎被知
一しゝまい　徳分妎
一てやうのや神事妎
一おへいはきの神事妎　（付紙）「三月会入料
一おまへあて　書上
外ニ類アリ」
一鰐渕寺衆御下大はんにや此妎
一三百三十人《廿人》之社人酒飯妎
一国造徳分　一へつたう徳分

月日未詳　毛利輝元、毛利元康が直江八幡の問題に手をこまねいているとして、二宮就辰にその善後策を講じるよう命じる。

二六六　毛利輝元書状写（譜録・二宮太郎右衛門辰相）　△広島県史V32

彼是書状具披見候、一々尤候、
一夫つかひの事ニ付而、内々心遣之趣無与（余）儀候、其段少も無忘却候、存当候、申候へは疎候、又人の気ニさかい候間、自然人の申成なといかゝと心遣ハ一円不入候、そのちうハ不及申事候、令分別候、可心安候〳〵、
一夫未進所幷佐々部村（安芸国高田郡）夫事、此度不出候ハヽ、成間敷候条、ひたと人を遣付置、さいそく申付可然候、人から可思案候、此分よく候へく候、町事尤候、屋敷銭定め可然候、大林の事不役立候哉〳〵、何も以面可申談候、

一、元康(毛利)直江八幡の(事カ)不及是非候条、礒人をやり、此方可申付候哉、よく〳〵可思惟候〳〵、無曲事候、かしく、

(二宮就辰)二タ　　　てる

月日未詳　毛利輝元、二宮就辰に対し、直江に遣わす使者のことなどについて良く考え返事するよう命じる。

二六七　毛利輝元書状写（譜録・二宮太郎右衛門辰相）　△広島県史Ⅴ33

一、未進夫さいそく使、

一、佐々部之馬之事、

一、直江へ使、

一、吉見(正頼)殿国分へ昨日着候、一両日ニ爰元可為着候条、米百先可進候、此調いかゝ候ハんや之事、

一、佐在(東)草津之塩ハ爰元へも取寄候哉、いかゝ下より差上候哉、可尋遣事、

以上

右前思惟候而、可申越候、かしく、

(二宮就辰)二太　　　宿

月日未詳　杵築行用抄が筆写される。

二六八　行用抄〈杵築〉断簡（冊子、鰐淵寺文書）

（表紙）

行用抄杵築　　鰐渕寺本堂 御祈念所常住

法印栄哉□

本地供杵築大社

先前方便等如常　　次入堂

次懺悔偈等　　次礼拝

次着座　　次塗香　　次加持香水

南無帰命頂礼杵築大明神諸神眷属

次灑浄　　次加持供物　　次去垢

次清浄　　次光沢

次加持飲食

右手以大指ｰ捻中指甲ｰ弾指三反、左拳安腰

曩《ナ》莫《マ》薩《サル》縛《ハ》怛《タ》他《タ》誐《キヤ》多《タ》縛《ハ》路《ロ》枳《キ》帝《ティ》唵《ヲン》跛《ハ》羅《ラ》々々三《サン》婆《ハ》羅《ラ》々々々吽

次施甘露右手施無畏

曩《ナ》謨《マ》素《ソ》嚕《ロ》婆《ハ》耶《ヤ》怛《タ》他《、》蘖《キヤ》多《タ》耶《ヤ》他《タ》你《ニ》也《ヤ》他《タ》唵《ヲン》蘇《ソ》嚕《ロ》々々婆《ハ》羅《ラ》蘇《ソ》

嚕《ロ》々々々々莎呵
次一字心水輪観
前施無畏印滴テ供物ニ一掌中ニ観𑖪𑖽字一ヲ、従字一想流出スト甘露醍醐ノ乳水一ヲ
曩莫三曼多没駄南𑖪𑖽
次啓白神分等　次驚覚
次金剛輪印明　次発願
至心発願　唯願大日　西方弥陀　地蔵菩薩
垂迹慈悲　杵築大社　素盞烏尊　十羅刹女
王子諸神　部類眷属　外金剛部　後法天等
降臨道場　受此供養　哀愍摂受　護持仏子
息災延命　善願成就　寺中安穏　興隆仏法
国土安穏　五穀豊穣　諸人快楽　及以法界
平等利益
次五大願　次三部被甲　次地結
次金剛墻　次道場観定印
観想ヲ地結ノ上方界ノ内ニ有ニリ大ナル社一、表ニシ胎蔵界九尊一ヲ立ニツ九
柱一ヲ、是九品ノ浄場九識心王ノ大日也、大宮殿内外ノ荘厳
巍々蕩々タリ、其内ニ有ニリ厳麗宝閣一、々内ニ有ニリ𑖏《キヤ》𑖎《カ》𑖨《ラ》𑖪《ハ》
𑖀《ア》ノ五字一、々変メ成ニル五輪塔婆一ト、々々変メ成ニル大日・弥陀・
地蔵一ト、為レ度ニンカ濁世ノ衆生一ヲ、為三ニ降ニ伏センカ旌々ノ怨敵一ヲ、
三仏冥会メ現ニス𑖮𑖳𑖽字一ヲ、々反メ成ニ素盞烏尊一ト、天真自尒《ジニ》ノ妙
理ヲ名ニク神明一ト、明静本有ノ直体ヲ号ニス衆生一ト、神与《ト》衆生体一メニ
不二而二也、故ニ一天ニ覆ニヒ八雲一ヲ八埏ニ雨ニ甘露一ヲ潤ニ五穀万
菓一ヲ施ニ与シ玉フ一切衆生ニ一、広大無辺ノ恩沢ナリ、諸社ノ神祇王
子眷属前後左右ニ囲繞セリ、
次三力偈　次普通供養
次振鈴　次送車輅
次請車輅明末加素盞烏尊幷末社諸神等迦利灑也、曳ニ醯呬ノ句一ヲ、
次迎請聖衆加句如上　次辟除従魔
次示三昧耶　次金剛網
次火院　次閼伽
次花座若四葉印明　次善来偈
次重結大界　次五供養
次普供養　次讃諸天四智
阿《ア》演《エン》都《ト》泥《テイ》縛《ハ》左《サ》誐《キヤ》素《ソ》羅《ラ》緊《キン》那《ナ》羅《ラ》々々々鑠《シヤ》迦《キヤ》羅《ラ》那《ナ》野《ヤ》鉢《ハ》羅《ラ》々々達《タル》
磨《マ》蘗《キヤ》哩《リ》多《タ》地《チ》伽《キヤ》羅《ラ》尾《ヒ》達《タル》摩《マ》左《サ》鉢《ハ》羅《ラ》捨《シヤ》摩《マ》操《サウ》企《キ》也《ヤ》你《ネイ》銘《メイ》多《タ》部《ホ》多《タ》鉢《ハ》多《タ》

鉢《ハ》羅《ラ》迦《キャ》捨《シャ》夜《ヤ》怛《タ》你《ネイ》賀《カ》室《シ》羅《ラ》摩《マ》拏《ナ》也《ヤ》駄《タ》給《マム》

次入三摩地或不用之、

次根本印明

大日外五胡印

阿尾羅吽欠

阿弥陀二手竪二中指頭ヲ相椎ヨ如蓮葉形

唵阿密嘌多帝際賀羅吽ム

地蔵二手内縛二火直竪不相着

曩○南訶々々尾婆曳莎呵

十羅刹女八葉

唵阿帝利耶莎呵

諸神祇印智拳印

唵薩《ラン》縛《サル》那《ハ》羅《ナ》延《ラ》那《エンナ》也《ヤ》莎呵

次八雲印八葉　八指向上　明日

一青　二黄　三赤　四白

五黒　六紫　七碧　八緑

《ハ》 《サラ》 《タ》 《ト》 《ハン》

次宝剣印智拳印

曩○南

次加持珠

次正念誦

大日　仏眼　一字　阿弥陀

本尊地蔵千反　十羅刹如　三部　諸天

不動　諸神祇

□法施　心経　諦縁度

諦

是若々々集是苦滅々々々道

縁

無明縁行等

度

布施波羅密等

□

尊勝陀羅尼　自我偈若ハ毎自作是念等

西

因縁所生法　我説即是空

亦名為仮名　亦是中道義

□滅度後　於末法中

現大明神　利益衆生

次還珠法　次根本印明三印明用之

次部母　次五供　次普供

次讃　次閼伽　次振鈴

次四向方便　次随方廻向
次啓謝普印
所設供具　可管麁悪　挙縁覚観
多不如法　唯願慈悲　布施歓喜
次解界左転次奉送弾指三反向上
唵縛日羅目与刄穆
次三部　次被甲　次下座礼仏

月日未詳　六十六部の出雲国における納経先として、杵築大社・枕木寺と並んで鰐淵が見える。

二六九　六十六部奉納札所覚書（余瀬文書）

△新鳥取県史・資料編古代中世Ⅰ

六十六部奉納所日［　　］
山城国清水寺八幡宮　大和、東大寺天□宮長谷寺　河内太子御廟藤井寺　和泉杉□寺［　］
摂（津カ）［　］　伊賀清済光寺新大仏　伊勢、世□寺常明寺　志摩立神寺アサマ
筑前安楽寺　尾張［　］　尾張熱田石神社　三河真福寺滝寺
駿河富士大宮　甲斐横根七覚寺　相模箱根若宮　上総八幡一宮
下総八□香取社　安房清澄寺　常陸鹿島竹馬山
近江首（マヽ）楞院如法堂三井寺　美濃南宮横蔵寺　飛騨袈裟寺清峯
信濃善光寺戸隠　上野世良宮　下野日光山宇都宮　陸奥松島　■石
出羽立石寺　若狭一宮一乗寺上ツル　越前平泉寺豊原寺　加賀白山那谷寺
能登石動山気多　越中立山石動　越後国上寺関寺　佐渡御比叡山
山（陰）隠道　丹波穴宇神池寺　丹後普甲山成相　但馬進寺浅間寺　因幡一宮
伯耆大山美徳山　出雲鰐《ワニ》淵大社　枕木寺　石見円城寺金剛寺一宮　隠岐国符（府）寺
播磨立鳫山法花寺　美作八塔寺　備前一品吉備津宮　備中吉備津宮一品寺
備後吉備津宮　安芸厳島　周防
九州
志摩立神寺アサマ　筑前安□（楽）寺　豊前宇佐宮　豊後霊山
日向ムカハキノタケ　肥後チクリ釈迦院　大隅正八幡
薩摩シヒ　肥前チリク　筑後カワラ山
遠江鴨江寺イワクラ　伊豆走湯山三嶋　安房
「（異筆）主澄祐（花押）」

【慶長六年（一六〇一）】

二月二四日　杵築大社の社家奉行、半田久介に対し三月会の神

事に要する費用を支給するよう求める。その中に、鰐淵寺僧の勤める大般若経転読も含まれる。

二七〇　三月会神事覚書（切紙、佐草家文書）

三月会神事覚

一、こくう此外大杉もり、小杉もり、みか丶ミ、せき飯、みそうず
一、かくら
一、神馬同かさり、へつたう徳分
一、おまへあて同かさり
一、しきさんはさ
一、てやうのや神事
一、おへいはきの神事
一、大般若　鰐渕寺衆一山い下之妢
一、やふさめ　徳分まかないふち
一、し丶まい　徳分妢
一、かりの宮こくう
一、同　かへり

（紙継目）

一、すまう　徳分
一、国造殿徳分
一、神人三百廿人之妢

右之内国造殿徳分之儀を、当年者御侘言可申候、其外之相除申候事不成仕合候、此由御取成承奉頼候、以上、

慶長六歟
二月廿四日　両三人
半田久介殿　まいる

右之前、一人あて執行三日共ニ如此相調候、何れも相除申事不罷成儀候間、御取成奉憑候、以上、

二月廿四日　両三人
半田
久介殿

二七一　聖教断簡奥書（鰐淵寺文書）

一二月八日　豪円自筆の聖教が筆写される。

（奥書）
慶長六年辛丑極月八日書之、豪円法印之以御自筆本之、
池本坊常住

【慶長七年（一六〇二）】

二月七日　堀尾氏の奉行人、鰐淵寺の掟書を定め年行事にその執行を命じる。

二七二　堀尾氏奉行人連署下知状（鰐淵寺文書）

定

一、衆徒中方・行方常住形儀式法、諸事不可違旧例事、

一、衆中評定事畢後、欲破衆会之群儀輩、非分為歴前(然)之間、守護江不及注進、寺職・坊領共可被召放事、

一、為中・行方不敵衆徒之仰勿論、諸勤行之時不儀之者、衆徒之中ニ相抱、肩贔(マヽ)之沙汰在之者、其者共ニ可有追放事、

一、中・行方衆徒坊ヘ奉公、差別有間敷事、

一、離山不住之僧、衆中ヘ無理ニ出入停止之事、

右、於背此旨族者、為衆徒可追放其身、猶以及異儀者、可有注進者也、仍下知如件、

慶長七年壬寅
二月七日　堀尾頼母
正秀（花押）
落合蔵人
貞親（花押）
堀尾掃部
宗光（花押）

鰐渕寺
年行事

三月七日　鰐淵寺領富村内竹尾坊分の田地坪付が衆議により定められる。

二七三　鰐淵寺領富村竹尾坊分田地坪付（鰐淵寺文書）

鰐渕寺領富村竹尾坊分田坪付之事

一《宮のにし》、弐石七升尻　次郎四郎

一《かやと》、壱石三升尻　同人

一《といのうち》、六斗尻　同人

（紙継目、裏黒印）

合三石七斗尻

右、有衆評、所定如件、

慶七壬寅
三月七日　年行事
宣乗（花押）
豪弁（花押）

井本坊
　豪栄（花押）
西本坊
　澄芸（花押）
和多坊
　円意（花押）
本覚坊
　円栄（花押）
月輪坊
　澄円（花押）
金剛院
　豪信（花押）
池本坊
　豪賢（花押）
（紙継目、裏黒印）

○紙継目以後の第二紙は欠落。

三月七日　鰐淵寺領富村内金剛院分の田地坪付が衆議により定められる。

二七四　鰐淵寺領富村金剛院分田地坪付（鰐淵寺文書）

鰐渕寺領富村内金剛院分田坪付之事

大樋の下
一、二斗弐升尻　　助左衛門尉
田中ひかし
一、壱石三升尻　　同人
こはやし
一、弐石弐斗弐升尻　　同人
ふるほうし
一、弐升六合尻　　源七
（紙継目、裏黒印）
　以上三石五斗九升七合（マヽ）
　畠方
宮のにし
一、百文 分米壱斗　　助左衛門尉
幷而三石六斗九升七合尻
右、有衆評、所定如件、
　慶七壬寅
　　三月七日　　年行事竹本坊
　　　　　　　　　　宣乗（花押）
　　　　　　同増泉坊
　　　　　　　　　　豪弁（花押）
　　　　　　井本坊
　　　　　　　　　　豪栄（花押）
　　　　　　西本坊
　　　　　　　　　　澄芸（花押）
　　　　　　和多坊
　　　　　　　　　　円意（花押）

本覚坊

（紙継目、裏黒印）円栄（花押）

○紙継目以後の第二紙は欠落。

一二月　豪賢、法印栄信の手になる番匠大工二字口決・番匠大工口決を筆写する。

二七五　番匠大工二字口決（鰐淵寺旧蔵文書・県図写真）

（端裏書）「番匠大工二字口決　豪賢」

番匠大工二字大事、

先大工者、天津児屋根尊御子孫也、大神・工神トテ二人御座也、神代ノ終、宥明天王御守（宇）大和国宇多郡ニ四天王ヲ作始給段、大神・工神御末孫番神・匠神トテ二人御座、彼四天王ノ大工トス、夫ヨリ以来代々相続□□所也、然則大神・工神二人ノ頭ノ名□、番匠ト云也、去者大工ト書テ大ニ工ムト読也、其故ニ師ヲスルホトノ者ヲ大工ト云、尋常ノヲハ番匠ト書□ツ□ヲタクムト読也、去ハ番匠ト大工ト各別ノ意得可有也、可秘々々、随分秘決也、

慶長七年十二月　日

法印栄信以御本写之、

二七六　番匠大工口決（鰐淵寺旧蔵文書・県図写真）

（端裏書）「番匠大工口決　豪賢」

番匠大工切紙一通

先木屋ニハ七重注連引、浄衣着烏帽子着新物ハキ、能々精進潔斎メ可入、天津児屋根ノ子孫御始候間、以其代後（儀彼）所ヲ木屋ト申也、余ニ深秘至極ニ候間、木屋ト書也、木字児屋ト云字ヲ伝テ云也、秘事也、又云、大工ト云事、天津児屋根御尊子孫大神トテ（工神脱カ）二人御座ス也、神代終テ後、宿命天王ノ御宇ニ、大和国宇多郡四天王ヲ作始給ヘリ、又大神・工神子孫ニ番神・匠神トテ二人神御座ス、夫ヨリ以来代々相続メ後（彼）所ヲ伝云、然間大神・工神ノ二人ノ頭字ヲ取テ大工ト云也、又其子孫尊ニ番神・匠神トテ二人神御座、其頭ノ字ヲ取テ番匠ト云也、又大工ト書テ伝能タクムト読也、其故ニ師ヲ（スル）□□程ノ者ヲ大工ト云也、尋常ノ者ヲ番匠ト云也、番匠ト書テ主《ツカイ》タクムト読也、去ハ番匠ト大工ト各別ニ可意得也、

慶長七天十□（二カ）月　日

法印栄信以御本写之、　豪賢

【慶長九年（一六〇四）】

七月二七日　堀尾氏奉行人の堀尾宗光、藩主忠氏の病につき、藩主の母から五〇石が寄進されたとして、祈念を励み巻数を進めるよう、鰐淵寺年行事に要請する。

二七七　堀尾宗光書状（折紙、鰐淵寺文書）

以上、

態申入候、雲州（堀尾忠氏）御煩ニ付而、為御祈念、自御袋様高五拾石御寄進被成候、無御油断御祈念候而、御巻数可被進之候、殊御守仏観音之由候之条、其御心得可被成候、恐々謹言、

堀尾掃部助

（慶長九年）七月廿七日　宗光（花押）

鰐渕寺

年行事

九月一一日　鰐淵寺領唐川の検地帳が作成される。

二七八　鰐淵寺領唐川検地帳（冊子、鰐淵寺文書）

（表紙）「唐川　八木□□（二右）衛門

慶長九甲辰九月十日（黒印）

御検地帳　服部新介」

（から川）中畠	弐畝拾五歩	壱斗	□（又カ）右衛門
々中田	壱段九畝	弐石弐斗八升	源六兵衛
々下田	四畝弐拾四歩	四斗三升弐合	同人
□中畠	三畝	壱斗五升	同人
中畠	三畝弐拾七歩	壱斗九升五合	同人
（から川）中上田	六畝	八斗四升	源六兵へ
々上田	四畝	五斗六升	彦四郎
□下田	弐畝	壱斗八升	又右衛門
々上田	五畝	七斗	源左衛門
々中上田	八畝拾五歩	壱石壱斗五合	□（与カ）五郎
々上田	四畝	五斗六升	同人
々中田	七畝六歩	八斗六升四合	同人

々中上田　壱段　壱石三斗　助四郎
々下々畠　壱畝拾八歩　三升弐合　与五郎
々中畠　四畝九歩　弐斗壱升五合　同人
下田《から川》　四畝　三斗六升　源左衛門
々下畠　壱段　三斗　同人
□上田　壱畝　壱斗四升　平右衛門
々中上田　壱段三畝　壱石六斗九升　助太郎
々上田　弐畝弐拾四歩　三斗九升弐合　源六兵へ
々上田　弐畝　弐斗八升　□四□（孫四郎カ）
々中田　壱段　壱石弐斗　同人
々下田　壱段壱畝拾五歩　壱石三升五合　同人
□中畠　四畝拾八歩　弐斗三升　同人
々中畠　壱段　五斗　新二郎
下畠《から川》　七畝弐拾四歩　弐斗三升四合　新二郎
々中田　七畝　八斗四升　同人
々上田　壱段　壱石四斗　同人
々下田　壱段壱畝　九斗九升　同人
中畠　弐畝　壱斗　□□□（助太郎カ）

々中田　壱段五畝　壱石□□　□□□門
々下田　壱段五畝　壱石三斗五升　同人
々中田　壱段壱畝　壱石三斗弐升　源六兵へ
々中田　壱畝拾五歩　壱斗八升　同人
々下畠　弐畝　四升　平右衛門

田畠段石合弐町三段七畝
　　　　弐拾三石八斗九升四合

から川村屋敷方

三畝　与五郎　三畝　源左衛門
三畝　新次郎　三畝　源六兵へ
四畝　平右衛門　拾五歩　はきひゝき
壱畝　山め　弐拾歩　うは

家数五間ハ役之家也、
右之外ニ三間ハ山め、

服部新介

慶長九甲辰九月十一日　八木二右衛門

一〇月六日　富田藩堀尾氏の奉行人、鰐淵寺領を宛行う。

二七九　富田藩堀尾氏奉行人連署寺領宛行状（鰐淵寺文書）

鰐渕寺領
一、百弐拾七石九斗八升　宇賀・河下村
一、参拾弐石八斗　別所・辛河村
一、八拾九石弐斗弐升　横引・下庄村
合弐百五拾石
右全有寺務、衆僧勤行無怠慢、可有御執行旨候、仍如件、
慶長九年
十月六日　小野斎介（花押）
吉川左兵衛尉
貞恒（花押）
落合蔵人頭
貞親（花押）

【慶長一一年（一六〇六）】

一〇月一六日　国造千家元勝、鰐淵寺竹本坊に対し、求聞持法の儀式の終了を祝う。

二八〇　国造千家元勝書状写（千家古文書写丙）

今度惣山中被仰分ニ付而、求聞持御執行候之処ニ、無異議御成就可然存候、就其双方御入眼之儀、中操被遂御本意候段不斜候、然上者国家之御祈念幷御公儀等、弥於向後も如先規悉皆御拵候て、惣山中被仰儀（議）〻之儀尤存候、
恐々謹言、
慶長十一年十月十六日　国造千家
元勝　花押
鰐渕寺竹本坊
御伺官中

【慶長一三年（一六〇八）】

二月晦日　杵築大社三月会の神事に要する費用が支払われ、その中に鰐淵寺も見える。

二八一　三月会渡方覚（切紙、佐草家文書）

慶長十三年二月晦日三月会渡方覚
宮升何も
一、と十二六升六まへ
な、ミ之内三升もち米出す
一、壱斗六升

一、壱斗　大杉もり
一、五升三合　小杉もり
一、三升三合　みそうす
一、壱升三合　もちこの米
一、六升　別火殿若宮
一、壱斗　一宮
一、弐升　宮ち
一、一升との米　太郎衛門
一、町升四斗　鰐渕寺衆
一、代五貫文　同
一、町升壱斗　やふさめ
一、かミ一てう　同人
一、あふき一本　同人
一、町升米一斗　しゝまい
一、代壱貫文　同人
一、米三升三合　かりの宮
一、かミ一てう　同所

（紙継目）

一、庭むしろ一まい　同所
一、代二百文　同所
一、ぬの一たん
かミ一てう　ほまへあて
一、代五百三十文
一、ぬの一たん
一、まめ壱升
一、かミ一てう　へんたう
一、きくの
米弐斗　たくミ
一、五升　かハらけ大小二百敷

以上

三月二六日　年行事豪信と竹本坊宣乗、千家国造に対し、杵築大社造営の鍬始の日取りは今月二十九日が吉日だと伝える。

二八二　豪信・宣乗連署書状（折紙、千家家文書・県図影写）

大社御造営御鍬始日取之儀、蒙仰候、則当月廿九日吉日
旧記当今令勘合、以書立申入之候、弥被抽御神忠、御成

就可目出候、委細者本覚坊可被得御意候之間、不能詳候、
尚期後慶之時候、恐々謹言、

竹本坊
慶長十三
三月廿六日　宣乗（花押）
年行事
豪信（花押）

国造千家殿参御宿所

一一月　国造北島氏、一頭国造以来の由緒を踏まえ、国造千家氏の押妨を糺すよう、奉行所に要請する。その中に鰐淵寺僧下山のことが見える。

二八三　国造北島氏願書案（北島家文書）

大社御造営ニ付而、両国造出入北島申分条々

一、釿始・柱立・棟上・遷宮、此四つ、自先規両国造出相ニて、執行始之儀者、両家ヘ相わかつて此かた、替々当月を以執行始仕来候処ニ、北島執行始仕たる事無之由、千家申候事、不及是非儀候、自先年北島執行始仕候墨付御座候事、

一、先年御造営遷宮ニ付而、北島所存之旨、御綸旨・御教書数通所持仕候事、

一、先代雲州尼子殿拝領候処、毛利殿御□（切）取、出雲御入国之已後、北島者あまご縁者たる之間、毛利殿御祈禱千家被仰付可被下之由訴訟申次而ニ、北島社官屋職知行社役等まて押領仕候、其刻毛利殿御造営被仰付候故、千家執行始仕候、其後北島（久孝）芸州罷下、先規之趣申分候処ニ、任証文旨北島知行等被還補、其外社役已下如前々可勤之由、もり（毛利）殿御判被下置候、然上者、もり代千家執行之儀者、証拠ニ不相成候、何篇今度之御造営方者、北島執行前候事、

一、両国造ヘ相分次第者、一頭国造孝時と申仁四人男子御座候、嫡男者出家、二男清孝者、父母依不孝家督不相渡之処ニ、祖母異見ニ付而、一代之国造タリ、三男孝宗者五体不具之故、不請神職、社法ニよつて父不得譲、（紙継目）是千家之始也、四番め貞孝者、清孝後跡々国造可次之由、父孝時ヨリ譲状ヲ給、是北島之始也、然処ニ父孝時死去之後、清孝・孝宗同意ニて、孝宗国造之望ヲなし、種々出入あつて号両国造、一頭之神領・神事・社

官等まて二つニ相わけ、年中十二月ヲ六ヶ月あて裁判仕といへ共、千家裁判之月之内、三月三日・五月五日・九月九日之神事、北島ニ分被付候、其外正月廿日ニ鰐渕寺衆僧下山ニて、於神前遂御祈禱、其後於北島一頭国造之時儀式今年まて執行仕候、皆以千家裁判月ニて候へ共、北島家督筋目之故如此御座候、就中年中十二月之内十月ヲ、大社明神御つかさとり給故、北島へ被分付事、

一、大社之外ニさぎ（鷺）の宮、北島へ代々御墨付御座候て、年中之神事・神田等まて裁判仕来候、其外ニ北島家中之佐草、一頭之代ヨリ両国造抱え外ニ、屋職廿ヶ所当代まて佐草持来候処ニ、千家方両国造と在之間、右之裁判半分被仰付可被下之由訴申、当代ゟ半分千家裁判仕候、如此先代ヨリ有来社法ヲも、千家新儀ニやふり申事、

右之条々被聞召届、有体之御下知所希候、

（慶長十三年）申ノ十一月日

御奉行所

【慶長一五年（一六一〇）】

五月吉日　智証大師真筆の不動明王像は、もと三刀屋氏の所蔵であったが、国替えにより西倉氏を経て杵築大社に寄進され、その後さらに鰐淵寺和多坊の所蔵になるという。

二八四　不動明王像墨書銘（鰐淵寺所蔵）

（表具端裏墨書）

不動尊　智証大師真筆　和多坊住持

（法具裏貼紙）

此一幅者智証大師之真筆之不動也、当国之住三刀屋代々之雖為重宝、去国替之節西倉孫衛門致頂戴処、依不輒夢想令社納者也、

旹慶長十五庚戌五月吉日西倉善三郎

国造千家元勝取次之畢、

【慶長一六年（一六一一）】

一一月一七日　松江藩（堀尾氏）の奉行人、鰐淵寺山中の竹木伐採を禁じる。

二八五　松江藩堀尾氏奉行人連署禁制写（鰐淵寺文書）

（端裏書）「堀尾山城守殿（忠晴）御時制札写」

鰐渕寺山竹木、一切きり申事、御法度之旨候、若をして
切者於有之者、搦置可有注進也、
　　慶長十六
　　十一月十七日　　　　　　　　堀《堀尾正秀》　頼母判
　　　　　　　　　　　　　　　　落《落合貞親》　蔵人判

月日未詳　杵築大社三月会の神事に要する費用が支払われ、その中に鰐淵寺も見える。

二八六　杵築大社三月会渡方覚（切紙、佐草家文書）

慶長十六年三月会渡方覚　宮へ
一、とりて十二　六升
一、壱斗六升　みか、ミ
　内六升□□以来出之、
一、壱升三合同　この米
一、壱斗　　大杉もり
一、三升三合　みそうす
一、五升三合　小杉もり
一、壱斗　　一宮
一、六升　　若宮
（紙継目）
一、弐升　　宮ち
一、壱升　　との米
一、三升三合《かりの宮升之》　かりの宮へ
　此方之升にてハ五升五合入也、
一、庭むしろ《かりの宮へ》　同所《同》へ　しゝまい
一、
一、四斗　米京盤ニて　鰐渕寺衆へ
一、代五貫文　同所へ
（紙継目）
一、ららつそへ二丁　同所へ
一、米壱斗五升《さぬき升》　しゝまい
一、代壱貫　同人
一、米弐斗　やふさめ
一、米二斗　木具のかたへ
一、壱文め　かハらけ
　　　　　二百大小
一、米一升
一、大豆一升
一、むの一たん
一、かミ一帖

一、代五百三十文へんたうへ
一、代二百文
一、ぬの壱たん　おまへあて
一、白米四斗三升内二斗もち米　おまへあてのもち
一、庭むしろ一まい
一、かミ壱束
一、あつかミ八まい　おへいはきに

【年未詳】

月日未詳　鰐淵寺における手控として、杵築大社の遷宮や転倒、勤行次第等が記される。

二八七　杵築大社旧記御遷宮次第（冊子、鰐淵寺文書）

（表紙）「杵築大社旧記御遷宮次第

松下坊之」

一、大社御柱立用意
此輪宝ヲ金ニテ造、上ヲ紙ニテ裹ミ、又其上紙ヲ八葉ニ切テソク飯ニテ押付テ、柱ノ下ニ埋ム、又ハ銅ニテ輪宝ヲ作ラセ其上ヲ前ノ如ク紙ニテ裹ミ柱ノ下ニ納也、近代ハ銅ニテ作ラセ納也、当坊ニ本ヲ作ラセテ置也、鰐渕寺竹本坊事也、柱ノ根ノキリ口ニ針ニテ打付モスル也、千家月ニ柱立アレハ、千家ヘ彼納物ヲ渡候ト也、北島月ニアタレハ北島ヘ渡候、於御内殿ニ大般若経令転読、何モ勤行畢テ柱立ノ時渡申也、又此輪宝ヲ土器ニ書トモ云々、伊勢大神宮モ如此云々、可秘々々、

穴賢々々、不可有他見者也、

杵築大社御宝殿様秘事

西角ノ柱　地蔵菩薩　カラ〳〵トナル鈴ヲトモ、錫杖モ神ノ前ニテ聞神楽カナ

南中柱　弥勒菩薩　九重ノ九ノ色アル花ノ木ヲ、コ、ニテ立ル宮柱カナ

東ノ端柱　毘沙門　毘沙羅木ヲメナウノ石ニ立ヲキテ、金ノ甲ノ月星ソ見ル

西中ノ柱　阿弥陀　西方ノ弥陀ヲ柱ニ立ルカナ、神ノ前ニテ仏ヲソタツ

中ノ柱　大日　大日ノタ、輪ノ内ニ立柱、クトヲモヲカミ空モイタ、クナ

東ノ中柱　薬師　東方ノ瑠璃ヲ柱ニタツルカナ、サムキ嵐モ薬トソナル

 西ノ奥柱　虚空蔵　虚空ヨリ寄木ノスルヲ漕上《トリ》テ、今ソ作レルソサノヲ宮

 北ノ中柱　釈迦　岩根ヨリ出ル清水ヲカキナカシ、尺迦牟尼仏ノソカノ滝川

 東ノ奥ノ柱　観音　フタラクノ岸ウツ浪ニ寄柱、今ソツクレルカタソキノ宮

大社物忌量

一、父母忌　六十日　重服向月

一、祖父《ヲウチ》・祖母《ヲウハ》・内外戚《ナイケシヤク》　同伯父・伯母・兄姉忌　廿日

軽服《キヤウフク》　三ケ月

一、子息・娘《ムスメ》・弟《ヲト、》・妹《イモト》　廿日　服無之

一、孫子《マ、コ》・孫女・甥《ヲイ》・姪《メイ》・従父《イトコ》・兄弟　忌七ケ日

一、肚者　夫婦《オトコヲウナ》共ニ懐妊《クワイニン》　七ケ月ヨリ奉幣セス

一、月水忌　七ケ日

一、産忌　六十日　夫《ヲトコ》忌　七ケ日

一、流産《ナンサン》忌　七十五日　男女形不見程也、夫《ヲトコ》ノ忌　三十五日

一、鹿食《シ、シキ》・猪《イノシ、》忌　蒜《大ヒル》　同奉幣　三十五以後精進三ケ日

御殿参拝《テンサンハイ》百日以後精進七日　鹿ノ合火ハ二七日

蒜《ヒル》合火無之

一、兎《ウサキ》　奉幣ハ忌七ケ日以後精進三ケ日　四足ノ物社参ハ合火三ケ日以後

一、鳥　奉幣ハ三ケ日以後可有精進　二足物合火ハ一夜以後精進アルヘシ

一、魚類　奉幣ハ三ケ日可精進合火忌無之

一、韮葱　忌有香程憚之　奉幣ハ精進三ケ日

一、人ノ頸《クビ》ヲ切《キラ》セラル、忌七ケ日以後奉幣ハ三ケ日

一、忌中仁ニ相言ハ忌半分以後タルヘシ

此外事細々事等、就御尋可令注申也、

文明九年十二月十七日

一、人王六代孝安天皇治百卅年庚申大社天降云々、壬辰日御宮作アリ、聽テ九月壬辰日御宮遷アリ、依之庚申・壬厂(辰)両日ヲ用申也、御造営ノ事為末世間不及仮殿、只一宇御造営、然間御遷宮一度也、追而釿始ノ事所願就日ヲ用事、社内六宇、其外大高之為作事間、諸願成就日アル撰月ヲ釿初アリ、御遷宮ト釿初ハ事始事終相対ノ御神事ナリ、於末代彼三ケ日可為ニ肝要ト者也、

康応三年十一月日注之置者也

諸願成就日春甲午乙未夏丙辰丁巳秋庚子辛丑冬壬寅癸卯

一、杵築大社三十二丈ト申ハ仁王十二代景行天皇ノ御時御

造立也、其後十六丈ニナリ、次ニ八丈ニナリ、今ハ四
丈五尺也

一、大社御三月会　大長七年戊戌
文武天皇ノ御時ヨリ始マルト云々

杵築大社御遷宮并御顚倒次第事

後一条院御時
長元四年辛未八月十一日御顚倒
同九年丙子十月廿八日正殿御遷宮
国造兼神主吉忠

後冷泉院御時
康平四年辛丑十一月廿九日俄御顚倒
依不造儲仮殿修理舞殿、同十二月七日暫奉渡御体、
国造兼神主国経

同御時
同五年壬寅四月廿二日同任　仮殿御遷宮
国造兼神主国経

同御時
治暦三年丁未二月一日同任　正殿御遷宮
国造兼神主国経

鳥羽院御時
天仁二年己丑三月五日御顚倒
同年十一月十五日同任　仮殿御遷宮
国造兼神主兼宗

同御時
永久二年甲午七月六日同任　正殿御遷宮
国造兼神主兼宗
同三年乙未七月六日同任　正殿御遷宮
国造兼神主兼宗
此遷宮者、御正殿事外傾御之間、奉渡御体於本仮殿、
両月間奉直正殿之後、又依奉還入、永久三年御遷宮
名之、

新院御時
保延七年辛酉六月七日御顚倒
依不造儲仮殿修理竃殿、同十五日辛卯時寅奉懐御体、
保延仮殿名之、
国造兼神主兼忠

近衛院御時
康治元年壬戌十一月三日仮殿御遷宮、
国造兼神主兼忠

同御時
久安元年乙丑十一月廿五日同任　正殿御遷宮、
国造兼神主兼忠

後白河院御時
承安二年壬辰十月十日御顚倒

同御時
安元々年乙未十一月廿九日仮殿御遷宮、

国造兼神主宗孝
一条院御時
建久元年庚戌六月廿九日正殿御遷宮、
国造兼神主孝房
持明院御時
嘉禄三年丁亥六月廿四日仮殿御遷宮、
国造兼神主政孝
四条院御時
嘉禄元年乙未十一月二日夜御顚例
後深草院御時
宝治二年戊申十月廿九日正殿御遷宮
国造兼神主義孝
建治二年仮殿
元亭(亨)三年十二月九日改有間正中元
御醍醐天皇九十五代
元亭(亨)四年二月十六日仮殿御遷宮
国造兼神主孝時
一、応永七年庚辰歳　公方様ヨリ社頭御立候、
一、応仁元年丁亥十月ニ御棟上同遷宮アリ、
十穀勧進メ立候宮也、
一、文明八年丙申大社御遷宮明星閣院始之、
同十八年丙午歳御棟上遷宮アリ、

一、尼子伊予守経久御立願、御社頭ハ御柱立永正七年庚午六月廿四日也、釿初有テヨリ九年メ永正十五年戊寅成就也、勤行衆廿人下向也、
四月廿八日辛卯ノ日丑刻御遷宮アリ、柱立ニモ御遷宮ニモ廿人宛下向畢、棟上ハ三月十四日也、
一、大永二年壬午二月九日ヨリ於杵築大社一万部法花経被読誦畢、国中聖道五百五十人禅衆五百五十人催シ崛請ス、願主佐々木伊与守経久、奉行亀井能登守秀綱、本願ハ尾州密蔵院住侶秀尊、経堂在所ハ大社宝前神門大鳥居ノ西ノ原、相似タリ鹿野苑地ニトテ四間ハリニテ十三間ノ家ヲ四ツ作並テ構道場ニ也、開白結願共ニ導師鰐渕寺円海法師被召畢、又経所奉行当寺ヨリ勤仕畢、日々導師諸寺聖道出世分ノ人ニ経奉行ヨリ指畢、経奉行ハ当寺竹本坊栄伝法印・月輪房豪栄・増行房円怡、
一、本尊ニハ、竹本房釈迦三尊図子(厨子)ナカラ壇上ニスヱシ也、
一、大社三重塔婆建立、願主尼子伊与守経久、奉行亀井能登守秀綱、供養導師鰐渕寺竹本房栄伝法印曼荼羅供勤畢、

一、享禄三年庚寅二月大社前於神門原一万部御経読誦畢、願主経久、奉行亀井能登守、儀式如前也、同三月八日ニ経久三男塩冶興久謀叛アリ、依之興久立願シテ大社御柱立アリ、頓速ニ成就畢、雖然弓箭被負間廳而破布(却)之畢、

一、天文六年丁酉十月廿八日杣始シテ佐々木晴久雖有御立、是又造営半本願道清依死去被破之畢、

同九年庚子四月廿四日釿初、同十月二日ニ柱立、二度不成就也、

一、天文八年己亥閏六月十九日甲寅日(衍カ)大社一切経堂釿初アリ、ヤカテ造畢、

同九年庚子六月十八日経堂供養在之、

導師ハ鰐渕寺竹本坊栄伝法印、同勤行衆廿人令下向、五日逗留アリ、供養ノ義(儀、下同ジ)式畢テ信読大般若経アリ、

一切経ヲハ摂津国兵庫ヨリ用途十万疋ニテ被買下之、輪蔵奉納也、

願主尼子民部少輔晴久

一、天文十年辛丑九月十八日杵築仮宮ヨリ重善上人補陁洛渡海、俗名亀井彦三郎、氏ハ惟宗、発心シテ如此云々、勤行衆鰐渕寺衆徒十五人、導師竹本房栄伝法印一夜勤行畢、出船時ハ管絃アリ、道俗男女凡十万余人群衆シ見物ノ袖ヲシホリ畢、渡海人類(数)以上廿一人、

一、天文十五年丙午八月十八日杵築仮宮御遷宮アリ、導師竹本房栄印伝印、勤行衆十二人、管絃アリ、国造北島雅孝出仕也、

一、天文十八年乙酉九月七日癸酉日(衍カ)大社金ノ鳥居立也、願主佐々木晴久也、

一、天文十九年庚戌九月廿六日大社御遷宮有之、大檀那佐々木修理大夫晴久、本願ハ南海上人、

九月廿四日　棟上在之、

同廿六日　遷宮在之、

遷宮導師竹本房栄印法印、勤行衆ハ竹尾房円高権少僧都・西本房頼栄権少僧都・大蓮房栄円法印・密厳院長印律師・竹井坊円金律師・尭光坊栄慶律師・池本房印海律師・井本坊栄拒阿闍梨・月輪坊豪慶阿闍梨・金剛院栄重阿闍梨・本覚坊頼与阿々・和多坊栄芸阿々

々・太輔公尊盈・桜本房豪澄・少納言公栄叔・宮内卿栄住・中納言公豪円・式部卿豪盛・兵部卿円貞、以上廿人令下向、義式相調畢、

勤行次第ノ事

先四讃、次着座、讃諸天讃漢語梵語三十二相伽陀、管絃ハ先例無之、

一同時国造千家慶勝北島秀孝御輿ノ左脇ニハ千家右脇ニハ北島也

一同時導師ノ袍裳・下袴并讃衆ノ鈍色下ノ袴共ニ廿具通悉新ク如先規本願ヨリ仕立、当寺ヘ被渡畢、古殿ノ金襴ノ斗帳当寺江被上也、古キ経所ヲハ鰐渕寺山王ノ拝殿ニ立候、古キ舞殿ヲハ正乗坊ニ造候也、斗帳・経所・舞殿之事ハ本願ヨリ当寺ヘ寄進候者也、御殿ノ内御神殿重而大社御造替之時ハ当寺ヘ取番也、

一同時布施物并賄ノ米・酒・塩・噌・薪已下悉本願ヨリ被渡之候、宿ハ所讃寺也、年行事栄芸諸事ヲ裁判候て被調畢、

大社御造営日取ノ事

竹本房当住法印豪円

一杣入吉日、元亀四年己酉七月廿八日丙午日ヲ撰之遣候、木ハ中郡加茂ノ宮ノ木ヲ被切也、

一釿初吉日、天正三年乙亥九月廿三日戊午成張宿也、国守輝元様并元春様ヨリ御書有之、任先例両国造千家義広北島久孝・本願ヨリモ以書状被申登候、使者ハ山根藤左衛門尉也、

一同御柱立吉日、天正四年丙子十月廿八日丁亥日(衍カ)相撰候て遣之、

一棟上吉日、同八年庚辰十一月廿二日戊子

一御遷宮吉日、同廿六日壬辰成就畢、安芸州毛利右馬頭輝元御建立也、

大社御造営之事

一慶長十二年丁未三月十六日、木工屋作吉日、

一同十四年乙酉二月廿日壬午御柱立在之、千家・北島被仰事有之、御柱立相延也、御柱立北島被勤畢、

一、同三月廿日壬寅御棟上吉日撰之、則成就畢、北島棟上勤
之、
一、同廿八日壬戌御遷宮吉日撰之、則成就畢、
何茂日取豪村勤之畢、遷宮導師和多坊法印豪村、勤行
衆当寺末寺共ニ廿人下向畢、当社御建立大坂秀頼大将
御建立也、出雲国主堀尾帯刀吉晴請取テ御造畢、遷宮
千家執行也、
法眼小袖銀色下行有之、

一、杵築大社御遷宮次第
本宮ニ両国造被出仕也、
新殿鰐渕寺衆徒昔卅人近代廿人致出仕、逆ノ灑水至テ
時、従国造殿以上官案内在之、其時大衆廿人本社ニ渡
テ国造与法印相対ノ行事畢テ新殿ニ神慮ヲ奉遷者也、
行道次第、先鉾ノ役人、次ニ灑水、次ニ勤行衆下座ヲ
為レ先ト、次導師、次両国造但依当月千家次北島歟、次御輿、次ニ社
家上官衆、其外社役人各々御宝物捧テ御供申畢、大社
御遷宮ニハ管弦無之、勤行之次第別紙ニ在之、於新殿
勤行ノ間ニ導師社法行之畢、
一、鰐渕寺勤行衆装束之事
袍裳壱具并下袴、導師着用之、
銀色廿具表裏共下袴共ニ大衆着用、
布施物
此外造営奉行ヨリ被調畢、
社家衆装束モ同支度料被出者也、

○本文書は年未詳であるが、慶長末年頃のものと推定されるので、しばらくここに収める。

【元和二年（一六一六）】

三月三日　杵築大社三月会の御供米が支払われ、その中に鰐淵寺も見える。

二八八　杵築大社三月会御供米覚（切紙、佐草家文書）

元和二年三月三日御供米覚
一斗弐つと壱升宛
数以上六人前
壱斗いつきうの米

御か、ミ
壱斗六升
この米壱升□合
三升三合ミそうす
五升三合　小杉もり
壱斗　大杉もり
六升　若宮との
弐升　みやぢ
壱升　ひの米
一、かりの宮へ渡方
御供三升三合かりの宮升にて
此米廿升、六升余入
一、庭むしろ一まい
一、神つち銭弐百文
一、かミ壱てう

（紙継目）

一、鰐渕寺衆へ
米代かた共ニ
六斗、但町升にて

ららつそく二丁
一、し、まいへ
米代かた共ニ
壱斗九升、町升
一、へつたうへ
むの一たん
かミ一てう

（紙継目）

代五百三十文
酒かた〳〵
まめ壱升
一、おまへあて
ぬの一たんかさり銭
代弐百文
一、やふさめ渡かた
米弐斗、町升ニて
あふき一本
かミ一てう
一、きぐのかたへ

米弐斗五升渡
一、大小かハらけ二百
米四升渡す
一、とのへ米六斗させ殿□
一、代□た□九文、町升也、

三月八日 松江藩（堀尾氏）、慶長九年に渡した寺領目録が紛失したとして、重ねて打渡す。

二八九　松江藩（堀尾氏）寺領打渡目録（鰐淵寺文書）

（包紙ウハ書）
「堀尾民部少輔殿判形（一信）　鰐渕寺」

鰐渕寺領打渡之目録
一、（田畠共）百弐拾五石九斗壱升　河下村
一、（田畠共）四拾参石四斗五升　横引村
一、（田畠共）四拾五石八斗六升　下庄村
一、（田畠共）拾石七斗八升　西東ノ別所
一、（田畠共）弐拾参石八斗九升　唐川村
一、（田畠共）五拾石壱斗壱升　古志村
合参百石

右之目録、去慶長九年甲辰既相渡訖、然処其以後竹本坊宣乗就内外依有悖事、俄離山之刻令紛失之由、強御理ニ付而如此候、以上、

元和二丙辰年三月八日　堀尾民部少輔
一信（花押）
鰐渕寺惣山

【元和四年（一六一八）】

七月二四日 豪村、和多坊以下の坊職を大蓮坊円盛・密厳院豪教・治部卿豪予に譲渡する。

二九〇　和多坊豪村譲状（鰐淵寺文書）

譲与坊識（職）之事
一、鰐渕寺和多坊ハ大蓮坊へ契約無紛候事、
一、大蓮坊（円盛）、従山門罷下候ハん間之留守居、治部卿豪予可仕事、自然　御公儀にても、大蓮坊不罷下之時ハ、和多坊之住持、治部卿紛有間敷候、　国家安全之御祈念、諸勤行等、懈怠有間敷候事、
一、松江之寺ハ、密厳院豪教へ可相渡候事、但家材等ハ、

治部卿へ、
一、池本坊ハ治部卿へ契約、惣山如何存、相違有間敷候事、
一、大輔事、石井坊惣山へ得御意、以密厳院申ニ付而、領掌無紛候事、
一、三助事、大蓮坊何にても、和多坊居候ハん衆、御引立緩有間敷候、仍為向後如件、

元和四年
　七月廿四日　　　和多坊
　　　　　　　　　豪村（花押）
　　大蓮坊円盛
　　密厳院豪教
　　治部卿豪予
　　　　まいる

一二月一三日　古志村本郷の検地帳が作成される。

二九一　鰐淵寺領古志村本郷田畠検地帳（冊子、鰐淵寺文書）

「（表紙）元和四年　　古志村本郷
　　鰐渕寺領田畠御検地帳
午ノ十二月十三日　　　　　」

いと谷	上田	壱反壱畝十八歩	壱石九斗壱升四合	助左衛門
見たけ	下々田	壱反三畝	壱石三斗	吉井
はしのもと	中田	弐反七畝廿七歩	四石四升六合	同人
道のまへ	上田	弐拾四歩	壱斗三升弐合	同人
八反代	上々田	三畝拾弐歩	五斗九升五合	吉井
同所	上々田	三段三畝	五石七斗七五合升	同人
同所	下田	壱畝六歩	壱斗五升	同人
同所	上田	六畝十五歩	壱石七斗三合	同人
池のしり	上々田	七畝十五歩	壱石三斗壱升三合	同人
壱町田	上田	四畝十五歩	七斗四升三合	源三郎
道のくそ	上田	壱反拾弐歩	壱石七斗壱升六合	吉井
同所	上々田	七畝十八歩	壱石弐斗五升四合	同人
へろくそ	中上田	九畝拾弐歩	壱石四斗五升七合	小二郎
同所	中上田	八畝廿七歩	壱石三斗八升	助二郎
同所	下々田	四畝廿一歩	四斗七升	神門 久右衛門
同所	下々田	三畝六歩	三斗弐升	吉井
竹ノ下	下田	壱畝三歩	壱斗三升八合	同人

上々田　合四反三畝廿七歩

上田　合四反壱畝拾弐歩　分米七石六斗八升三合

中上田　合壱段八畝九歩　分米六石八斗三升壱合

中田　合弐反七畝廿七歩　分米弐石八斗三升七合

下田　合弐畝九歩　分米四石四升六合

下々田　合弐反弐拾七歩　分米弐斗八升八合

分米弐石九升

反合壱町五反四畝廿一歩

分米合弐拾三石七斗七升五合

新宮
中畠　弐畝　壱斗七升　久三郎

同所
下畠　弐畝　壱斗三升　同人

同所
下々畠　拾弐歩　壱升六合　吉井

かミ原なかれ田
下々畠　廿四歩　三升弐合　同人

なか谷
下畠　壱反五畝　九升七歩五合　吉井
久三郎

同所
中畠　六畝十五歩　五斗五升三合　同人

いの上
上々畠　壱反　壱石弐斗　同人

同所
下々畠　十八歩　弐升四合　吉井

かすか
下畠　壱反三畝六歩　八斗五升八合　吉井

なかれた
下々畠　廿壱歩　弐升八合　同人

同所
下々畠　壱畝　四升　同人

同所
下々畠　弐畝　□(八)升　同人

同所
下々畠　弐畝　□(八)升　四郎左衛門

かミ原
下畠　六畝十二歩　四斗壱升六合　吉井

同所
中畠　壱反三畝　壱石壱斗五合　助四郎

同所
中畠　九畝十八歩　八斗壱升七合　吉井

同所
中畠　九畝廿一歩　八斗弐升五合　吉井

同所
下々畠　壱畝　四升　同人

同所
下畠　四畝　弐斗六升　同人

同所
下々畠　九畝　三斗六升　同人

そたノまへ
下畠　五畝十二歩　三斗五升壱合　吉井

同所
下畠　四畝十八歩　弐斗九升九合　浄土寺
物二郎

同所
下畠　十五歩　三升三合　吉井

てんは上畠　七畝　七斗七升　市ノ源五郎
同所下々畠　五畝六歩　弐斗八合　源十郎
同所上畠　四畝　四斗四升　市ノ三郎左衛門
三日市原上畠　八畝　八斗八升　神主甚兵へ
同所上畠　九畝　九斗九升　たくミ之源四郎
三日市原下畠　壱反三畝九歩　八斗六升五合　新五左衛門
三日市かハら上々畠　八畝十五歩　壱石弐升　吉井
同所中畠　壱反三畝　壱石壱斗五合　井戸
堂のまへ上々畠　六畝廿一歩　五斗四合　大つの惣二郎
かすかやしき新五郎給上畠　壱反弐畝十五歩　壱石三斗七升五合　九兵衛
同所中上畠　壱反壱畝廿七歩　壱石壱斗三升壱合　同人

　上々畠　合弐反五畝□歩
　　分米三石弐升七合
上畠　　合四反拾五歩
　分米四石四斗五升五合
中上畠　合壱反壱畝廿七歩
　分米壱石壱斗三升壱合
中畠　　合五反三畝廿四歩
　分米四石五斗七升三合
下畠　　合六反四畝十弐歩
　分米四石壱斗八升六合
下々畠　合弐反弐畝廿一歩
　分米九斗八合
反合弐町壱反八畝拾五歩
分米合拾八石弐斗八升
田畠高合四拾弐石五升五合
元和四年午ノ十二月十三日　賀藤九兵衛（黒印）
　すミ付かミ数十枚、外ニ上かミ三まい有

【元和六年（一六二〇）】

八月　松江藩（堀尾氏）、別所村に高札を掲げ、鰐淵寺の松・栗木・雑木などの伐採を禁じる。

二九二　堀尾家三奉行連署禁制高札（鰐淵寺所蔵）

　　掟　　　　　　　　別所村
当山松・くりの木・雑木并竹、一切きり取へからす候、
若相背もの於在之ハ、とらへ置可令注進者也、

元和六

申八月日

但馬（花押）

七郎右衛門（花押）

伊豆（花押）

【寛永七年（一六三〇）以前】

六月一八日 藤堂高虎、天海僧正に対し、諸宗の中で天台宗が第一と認められたのは喜ばしいと伝える。

二九三　藤堂高虎書状（鰐淵寺文書）

（端裏書）
「（墨引）大僧正様 尊報　藤堂和泉
高」

尚々乍慮外以印判申上候、以上、

先刻者御懇書忝奉存候、我等眼得少験候間、御心安可被
思召候、弥無由（油）断養性仕候、将又諸宗之御礼御座候処、
天台宗一番ニ被　仰付之由、珍重奉存候、何事も本復之
刻貴面可申上候、恐惶謹言、

六月十八日　高虎（花押）

○本文書は寛永七年以前のものである。

【寛永九年（一六三二）】

三月二一日 鰐淵寺の年行事、大社上官佐草氏に対し、国造の帰宅により近日行われることとなった三月会について、千家氏が内殿での作法に異議を唱えており、このままでは衆僧が神事に参加できないとして善処を求める。

二九四　鰐淵寺年行事連署書状（折紙、佐草家文書）

尚々、新儀之御沙汰於有之者、御祭礼下着相成間敷
候、

一書啓上仕候、国造殿御帰宅付、御三月会近々御執行之
由、如旧例従当寺可罷下之由、左候へ者衆侶御殿入両日
之御神事、従千家殿支被成候、今度之御神事者、右之通
候ハん哉、御内殿之作法自往古執行所申無紛候、然上押
而新儀之御企候ハヽ、天下国家之御祈禱可為欠如之条、
衆僧下向仕事不相成候、委御報可承候、恐惶謹言、

（寛永九年）三月廿一日　鰐渕寺年行事
豪存（花押）

同　豪禅（花押）

佐草左衛門尉殿

五月二五日　佐草吉清、神魂社の遷宮の日取りを決めるべく鰐淵寺に連絡したが、全員松江に出向いているとのことなので、そちらから連絡するようにと、神主秋上孝国・別火同辰信と浄音寺に要請する。

二九五　佐草吉清書状（折紙、秋上家文書）

以上

御状拝見申候、御造営急度被仰付之由、弥々被仰越候、則令披露、大慶思召候、御日取之儀、今日鰐渕寺へ申遣候処ニ、一山不残松江へ被出候間、其儀之書状進之候、程近之事候間、松江持せ被遣、可有御調候、何も追々可申承候、恐々謹言、

（異筆）「寛永九年」

五月廿五日　佐草左衛門尉

吉清（花押）

秋上平三郎（孝国）殿

別火嘉右衛門（辰信）殿

浄音寺

御返報

五月二八日　鰐淵寺年行事の豪仟、大社上官佐草氏に対し、神魂社の造営にともなう仮殿の柱立・遷宮の、然るべき日時を大庭に申し伝えよとの要請を了解したと伝える。

二九六　鰐淵寺豪仟書状（折紙、佐草家文書）

以上

廿五日之御状今日到来、拝見申候、神魂御造営御座候付、仮殿御柱立之吉日、又仮殿御遷宮吉日之事、撰良辰大庭へ遣可申由、被仰越候、則以書付指遣申候間、其御心得可被成候、恐惶謹言、

寛永九申

五月廿八日　鰐渕寺年行事

豪仟（花押）

佐草左衛門尉殿

御報

五月二八日　鰐淵寺年行事の豪仟、神魂社の神主秋上平三郎・別火同嘉右衛門と浄音寺に、神魂社の遷宮につき仮殿の柱立や仮遷宮の日時を定めるよう求められ、別紙に記して報告したと伝える。

二九七　鰐淵寺豪仟書状案（折紙、鰐淵寺文書）

尚々鰐渕寺へ人ゟ被遣候由候へ共、折節爰許へ罷出候処、又々御状被遣候間、御用之儀以別紙申進候、

以上

態御状令拝見候、神魂之造営御座候付、御仮殿可柱立候、
并仮遷宮吉日之事被仰下候、則以別紙申進之候、杵築等
ノ御外も相届申候、即御報申候、御造営誠以目出度御事
御座候、恐々謹言

寛永九壬申
五月廿八日　　鰐渕寺年行事
　　　　　　　豪仟

秋上平三郎（孝国）殿
別火嘉右衛門殿
浄音寺御坊
　　御報

大庭へ返礼ノ案文

六月二日 鰐淵寺年行事の豪仟、浄音寺と相談し、神魂社の下遷宮の期日は九日が良いとしたと神魂社神主に伝え、その意向を伺う。

二九八　鰐淵寺豪仟書状（折紙、秋上家文書）

以上、

浄音寺御出付、一書得御意候、神魂下遷宮日限之事、先
日来七日・十九日と御返事申候之処、九日ニ可然と浄音
寺と談合申候、吉日にて御座候間、於其許も御請合可被
成候、此方も其節参上申可得御意候、替儀於御座候者、
重而可預御左右候、恐惶謹言、

（寛永九年）
六月二日　　鰐（淵寺）年行事
　　　　　　豪仟（花押）

神魂神主平三郎（孝国）殿
　人々御中

六月二日 鰐淵寺年行事の豪仟、神魂社の下遷宮の期日は六月九日が良いと定める。

二九九　鰐淵寺豪仟注進状（秋上家文書）

神魂下遷宮吉日之事

六月九日　乙亥　甘露日

右吉日良辰如此、

寛永九壬申暦
六月二日　　鰐渕寺年行事
　　　　　　豪仟（花押）

六月二日　鰐淵寺年行事の豪仟、神魂社の下遷宮の期日が七日に定まったとして、直接宿所に赴くべき旨を神魂社神主に伝える。

三〇〇　鰐淵寺豪仟書状（折紙、秋上家文書）

尚々昨日則報可申之処、御奉行衆へ罷出、及夜中罷帰候故、如此候、以上、

御状拝見申候、神魂下遷宮之儀、来七日ニ御治定ニ而可罷越之由、得其意申候、下遷宮之儀ニて御座候間、人数も数多無用、又宿所之儀も、御宿へ可参候由心得申候、恐惶謹言、

鰐渕寺年行事
豪仟（花押）

（寛永九年）
六月二日

神魂神主平三郎殿（孝国）
御報

六月一七日　鰐淵寺年行事の豪仟、神魂社の柱立ての期日は六月二八日が良いと神魂社神主に伝える。

三〇一　鰐淵寺豪仟注進状（秋上家文書）

神魂社御柱立日取之事

一、六月廿八日甲午鬼宿金剛峯日

右所撰吉日良辰如斯、

寛永九壬申暦
六月十七日

鰐渕寺年行事
豪仟（花押）

神主平三郎殿（孝国）

六月二八日　神魂社神主の秋上孝国、鰐淵寺年行事に、今朝の柱立に続いて遷宮も行いたいというのが社奉行衆の考えだと伝える。

三〇二　秋上孝国書状（鰐淵寺文書）

以上

能令啓上候、仍今朝御柱立御座候、左様御座候へハ、小宮次ニ御遷宮被成度由、社奉行衆御意ニ候、俄之儀ニ御座候つれ共、止御壱人此者同前ニ御越待申候、御出も御太儀ニ思召候ハヽ、浄音寺へ御抱被成候ハん哉、とかく御分別次第ニ候、恐惶謹言、

（寛永九年）
六月廿八日

神主平三郎（孝国）
（花押）

「（封紙ウハ書カ）
〔　　〕　鰐渕寺年行事　神主平三郎」ゟ

六月　佐草吉清、大社三月会の際鰐淵寺僧が往古より内殿にて大般若経転読を行ってきたと述べているのは誤りで、最近になって神法を掠め主張しているのだと大社大明神に誓う。

三〇三　佐草吉清起請文案（佐草家文書）

大社三月会御神事之刻、鰐渕寺衆僧於経所大般若経転読迄にて、従往古御内殿へ被参入来之例無御座候、然を近年掠神法、猥社入候間、支置候処、構露言、自初当入来之由被申成候、全無其例所分明也、右之旨趣於偽申者、大社大明神幷三十八社、惣而天神地祇可蒙御罰者也、仍起請文如件、

寛永九年六月日　　吉清

（追筆カ）「鰐渕寺衆・杵築衆出入之安否起請文」

七月二七日　円流寺を含む鰐淵寺全山の僧、杵築大社三月会における内殿入りが国造千家氏からの異議申し立てにより松江藩での裁定に持ち込まれ困っているとして、大僧正（天海）への取り成しを双厳院に依頼し、指南を仰ぐ。

三〇四　鰐淵寺一山連署書状写（古代出雲歴史博物館所蔵美多文庫所収文書）

猶、貴僧様廿六七年以前迄ハ杵築三月会ニ被成御下向、御内殿入被成候事御存之前候、当寺僧共も再去年迄無恙御内殿入仕候処ニ、去年新儀ニ千家方ゟ於御内殿さゝへ申候、旧例無紛処新儀如何と、色々奉行衆へ理申候ハヽ、杵築ゟ達（奉）行衆へ返答ニ、六七年以来若僧共御内殿見物ニこそ入被申候へ、旧例ニ而ハ無之由、色々杵築衆構虚説、証文なと上ケ申候をも、莬角千家方ゟ被言掠候付、落着ニ今無之、迷惑申候テ、奉行衆へ上ケ申候書物なとうつし進上申候間、可被成御覧候、其外遷宮之時御内殿之儀存候ハて不叶証跡共数多御座候へ共、余品多候間、此度ハ略仕候、重而使僧罷上り候ハん時、持参候而可懸御目候、若又一定しんさいと被仰出候ハヽ、貴院様へ一段尋候て御返可申上候、御奉行前言延其元へ使僧可指上内談候、為御心得先々申上事候、具御報ニ承

度候、以上、
態以飛脚申上候、其後者以書状も不申上候、御無事ニ被成御座候哉、承度候、爰許無替儀候、当寺と杵築とちと出入御座候、子細を一々書付進上申候、

一、如御存、毎年杵築大社三月会之神事ハ天下国家之御祈禱ニ而、当寺衆僧参詣仕、三月一日ゟ三日迄毎日経所ニ而大般若を令転読、経終毎日御内殿ヘ入、本地供念誦・一印一明等往古ゟ執行仕来候、然処ニ去年国造千家殿、私御内殿入をさゝへ被申候、左候而ハ是も不私天下国家之御祈念かけ申儀子細候哉と、国造殿又内衆ヘも再三尋申候ヘ共、御殿入ハ非例之由返事候、依其一山衆僧無同心候て、当二月七日目録を以爰元奉行衆ヘ如先規被仰付候様ニと訴訟申候、寺社之儀候ヘハとて対決ハ無之、各々数度口上を御聞候ヘ共、左右方申分何共御儀(議、下同ジ)定難成と候て、落着今迄相延申候、

一、惣而鰐淵寺ハ大社之奥院、住侶ハ社僧と被刻、是ニ不限、遷宮以下をも執行仕来、其上御内殿之作法を当寺ゟも存候ハて不叶、子細之証文なとをさし添、目録ニ而訴訟申上候、則写進上申候間、可被成御覧候、

一、当寺年中行事之目録ニも右之通見ヘ申候、是も三月会之分ハかり懸御目候、此社籠と御座をも、杵築衆任利口非内殿之儀、一日ゟ三日迄逗留之儀、或ハ井垣内外之事にて非実儀候と申候、如此左右方色々理申候内、去六月二日ニ杵築衆申分ニ堪忍仕候ヘと奉行衆御異見候、尤一向ニ新儀之御沙汰ニ被成候ハ申分ハ無之、されハ共先例相論之上ハ幾度も訴訟可仕と申候、

一、其上此方申分又数通之証文をも色々被掠申候故、莵角分明也証拠ニハ連暑(署)ニ而六月十二日ニ一紙指上候、

一、如此精(誓、下同ジ)紙を仕候上ハ、杵築も扨ハ互ニ精紙ニ相究候ハて不叶、又一紙を仕六月廿八日ニ上被申候、杵築衆ハ当座之凌(マヽ)にて候ヘ共、精紙を仕候上ハ、只今迄ハ等分之様ニ罷成申候、此上ハ奉行衆之儀定を待居申計候、

一、右之儀両国造一味と申候内取分千家殿所行にて候事ハ、今程一山も衰微仕、若輩無調法者共ハかり之様候故、種々不謂儀を被仕候、其上千家殿ハ新国造ニ而巨細之作法無御存、又家族も相随而如此之替目之時作法ハさ

し置、別而仕付をも可仕体候へハ、大社之参会も難成程也、相拶（挨、下同ジ）何共一山迷惑仕候、

一、右之体候ヘハ遷宮以下之次第を恣ニ私を被仕、先例相違仕候、是も出会之執行にて候ハ、、如先規被申事候、万事之相拶御推量之外候、

一、如御存杵築之社人別盞を仕候、於大社参会之時□□之盞をも近年すゝき候て被下候故、惣別当寺ハ大社之社僧たるニ依テ、袈裟之色をもかへたる僧也、盃をハすゝかぬ先規候、而ルヲ理不尽ニ近年すゝき申候故、所詮各盞と十ヶ年以来申定置候、然処ニ杵築申分ハ天台宗之上ニ而円智僧正、今ハ大僧正之外ハ無之、此御盃をさへすゝき申、まして愚癡無智下位ノ盞いかに社僧成共すゝき候ハんと申候、され共大僧正様之御盞ハすゝき申候共、当寺ハ社僧之威徳を以、先例如此候、縦又底下薄地之凡人たり共、作法ニ相違ハ有間敷と申事候、

一、一定社人衆其元へ御見舞之時、大僧正様之御盞をすゝき被申候哉、承度候、此別盞之事、又遷宮以下之儀ハ奉行衆ゟ被指置、只今ハ御殿入一途之御吟味ハかりニ成申候、され共実正承度ために恐入候へ共、且ハ宗旨之ため、又ハ被下御目儀候之間、最教院様・本理院様なとへ延（円、下同ジ）流寺ゟ以別札被得御意候、委御報ニ被仰聞候様ニ被仰談可被下候、

一、別盞之事ハ村明神へ四足二足之不浄を清為に候処、当寺僧之盃をもすゝかんと申事、扨ハ山居ノ四足二足之類を衣食共仕候哉と下候之儀なれハ、申なす体候、左候へハ此事達而不申分ハ不可有と申事候、然共かやうの儀をハ奉行衆ゟ大社・当寺之相拶ニと御申候ハんかの様ニも相聞え申候、

一、右条々殊更御殿入之儀訴訟申叶候とて、微塵も利徳ハ無之候へ共、社僧之作法往古之先規にて候へハ如此候、

一、杵築衆理不尽にも精紙仕候故、今ハ等分之仕合候、所詮推知之分ハ神籤（賽、下同ジ）次第ニ可被成かと存候、自然左様ニも成候者、尤神ハ非例（礼）をうけすと申候へ共、仏廾（菩薩）之上をも他国ゟ我国と誓約之由承候へハ、是以無覚束候、乍去神さい次第ニ成申候時、違背申候ハ右之儀皆以偽

ニ成可申候間、違背も成ましくと存候《き候かと存候、》
一、当寺非分ニ落着候ハヽ、其元迄も罷上り可申叶覚悟候処、神籤ニ成候て、万一神明之納受も無之時ハ、何□とて訴訟可申望も絶果申候、但又神ハ正直御殿入之儀実正ニ候間、しんさいと候ハヽ、可随其かと申衆議も御座候、いかゝ候ハん哉、御指南奉頼候、
一、当寺理運ニ成候へハ、満足不過之候、自然神籤なとゝ弥むつかしく成候ハヽ、とても末代山之疵ニ候間、一向ニ大社之社役御免と可申かと談合申候、いかゝ御座候ハん哉、得御内意申候、
一、右之様子自然奉行衆ゟ御尋御座候ハヽ、被成御意得可被下候、又爰元奉行衆へ右之条々無顕旧例之通被仰、御状被遣被下候様ニ存事候、とかく御校量奉頼候、
一、此事不申出以前ニ、其元へも可申上と存候へとも、第一ハ御事多砌如何と存、用捨仕候へとも、存之外永々敷不相調候故、先々以飛札得御意候、奉行衆被仰様ニゟ又々可得御意候之間、其御心得可被成候、
右条々少もいつはり無御座候、万一当寺非分ニ成候者不及是非、一山ハ末代、住僧ハ暫時之儀、只今無調法者として、山之疵を仕候事不罷成候間、落着ニゟ延流寺を始一山衆僧無残国中住居之覚悟ハ無御座候、其元も其御心得可被成候、為其態如此候、
一、先年其元へ進置候当寺証文等、無紛失其地ニ御座候哉、今度之出入ニ付用之儀も候へとも、遠路候へハ不罷成、此飛脚ニ被下候様ニと存候へとも、道中無心元候、又同ハ山門迄御内衆一人被指添被下候様ニ申度候へ共、是も御事多候て成ましく候、左候ハ、能便ニ山門へ実相坊少二公両所へ被遣候者、一人罷上り請取可申候、但又御返事ニゟ万事可得御意ためニ使僧一人其元へ指越可申候、
一、今度之一途不調候へハ、住居も不定ニ而不入儀候へ共、右之証文ちと誰へも被懸御目候哉、此節被成御談合、当寺堂垣建立之儀奉頼度候、今程ハ取分一山無調法仕、何共迷惑之体候、とかく御指引奉頼候、
右之様子具ニ以使僧得御意度存候へとも、訴訟半之儀、殊更遠路候へハ、衆中不任心底迷惑仕候へ共、先々以飛

脚申上候、被聞召分御報奉期候、為其一山連判を以如此
得御意候、恐惶謹言、

（寛永九年）七月廿七日

雲州浮浪山鰐渕寺菩提院
栄伝

自性院
豪喜

教□□
豪教

宝寿院
豪禅

禅宝坊
豪存

桜本坊
豪役

松本坊
豪意

東照山
延流寺
豪縁

西本坊
豪哲

谷本坊
豪順

本覚坊
豪桓

福泉坊
重禅

石井坊
吉全

井本坊
昌順

大福坊
春昌

橋本坊
信順

大僧正様ニ而
双厳院様
御同宿中

一**一月吉日** 秋上孝国、神魂社神主の職務内容を記す。その中に鰐淵寺も見える。

三〇五　秋上孝国覚書（秋上家文書）

神魂神主根本之事

一、一頭国造殿御代ヨリ供ニ御神前之役者也、御神前へ進物供仕、祈念仕者也、

一、新嘗会所願成就、祝言之申納、神主役也、客之祝言者、初後外殿ニテ別火役ナリ、国造殿直ニ御供供養之時ハ、神主ハ内殿ニテ申納之祝言計也、不断之神事ニ者、心之祝言祈念ハ神主役也、客之祝言ハ別火職之役也、

一、御遷宮之時者、御正体御遷宮は国造殿、シャ（瀉）水ハ鰐渕寺、神主ハ内侍所之役、御踏冠弊（マヽ）御道具上官衆両家衆之役也、

一、脇之末社遷宮ハ　当社神主役、御安座調候而、御供ハ
新殿仮殿、末社新殿仮殿、無残神主役ニ而、壱人して
執行仕候也、

寛永九暦霜月吉日　　神主平三郎
藤原孝国（花押）

この頃　この年に行われた神魂社の造営遷宮の概要が記される。遷宮式の導師は鰐淵寺自性院が勤める。

三〇六　神魂社造営遷宮記録（冊子、秋上家文書）

（表紙）「神魂社造営遷宮記録」

一、寛永八年辛未閏十月七日御杣初

一、国主堀尾山城守四位侍従忠晴公

守護代
堀尾采女正殿

社奉行
安藤弥次兵衛殿

一、寛永九年壬申五月廿三日庚申之日辰ノ刻ニ、御宮山之松
にて御釿初有、

棟梁大工奉行渡辺嘉兵衛
同　金右衛門

宮大工
今井助左衛門

山大工
梶屋四郎右衛門

一、御釿初ハ、従先規之、

一、御神楽参、三献之御酒有、

一、仮殿御柱立ハ六月六日壬申、

一、仮遷宮六月九日乙亥日、

一、両国造北島広孝、千家尊能

一、神魂神主　秋上平三郎、

一、仮遷宮ニ付而、対御神請取物之事、

一、古殿ニ而、米弐石御供参、

一、仮殿ニ而、米弐石御供参、

一、御弊紙（幣、下同ジ）五束、

一、大杉原　三束、内殿にて入、

以上神主請取、

一、錦弐端、両国造殿こてふくめん（小手覆面）ニ渡ル、

一、両国造殿へ　御妗料

一、神主へ　同断
一、錦壱端、末社遷宮ニ神主平三郎給、
一、同半疋・扇子・ゑんたう（筵道）、別火給ル、
一、御湯立紙三束・米壱石・樽壱つ・筒取、
一、惣社人へ大樽壱つ、妗米給ル、
一、御本社御柱立六月廿八日甲午ノ日、金剛峯日、鬼宿、日時御湯立一
釜被仰付、筒取請取、
一、御柱立御供米弐石、神主平三郎、
一、同時大樽弐つ・肴・妗料、宮大工請取、
一、御柱ニ御酒を上候事、今井助左衛門、
是迄安藤弥次兵衛殿、社奉行被成候、然ニ小産を被成
候而、其侭御帰候、其後社奉行替候而、森村平兵衛殿
惣社奉行被成候、下奉行生田八郎兵衛・渋屋多右衛
門・馬路七介也、
一、両国造ゟ惣大工へ肴二折・爪（瓜カ）弐折・桶樽廿、硯水ニ被遣
候、
一、心柱〇打さめ壱つ、〇是ハ封物、祝言左座ハ北島殿ゟ佐草殿、同右座ハ千家殿ゟ赤塚左兵へ、
一、神魂上遷宮九月晦日甲子、

遷宮御名代　堀尾但馬殿
御横目衆　野々村木工兵衛殿
　林九郎右衛門尉殿
一、上遷宮　国造千家尊能
一、道（導）師　鰐渕寺自性院
一、内侍所ハ　神主平三郎役
一、御剣ハ　佐草左衛門尉役
一、御冠ハ　千家主殿助
一、ゑんたう（筵道）　別火役
一、御鉾　筒取
一、御てんかい（天蓋）　同人
其外御道具、両家社官衆見合次第ニ渡ス、御輿かき両
家ゟ出ル、
上遷宮ニ神主平三郎請取物之事
一、米弐石　仮殿御供米
一、米弐石　新殿御供米
一、米壱石　末社仮殿御供米
一、米壱石　末社新殿御供米

一、御弊帋　間仁合壱丸
一、小内殿斗張　赤地ノ錦
しょこう(蜀紅)のにしき(錦)
一、大斗張　弐本
一、金弊
一、御簾　三流
一、布六端　末社斗張
一、きぬ半定　くうかいの為ニ渡ル、
一、御供ノ釜弐つ、はかま　手水桶三つ、
一、水おけ弐つ、　ひしやく三つ、
一、たか二荷、　こしき
一、餅米かしおけ壱つ、
一、御供ノ折壱つ、　宮畳弐拾帖
一、布七端　雲形浮橋左右ニ引、
右之分神主請取
一、布十端浮橋、　地布
一、御輿張きぬ　水引共ニ、
一、米三拾表(俵、下同ジ)御棟上ニ大工へ被遣候、
一、米拾弐俵、但十二釜分、為湯立筒取兵部請取、

一、米弐表　安座之御神楽
一、米七俵　千家殿御妎米
一、米七表　北島殿同断
一、米弐表　神主妎料
一、米壱俵　別火妎料
一、米弐俵　御輿かき両人妎料
一、米五表　惣社人拾四人分
一、米六俵　鰐渕寺同断
一、米壱俵　浄音寺同断
一、米壱俵　正林寺同断
一、米壱石　絵師十右衛門へ被遣候、
一、米弐俵　八雲ノ祝儀ニ神主へ被下、
一、米壱石　十二番流鏑馬六右衛門へ被遣候、
一、米四俵　山大工・鍛冶大工へ被遣候、
上遷宮之米九拾六俵
一、杵築へ飛脚社人番々ニ、

一、御神仮殿ニ御座被成間ハ、弐人宛社人籠申候、
一、六千八百四拾工　大工手間
一、弐千五百三拾工　木挽
一、七千百弐拾五工　山大工
一、七千百七拾五人　夫手間
一、御湯立釜壱つ、　筒太鼓・襷・鈴・調拍子
寛永九年霜月吉日
一、米弐俵筒之祝儀ニ、ゑつたニ被遣候、

【寛永一〇年（一六三三）】

二月二一日　鰐淵寺、江戸にある松江藩主堀尾忠晴の安泰のため、円流寺で三七日間の虚空蔵法と仁王経の祈禱を行う。

三〇七　修虚空蔵法仁王経祈禱札（鰐淵寺所蔵）

雲隠両国守護堀尾山城守従四位侍従高階□（忠）晴朝
奉修虚空蔵法一千坐幷仁王経一千部所
於東照山延流寺三七箇日修行之　寛永十癸酉二
臣在江戸中御祈禱矣　浮浪山鰐淵寺
月二十一日　満山数口浄侶敬白

三月三日　杵築大社三月会の神事に要する費用が書き上げられ、その中に鰐淵寺も見える。

三〇八　杵築大社三月会入目注文写（折紙、佐草家文書）

（端裏書）「両部ノ節も手かひノ魚上ル証拠アリ
寛永十年大洪水ノ明ル年
三月会入料書　利清」
覚
宮ノ調
一、と六つ　三升御飯
一、五升　大杉もり
一、五升　一宮
一、弐升□合　小杉もり

一、壱升六合　み□□□
一、五升　神人へ
　　たし米
一、壱升五合　かりの宮
一、三升　若宮
一、壱升　ミやち
一、八升五合　みか丶ミ
右町米ニメこの米共ニ
町升壱石四斗四升■《七》合五夕
一、三斗　鰐渕寺
一、九升五合　し丶まい
一、三斗　神人共廿八人
　　おへい持共ニ
一、五升五合　みこ十一人
一、壱升五夕　へつたう
　　大豆五升
一、六升　役人之ふき妎
一、三斗■《八》升　おまへあて
一、壱斗　きやうせん
一、九升四合　木具
一、三升　御飯代とひ殿へ
一、三升　同森脇殿へ
一、三升　かハらけ
一、三升　てかいさな
一、三升　きやうせんいも
一、弐升　はいや
一、壱斗　米　やふさめ
合
　弐石九斗八升七合
寛永十年三月三日
大水流の明ル年

一一月二三日　松江藩（京極氏）、鰐淵寺境内における竹木伐採を禁じる制札を掲げる。

三〇九　松江藩（堀尾氏）禁制高札（鰐淵寺所蔵）

制札　鰐渕寺

右、当寺山中竹木剪採事、任往古之例堅令停止畢、若於
違犯之輩者、可処厳科者也、仍如件、
寛永十年酉十一月廿三日　多賀左近（花押）
馬場三郎左衛門尉（花押）
松平庄右衛門尉（花押）
松平和泉守（花押）

三一〇　松江藩堀尾氏奉行人連署禁制写（鰐淵寺文書）

（端裏書）「堀尾山城守殿御他界之時御上使制札写」
制札　鰐渕寺
右、当寺山中竹木剪採事、任往古之例堅令停止畢、若於
違犯之輩者、可処厳科者也、仍如件、
寛永十年酉十一月廿三日　多賀左近判
馬場三郎左衛門判
松平庄右衛門判
松平和泉守判

【寛永一一年（一六三四）】

三月一四日　酒井忠世、大社神宮寺と鰐淵寺の将軍へのお目見えは、それだけであれば明日でも良いと天海僧正に伝える。

三一一　酒井忠世書状（鰐淵寺文書）

（端裏切封ウハ書）「　酒井雅楽頭
（墨引）大僧正様　尊答　忠世」
猶々千妙寺・金讃寺官位御目見之儀者、今一度御直
ニ被仰上、其上ニ而可然与奉存候、先明日者御延引
可被成候、以上、
貴札拝見仕候、此中御煩気之由、手前取紛故、以使不申
上、無音迷惑仕候、弥無御油断御養性専一ニ奉存候、将
又先日被仰下候千妙寺・金讃寺官位御目見之事、加様之
儀者従前々之様子然与不存候間、貴老様御登城之刻、様
子具ニ今一度被仰上、其上ニ而官位御目見之儀御尤ニ奉
存候、出雲国神宮寺・鰐渕寺御目見之儀も、同時ニ被成
可然与奉存候、乍去何之申分も無御座御目見斗ニて御座
候者、明日成とも貴老様次第ニ御座候、恐惶謹言、
寛永十一年戌

三月十四日　　　　　　　　　　忠世（花押）

三月一八日　酒井忠世、一昨日の大社神宮寺と鰐淵寺の将軍へのお目見えにつき、丁寧な親書を拝受したと天海僧正に謝意を表す。

三一二　酒井忠世書状（鰐淵寺文書）

（端裏切封ウハ書）
「　　　　　　　　　　酒井雅楽頭
（墨引）大僧正様　尊答　　　　忠世」

一昨日者神宮寺并鰐渕寺被致御目見候ニ付而、御慇懃之預尊札候、将亦少御咳気故、昨日御社参不被成候由、千万無御心元奉存候、不及申候へ共、無御油断御養生専一ニ御座候、恐惶謹言、

寛永十（一脱）甲戌
三月十八日　　　　　　忠世（花押）

九月二六日　松江藩（京極氏）、目録を添えて鰐淵寺に寺領三〇〇石を寄進する。

三一三　京極忠高寺領宛行状（鰐淵寺文書）

鰐渕寺領之事、任旧儀令寄附訖、全被知行、弥天下泰平之御祈禱可被致精誠之状、如件、

寛永拾壱年九月廿六日　　　（京極）忠高（花押）

浮浪山衆徒中

三一四　松江藩京極氏寺領打渡目録（鰐淵寺文書）

鰐渕寺領目録

高百弐拾五石九斗壱升	出東郡　河下村
高拾石七斗八升	出東郡　別所村
高弐拾参石八斗九升	出東郡　唐川村
高五拾石壱斗壱升	出東郡　東林木村内
高四拾五石八斗六升	神門郡　下庄村内
高四拾参石四斗五升	神門郡　横引村内

合三百石

寛永拾一年
九月廿六日　　　　佐々九郎兵衛
　　　　　　　　　　□（花押）

鰐渕寺惣山
衆徒御中

【寛永一二年（一六三五）】

三月二一日 鰐淵寺年行事の豪存、北島国造の長旅からの帰宅を祝って酒・肴を進献する。

三一五 鰐淵寺豪存書状（折紙、北島家文書）

以上

一書致啓上候、永々御旅居、被成御帰宅之由、万悦候、為御祝儀御樽ニ肴饋令進献候、委曲宝寿院可被申達候、恐惶謹言、

（寛永一二年カ）
三月廿一日　　鰐淵寺年行事
　　　　　　　豪存（花押）

（広孝）
北島国造殿
　参　御宿所

九月二六日 松江藩（京極氏）、隣郷から許可なく鰐淵寺山に入ることを禁じる。

三一六 松江藩京極氏奉行人連署奉書（折紙、鰐淵寺文書）

（封紙ウハ書）
「鰐渕寺」

以上、

鰐渕寺山不及案内自隣郷切荒之由候、就其得御意候処、隣郷へ可相届之由被　仰出候、相背此旨山へ入候者有之者、堅可被申付之旨候、猶従鰐渕寺可被申候、恐々謹言、

（貼紙）
「寛永十二年
永禄四年」
九月廿六日　　多賀越中守
　　　　　　　□□（花押）
　　　　　　佐藤内記正
　　　　　　　高信（花押）
　　　　　　赤尾伊織正
　　　　　　　有知（花押）

高浜
林木
遙勘
常松
高岡
　其外隣郷中

【寛永一三年（一六三六）】

二月二一日 松江藩（京極氏）に大社三月会の概要が報告され、その中に鰐淵寺僧の三日間の勤仕も見える。

三一七 杵築大社三月会神事次第（佐草家文書）

（端裏書）「若狭殿御代三月会事書上候覚」
（端書）「寛永十三年子ノ二月廿一日若狭殿御代村井与兵殿・笠原太右門殿へ如此上　」

三月会御神事次第覚神前向

一、こくう　其外かさり国造殿へ上り入目
一、神楽
一、神馬　かさりぬの帋・馬代
一、きやうせん　かさり・木具・かハらけ共
一、御まへあて　もちかさり・ぬの帋
一、ミかゝミ　杉もり
一、式三番　同しくミにて、前日よりノ躮
一、しゝまひ　渡し方
一、やふさめ　渡しかた、馬ノたちん
一、かりの宮まうで　こくうかゝへり・すまひ
一、御へいはきノ神事
一、大般若　鰐渕寺一山下向候て三日ノ間ノ躮ノ渡しかた
一、神人みこ其外役衆〱前日より宿ニテ躮仕之事
一、らちノ入目
一、御神事ニハ十日はかり前をより、夫遣之入目宮之多候、
三月一日二日三日此三祭三人とも一祭つゝ、右之調を仕執行申ニ付而、大分之入目ニ而御座候、

【寛永一五年（一六三八）】

二月三日　松江藩（京極氏）、鰐淵寺境内における竹木伐採を往古の例に従って禁じる制札を掲げる。

三一八　松江藩松平氏禁制高札（鰐淵寺所蔵）

制札　鰐渕寺

右、当寺山林竹木剪採事、任往古之例堅令停止畢、若於違犯之輩者、可処厳科者也、

寛永十五年戊寅二月三日　大河内善兵衛（花押）
多賀左近（花押）
堀市正（花押）

三一九　松江藩松平氏奉行人連署禁制写（鰐淵寺文書）

（端裏書）「京極若狭守殿御他界之時御上使制札写」

制札　鰐渕寺

右、当寺山林竹木剪採事、任往古之例堅令停止畢、若於違犯之輩者、可処厳科者也、

寛永十五年戊寅十二月三日　大河内善兵衛判

多賀左近判

堀市正判

一二月六日　松江藩（松平氏）、先例に任せ鰐淵寺境内における山林竹木の伐採を禁じる。

三二〇　松江藩松平氏奉行人連署禁制（鰐淵寺文書）

禁制　鰐渕寺

右、於境内山林伐採竹木事、任先例堅被停止畢、若有違犯之族者、速可処厳科之旨、所被仰付也、仍如件、

寛永十五年十二月六日　三谷権太夫（花押）

神谷内匠助（花押）

乙部九郎兵衛（花押）

一二月六日　松江藩（松平氏）、旧例に任せ鰐淵寺に寺領三〇〇石を寄進する。

三二一　松平直政寺領宛行状（鰐淵寺文書）

浮浪山鰐渕寺領之事

高参百石　出東郡之内四ヶ村　神門郡之内二ヶ村

右、任旧例令寄附畢、全被収納、天下泰平・国家安寧之御祈禱、無怠慢可被勤行之状、如件、

寛永十五年十二月六日　源（松平）直政（花押）

鰐渕寺

衆徒中

一二月一九日　松江藩（松平氏）、鰐淵寺境内における竹木伐採を往古の例に従って禁じる旨の制札を掲げる。

三二二　松江藩松平氏禁制高札（鰐淵寺所蔵）

制札　鰐渕寺

一、当寺境内山林竹木剪採之事、

右、任旧例堅令停止畢、若於違背之族者、可処厳科也、仍如件、

寛永十五年十二月十九日（署判省略カ）

月日未詳　国造北島広孝、松平直政が松江藩に入部する機会を捉え、一頭国造以来の北島国造家の由緒の正当性を訴える。その中で、鰐淵寺は「大社神宮寺」だと称される。

三二三　国造北島広孝覚書案（北島家文書）

（附紙）「広孝ゟ直政公御入国被成候ニ付、御出し被成候文書扣、」

覚

一、北嶋家根本之儀、一頭国造ゟ□ゆつり《譲》状等相伝り、かとく《家督》の儀ニ御座候、其趣ハ一頭泰孝国造ゟ子息孝時へゆつり状有、是又一頭国造なり、是より貞孝へゆつり状有、其節之しゆご《守護》塩冶左右《マヽ》衛門尉高貞へ、祖母かくにち《覚日》孝時跡之儀、貞孝へさうそく《相続》のむね被申入処、貞孝ニたいし一通をなさしめらるゝ所也、是一つ、次ニかくにち《覚日》の文、是一つ、次ニ泰孝ゟ孝時へのゆつり状、是壱つ、次ニ孝時ゟ貞孝へゆつり状、是壱つ、次ニ泰孝ゟかくにち《覚日》へのゆつり状、是壱つ、次ニ天下之御祈念はしめ、尊氏之子息直冬之状、是壱つ、次ニ五郎孝宗じょくゑふじやう《触穢不浄》のよし貞孝申状、是壱つ、かとく《家督》のせうこ《証拠》其時節之趣、大かたせうせき《証跡》御一覧に入申候事、

一、千家根本之儀者、清孝ゟ孝宗にゆつり《譲》をき《置》たる家なり、此清孝と申ハ、右父にふかう《不孝》たる事、是壱つ、次ニ一期之所、父孝時も祖母覚日も国守高貞も被定置之所ニ、時節乱国にして御政道に不及之故、わたくしに新儀之家と成て、于今両家たるもの也、

一、かとく《家督》に付而、かゝへ《抱》分千家ゟおほく有之事、鷺社頭・うら《浦》共ニ、建武弐年ゟ国守代々御判物、堀尾殿御代はしめに、慶長六年閏十一月廿一日堀尾殿御奉行所ゟすミ《墨》付御座候、国守代々に至て、彼地存来り候せう《証》せき《跡》御めにかけ候、当時両家とうぶん《等分》に罷成候儀者、慶長九年に両国造と有之上ハ、かゝへ《抱》分とうぶん《等分》に被仰付可被下之由、千家方のそミ《望》申付而、両家年寄共ニかきちか《書違》へ被仰付候、ならひに佐草持分廿ケ所のつりあいに、当家ゟ拾ケ所長谷へ新儀に被遣候、其外別火をも両別火に可被仰付由候而、両家とうぶん《等分》の御下知有之儀すミ《墨》付御座候、次ニ大庭知行分之儀、将軍家御判物数通のむねにまかせ、他方ゟよけい有之事に候、

然処堀尾殿御入国之刻、両国造之儀ニ候間、御祭り田同前ニ可預御沙汰ニ由候而、是又当時同前ニ御座候、此趣大庭年寄共存儀に候、

一、千家中分者、正・五・九月存之由承ふれ(触)候、其儀他方面目に候ハヽ、当家ゟ御祭等存候儀者何事に候哉、正月者廿日之経とて、大社神宮寺鰐渕寺一山下山候而、一頭国造よりのぎしき(儀式)北嶋かとく(家督)に付而、鰐渕寺のひほう(秘法)大しゆ舞とて、于今神事令執行候、是壱つ、そうあいの四ケ寺年頭に北嶋へ出仕をとげ、其後千家へ罷出候、いまに至テ其通に御座候、次ニ五月者五日ニ御頭御座候、是又北嶋執行仕候、当時其御神事無之儀者、千家方月に当家執行之故、毛利殿御代ゟ中絶仕候、次ニ九月者九日に御頭御座候、是又北嶋執行仕候、然処当時中絶之趣、右同前に御座候、次ニ三月者軸之頭、三月三日に神事、北嶋于今至テ執行仕候、如此正・五・九月共ニ御神事北嶋執行、其せうこ(証拠)三月会神事までのせうせき(証跡)御一覧に入候、当家之月、千家何れの神事有之儀ニ候哉、可預御尋ニ候、近年五月晦日に候おりゐの神事と申儀を、今ハ六月朔日ニ致執行候、此外者不及承候、是ハ三月会にたいせさる神事に候、

一、一頭国造之時、大ぞし三人と申候而、社官つかさ(司)御座候、其内かしら(頭)二人、当家于今本上官に候、向上官・森脇上官、此二人三人之内に候、此外ニ佐草子細有社官ニ候、此者共家々のせうせき(証跡)御一覧被成、他方上官のせうせき(証跡)御覧しあはせらるへく候、口上之子細ハいかヽに存候、

一、年中請取之月之内、於大社者十月ハ於当国ニ神有月と申、他国にてハ神無月と申儀、日本国中其かくれなく候、神道の於子細ニも此月を以テ神慮御いくほう(威光)に候、其趣可申入候得共、神道之儀に候へは、先さし置候、次ニ四月者諸神之祭月之儀、其かくれなく候、惣別神祇には、てうを用申儀に候、さいはいの二字も二つの儀ニ候、千家請取之月、何れの月を以テ、十月にてうくハ可仕候哉、正・五・九月なと申儀者、仏家之沙汰せぞく(世俗)までに候、神祇に不及承候、

一、大御所様(徳川家康)天下御代はしめに、当家ゟ城織部殿を以、大

社御巻数さし上申候、他方ニかやうのすじめ有之儀ニ候哉、預御尋度候、当家之儀、御代はしめより抽御祈念候処、当時　羽州様御入国之儀ニ候間、たとへ近年違乱之子細御座候共、右之御国守ニ相替り候間、永々まて有体に御沙汰こいねかう《（請願）》所に候、将又仏家之儀ニ候間、当家へたいしおほぜざる儀ニ候へとも、六条門跡之儀、右　上様御上洛之時、かとく《（家督）》に付而、おもて《（表門）》もんぜき《（跡）》先出仕相調申儀、於天下そのかくれなく候、是又近年不相定候得共、右のすかたに候事、

一、当時千家尊能事、神水神火令相違、神慮をかすめ、ぶめい《（武命）》をおそれざるのゆへ、言上すべきもの丶不及其沙汰儀、一同のぼんにん《（凡人）》たるへきと存、山城殿《（堀尾忠晴）》御代ゟ於度々致上都、段々子細御座候、是ハ仏家ニ本地之沙汰仕候趣同前之儀に候故、遂　勅許候、然処数ケ条偽之子細、千家よりの公家へ言上に有之事に候、かやうの儀者、御政道の儀に候、先しゅご《（守護）》所ゟ御沙汰可有之子細、先年将軍家御判物御座候間、御理申、御指南をうけ可申かくこ《（覚悟）》に御座候、右証文之儀、数通御座候得とも、相分る之時の子細にあらさる儀者、さし置申儀に候、

【寛永一六年（一六三九）】

六月吉日　神魂社神主秋上尊国、神魂社造営の由緒などを記して、その善処方を松江藩に要請する。その中に天正一一年の棟札も見える。

三二四　神魂社由緒注進案（秋上家文書）

神魂神法之儀、令墨付解達事、

一、伊弉諾・伊弉冊御造営之儀者、従神代以来出雲国段銭と申候而、田壱反ニ付、古銭弐拾疋宛懸リ、三拾三年ニ及、築石迄も取替、新建立之儀、神降以来之法度にて御座候、然所ニ、御造営之儀、三拾三年も差延申候処ニ、明神御違乱之御神宅《（託）》ニ、御天上可被遊由ニ而、天正十一年二月廿二日、此社頭江天ヨリ大ちやうちん《（提灯）》程之ひかり物、御本社之棟ニ落而、忽ニ令炎上畢、其節之趣、於芸州ニ神主左右衛門尉《（秋上良忠）》言上仕候へハ、即鰐渕寺和多坊ヲ造営奉行ニ被仰付、神降以来之任旧例之

旨、反別を以、御建立被遊候、然者神魂古宮者伊弉諾へ参、亦伊弉諾之古宮者六所へ御造立被成儀、往古之例ニ御座候事、

一、棟札之意趣ニ、

於当社者、毎至三拾三稔星霜、造改九重八雲之金殿、神降以来之法度也、其年月漸廻来、時節不測、当年二月廿二日夜半、天災之一炬、落本社之棟、忽成灰燼訖、冀本社末社並庇、縦過楼至仏之出世弥昌栄、国主黎民充富、復送星宿劫之春秋尚無減、此趣者、神代ゟ之意趣ニ御座候、

天正十一年　　造営奉行并段別奉行
癸未極月廿二日　　鰐渕寺和多坊

毛利輝元様御判有、
吉川元春様御判有、
輝元様御守護代
児玉小次郎元兼
元春様御守護代
桂与三兵衛春忠

一、右之御造宮御仮殿之時、普請之御奉行至時、神法相違之儀被仰付候ニ付、国造千家義広ヨリ御違乱之儀参候、有之侭ニ書付申事、態々音問令披見候、

一、山太爰許入儀候付而、先日仮殿之趣、段々申入候、扨者其元にて浄音寺相談候て、我等申候事相違候乎、不苦儀ニ候、然共仮殿之大小者不入、柱九本立可申候、前々左様ニ四五之柱にて、物毎神を神と御あかめ候ハぬ故ニ、尼子殿御家如此成行候、其次を芸州へ取当候事、不及是非候、第一元春・元長之御事、少もそさうなる事御嫌候、当座私ぶせニし候ても、神慮方事ハつゝめ候てハ、国々乱、又国主其在所地頭之ほろふる儀ニ候条、毛頭程も私之儀不入候、其成弥分別候て、吉田へも新庄へも可被申上事肝要候、

堀尾様御代御造営之趣

一、堀尾但馬守殿・同釆女正殿、御参詣被成候て、御建立之宮ヲ、修理之宮ニ可仰付由、御意ニ付而、様子国造殿へ申上候へハ、国主様御為不可然由被申候通、則嘉右衛門我に罷出申上候へハ、建立之宮ニハ不成由被

仰候、其様子を国造殿へ申上候へハ不及力儀ニ候間、さらハみやを御とき候て、けつりしらけをも被成候ハヽ、御建立ニも罷成候ハん哉と国造殿被申候ニ付、其通ニ相調申候、然所ニ、御両所ゟ神主・別火・浄音寺只今参候へと、郡代村松三蔵殿ゟ申来候故、いそき罷上り候へ者、以来　山城守様(堀尾忠晴)ニ思召御当之御罰之儀も御座候ハヽ、此両三人可蒙罷(マヽ)との書物を仕上候へと被仰候ニ付而、乍迷惑書物調上申候、

一、御仮殿之地を引申候時、二尺計之いせこひ(鯉)とひあかり申候を、我等とりあけ、社奉行安藤弥次兵衛殿へ懸御目申候事、紛無御座候、

一、神魂御遷宮ニ付而、御こしの前後を両国造殿出入被申候処ニ、北島殿被存候通ニ相違申、千家殿ハ神魂へ御出被成、北島殿ハ神門之郡ニ宛為候ニ付而、釆女正殿ゟ為御使、長谷川惣右衛門尉殿・三宅嘉兵衛殿両人、神門中宿迄被遣候趣者、先大庭へ御越候ハヽ、其上以御談合可申由被仰候へ共、北島殿無承引、杵築へ被罷帰、即釆女正殿へ書置之状被成、十月三日ニ京都へ上洛被仕候、然者両国造殿御遷宮之所、右之通ニ而、千家殿御一分ニ御宮移被遊候、

一、伊弉諾之宮御普請相調申候処ニ、　堀尾山城守様御遠行被成候付、遷宮不罷成候、然者　京極若狭守様(忠高)御入国被成候故、御遷宮被成被下候様ニと御理り申上候へハ、人々立置たる宮を箱棟なと取替候而、　若狭守様御建立之様ニハ不罷成由被仰候て、米五十俵遷宮之為ニ被遣候、御宮移之時、松井七郎左衛門尉殿御参詣候、

一、神魂之儀者、余社ニ替、神代ヨリ以来、社例伝記之神道有之ニ付而、其旨趣申上候、然者書付上申申(マヽ)候様ニと仰ニ付而、先有増之体ニ御座候、神魂御宮所号影向山ト、地神之御代ニ御弊(幣)立初、金剛合掌ニ神法ヲ納給、当山地而非地ニ、天原ニ而御座候歟、神魂ハ神代之任神法、御宮所跡ヲ不替儀也、疎ニ旨趣難顕言語、神道々ト云神秘々ト云、殆今神宮寺修理之儀、抛神降以来之掟、御代ハいつれ之御代ニ、神主ハ伊豆か非例を仕置との末世之嘲き、後証おそるヽ者也、日本之初神、今以不珍儀、且ハ神慮之御為ト云、且ハ　国主様御武運

長久、御息災延命、御子孫御繁昌之御為ト云、弥神慮祈開塔之塲(マヽ)、御祈禱依奉抽懇祈、社例之趣、跪以言上如件、

六月吉日　　神主伊豆
　　　　　　　尊国在判

ひかへ

○本文書は、寛永一六年頃記されたものと推定されるので、しばらくここに収める。

【年未詳】

三二五　松本五左衛門書状（鰐淵寺旧蔵文書・県図写真）

正月九日　松本五左衛門、和多坊に対し、改年の吉兆を祝うとともに、倅平八のために御札・御守を下されたいと伝える。

（封紙ウハ書）
「　　　　松本五左衛門
和多坊様
　御同宿中　　」

尚々、是成に御座候へとも、杉原二束進上申候、以上、

改年之吉兆目出度存上候、先日者、為御礼早々御札幷御持参、忝次第に奉存上候、随而、一昨日、拙者せかれ平八繁昌仕候、御札・御守被下候者忝可存候、様子之儀者、此もの口上に可申□候、仍能緩々と、以参上御慶可申上候之間、不能詳候、恐惶謹言、

正月九夜　　□（花押）

三二六　斎藤彦左衛門等連署書状（鰐淵寺旧蔵文書・東大謄写）

三月三日　松江藩の斎藤左衛門ら、鰐淵寺の年行事に対し、堂宮修理の実施について、御礼のために参上した西本坊・井本坊と相談する旨を伝える。

今度鰐渕寺堂宮破損修理之儀被仰付候、為御礼西本坊・井本坊被為越候、則首尾御前能相調申候様子之儀、物語可有之候条、不能詳候、恐惶謹言、

三月三日　　斎藤彦左衛門
　　　　　　　　在判
　　　　　加藤十大夫
　　　　　　　　在判
　　　　　松井七郎左衛門
　　　　　　　　在判

年行事御坊
　貴報

四月四日　森村賢清、伊弉諾社外遷宮の日取りが一三日に決まったとして、その旨を杵築大社と鰐淵寺に伝えるよう、神魂社神主秋上孝国等に命じる。

三一七　森村賢清書状（折紙、秋上家文書）

尚々きつき・がくゑん寺ヘの安内（案）可被仰候、以上、

伊弉諾外遷宮今月十三日ニ可被成候由ニて御座候間、則御日取之書付もたせ進之候、御請取可有之候、きつき（杵築）・がくゑん（鰐淵）寺ヘも、其元ゟ右之通被仰候て、人を御遣可有之候、為其態申入候、我等なとも十一日ニ其元ヘいつれも同心仕候て罷越可申候、其節万事可得御意候、恐惶謹言、

卯月四日　森村平兵衛
　賢清（花押）

神主（孝国）平三郎殿
別火（辰信）加（嘉）右衛門殿

伊弉諾
清右衛門殿
　まいる

四月一一日　鰐淵寺年行事の豪仟、神魂社神主秋上孝国・伊弉諾社清右衛門らに、奉行所からの命に基づき、伊弉諾社外遷宮の期日を一三日に撰んだとして、申し出を了解した旨を伝える。

三一八　鰐淵寺豪仟書状（折紙、秋上家文書）

以上、

飛札拝見仕候、如仰伊弉諾外遷宮之儀、先度従　御奉行様蒙仰候之間、則十三日撰進上仕候間、御紙面之通得其意候、恐惶謹言、

卯月十一日　鰐渕寺年行事
　豪仟（花押）

神主平（孝国）三郎殿
別火（辰信）嘉右衛門殿
伊弉諾清右衛門殿
　御報

五月七日　堀尾一好、鰐淵寺衆との相論について意見を聞きたいとして、大社奉行の長谷・佐草と別火氏に出頭を求める。

三二九　堀尾一好書状（折紙、佐草家文書）

以上、

態申入候、先度指延置候鰐渕寺衆と其元出入之儀、様子何れも承候様ニと、鰐渕寺衆御理ニ候間、爰許へ可有御越候、為其申入候、恐々謹言、

五月七日　　采女（堀尾一好）（花押）

長谷右兵衛殿

別火殿

佐草左衛門尉殿

一〇月九日　松江藩の松井七郎左衛門と安食八太夫、円流寺の希望により、墓所を鰐淵寺に定めることになったとして、教禅院に場所を確保するよう求める。

三三〇　松井七郎左衛門尉・安食八太夫連署書状（折紙、鰐淵寺文書）

一筆令啓上候、然者円流寺此比相煩、昨日被致遷化候、存命之時分、相果候ハヽ、死骸鰐渕寺へ遣、於和多坊取置、仏事等も仕、位牌をも立置、弟子一人遣、香花をも為取申度と願ニ付、御家老中へ申達候へハ、師跡之儀尤ニ思召、願之通被仰付候、和多坊儀者当分教禅院へ被仰付置候、看坊之早達、寺明渡候様ニ一山中江も此方ゟ可申遣旨、御家老中御差図ニ付、各迄申進之候、右之旨教禅院へ被仰渡、寺被相渡候様ニ可被成候、為其如此御座候、恐惶謹言、

十月九日　　安食八太夫　□（実カ）（花押）

松井七郎左衛門　□（秀カ）（花押）

鰐渕寺

一山中

一二月三日　周防国洞春寺の嘯岳鼎虎、鰐淵寺和多坊の雪中の訪問をねぎらい、一〇〇疋の進呈に謝意を表す。

三三一　嘯岳鼎虎書状（鰐淵寺文書）

（端裏捻封ウハ書）
「（墨引）和多坊参御同宿中　洞春寺鼎虎」

此表御下之由候、雪中之御労煩不及申候、殊百疋被懸御意候、毎篇御丁寧之至候、此間者海苔壱袋・柏実一袋被下候、則御報可申候を、於当夏可懸御目之間、以面可申述と存候て、遅々心外候、必々明春早々御慶可申承候、恐惶謹言、

十二月三日　　鼎虎（花押）

一二月一九日　松江藩、近隣の村々に対し、鰐淵寺境内における山林竹木の剪採を禁じる。

三三二　松江藩老中連署達（折紙、鰐淵寺旧蔵文書・県図写真）

鰐渕寺境内山林竹木剪採候事、如前々被停止之間弥可相守此旨候、若違犯之族於在之者、急度曲事可申付之条、隣郷村々此趣可触知者也、

十二月十九日

村松内膳
直賢（花押）
三谷権太夫
長玄（花押）
神谷兵庫
富□（花押）

遙勘
高浜
経松
朝山
稲岡
荻原
高岡
林木
武志
美談
諸村中

月日未詳　日御碕社の造営遷宮次第が記され、その中に鰐淵寺僧の参加が見える。

三三三　日御碕大神宮御建立次第（日御碕神社文書）

出雲国　日御崎大神宮御建立次第

一、安寧拾参年庚戌行幸於御経島経本作鏡、令祈朝廷安全・四
海八埏之泰平、収十握霊剣於神宮崇御西戎征伐守護神
訖、　宣命使三頭土神、
一、開化弐年乙卯十月日、任　安寧帝之例奉勅官人内臣遷
宮執行、
一、仲哀元年戊戌社壇顛倒、奉　天皇勅言神宮令造建訖、
賜赤白奉幣畢、磐裂大臣遷宮、
一、敏達拾年三月日　御門有臨幸奉御願文給、遷宮小野泰
亮執行畢、
一、推古拾四年神宮修造、奉　当帝勅詔、小野重俊内臣遷
宮訖、
一、白鳳弐拾壱年辛巳三月日、依天気神宮造立訖、小野貞
威内臣遷宮、
一、天平勝宝弐年庚申神宮修造、蒙　聖武天皇勅言正□位
小野貞秀遷宮畢、行列次第別記、
一、天暦弐年戊申十月六日、蒙　村上天皇勅奉遷御本宮於
陸地訖、御本宮・上宮拝殿・門客人廊下・七所末社・
東西華表・庁屋・御供所・薬師堂・経堂・護摩堂・三
重塔皆以一時令造立畢、勅使左中弁正弼、遷宮神事者
三郎蔵人小野高光執行之、目録以下別記、
一、長久弐年蒙　後朱雀院宣旨上宮造立、従三位小野政時、
遷宮神事次第別記、
一、正治元年正月十一日　右大将頼朝卿御建立、遷宮者正
□位小野政近、遷宮記目録以下別書在之、
一、建歴(暦)弐年壬辰十月一日遷宮、将軍実朝卿依御宿願所
令建立也、遷宮執行者正三位小野政泰、行列次第別記
有之、
一、建長七年乙卯九月十五日御本社遷宮、同廿日上宮遷宮、
依　宗尊親王仰当国司佐々木信濃守所令建立也、遷宮
執行者□三位小野政家、目録別記有之、
一、建武参年丙子八月十二日遷宮、奉　後醍醐天皇勅源尊
氏卿有御建立、時　天皇行在伯州舟上雖有造営之叡願、
而此時国祚未安人力猶疲因、改古代之大宮造云々、勅
使勘解由長官、遷宮執行者正三位小野政高、目録以下
別記、
一、応永廿五年戊戌八月廿有八日御本社仮殿遷(宮脱カ)、小野貞政

執行、同参拾五年戊申四月十四日同御柱立、永享五年癸丑八月廿七日遷宮、従一位大将軍源義持卿御建立訖、先是沙門妙観感奇夢、因請耕雲老人明魏、詠和歌三篇以為明証、而掌勧課之事者也、遷宮執行者従三位小野政継、大工次郎左衛(門脱カ)貞清、行列次第目録別記之、

一、明応七年戊午三月十一日上宮令修上葺奉成遷宮訖、同霜月十六日夜宛(マヽ)剋炎上、塔婆・鐘楼・社家等悉成灰燼訖、御本社・経所・神宮寺者令免此災給、同八年己未二月十七日御柱立時、鰐渕寺衆徒被行仁王講畢、永正十七年庚辰六月十日遷宮、蒙　参議左中将征夷大将軍義澄卿仰、国司佐々木伊予守経久令建立之、奉行亀井能登守、遷宮執行者従三位小野政忠、本願十穀慶善、

一、大永四年甲申卯月十九日御本社遷宮如先例也、依従二位権大納言征夷大将軍義植卿御下知、佐々木伊予守経久以出雲・石見・隠岐・伯耆棟別令建立訖、遷宮執行者従四位下小野宗政、奉行亀井能登守、本願道清上人、行列次第別紙書之、両社造営之間凡五年、

一、天文廿四年乙卯六月廿一日上宮修上葺令遷宮畢、任先例被成下　征夷大将軍義輝卿御下知、尼子修理大夫晴久以出雲・石見・伯耆・隠岐人別令建立訖、遷宮執行者従三位小野政光、行列次第別記有之、

一、天正五年丁丑冬十月七日、御本社仮殿遷宮者従五位下小野政久、文禄三年甲午仲春二十三日同遷宮、毛利中納言輝元卿令建立訖、遷宮執行者従四位下小野元政、目録以下別記有之、本願寿賢禅師、

一、寛永二十一年甲申秋七月十九日、両社遷宮執行者従四位下小野尊久、別当権大僧都慶雄、大工福田木工助久賢、神幸行列次第等在別記、先是当社本願慶雄窃慨社領之敗壊、忽起経営之大志、慶長丙午之歳遠赴江戸訖、島田弾正忠及土井大炊頭歎訴事于、
大樹源君、其間往来于江戸者二十九年、于此遂獲蒙造立之　厳旨、然令当国太守京極若狭守源忠高奉行宮社営作之事、忠高逝去之後後太守松平出羽守源直政掌之始乎、寛永十一甲戌年終乎、同二十癸未年両社御殿・拝殿・両門客人・楼門・御禊所・御供所・護摩所・庫蔵・本地堂・多宝塔・男山三層塔・東高門・弁財天

宮・鐘楼・神宮寺・東西石華表・廻廊等皆以一時落成矣、大師御影堂者本在宇料大師山、今従以置宮畔者也、尚　霊神之威福、源君之盛徳共輝並照与天壌永終、是慶雄之志也、敬記畢、

月日未詳　国造北島広孝、新国造千家尊能が神火神水の儀に反するなどとして、その非法を訴える。その中で、鰐淵寺は「大社神宮寺」だと称される。

三二四　国造北島広孝訴状案（北島家文書）

大社神法之儀条々目安

一、於大社可申達儀出来之時者、先守護所ニ相触止之子細、天下江可令言上之由、右大将家（源頼朝）之御時之任例、相模守平時房・同武蔵守泰時御判形之旨を以、令申所也、社例と云、天下之御為と云、可被任旧例哉、則証跡を相添者也、

一、神代ニ天穂日命ヨリ至孝時、一頭国造也、然ニ両家に相分ル事、清孝私之族（系）を以なり、則古景図書写、証跡之旨書加、旧記等を相添、御一覧に入者なり、

泰孝
　├ 覚日　女　法名
　└ 孝時
　　　├ 妙善　女　法名
　　　├ 弘乗　孝時別腹之長男、出家也、
　　　├ 清孝　三郎ト云、一期之仁也、

此清孝者、一旦雖有譲状、父依為不孝令相違也、然処覚日依御異見一期之間をゆるさるるなり、是者孝時父泰時ヨリ覚日へ之遺状ニ不可背母之仰ヲ之由ニ付、孝時一言之ことハリなきとみえたり、

　　　├ 孝宗　五郎ト云　千家始、

是ハ清孝ヨリ譲状を得たり、家督有へきなれとも、五体ふ（不具）なるに付而、父死去之時、ゆいこつをひろい、しよくゑ（触穢）ふしやう（不浄）の人也、委細旧記にみえたり、

　　　└ 貞孝　六郎ト云、北嶋始、

父孝時ヨリ貞孝江之譲状アリ、筆者妙善たるよし貞孝申ス、孝宗承伏すと、尊氏将軍之執権之うらかき（裏書）に名判有之、家督之証拠たり、其時之守護塩冶高貞ヨリ貞孝江一行アリ、次ニ覚日ヨリ高貞へ孝時跡之儀、六郎へ被申定之由、守護代迄被申届之処、其文一行に被相添、貞孝へ給所也、父之譲状と云、国守之判物と云、清孝・孝宗へさうそく（相続）の儀有間敷所に、其節天下乱国にして、御政道

た丶しからさるゆへなり、其上高貞ハ暦応年中にして尊氏ついはつ（追伐）あり、是によつて国守判形之旨をたてさるなり、清孝之一期ハ建武三年ヨリ康永二年迄也、一期之後者、父之定たることくに、貞孝たるへき所に、又背て跡を孝宗へゆつる事重科人なり、

一、家督に付而かきり有神事、他方之月まて存所、正月廿日之御経、大社神宮寺鰐渕寺より下山有て、北嶋於宿所ニ、一頭国造規式有之、次ニ三月三日之御頭、次五月五日之御頭、次ニ九月九日ノ御頭令執行之所、証拠之ため証文を相添也、十月之儀ハ、天地之両儀、神道此一月にきはまる月なり、当家裁判之儀子細有之、他方ニハ当家之月、六月に五月晦日之神事を六月一日にさし延る所、天正十九年にさたまれり、口上有之、

一、於御造営方ニ者、両家に分て、始貞孝可令沙汰之由数通之御綸旨有之事、幷御遷宮之時御体をいたき奉る事、当出雲氏にあらさるものハ不可存之由、土御門院宣に被定置所也、

一、御綸旨・院宣幷将軍家代々之御判物等、家督付而于今当家ニ有之、如此旧記之旨を以、当御代始家康公江羽柴（福島正則）左衛門尉太夫御吹挙を以、城織部殿にて、大社御祈禱之御巻数指上候、則織部殿返事有之儀候、懸御目候、他方にかやうの筋目御尋可被成哉、

一、神職・国造職・神主職、此三つのわかち大社に有之儀に候、神職者天穂日命ヨリ以来、神水神火之両儀を以、大社之垂跡と号ス、にくしん（肉身）にして神慮一体たる事、神国之神風也、次ニ国造職ハ同天穂日命より十八代宮向、人王十九代返（反）正天皇御宇ニ出雲之姓を給り、始而国造と号ス、是則氏也、官にあらす、世間に有之国造ハ官也、又ハみやつこ（造）也、既ニ官位ハ人王三十四代推古天皇御宇、聖徳太子唐之官位をうつさる丶所也、時代はるかにかハれり、次ニ神主職ハ神武之後胤猶間中将重高、国造之娘と嫁して称神主、資忠ハ孝房之時代、実高ハ義孝之時代也、大社御造営之時、遷宮旧記をしらす候ハん、そをく（企）ハたつるによつて、実高を改易し、其職を国造義孝に還補せらる丶所也、是より神職・国

造職・神主職を兼して、両職トス、則旧記をあひそゆる物なり、

一、当千家尊能、神水神火及相違、神前出入之間、神慮之御ためと存、令上都、一条殿下（兼遐）へ捧一札候、下書之事、其写事多ニ付而、別紙に書戴、御一覧に入候、神慮之御ためと申儀ハ、上官以下之ものハ、わゑ（悪穢）ふじやう（不浄）とて、是をきらひ、妻女懐胎七月より誕生十月之間、四月ハ御垣之うちへも不参候キ、然者神職之ものハ、神同前（然）なるに付て、さやうなるふしやう人とハ、座敷をもへたつる社法なり、其外子とも死候ても廿日のいみ（忌）なり、かやうの時も尊能神職無相違とて、神事等まて執行之儀者、神慮をかすめたる儀に候、大社之服忌令不及書付、神職之者なへてふしやうなし、神水神火の二つかけてハ上官等同前也、於天下ニ千家方より申所、尊能神水神火無相違之処に、広孝偽申之由、殿下へ申事、今更不珍（審カ）候、神水と申ハ　天穂日命よりの血筋不絶ものを、出雲氏とて神水ニ用ル所也、然に此尊能ハ米原と申もの丶子孫也、久木之米原左京と申もの、先年千家上官のうち、赤塚家へ入聟ニ被成候、此孫元勝、義広国造之聟に被成候、其子内記是ハ早世ス、其子当尊能なり、他方よりハ神水た丶しく候と申候へとも、何のゆへなき米原子孫を、出雲氏とハ不被申候、其上様子存たるものハ不審有之人也、次ニ神火之儀、神宝を伝て神火とす、大社之神妙也、則父死去之刻、一昼一夜をたかへす得神火、是不生不滅神道第一之社法也、不生不滅之故に神慮一体也、然処ニ十日余神火たちまちに絶る之間、可申子細なく、毎日膳をそなへ、いけるかことく仕たると公家へ申上候、いけるかことくと申神例、上古も無之候、是以偽に候、死人を寺へをくりては死にたち（立）申候、其故ハ其節星野弥五左衛門と申ものいミ（忌）仕候、そのおいの勝五郎も同前（然、下同ジ）にいミ仕候、国造をいけるかことくならは、かやうのいま（忌）る丶もの同前にハ有間敷事に候、申儀も無之付而、無体之偽迄に候、宵にハ大鐘をならし、平人之死たることく仕候事、前代未聞に候、右之趣所之万民まて存候事に候、此神水神火之儀、他方偽申旨、公家も御聞届にて、

神家之儀ニ候間、吉田ヘ御内意之由に候、然共直ニ不被仰聞儀ニ候間、申に非す候、寛永拾壱年之上洛之時如此候、然者新嘗会之神事、名代不被成故帰国仕候、若以来天下ニ而相済申之由申掠候へはと存念のため、書付を板倉周防守殿道春ヘも渡置候、周防殿ゟハ預御返書候、然処に国ヘ罷帰候而承候へは、神水神火之儀、於天下申わけ、御綸旨等まて被下置之由世間に申ふる(触)丶に付而、翌年に上都仕、此趣申入候処ニ、御仰天にて此度急度御沙汰可有之候へとも、殿下御不例之儀付而、公家御寄合不成候間、広孝重而上都候者、千家も同前ニ上洛候へと御状被遣候、此方へも同前之儀に候、然ニ京極若狭守(忠高)殿御遠行之故、御上使御下向、其後御入国之故、御手透をうか丶ひ、延引之様に罷過候、右於先条者、御心入之ために申迄に候、所詮者神水神火之儀、神法及相違、わゑ(悪穢)のしやへつ(差別)なき事、神前之ために候、今のとをりに候て事過候へは、天子ハいつれの御宇、将軍ハいつれの御代、至国守ハいつれの御時と申伝へき事、御政道た丶しからさるやうに可罷成候哉、誠以王道をかろしめ、武命をおそれす、偏に大社の神風及闇夜所也、凡神代ニ大己貴命ヘ天照太神いましかまつりことをつかさとらんハ、天穂日命是也、如此勅ヲうけ、穂日命より以来、神水神火を以、神慮一体と号ス、此故於大社之神道者ほんしやくゑんき(本迹縁起)の神道とス、ことのもと是なり、然に神水神火すたれては、何を以大社之垂跡と申つたへんや、かなしむへし〱、広孝此一儀申所は、可申もの丶申さゝるハ同罪たるによつて、達而令申所如件、

【正保五年・慶安元年（一六四八）】

正月 国造北島広孝の葬儀の触穢により、二〇日の鰐淵寺の大般若経転読が二八日まで延期となる。

三三五　国造晴孝公御火継之記写（佐草家文書）

（前略）

一、(正月二十六日)同日鰐渕寺ヘ御使者波根作左衛門尉、近習也、被遣候、今度下山之御礼と云々、持参ぬり樽二、折一合豆腐十一丁、

（中略）

一、同日(同二十七日)鰐渕寺衆下山、廿日ノ大般若明日転読あるへきためと云々、惣山より北島殿へ御祝儀として樽二、折一合、蜜柑三百、代僧年行事松本坊ノ法印、国造殿御対面アリ、

一、廿八日甲子天晴　廿日ノ大般若転読、広孝御葬礼之触穢ニよつて今日迄相過候、北ニて(北島家)之作法如例年、

(後略)

三月　鰐淵寺領出東郡林木村の坪付帳が作成される。

三三六　鰐淵寺領出東郡東林木村坪付帳（冊子、鰐淵寺文書）

「(表紙)慶安元年
　　出東郡東林木村之内鰐渕寺領坪付
　子ノ三月　」

ゑの木かおき
上田　壱反八畝歩　四郎兵衛
　　　　　　　　　七郎右衛門
中田　六畝歩　両同人
上田　八畝拾八歩　喜兵衛
中田　四畝歩　同人
上田　六畝廿七歩　新右衛門
上田　壱反廿七歩　与作
上田　五畝歩　同人
中田　三畝歩　同人
上田　六畝歩　源左衛門
中田　三畝廿七歩　同人
上田　五畝歩　四郎右衛門
中田　弐畝拾八歩　同人
上田　五畝歩　喜右衛門
中田　三畝廿七歩　同人
上田　九畝拾五歩　九郎左衛門
上田　七畝歩　藤左衛門
中田　三畝九歩　藤左衛門
上田　弐畝歩　与作
中田　弐畝九歩　同人
上田　七畝歩　宮蔵
上田　四畝九歩　長蔵
中田　壱反歩　同人

上田　七畝歩　惣次郎
中田　八畝拾八歩　同人
上田　壱反弐畝歩　助兵衛
助十郎
中田　壱反壱畝拾八歩　両同人
上田　六畝歩　忠左衛門
中田　四畝拾五歩　同人
上田　八畝拾弐歩　喜三郎
中田　六畝歩　同人
上田　壱反壱畝歩　宮蔵
中田　八畝廿壱歩　同人
上田　七畝歩　与作
中田　五畝三歩　同人
上田　六畝拾五歩　七郎右衛門
中田　五畝歩　同人
上田　壱反歩　仁兵衛
中田　九畝六歩　同人
上田　五畝九歩　同人
上田　五畝六歩　庄右衛門
上田　六畝九歩　長蔵
中田　三畝拾五歩　玄番（蕃）
上田　壱反歩　四郎兵衛
中田　壱反弐畝六歩　同人
上田　廿壱歩　宮蔵
上田　四畝廿壱歩　長兵衛
上田　壱反五畝歩　七郎右衛門

以上

右ノ田坪、ゑの木かおき一円ニ有之也、
上田壱石七斗代〆弐町壱反九歩
分米三拾五石七斗五升壱合
中田壱石五斗代〆壱町壱反三畝拾弐歩
分米拾七石壱升
田反合三町弐反三畝廿壱歩
分米合五拾弐石七斗六升壱合
右者、慶安之春三月林木東西両村共ニ御検地就被仰付、竿入申処也、慶長拾六年ノ御検地高ヨリ弐石六斗五升壱合出分候へ共、鰐渕寺領此外之所不改候間、出目共ニ相

渡候、以来寺領分一円ニ御改候時、古之出分可在指引者
也、
慶安元年
子ノ三月　　野村吉大夫
　　　　　　　惟工（花押）
　　　　　　高木甚五左衛門
　　　　　　　通□（花押）

墨付紙三枚有之、

【慶安二年（一六四九）】

三月　鰐淵寺領神門郡横引村の坪付帳が作成される。

三三七　鰐淵寺領神門郡横引村坪付帳（冊子、鰐淵寺文書）

（表紙）
「慶安弐年
神門郡之内横引村鰐渕寺領坪付
丑ノ三月　　　　　　　　」

下々田　拾五歩　藤蔵
下々田　拾八歩　同人
下々田　廿壱歩　仁兵衛
下田　九歩　藤蔵
下田　廿七歩　清三郎
下田　廿七歩　善五郎
上々田　八畝拾五歩　清三郎
上々田　六畝廿壱歩　善五郎
上々田　壱反九歩　孫十郎
上々田　九畝廿四歩　同人
上々田　四畝六歩　仁兵衛
上々田　四畝歩　孫十郎
上田　六畝歩　仁兵衛
上々田　壱反歩　孫右衛門
上田　壱反弐畝廿壱歩　同人
上々田　八畝九歩　孫十郎
上々田　三歩　作右衛門
上田　五畝歩　善二郎
上田　五畝三歩　平三郎
上田　三畝拾五歩　甚太郎
上田　四畝廿壱歩　藤蔵

上田　八畝歩　同人
中田　弐畝拾五歩　同人
上田　弐畝九歩　善五郎
上田　弐畝拾八歩　清三郎
上田　弐畝拾五歩　善五郎
上々田　壱反八歩　庄兵衛
上田　壱反四畝三歩　同人
中田　壱反歩　同人
上田　弐反歩　孫十郎
中田　壱反弐畝三歩　同人
上田　壱反拾五歩　助右衛門
中田　五畝歩　同人
上田　九畝九歩　清三郎
中田　三畝六歩　同人
上田　五畝歩　善五郎
中田　四畝拾五歩　同人
上田　六畝歩　清三郎
中田　三畝拾八歩　同人

上田　三畝廿七歩　助左衛門
上田　五畝六歩　二郎右衛門
川越下畠　五畝廿壱歩　善五郎
中畠　五畝拾五歩　清三郎
中畠　五畝拾五歩　藤蔵
中畠　壱畝廿四歩　同人
中畠　弐畝六歩　善五郎
中畠　弐畝歩　清三郎
中畠　拾八歩　同人
中畠　拾八歩　善五郎
中畠　壱畝拾八歩　久五郎
下畠　廿壱歩　作右衛門
下畠　拾八歩　孫右衛門
中畠　拾五歩　藤蔵
下畠　壱畝九歩　同人
中畠　三畝廿七歩　清三郎
中畠　三畝廿壱歩　善五郎
下畠　壱畝廿七歩　仁兵衛

中畠　弐畝廿壱歩　善五郎
上畠　壱反壱畝廿四歩　（善五郎／清三郎）
上畠　弐畝拾八歩　久右衛門
上畠　九畝六歩　五郎左衛門
中畠　壱反拾八歩　久右衛門
上畠　六畝歩　孫右衛門
上畠　八畝歩　藤蔵
上畠　弐反壱畝十五歩　（源右衛門助／助右衛門）
下畠　三畝拾八歩　二郎兵衛
下畠　弐畝三歩　清三郎
下々畠　九歩　同人
以上
壱石七斗代　上々田六反七畝廿七歩
分米拾壱石五斗四升三合
壱石六斗代　上田壱町三反六歩
分米弐拾石八斗三升弐合
壱石五斗代　中田四反廿七歩
分米六石壱斗参升五合

壱石三斗代　下田弐畝三歩
分米弐斗七升七合
九斗代　下々田壱畝廿四歩
分米壱斗六升弐合
田反〆弐町四反弐畝廿七歩
分米〆三拾八石九斗四升五合
九斗代　上畠〆五反九畝三歩
分米五石三斗壱升九合
七斗代　中畠〆四反壱畝六歩
分米弐石八斗八升四合
五斗代　下畠〆壱反五畝廿七歩
分米七斗九升五合
四斗代　下々畠〆九歩
分米壱升弐合
畑反〆壱町壱反六畝十五歩
分米〆九石壱升
田畑反合三町五反九畝拾弐歩
分米合四拾七石九斗五升五合

右者慶安弐年三月ニ御検地被仰付、竿入申高也、慶長七
年之御検地高ヨリ四石壱斗八升弐合不足候へとも、下ノ
庄村ニて四石壱斗弐合出分其侭相渡申候、以上、

丑ノ三月　　林文左衛門（黒印）
尾崎半平（黒印）
高木甚五左衛門（黒印）

紙枚四枚、但上かみ共ニ

【慶安四年（一六五一）】

五月吉日　自性院の豪善、桜本坊を中納言、増行院を民部卿にそれぞれ譲渡する。

三三八　豪善譲状（鰐淵寺文書）

（端裏書）
「譲状　慶安四年　豪善法印」

譲与坊職之事
合桜本坊増行坊　二宇
右増行坊ハ、江戸双厳院以御下知、自性院豪善法印寺建
立申処実正也、知行十三石ニ相定事も、双厳院・当寺家
中有評諚、相定畢、然者中納言ハ桜本坊ニ定、民部卿ハ
増行坊ニ定置者也、然上者寺修理・建立・勤行等、至末
代緩有間敷候、其上自性院菩提等両人メ談合仕、等分ニ
可弔事肝要也、万事善悪付、互ニ一同仕、可調事専一也、
弟子兄弟之記ニ此状弐通書分之、相渡者也、仍如件、

慶安四年辛卯五月吉日　　自性院
豪善（花押）

中納言まいる

三三九　豪善譲状（鰐淵寺文書）

（端裏書）
「譲状　慶安四年　豪善法印」

譲与坊職之事
合桜本坊増行坊　二宇
右増行坊ハ、江戸双厳院以御下知、自性院豪善法印寺建
立申処実正也、知行十三石ニ相定事も、双厳院・当寺家
中有評諚、相定畢、然者中納言ハ桜本坊ニ定、民部卿ハ
増行坊ニ定置者也、然上者寺修理・建立・勤行等、至末

代緩有間敷候、其上自性院菩提等両人ﾒ談合仕、等分ニ
可弔事肝要也、万事善悪付、互ニ一同仕、可調事専一也、
弟子兄弟記ニ此状弐通書分て相渡者也、仍如件、

慶安四年辛卯五月吉日　　自性院
　　　　　　　　　　　　　豪善（花押）

民部卿まいる

【承応三年（一六五四）】

九月三日　前国造北島晴孝の葬儀の導師を鰐淵寺僧が勤める。

三四〇　前国造晴孝御葬礼之記（切紙、佐草家文書）

前国造晴孝御葬礼之記

行列次第

一番　たい松、二々（番、下同ジ）はた、三々　灯籠、四々　葬馬、
五々　乗物、六々　梓箱、七々　からかさ、八々　手洗
桶、九々　水祭り米、十々　もり物色々、十一々　高机、
十二々　医師衆、十三々　当家上官衆ちよくすい、おりゑほし、　十四
々　鰐渕寺衆、十五々　霊供、十六々　御位牌、十七々
棺付、ぜんノ綱ニかた衣・袴ノ衆、　十八々　当家被官衆すはう、はかま、　十九
々　千家殿上官衆ちよくすい、おりゑほし、　廿々　千家殿被官衆はかま、かた衣、
廿一々　諸人御供、

（紙継目）

承応三年甲午
八月八日午ノ時葬礼也、
右者国造晴孝御葬礼之次第也、北島左馬介孝道之日
記也、
一、龕《ガン》ハ六方木色（マヽ）、
一、御葬所ハ旧例之通松林寺也、西蓮寺ゟ越峠村行列被
成候、火葬也、
一、火葬之事、何ノ時より歟、両家之旧記未見之、昔ハ菱
根ノ池ヘ水葬ト云々、火葬ハ近代之事ナルベシ、不相
応之事也、後代ハ可有両家之吟味者也、
承応三（年脱）九月三日　　出雲自清（花押）

【万治二年（一六五九）】

六月六日　松江藩の岡田半右衛門、鰐淵寺の松源院・西本坊・和多坊に対し、座王権現造営の材木切り出しの手伝いに必要があれば、別所・唐川の住人を動員してよいと伝える。

三四一　岡田半右衛門書状（鰐淵寺旧蔵文書・東大謄写）

一、書令啓上候、先日者宮之御馳走殊下々迄御振舞被成、御酒被下忝存候、昨日西本坊御出候得共取返申、早々御帰御残多存候、

一、座王権現御本社御入用材木、山大工取由申候、奉行人坂井与次兵衛遣之申候、自然山大工木取之刻、手伝ノ者入候ハヽ、別所・唐川ノ者可被仰付、頓而前島平左衛門参候刻、手伝ノ小者申付進可申候、其内少々人入用之刻、右之通可被仰付候、委細与次兵衛口上可申上候、恐惶謹言、

（万治二年カ）六月六日　　岡田半右衛門
在判

松源院様
西本坊様
和多坊様

八月一一日　松江藩の岡田半右衛門ら、鰐淵寺常行堂と摩多羅神修造のための材木切り出し注文のことなどについて、和多坊・松本坊に連絡する。

三四二　岡田半右衛門等連署書状（鰐淵寺旧蔵文書・東大謄写）

昨日乍御返事御状拝見仕候、常行堂・摩多羅神御入用之材木注文、裏判中判形に而祝弥治右衛門迄遣候、弥（マヽ）地右ゟ奥書被致、から川五郎右衛門・庄右衛門所迄被指越候を、平田之郡折節松江ニ罷在候付而、樋野多右衛門を以右之注文伊兵衛方迄出之候、如何仕其元へ不参候哉、不審ニ存候、（マヽ）猪兵衛所へ御尋可被成候、

一、から川五郎右衛門・庄右衛門なと明晩御越可被成由得其意候、

一、右材木之留帳此方ニ御取候間、からかわ之ものを出候ハヽ、可申付候、

一、其元奉行人雑賀衆か又ハ足軽衆ニ而も壱人遣可申候、心安所ニ宿可被仰付候、大工之入札未調不申候付而、奉行人も早速遣不申候、猶追而可得御意候、恐惶謹言、

八月十一日　　岡田善兵衛　在判
松井半之助　在判
平野五郎左衛門　在判
岡田半右衛門　在判

和多坊様
松本坊様

○本文書は年未詳であるが、この頃のものと推定されるので、しばらくここに収める。

八月二十二日　垂水十郎右衛門、蔵王権現宮の棟上げの祝儀として、鰐淵寺に樽肴を進上する。

三四三　垂水十郎右衛門書状（折紙、鰐淵寺文書）

貴札忝致拝見候、然者今度其元蔵王権現之宮御建立被仰付候処ニ、早速相調、一山中御大悦之由致察候、為御礼大福坊御出候、御家老中へも御紙面之通可申届候、殊棟上之為御祝儀、御樽肴致進上、御寄合候而御祝之由、御尤ニ存候、猶期後喜之時候、恐惶謹言、

垂水十郎右衛門
八月廿二日　□□（花押）
万治二己亥年
鰐渕寺
一山中

（包紙ウハ書）
「万治八月二十二日　垂水十郎右衛門
」

○東大史料編纂所所蔵の謄写本には、「尚々皆共も替り〳〵御見舞申候茂と御座可有候、其元ちかき別所・唐川之内ニ宿之事頼申候、内々其御心得可被下候、大工入札はか不参きのとくニ存候、以上」との追而書が付されている。何らかの錯誤によるものと推察される。

九月五日　松江藩の岡田半右衛門と野間八郎兵衛、大破した蔵王権現宮の修復が藩主直政に命じられたと伝えるとともに、今後大破の場合を除き、小破は自ら修復するよう、鰐淵寺年行事に求める。

三四四　岡田半右衛門・野間八郎兵衛連署書状写（鰐淵寺旧蔵文書・県図謄写）

其山鎮守就　蔵王権現宮大破、代々為守護修復之旨、任先例今度直政公御造営所被仰付也、向後者小破之刻、且被加修理、若及大破者、右之趣を以可有訴訟歟、弥国家安寧之御祈念尤候、因茲為御礼預芳札候、太守御在江戸之事候間、以御序可遂披露候、猶使僧可為演説候、恐々謹言、

万治二年
九月五日　野間八郎兵衛　花押
岡田半右衛門　花押
鰐渕寺
年行事中

○東大史料編纂所所蔵の謄写本では欠年号となっている。

九月吉日　蔵王権現社が造営される。

三四五　蔵王権現社建立棟札写（鰐淵寺文書・万差出控）

諸仏神力　智慧希有
奉建立蔵王権現宮一宇所
放一浄光　照無量国
大檀主松平出羽守侍従源直政朝臣
万治二己亥天九月吉祥日
造工奉行　野間八郎兵衛
岡田半右衛門

○本文書は、東京大学史料編纂所所蔵の謄写本にもあり。

一一月二日　石原九左衛門、蔵王権現社の修造完了について、鰐淵寺年行事が松江藩老中のところまで謝礼に訪れたことに謝意を表わす。

三四六　石原九左衛門書状（鰐淵寺旧蔵文書・東大謄写）

貴札忝致拝見候、然者座王権現宮御造営相済、御遷宮等致首尾候由、重畳目出度存候、因玆為御礼雲州老中迄御出被成候由尤ニ存候、将又貴僧御無事被成御座之由珍重存候、被入御念預示忝奉存候、猶期後音之時候、恐惶謹言、

（万治二年カ）十一月二日　石原九左衛門　在判
鰐渕寺
年行事
貴報

【万治三年（一六六〇）】

七月　国造千家尊能の葬儀の導師を鰐淵寺松源院が勤める。

三四七　万治三年千家国造家日記（冊子、千家家文書）
△平井直房『出雲国造火継ぎ神事の研究』

（前略）

一、四日(七月)死去之国造殿ハ小門ゟ西蓮寺江乗物ニ而、供人数多奉供参候、

一、御宿所ニハ不断之於神事所、備食膳、料理は魚類なり、如常々備朝夕也、国造殿不断之食事之所ハ御火所神事と云、天輔日命以来之旧例也、

一、五日(七月)巳之刻、大庭ゟ御神火御相続之左右、飛脚当着(到、下同)申候(ジ)、

一、御神火相続之飛脚当着申と、其侭御火所之火悉消申、前国造殿御一代之御道具一も不残皆取出、捨申候、

(中略)

一、御葬礼之仕度、万事忙敷候、(中略)

一、六日(七月)、鰐淵寺僧衆今朝下山ニ候、妳之儀御台所ゟ仕候、朝昼之料理、晩は芳飯ニて候、則今晩被帰也、

一、葬礼之儀巳之刻ニ有之候、棺者白木八方、高八尺計、天蓋も太也、人数大分かゝり候、(中略)

一、北島殿御家老中、不残直水(垂)ニ而御供、棺之後被参候、松林寺前ゟ被帰候、

一、鰐淵寺僧道(導)師松源院以上拾(下カ)一人、同宿廿四人、小者十弐人下山也、

一、諷経之僧数多有之候、

一、作法之行儀法度万事殊外正候、近代珍敷之由ニ候、

一、鰐淵寺衆へ之布施之覚、

一、松源院　銀壱枚、一、和多坊　三両、一、西本坊　三両、

一、残る八ヶ寺江ハ弐両宛、同宿三匁宛、小者へ壱匁宛、

一、杵築之僧、神光寺門宗、真言宗、浄土宗、法花宗、一向宗、

一、神光寺　五両、一、西蓮寺　弐両、一、西光寺　三匁、一、宝(法)海寺　三匁、一、長音(潮)庵　三匁、一、当社神宮寺　弐両、一、高浜永泉寺　三匁、一、薬師寺　三匁、一、鷺半(飯)海寺　三匁、一、猪目　三匁、一、地蔵院　二匁、一、御崎神宮寺　壱両、一、宇龍福生(性)寺　弐匁、一、真言松林寺　弐両、一、真言松現寺　三匁、一、真言海善寺　弐匁、一、浄土誓願寺　弐両、一、安養寺　弐匁、一、法花妙行寺　弐匁、一、一向乗光寺　弐匁、一、一向願立寺　弐匁、一、宝積寺　弐匁、一、長音寺　弐匁、一、吉祥寺　弐匁、一、円福寺　弐匁、一、富田寺　弐匁、一、神門寺　三両、一、大

念寺　壱両、一、極楽寺　壱両、一、延命寺　弐匁、一、西法（方）寺　弐匁、一、かうしやう（迎接）寺　弐匁、一、妙典寺　三匁、一、願楽寺　三匁、夥数結構之規式ニ而有之候、

○平井氏が新たに付加した返り点は削除した。

【寛文元年（一六六一）】

この年　松江藩の儒者黒沢石斎、出雲国の地誌として、鰐淵寺の由来や景観などを記す。

三四八　〈参考〉懐橘談（巻下）　△出雲文庫二

出雲郡

鰐淵山

（中略）

鰐淵山は此郡と神門郡との境なり、大社に参詣して下向の時遙堪と云ふ所より嶮岨の道にて、牛馬も肩輿もかなひ侍らず、歩にて攀上り、松源院松本房と云ふ僧に案内させ順礼し侍りぬ、本堂は観音薬師の二像を安置して、鎮守は山王祇園北野三社を勧請せり、右に鐘楼あり珍しき銘もあるにやと上りて見れば寿永四年癸卯歳伯州桜山大日寺とありて銘もなし、桜山にあるも如何なる故にや。左に摩多羅神の社あり此は伝教大師渡唐の時青龍寺にて鎮守を祈る、則ち素盞嗚尊是を摩多羅神と号す、天台の守護神なり。それより谷に下り岩間を伝ひ行く滝あり、坐（蔵）王権現の社をたて数百尋峙たる岩尾に布をさらせるが如し。当山の来暦松本坊あら／＼語り侍るは、抑も当山開基は推古天皇の御宇に智春上人と申して六根浄にかなへる聖あり、再来して書写性空上人といひしは、此智春上人の後身なりと申伝へ侍る、古き記録に出雲の上人と云へるも此聖を申すなり。智春此山の開山となり、寺を鰐淵と申侍る由来は或時上人此滝坪に下り仏具花皿を洗ひ給ふ時、誤まりて花皿を水底に落し給ふ。或日御崎へ舟にて参詣し給ふ時、御崎山のこなたに大にかけたる穴あり、其洞より鰐といふ魚彼花皿をくはへて上人に捧げ奉る、上人手に取りて見給へば、彼滝つぼにて落し給ふ花皿なり、扨こそ滝坪より此海辺へ通じたりと知らせ給ひ、鰐淵寺と名づけらる。昔の人は寺院の号もすこしも求めず、たゞありのまゝに安く附けけるなり。此頃は深

く案じ才覚をあらはさんとしたるやうに聞ゆいとむづかしと好兼が申したりしもげにもとぞ覚ゆる。時に推古天皇御眼をいたませ給ひしに、上人へ勅使下り侍りぬ、上人勅に応じ其暮ほどに山を出て翌朝京着し則ち参内せられ加持し侍れば、御門の御眼病忽に平癒してけり。叡感の余に直江国富の両邑を永代寄附せられ侍る故に、今に至るまで両眼領と申しならはし侍るを、前国司堀尾氏の時没収せられ畢りぬ。此蔵王権現の社の柱の下より別して滴る水にて、今も眼を患ふる人丹心の誠ありて洗へば則ち平癒し侍る。扨も此山は推古天皇教倒二年に草創せられたりと当山にては云伝へ侍る、年号の初は後の事なりなどいへば、教倒といへる年号を客はしろしめしてや候承りたくこそ候へ、当山より美保の崎までを北山と云ふ、天竺霊鷲山の乾《イヌヰ》の角自然に崩欠けて、蒼海万里を流れ豊葦原に漂ひしを、素盞雄尊杵にて築き留め給ふ故に杵築といひ、此山を浮浪山とも流浪山ともいひ伝へたり。一説には不老山とも申し侍る。此山の岸へ進雄《スサノヲ》尊上り給ひし時の神詠に、

駒ならす轡に鞭を取りそへて
誰此山をのりはじめけん

と詠じ給ふとは申せども社家の伝とは矛盾し侍る。又日本紀一書に曰く素戔嗚尊居㆓熊成峯㆒而遂入㆓根国㆒者也云々、卜部氏の口伝に熊成峰はワニナリと読むべし、出雲の国に鰐淵といふ山あり、ワニといふは龍なりと云へり、是又当山の云伝ふる説とは異なり、弘治二年毛利元就当国へ発向の時当山に参詣し和多坊を宿坊とせられ坊の主栄芸法師を国の嚮導に召具せられ侍る、一とせ宗養といへる連歌師も此滝を見て、

滝の糸やから藍染の夏木立

と発句仕り侍るなど語りける。余亦詩を賦して曰く

寺号㆓鰐淵㆒信《マカセテ》㆑脚行、嵐光秋色画難㆑成、
瀑泉雨後数千尺、欲㆑洗無才無芸名

とかくして日も漸く傾きければ、主の坊に暇乞して山を下り、川下と云ふ所につき馬に乗りて北の方十六島など詠めやり、西の方に森木高く鳥居有るを見て人に問へば垂水の明神といふ、神の名を尋ぬれども知らずと云ふ。

奥宇賀口宇賀などいふ所は皆出雲郡なり、さい川と云ふ川より楯縫郡なりとぞ、

○句読点も原文による。

【寛文二年（一六六二）】

六月一六日　杵築大社上官の佐草宮内と島市之丞、南海上人以来の大社本願の系譜と次第を記して上申する。

三四九　杵築大社本願次第写（佐草家文書）

出雲大社本願始リ以来之次第

天台ノ沙門
南海上人

天文十九年大社仮殿造営之時分ハ戦国之最中ニテ、雲州之内ニモ関所多ク住還不自由ニ御座候ニ付、南海上人ヲ両国造ヨリ取立、本願ト号シ、御造営之訴訟仕セ候、是本願之始ニテ御座候、其後杵築清光院ノ住持周透洞家之禅僧ヲ本願ニ仕リ置候、

清光院初ハ省光院ト書申候　雲州富田ノ城下洞光寺之末寺、天文年中ニ開基仕

本願
周透候、

只今之本願モ此清光院ニ致居住候、周透マテハ本願給領無御座候ニ付、両国造ヨリ常灯領幷ニ大社領十二郷之夫銭遣シ置候、

本願
文養　杵築神宮寺　済家
周透契約弟子ニ罷成、神宮寺・清光院二ケ寺懸持ニ仕候、

本願
正巴　文養ヨリ神宮寺幷ニ本願職相続、
天正十九年ニ本願給五拾石毛利輝元ヨリ始而正巴致拝知候、其後濫行之事御座候ニ付、慶長四年ニ大社ヲ追放

樹蔵主　神宮寺
本願職抱罷在候へ共、芸州広島毛利殿城下安国寺之弟子分ニ而罷在候ニ付、堀尾帯刀殿雲州入国之後大社ヲ追放

本願
宣養　仙養トモ泉養トモ書替申候、
初ハ清光院常灯領抱罷在候、慶長七年樹蔵主追放ノ後、本願職共ニ相抱申候、

伝養　大社ノ別火祐吉ト申社家ノ子、
早世

文養　只今ノ本願先代ノ清光院、同名ヲ付申候、
此文養俗名ヲ大蔵ト申候而、宣養小性（姓）仕罷在之時、国造千家方之社家平岡式部長谷右兵衛と申両人之者、宣養ト挨拶能御座候ニ付、本願弟子ニ致、才覚くれ候へ、於然ニ者、此恩徳以来忘却仕間敷旨、大蔵起請文ヲ以テ頼申ニ付、寛永九年ニ両国造ヘ申断、本願宣養弟子ニ仕候、

右本願代々ノ次第証文相添差上申候、以上、

寅ノ
六月十六日　　佐草宮内
　　　　　　　島市之丞

此書付寛文二六月十八日か々爪甲斐守殿へ御内寄合之刻、井上河内守殿・か々爪甲斐守殿へ直ニ差上、証文引合セ入御披見申候写、

六月十三日ニ自清草案之　自清（花押）

【寛文四年（一六六四）】

正月二〇日～八月二三日　杵築大社の寛文六年の正殿式造営に向けた動きの中での、鰐淵寺との関係が記される。

三五〇　寛文四年杵築大社造営日記（冊子、佐草家文書）

（前略）

一、（正月）同日（月）廿日経、鰐渕寺僧下山松本坊之隠居松源院一臈ニテ七人、会所ニテ経過、如例年北嶋殿へ被参、義（儀）式如前々、併恒孝去冬ゟ御病気ニテ御出無之、三こんかの御酌佐草御名代仕、何も僧衆へ酌ニテ酒ヲすゝむる、七こん過納之、盞佐草御名代ニたべ、此時僧衆いつものことく朗詠《ラウエイ》アリ、

（中略）

一、（四月一二日）同日鰐渕寺の里坊日輪寺ト号ス、是又竿入、森脇右衛門屋敷ニ御渡シ可在之旨ニ候、

（中略）

一、（四月一二日）及暮丁場へ半右殿・半之介殿・源兵衛殿御出、佐草出合申候、半右殿佐草へ御申候ハ、先刻鰐渕寺ゟ見廻として松本坊被来候ニ付、幸と存里坊之儀鰐衆杵築へ年中二度下山之由候、然者里坊無之とてもくるしかるましき歟、下山の時杵築ノ内いつれ成共寺方ニ宿可申付由候、送り迎之百姓ハ如前々是又可申付由、社家衆被申候、只今屋敷替ニ地所無之候間、上官屋敷ニ仕候ハんと存候、其上左京屋敷里坊も御宮見懸り悪敷候間、以来者取除候ハんと存候条、旁以左様被相心得候へよし御申候へ共、兎も角も半右殿御意次第ニ候、殊ニ下山之刻寺方ニ宿御申付候へ共、別ニ様子無之事と松本坊請合被申由御語候、

一、松本坊煮山枡持参ニて、佐草へ見廻、宮内留守ニ而逢不申候、千家民部方ニて、松本坊振舞たへ被罷帰候、

一、松本坊半右殿被申通御語之序ニ、御本社小内殿各番ニ鰐渕寺へ被下候、慶長御造営之時者不申請、此度被下筈之由被申候、其ハ国造殿次第と御申之由御語候、小

内殿ヲ申うけ、鰐渕寺ノ魔多羅神ノ社ニたて可申由、
佐草半右殿へ申候ハ、小内殿被遣先例在之由左様候や、
定而国造殿旧記ニ可在之と申候、松本坊帰山被仕候、

（中略）

一、(四月)同廿二日鰐渕寺ゟ松本坊一山之使ト〆半右殿へ参、先日被仰聞候里坊社家屋敷ニ可被成との儀、鰐渕僧毎年両度御神事ニ下山、御宮へ遠ク候而ハ迷惑仕候、併御宮ノ見懸悪敷候而、所替と御座候へハ、不及兎角候、只社家屋敷と御座候へ共、迷惑仕候間、御断申上度との松本坊口上、半右殿御申候ハ、万々か様之儀、松江へ御帰御家老衆御談合次第と返事被成候、鰐渕僧下山之時、宿坊当所何寺ニ御申付候ハん哉、又里坊之百姓替地なとハ似合遣し、下山の送り迎ヲ仕せ候ハん、兎角御両家談合被成候へと佐草へ御申候、

（中略）

一、(四月二三日)同日夜菩薩寺へ両家寄合、鰐渕寺僧下山之時宿坊談合、松林寺・西蓮寺へ各年ニ宿可申付と返事可申ニ儀定、

（中略）

一、(四月)同廿八日庚申　白日　里坊の事ニ付、先日半右殿被仰聞御返事、長谷・佐草今日仕ル、鰐衆下山毎年両度之事ニ候間、宿坊ハ松林寺・西蓮寺各年ニ可申付と両家幷社家中も申旨、第一左京屋敷替被仰付候へ共、里坊も除キ申事ニ候、其上里坊寛永元祭田検地ノ前ニハ西蓮寺東ニ在之候、千家殿下屋敷ニ可被成とて、只今ノ里坊日輪寺ハ別火抱屋敷ニて在之候ヲ、国造元勝別火と町屋敷ニ替、扨鰐渕衆里坊ニ替被申候、然者昔ゟ日輪寺里坊所トモ不被申通申候へ共、半右殿御申ハ宿坊西蓮・松林ニ御申付候ハヽ、下山の送り迎之人足、是又如前々仕せ候ハん由、近日於松江内膳殿と御談合在之由覚書ニ御留候、

（後略）

三五一　寛文四年千家国造家日記（冊子、千家家文書）

（前略）

一、(四月一二日)今日岡半右為見舞、鰐渕寺自物山為使僧松本坊下山、長谷所江モ参、御造営近寄珍重之旨有、次者国造江可

然頼之趣ト也、然者千家民部宿江松本坊見舞申者、御神前一切経堂之事、御神前不入事有之間、経計成トモ致所望、萱葺ニ成トモ仕置◦度旨惣山共存、乍去此度岡田半右殿江申者、見舞一篇ニ参者令用捨、弥望者可叶事ニ可有之哉、不相成事ナラハ一向申間敷カ如何哉ト、相談之様ニ被申之、民部善悪之差図莵角不及申、唯一山之吟味次第之旨談之、

又申者御社内ニ紺《コン》紙金泥之大般若経有之、又者両界マンダラ有之候、此両様大社ニハ自今以後無御用之旨、然者幸鰐渕寺江御寄進可成旨望訴可仕覚悟ニ有之処、今度松江東照権現之住遠(円)流寺於鰐渕寺被申者、紺紙金泥大般若之事者此方存タル事ニ有之間、於松江岡半右殿江モ幸今度大社ニハ無御用之由承之間、東照権現江御寄進可成サル也、殊天下ヨリ之御造営之事有之間、東照権現江ハ猶以御寄進可被成事ト申置之由之間、鰐渕寺随分望ニ存之処ニ、扨不及力ト申候、マンタラノ事ハ弥惣山談合ヲシメ重而申ニテ可有之候、是又如何可然哉ト被申ニ付、民部如前返事申置之由主水披露也、

僧即日帰寺ト云々、

（中略）

一、(四月)廿二日　甲寅

一、鰐渕寺惣山ヨリ岡半右衛江為使僧松本坊被下山、其故者今度北島方上官中屋敷替ニ付、左京屋敷背鰐渕寺分佐土(里、下同ジ)坊ト云寺ヲ森脇右衛門屋敷之心当ニ仕故、此事鰐渕寺聞及為理来越ス、口上之趣聞書ス、今度社家衆屋敷替ニ付、佐土坊社家屋敷ニ被成之由承及候、鰐渕寺モ一年之内両度計モ神前為神事下山仕候、然者彼処外江被遣者神前遠迷惑申候、見苦敷御座候者如何様モカコヒ可仕候間、社家屋敷ニ被成段何トモ迷惑之由也、岡半右被申者、如仰ニ候、乍去彼処モ左京屋敷モ所替可有之様ニモ有之、然トモ其段者不知事、何篇此方莵角之返事無之、追付松江江罷帰窺、自松江御返事可申ト之由聞之、

其僧千家民部所江参、先日申談輪蔵所望之事、先此説者差延申候、鰐渕寺モ何角訴詔(訟)申事多ニ、又加様之事マテ取紛如何ト存、右之通之由、又マンダラノ事モ承

及ニ、替物ナトニ可被成様ニ聞ト、然ハ是又申テモ不叶物ヲ先サシヲキ可然ト一山仕ト之趣、略聞及印之、
一右之通ニ付、岡半右佐草江被申者、鰐渕寺被申処、両家相談ヲ仕リ、近比下山之時宿処ナト借置ト也トモ相談可然トニ付、追付相談有筈也、
一(四月)廿三日　乙卯、陰雨、
一長谷右兵衛・中彦進江申渡、今度鰐渕寺使僧ニ付、両家上官寄合有之者、前角北方江モ相談申置、左京屋敷地替之事弥相談ヲシメ、岡半右マテ其段申談可然ト也、又マンダラ又幢幡之事、マンタラハ松林寺江替時預之、幡ハ神光寺其外江モ可遣候、能相談可然ト申渡之、
(中略)
一(四月)廿四日　丙辰　晴　夜前両家寄合相談有之、先以鰐渕寺宿之義(儀、下同ジ)、松林寺・西蓮寺ヲ岡半右殿宿ニ御申付可給、是替時之事也、左京屋敷之事、此方者余不被進様ニ見江申候、然トモ御神前御為之事故尤之由被申、佐草宮内等被申者、両国造ヨリ急度以使云者如何可有之哉、先長谷・佐草鰐渕寺之事之次而此義ヲモ可申ト也、相談モ其趣ニ究、
マンダラ之事、先松林寺ニ預ケ置可然旨ニ究ル也、尤無用之由申方モ有之トモ、長谷・佐草カタク捻可申付ト也、ハタ之事ハ神光寺・松林寺其外之寺々江モ可遣ト也、此段長谷右兵衛披露云々、
(中略)
一(四月)廿六日　戊午、今日但州江之飛脚此元令発足、
一鰐渕寺抱佐土坊之、(事脱カ)今日岡半右江長谷・佐草談之故者、鰐渕寺衆中替時之宿所者四ケ寺之内松林寺・西蓮寺輪番ニ被仰付可被下、又北島左京屋敷之義モ御神前江打塞見苦敷、菟角所替被仰付可被下、鰐衆之事国造殿社家中モ相談仕候、此旨也、半右(岡田)如何ニモ其通之由被仰云々、
(後略)

三五二　寛文四年杵築大社造営日記(冊子、佐草家文書)

(前略)
一(五月)五ノ九日

（中略）

猶又里坊之儀申候へば、頓て半右殿鰐渕寺見物ニ参候間、其節とくと一山の衆談合申がつてん仕せ可申候、とかく権威ニて取放事ハ不入儀と御申候、長谷も同座ニて聞被申候、

（中略）

一、同日（閏五月一九日）半右衛門殿佐草へ被仰候者、先刻鰐渕寺ゟ松本坊被参被申候ハ、先日被仰聞候里坊之儀松江ニて御さんだん被成候哉、様子可承ため伺公之由、半右殿被仰様ニハ里坊之事松江ニてさんだん不仕候、其故ハ初ゟ鰐渕寺衆被申分一段能、ともかくも半右衛門差図次第との儀ニ付、家老衆へ沙汰不仕候、若沙汰仕候ハヽ、年中ニ両度杵築へ下山之時、宿坊両家ゟ御申付、万事手遣不自由ニ無之様と社家衆被申候へ者、其通ニ被仕候へと家老衆被仰ニて可在之候、左も候へ共鰐衆花香之なき事ニ候間、左様被相心得候へと半右殿御申候由、松本坊被申様ニハ、尤下山之時宿坊御申付可在之由ニ候へ共、先年も神宮寺なとニ宿仕候、いかにも亭坊迷惑さうニ見申候、此節ゟ出家罷下り、御神前ニて御祈禱仕事無用と御座候ハヽ、宿坊入不申候、如前々ニ候へ共、里坊無御座候而ハ不自由ニ御座候間、屋敷ノ大小ニかまひ無之候、御宮近所ニて別ノ屋敷ヲ替ニ被下候様ニ存候通松本坊被申候ニ付、半右殿被申候ハ其通社家衆ニ可申候、只今ノ里坊ハ左京屋敷も御宮見懸り悪敷と在之上者、替り候ハん哉不知候と御申帰候由御語候、佐草承り、何も両家衆中へ御物語の通可申聞と申候、半右殿被仰候ハ、里坊ノ替りいつ方ニ候ハん哉、能所ヲ遣し可然候ハんと御申候、右衛門屋敷ニ只今ノ里坊仕候ても、左京屋敷不定ニ候へ共、右衛門迷惑あなたこなたと可為迷惑と御申候、佐草申候ハ□別里坊ヲ右衛門望申ニて無之候、田ヲ大分つぶし申事明神様修理領之御ためを存候而、諸々ノ儀ニ御座候へ共、里坊成とも屋敷ニ仕候へ者共存候而之事ニ候、右衛門ニハいつれと成候共、田ヲ埋被遣候へと申候、

一、同日（中略）次ニ半右殿被仰候ハ、杵築大日堂ノ本尊も両家ゟ寺へ被遣之内、鰐渕寺ちなミ在之大日ニ候へ

共、致遠慮兎角ヲ不申由、松本坊被申と御申候、佐草申候ハ爰元之大日先日破却ニ付、両家ゟ松林寺ニ預ケ置被申候、鰐渕寺へちなみ在之由、少も左様ニて御座有間敷と存候、神宮寺抱ニて堂ノ棟札ニも鰐渕寺之事少も無之通、申上候、

一、半右殿御申候ハ、但州ゟ御材木参次第、御釿始可被成候間、六・七・八月中ノ吉日見置候へと御申候、但先年ゟ鰐渕寺僧衆御造営万事ノ日取仕由語被申候、其通ニ候哉と御尋候、佐草申様ニハ、近代ハ其分ニ御座候、昔ハ禁中ゟ御日取天文ノ博士共仕候、又ハ国造ゟ日取被仕たる事も在之と見へ申候、両家談合仕、六・七・八月中ノ吉日撰可申と申候、（中略）

一、（閏五月）同廿日（中略）

同日里坊ノ事両家寄合談合、先差延置可申通申談候、

（中略）

一、（閏五月）同廿四日（中略）

同日里坊の事秋あらでハ右衛門屋敷所も議定不仕事ニ候間、先さし置可申と佐草申候へは、半右殿不遅儀ニ候間、尤の由御申候、是ハ去ル廿日両家寄合、里坊替地大ニても小ニても鰐渕寺へ遣し申儀不入事ニ候間、森脇右衛門屋敷をば当秋いづれの所ニて成共田ヲ申請可然候、里坊ハ此度手ヲ不付がよく候ハんと談合議定ニ付、如右半右殿へ申候、（後略）

三五三　寛文四年千家国造家日記（冊子、千家家文書）

（前略）

一、（閏五月）十九日　庚戌、陰　今日鰐渕寺惣山ヨリ岡半右旅宿如見舞松本坊参着、松本申者、先日松江御越之砌里坊之事申上、於松江御窺可被成之旨如何被成哉ト物語ノコトク申出、其時半右被申者、於松江相談可申旨申候得共、村松内膳殿江モ不申談候、其故者自始鰐淵ヨリ之被仰様一段ト能有之故ニ候、内膳江申談者両国造ヨヨ（衍カ）リ者如何被申ト有之時、両国造者一年ニ鰐渕寺僧両度下山之事ニ有之、杵築之寺家何方ニテモ自両国造ヨリ宿可申付之旨ト申者尤之事ニテモ有之間、早々左様可然ト被申候者、不及菟角可有之候、態ト不申之由松本

申者、寺方何方ニテモ宿之義左様モ可有之候得、何トモ体屈(退)迷惑仕候、屋敷之広狭者不申之間、御宮之近辺ニテ替之屋敷被仰付可被下之旨惣山共申之事ニ候、ソレモ以来大社江鰐渕寺カマヒ曾テ無之事ニ候ハバ、屋敷莵角ニ不及候、又如昔之出仕申事ニ候者、御宮近処ニテ替屋敷被下候様ニ頼存候ト申之通、岡半右殿佐草宮内江被談也、就夫替之屋敷共何方ニテ可被渡哉、両家相談共可然ト之事、

一、(閏五月)廿日　辛亥　昨日鰐渕僧申替地之事、今日両家上官寄合相談、今度御造営ヨリ僧尼社頭出仕マテ悉除之事肝要之処ニ、自只今屋敷之替ナト遣置之者、以来之証拠ニモ可申事、第一不可然、此里坊鰐渕寺付渡事、御宮分之内ヨリ不有渡之、両国造ヨリ付置事ナレハ、猶更替地修理分ヲ以可調之ニモアラス、所詮只今莵角之事申之者、早公事ニモ可成之間、只先如前之里坊ニテサシヲキ可然ト相談落着仕、佐草・長谷岡半右マテ申通之筈ニ候、

（後略）

三五四　寛文四年杵築大社造営日記（冊子、佐草家文書）

寛文四年甲辰六月十二日ヨリ

六月小

一、十二日壬申　日曜　尾宿　安径、大吉日ニ付北島殿新地丑寅ノ山ノ麓ニ鎮守ノ社一宇御建立可有之旨、恒孝公ヘ北島内蔵助・佐草宮内兼て御相談申、今日土用間日大吉日故、地引柱立仕、大工神門長兵衛役之鎮守ハ一社の内ニ　天穂日命　武鶵鳥命　伊佐我命　三神を合せ祭り可被申と也、只今迄《マテ》之土居ノ鎮守丑寅ニアリ、山王ノ社ハ古ヘいつれの国造代ニ御いわゐ候哉、時節不知、案スルニ鰐渕寺坊と談合にて、王城鬼門山王ニ而御座候ニ付、いわゐ被申候哉、但シ当社ノ末社をとなへうしない、山王と申候哉とも不存候、

（中略）

八月小

（中略）

一、同廿七日（中略）

去日ハ　禁中ゟ天文博士日取仕下シ申候、近代ハ鰐渕

寺ゟ日取仕候へ共、唯一神道此節ゟ御吟味にて出家ニ日取不被為仕、又注連ノ神主ニも如何とて、此事ニハ佐草撰申候、（後略）

三五五　寛文四年千家国造家日記（冊子、千家家文書）

（前略）

一、（八月）廿三日　（中略）

一、岡田半右衛門長谷・佐草江被申渡、御釿始追付可仕之間、可撰吉日之旨也、仍両家相共吉日之下見仕、可然由申合畢、抑御造営ニ付吉日之事自中古於鰐渕寺雖撰来、今度之御造営為　天下御下知、被覆於大社之旧例、屏仏法息、塔・輪蔵・大日堂等破却被仰付也、依之吉日自両国造撰出之也、全可為長例、若過亦令改動於此例者、不限社家、武家永可蒙神明之御罰、是神道之本也、於社家者尤可守此道也、

（後略）

四月吉日　松江藩主松平直政が大檀那となり、釈迦堂が建立される。

三五六　釈迦堂建立棟札（鰐淵寺所蔵）

（表面）

大檀越出雲国主従四位上侍従兼行左少将源朝臣直政

寛文四甲辰暦

奉建立一乗院釈迦堂一宇　天地感応所

四月吉祥日

願主円流寺三部都法大阿闍梨権大僧都法印豪教

（裏面）

日御崎大工福田惣左衛門尉藤原久兼

【寛文六年（一六六六）】

正月一八日〜三月一日　正月二〇日と三月一〜三日の鰐淵寺僧による大般若経転読が行われ、正月一九日には松林寺が鰐淵寺僧の宿所とされたが、江戸幕府寺社奉行の決定もあり、この度の造営を機に、従来両国造家から鰐淵寺のために用意されていた里坊は廃止されることになったという。

三五七　寛文六年千家国造家日記（冊子、千家家文書）

（前略）

一、（正月）十八日　（中略）

一、鰐渕寺江従両家寄置里坊屋敷、今度森脇右衛門為居屋敷之替渡之故、里坊之替地可相渡之由自鰐渕寺去年以来節々長谷・佐草江申通也、雖然、従今度之御造営、除仏閣禁僧尼之交可守唯一神道之旨、　公方家御社奉行所井上河内守殿・加々爪甲斐守殿堅被仰渡故、鰐渕寺江付置事無用之間、替地不可相渡旨両家申定、依之今日以長谷・佐草・奉行岡田半右衛門尉、右之趣申渡也、

一、十九日　（中略）

一、今日鰐渕寺衆僧等下山、如前々明廿日於御神前大般若経為可令転読也、仍如例年従惣山以使僧検安内、持参指樽、僧名橋本坊、然共例年不受樽、僧亦従門帰宿、右之僧侶等旅宿者松林寺江申付也、去春三月下山之時西蓮寺申付之故、当年者如此、

一、（正月）廿日　辛丑及夜雨　今日鰐渕寺僧大般若経転読之所、古会所者御普請諸道具入置、又庁屋者諸神事所故、御造営奉行相談、会所借之令勤之也、

巳剋衆僧等於件会所大般若経為転読、依例経始之時長谷右兵衛参謁、又成就之時平岡蔵人・右兵衛両人参謁、持参指樽一荷・肴二種、併不及酒盃両人帰宅、是皆従国造之使也、経成就之時依例従北島所有使者、仍僧侶北島宿所江参越、有酒盃、

右大般若経例年勤之事、全非当社之古法故、経田不在、社領幷修理免之内従両国造遣之也、今按中比社家仏法帰依之時分始之歟、恐者神慮難測、後代謹之、

一、廿一日　壬寅　雨、及晩景晴　鰐渕寺僧長谷・佐草江申、去年以来申通里坊屋敷替地可有御渡云々、長谷・佐草申渡者内々可相渡旨存之候処、今度御造営以後者、鰐渕寺衆不申請之故、替地無用之由、両国造被申之間、可有其御心得云々、

（中略）

三月小

一、朔日　（中略）

一、鰐渕寺衆僧大般若経為転読、是従中古御神事之頭屋無恙為可勤御神事、招請件之僧修之也、故転読之入用自頭屋出之、三日共同、

右按、中古之社人深淫仏法故如斯、何不恐神道之禁忌哉、後人謹之、

（後略）

一二月　杵築大社、来年以後の正月二〇日と三月会における大社神前での鰐淵寺僧の仏事を取りやめる旨、通告する。

三五八　杵築大社寛文造営日記抜書　寛文六年十二月条（冊子、佐草家文書）

十二月

一、鰐渕寺へ両使ヲ以、来正月廿日之経ゟ三月会読経之儀、以来請間敷与之事、

【寛文七年（一六六七）】

正月二〇日　恒例であった正月二〇日に鰐淵寺僧が大社神前に出向くことはなく、断絶。この行事がいつ始まったか、両国造家の記録には見えないが、白河・鳥羽院の頃から両部神道になったのだろうという。

三五九　佐草自清日記抜書（冊子、佐草家文書）

（前略）

一、正月廿日鰐渕寺衆下山無之候、廿日之経何之時代ゟ始申事両家記録ニ見ヘ不申候、御造営旧記国造兼忠ノ時代、百座仁王講・大般若転読ナトハ御遷宮之日両不降祈ニ論セタルト見ヘ申候、白河・鳥羽院ノ時分ゟ両部ニナリタル歟、御遷宮旧記ニ鰐渕寺衆出タルト宝治ノ記ニ見ヘタリ、三月会ニ般若読事応永ノ記録ニア

リ、鰐渕寺ハ国造檀那寺□□別而値偶被申タルト也、代々国造社家子息手跡習ニ登山之事、久孝・義広天正時分迄之義也、神道学ハ衰ヘ仏法ハ盛ニ成申故、自然ト両部ニナリタルト見ヘタリ、然共国造神火之火ノ祭ニハ少シも不交唯一神道ナリ、如此神道残今此清明之御代ニ唯一ニ立帰申事、神徳誰か不仰哉、廿日経田今ハ高五石両国造御抱祭田之内を以、天正十九年ゟ被附置タル者也、其已前ハ料物ニ而施行候哉、是ハ国造家内□分之祈禱ニ読セ被申候、三月会頭人大祭礼□□□勤申様ニと之祈禱也、全以天下御祈禱ニハアラス、其証拠ニハ般若読畢而巻数ヲ頭人所ヘ差越申義去年迄也、勿論廿日経之巻数両家ヘ差上申候キ、

（後略）

一二月一一日 松江藩主松平国兼（綱近）が願主となって摩多羅神宮と常行堂が建立される。

三六〇 摩多羅神宮幷常行堂建立棟札（鰐淵寺所蔵）

（表面）

聖主天中天
迦陵頻伽声
哀愍衆生者
我等今敬礼

天長地久御願円満　御願主松
奉建立摩多羅神宮幷常行堂一宇
四海安寧国土豊饒　御遷宮導

平出羽守兼侍従源国隆朝臣
所　御奉行
師妙覚院法印豪哲

村松内膳直賢
棚橋玄蕃允
今村左太夫
岡田半右衛門信世

（裏面）

寛文七丁未天十二月十一日造畢遷宮相調訖

御造工奉行　大田兵左衛門
　　　　　　平山七右衛門

【年未詳】

月日未詳　杵築大社別火家の所蔵する文書目録が記され、鰐淵寺一心坊の名も見える。

三六一　大社別火証文并古文書目録（千家古文書写丙）

大社別火証文入日記

一、別火国吉　壱通
一、別火虎一丸　壱通
一、虎一親類武志与次郎　壱通
一、虎一か事ニ付鰐淵寺一心坊　壱通
一、別火俊吉　壱通
一、別火誠吉後貞吉ト云　壱通
一、別火祐吉　壱通
一、同人　壱通
一、別火広吉　壱通
一、別火祇吉　壱通
一、堀尾宮内少輔　壱通
一、同人但千家々中へ　弐通
一、応安ノ比別火貞吉北島へ仕状案　壱通
一、両別火ニ成次第覚書　壱通

〆拾五通

外別火上官ニ付入用之支書

一、永正十六年七月十三日尼子家亀井能登守秀綱　壱通
一、弘治弐年十月廿八日尼子晴久　壱通
一、同時晴久家来衆　壱通
一、同時国造慶勝判物　壱通

二口〆拾九通也　尊光

【延宝七年（一六七九）】

四月　出雲国造等、旧記等を引用しながら出雲大社の由来や由緒などを述べる。その中で、「古来僧尼が瑞籬の中に入るのを禁じ、社域の外東西八町・南北六町に寺院はなく、別当や社僧も存在しなかった」という。

三六二　出雲国造等勘文案（北島家文書）

蒙尋仰出雲大社事跡、謹書勘文一通以献之、
高問

草創之年号由来之事

付神体之事、

一、出雲国杵築大社日隅宮是也

日本紀曰、経津主神・武甕槌神、降到出雲五十田狭之小汀而問大己貴神曰、汝将以此国奉天神耶以不、対曰、疑汝二神非是吾処来者、故不須許也、於是経津主神則還昇報告、時高皇産霊尊乃還遣二神、勅大己貴神曰、今者聞汝所言深有其理、故更条々而勅之、夫汝所治顕露之事、宜是吾孫治之、汝則可以治神事、又汝応住天日隅宮者、今当供造、即以千尋拷縄、結為百八十紐、其造宮之制者、柱則高大、板則広厚、中略又当主汝祭祀者天穂日命是也云々、

風土記曰、出雲郡、杵築郷、郡家西北二十八里六十歩、八束水臣津野命之国引給之後、所造天下大神之宮将奉（造脱カ）（而カ）与諸皇神等、参集宮所杵築、故云寸付、神亀三年改字杵築云云、

社記曰、杵築大社者、神社営作之始也、凡無久於此社云々、

一、本殿　大己貴大神一座素戔烏（嗚）尊外祭之、

日本紀曰、大国主神亦名大物主神、亦号国作大己貴命、亦曰葦原醜男、亦曰八千戈神、亦曰大国玉神、亦曰顕国玉神、其子凡有一百八十一神、夫大己貴命与少彦名命、戮力一心経営天下、中略是以百姓至今咸蒙恩頼、其後少彦名命行至熊野之御碕、遂適於常世郷矣、自後国中所未成者、大己貴神独能巡造、遂到出雲国、乃興言曰、夫葦原中国本自荒芒、至及磐石草木咸能強暴、然吾已摧伏莫不和順云々、

末社

御向《ミムカ》社　筑紫社　天前《アマサキ》社　御門神二社

命主社　御歳《ミトセ》社　出雲社　氏社二字号若宮、

釜社　涼殿《ス、ミトノ》有壇無社、名所集所載出雲森是也、　杵那都岐社、有壇無

離宮《カリノ》　稲佐《イナサ》社　乙見《オトミ》社　湊社

出雲井社　祓社　大歳社　鷺社

阿式社按、延喜式阿式之末社多、今省之、　外ニ三十八所、

高問

神主之事、付祢宜御師等之事

一、両国造　上官社家十七人、　権社家八人、　中官社人六人、伶人十人、　子良二十四人、　神人六十人、　被官社人百二十人、　廐別当二人、　宮匠二人、

一、国造者天照太(大)神第二御子天穂日命、受天神勅、為大己貴大神之御杖代以来、受嗣神火神水至当国造、無欠如者也、

一、国造義孝弘安記曰、国造孝(者)自天穂日命至意宇足奴命、神々相続而十七代、自宮向宿祢賜出雲姓以来至義孝、子々相承而二〔五〕十八代、鑽神火飲神水、未混流俗云々、神水者在出雲国意宇郡天真名井水是也、真名井社見延喜式、

一、建保二年新院庁御下文曰、当社御垂迹以降、皆以神命為此職、人代之後、始賜出雲姓号国造、令奉行神事、代々聖主忝下鳳詔、撰其器量、前後文略之、

一、国造秘記曰、神火者天地人三火之祭也、天火祭者乃以三陽交泰(替)之天火、而正月朔旦斎天神神嘗矣、地火祭者乃以一陽来復之地火、十一月中卯日於神魂社、去杵築十一里、斎天神新嘗矣、神魂社与出雲熊野大神御同体也、令義解所謂出雲国造斎神是也、延喜式・風土記等所載雲州之大社者、杵築・熊野二社也、未行新嘗祭之前、国造不食新穀、〔未〕人火祭者父国造身退之時、不経一昼夜、速其子詣神魂社、受嗣神火新嘗矣、神火者自天穂日命相伝之霊物、以此火有神嘗、而後国造一生忌火也、

一、出雲国造者兼祭国内天神地祇之神職也、雲州諸社之祠官〔者〕則国造祭事之代官也、日本紀纂疏曰、天穂日命是出雲臣之上祖、主国内諸神之祭者自神世権輿也云々、且又昔日国造参向于朝廷奏神寿詞之時、国内之祝部等扈従之事、見続日本紀ニ、

一、東鑑曰、文治二年五月三日、出雲国杵築大社惣検校職之事、停止出雲則房以同資忠令計補給云々、

謹考、出雲国神社惣検校職之事、世々国造令補任之処、頼朝卿時、中原資忠依有武功、暫雖被補検校職、建久元年大社遷宮之時、奉懐御体事、非当氏全無其例、況又不帯遷宮旧記之故、資忠被停止彼職、被還補国造孝房亦曰則房、于両職両職所謂惣検校職・神主職也、国造職古今無他姓之異論、之事、見建保二年院庁御下文、

一、国中之諸社、預毎歳式月之祭祀之社人、則国造糺其氏

姓成裁許、以著風折烏帽子・狩衣古来之例也、故寛文乙巳(五年)之秋、被成下御条目於諸国神社之時、両国造以使价、謹達件之来由于神社御奉行所、因茲同丁未(七年)之夏忝以御執奏敬蒙永宣旨、且又拝受惣検校職之御奉書、事無巨細倣先規之例、夙夜奉祈　天下太平矣、

永宣旨

出雲国造本奏寿詞、恒異潔敬、為神自重、乃須永掌厥職也、復兼文天風調、慎徽撫教布信之有典、武日道泰、弥符仁寿無疆之祝延、政術順善化、是取象于北辰、盤石安盛治、猶徴慶乎南極、喜感遂通、瑞応斯表、宜效誠款、夙夜口祝心禱焉耳矣、然則於社中進退也、事无巨細可規倣其制度者、天気如此、仍執達如件、

寛文七年五月七日　　左少弁資廉

国造館

高問ゝゝ

祭礼年中行事之事

正月

元日　大御供　神馬引進之、

同日　命主社祭礼　国造并司此社上官参勤、

同日　鷺社神事

二日　飛馬神事　自晦夜至今夜、国造并上官社籠、

同日　歳始神楽

三日　飛馬神事

同日　離宮神事　国造并上官参勤、

七日　御頭祭礼　天正年中廃絶、

同日　阿式社祭礼　慶長年中廃絶、

十一日　飛馬神事

同日　吉書神事

同日　釿始神事　宮匠勤之、

同日夜　大神楽

同日　祭湊社

十二日　飛馬神事　自去十日夜至今夜、国造并上官社籠、

十三日　飛馬神事

同日　奉幣神事　有舞、

同日　宮廻神事　中古以来廃絶、

同日　祭稲佐社

十五日　粥御饌供進
同日　御供
同日　神楽
十八日　乙見社神事
二十八日　出雲社神事　但神楽者、月次二十八日奏之、

二月

朔日　千度詣
十五日　神楽
春分　阿式社神楽
春分　御歳社神楽
二十八日　神楽
自二十八日至晦日三月会之試楽

三月

朔日　祭礼天御供、此外儀式繁多、二日・三日同之、　今朝歩射神事
二日　祭礼
三日　祭礼　今朝千度詣
謹考、神祇令曰、一月斎為大祀、三日斎為中祀、一日斎為小祀、云云、

同日　阿式社祭礼　慶長年中廃絶、
十五日　神楽

四月

朔日　神楽
三日　祭杵那都岐
八日　神事　神人等集于拝殿、調魚膾宴醴酒、今廃絶、
十五日　田楽

五月

朔日　神楽
五日　御頭祭礼　天正年中廃絶、
同日　御飯供

六月

朔日　涼殿神事　国造歩行而勤仕之、
十五日　神楽
二十八日　涼殿神事　国造歩行而勤仕之、
晦日　輪越神事

七月

朔日　神楽

四日　身逃　両国造出館他宿、号身逃、今夜忌火職之上官、修深秘之神事、

五日　爪剥御供　今年之稲穂・瓜・茄子等七種供進之、国造触新穀於身、自今日始、

六日　相撲　於大鳥居外当之、

謹考、垂仁天皇御宇、喚出雲国野見宿祢、与当麻蹶速令角力之事、詳日本紀、是本朝相撲之濫觴也、

七日　祭礼　有音楽、

晦日　相撲　於大鳥居外当之、

八月

朔日　祭礼　有音楽、有千度詣、

十五日　神楽

秋分　阿式社神楽

秋分　御歳社神楽

九月

朔日　神楽

三日　湊社神楽

九日　御頭祭礼　天正年中廃絶、

十月

朔日　神楽

同日　祭杵那都岐

十一日　封地御供

十四日　出雲井社神事

十五日　大御供　祭諸神、

十七日　御供

同日夜　神等去出神事

自十一日至十七日神在斎、国造幷上官社籠、此間宮庭不掃、家宅不営舂、(マヽ)不相不巷歌、凡遏音奏歌舞、斎日之間、錦紋小蛇号竜蛇、長尺余、鱗有、大社御紋亀甲、浮来於杵築之海浜、

二十六日夜　神等去出神事

十一月

朔日　神楽

中卯日　新嘗会　両国造於神魂社行之、中丑日国造発杵築、中巳日帰杵築、

同日　阿式社祭礼　天正年中廃絶、

十七日　祭御饌井

二十二日　神事　神人等集于拝殿、調魚膾宴醴酒、

二十七日　神事　儀式同二十二日、

十二月

朔日　神楽

自十三日夜至十九日夜、国造幷上官社籠、
二十日　神事
二十七日　祭御饌井
同日　歳末神楽
晦日　大祓
一、天下国家御祈禱之連歌、毎月於会所修行之、
高問 別当幷社僧之事、
一、古来禁僧尼入瑞籬内故、社域外東西八町、南北六町之間、無寺院、最無別当社僧、
高問 堂社之員数之事、幷山林等之事、及御建立由緒年代以下之事
一、殿社之員数之事
御本殿附客座　供祭所左右二宇、　瑞籬　楼門　観祭楼
廻廊幷板垣　八足御門　水屋　拝殿中央有神楽所、傍有番所、　火焼屋
庁舎　会所　宝庫　文庫　厩　荒垣　鳥居四基

番所在荒垣外、　雑庫在荒垣外、　末社二十宇見右、　三十八所見右、
外
離宮幣殿　拝殿　門神社二宇　下宮　鷺社拝殿　火焼屋　門神社二宇　鳥居一基　阿式社拝殿　火焼屋
一、山林等之事、東限関屋松、至西之堺二里、南限湊川、出雲・神門二郡之堺、名所集所載湊是也、　北至鷺浦三里、是大社四至傍(榜)示也、社北山号蛇山、亦名八雲山、亦名不老山、西号鶴山、東号亀山、蓋山形各有似故号歟、其東最秀者号御崎山、邦内之大山也、風土記曰、出雲御崎山、郡家西北二十七里、三百六十歩、高三百六十丈、周九十六里、一百六十五歩、西下所謂所造天下大神之社坐也、共呼言出雲山、衆木茂盛、四時不変緑、三山内構孤峯外聳、共似護宮地也、社東西有川、其源瀑布出於蛇山、二川潺湲流入西海也、社南神田、此以南至湊川則平原也、平沙・松林・田圃相混、社西八町許至出雲浦、大（蒼）海澶漫而接無窮長浜、長无白沙皓潔而跨数州、南則遠山渺々、北則群嶋岩々、遠浦近村有漁人之家、
一、御建立由緒年代之事、斉明天皇営此社之時、始有正殿式、歴代因之、且又有仮殿式、後深草天皇宝治二年之

造営用正殿式、已降三百五十余年、至慶長年中之営作而正殿式久廃矣、方今時也成熟、政治休明、因茲寛文之営構継絶興廃、遂復正殿式畢、

右摘古典旧記之旨、謹勘如件、

延宝七年己未四月日　　出雲臣等

【享保二年（一七一七）】

この年　松江藩の儒者黒沢長尚、出雲国の地誌として、鰐淵寺の由来や景観などを記す。

三六三　〈参考〉雲陽誌（巻九楯縫郡鰐淵寺条）　△大日本地誌大系四二

鰐淵寺　天台宗浮浪山一乗院といふ、夫此寺は人王三十四代推古天皇の勅願智春上人開基の霊場にして、しかも伝教大師唐国に渡天台宗を稟給ひ延暦寺草創の時末寺最初の第一なり、智春上人勅をうけたまはり鴻基を闢薬師・観音の両像を根本堂に安置してより、法華三昧堂・常行堂・馬頭堂・開山堂・仁王門・蔵王権現・摩多羅神・日吉山王・祇園・菅神・子守・勝手明神三十八社綿々として末世の今に残れり、古は堂社坊宇都て三千余ありしに、度々の兵乱に焼亡して今は僅に十二坊あり、智春上人信濃の国より伯耆の国の浜辺にいたり、籜《たけのこ》笠を投うち給へは雲の中に妙法蓮華経の五字の金文あり、霊山会場の花をふらせし奇瑞かくやとありかたくて、頭をうなたれ合掌して一心に弘法を念しけれは、其時老翁三人舟の舳艫に棹さしきたれり、上人問給ふ翁のいへるは上人をなくさめんかため遙々船を催きたれりと、上人則船に乗けれは出雲の国楯縫郡国留村旅伏山に着ぬ、其夜は樹下岩上にて月を詠て

こそのけふ詠し月はかはらねと
　今宵旅伏うらに見るかな

歌よみて夜明けれは、翁を伴葛かつらに伝攀上り水の流に随て其源を求るに、数十丈の滝あり、其半の岩窟に威儀正き陣人坐しけり、上人何故にか爰に坐し給ふやと問けれは、神人宜く吾は是久遠実成の釈迦仏なり、此山は天竺霊鷲の艮の方の流なり、此浄域にをひて我法を弘むために素盞嗚の尊に盟をむすふ、汝此山に因

縁あり爰に棲て妙法を唱普く衆生を救へしと仏勅ありて忽去給ひぬ、上人随喜感歎して御跡を拝したまへは十方の諸仏あらはれ給ふと信心肝にめいしたり、ある時上人岩窟にあり護法神の示現をいのりたまふに、地蔵菩薩出たまへり、上人のたまふは薩埵の顔かたち柔和にして降魔したまふへき粧にあらす、願は猛忿し姿を現て擁護を加給へとありけれは、薩埵はすなはち麓をさして飛去ぬ、今の死木淵の地蔵といふは是なり、初舟さし来し三人の翁のいへるは共に力を戮て永正法を守へしと約て飛去ぬ、今唐川村の智尾権現別所村の白滝権現国留村の旅伏権現なり、乗給へる舟の形もみな石となり、智尾権現本社の前の岩舟白滝権現の社後檣石旅伏権現のほとり帆席石といふ是なり、蔵王権現の宮柱の下より湧出する水あり、是を御柱の水と名付たり、此水目疾に験あり、古推古天皇竜眼医療験なかりしとき、上人の行法天聴に達し加持の力を受させたまはんとて、勅使ありて既に浮浪山の麓林木の郷にいたる折ふし、上人は麓にて田を耕給ふ、勅使上人に向あらましを語其所を問けれは流にそひ羊腸《つゝらをり》の路を過て雲関ありと教て上人は潜に蘿洞の門にかへりぬ、勅使は教にしたかひ九折《つゝらをり》をこゆると思ふに、其あたりにさまよひ日暮におよひて漸山にのほり上人に逢ぬ、此時勅使をやらすという諺によりて其処をやらすなはてといふ、今辻堂あり不遣《やらす》堂といふなり、上人は勅に応し即飛滝の社にて御門の御脳をいのり、奇瑞をもみせしめ給へと丹心をこらしけれは、門より水忽に湧出たり御柱の水是なり、其水を壺に湛《たゝへ》負笈《ふきう》して暮に山を出て明る朝京に著て参内し、彼水を加持して竜顔にそゝき給へは、忽平癒して明になり給ひぬ、御門叡感ありて直江・国留の両邑を寄附し給ふ、此故に両邑を竜顔領とは申なり、是より勅願所となり第一の伽藍と勅裁したまへり、上人山をいつるとき勅使にいひしは我蹈あとをふみ違へすして来たまへとあり、勅使是にしたかひ行しにいかゝしたりけぬ蹈まとひて上人におくれて三日遅京に著たりといふ、此山を浮浪と号するは、或時上人飛竜の社にて仏法久住をいのるに衣冠たゝしき神人来れり、いかなる人そと問たまふに吾は素盞鳴尊なり、此地は天竺霊鷲山の艮の隅欠《すみかけ》て蒼海にうかみ日本に流来しを、吾杵をもつて築留て麓に跡を垂る故に浮浪といひ社を杵築といふなり、永此山を擁護すへしと盟たまひて、神詠に、

駒ならぬ轡《くつわ》に鞭《むち》を取そへて
　誰此山にのりはしめけむ

霊山のかけてなかれし山なれは
　いま又ほのかに法の声きく

上人

法の声ほのかに谷にきこゆるを
　功徳は天か下にみてなむ

是より浮浪山とはいふなり、鰐淵寺とは上人蔵王権現の飛竜の潭に臨閼伽をそなへむと仏器を洗しに、あやまちて取落潭の底に沈ぬ、時に淵裡俄に激発して大なる鰐うかみあかり、落たりし仏器をくはへて上人に捧たり、即四句の偈を授けれは鰐は躍て底へ沈ぬ、又一説には上人仏器を潭におとしぬ、其後大社の西の浜より小船に乗て日御崎へわたりぬ、御崎山のかなたに大なる洞あり、其所を過るに鰐仏器をくはへ舷にさゝけたり、上人取てみれは滝潭に落たる仏器なり、さては彼滝潭より此海へとをりたるとおもふ二説の故により鰐淵寺とはいふなり、一乗院とは上人五字の金文にもとつき、一仏乗の妙法をとなへ種々の化益を施たりしゆへに所弘の法をもつて一乗院とは名付たり、当山往還の路四方にあり、東は犬谷といふ猿か馬場といふ所に地蔵堂あり、南は烏帽子取坂と云、長聯峡といふ所に地蔵堂あり、西は心経院といふ地蔵堂あり、是を四箇の地蔵堂といふなり、何も不浄を禁するなり、北の坂を般若坂といふは、昔十六善神大般若経を負て本堂にのほりたまふとて此坂にて暫休たまふによりて般若坂といひつたふ、善神ちかく浦の島に来たまふ、故に十六島といふ所あり、経の形島にのこりたるを里人経島といふなり、南の門の坂を烏帽子取坂といへるは素盞鳴尊和光同塵の垂迹仏法擁護の盟ましく〳〵て、常に此山に登たまふ或時に風烈くて尊の帽子を吹とりぬ、

故に後人烏帽子取といふ、ことに険き山路にてあたりの石烏帽子の形に似たり、岩井の水を御手洗の井ともいへり、今に道のほとり流を引て往来の人渇をしのくたすけとはなれり、飛滝社の絶頂を熊成の嶽といふ、八葉の其一なり、弥山ともいふ素盞嗚尊を葬たてまつるといへり、神書に熊成の嶽に神去ますといふもしかなり、故に素盞嗚尊を山上にまつりて摩多羅神と崇敬す、本堂の傍に井あり昔西塔弁慶島根郡魔添山にうまれ、異人の教を受け稚時より此山にのほり、終に髪を剃り瑜伽の密水に結し井なりとて弁慶水とも手習水共いへり、弁慶か縁にや源義経より当寺の衆徒中への状あり、弁慶か自筆なり、此書は毛利輝元所望し給ひ佐世石見守か取次したりし状あり、今は是を証拠とす、烏帽子坂の下篠崎といふ所に霊山寺といふ梵宇あり、当山の住僧頼源僧都の開基にて此寺の別院なり、本尊三体の薬師如来を安置す、一国七仏薬師の中三尊なり抑本堂は山の半にありて十二坊は谷々に石をたゝみ、岡のほとり巌を切ぬき建たるもあり、前には青壁けはしきをうけ、川の流きよく大竹小竹の猗々たるあり、樵者《きこり》杣人《そまひと》も入《いら》ぬ山なれは古樹谷嶺にしけり、春の花は雲か雪かとうたかひ夏の緑ふかく杜鵑の声幽に秋の紅葉は錦をちらすかことく、鹿の鳴音も一入しつかなり、院々へは皆筧にて谷水をとれり、蔵王堂は洞の内にありて峯頭より漲おつる瀑布あり、其流の潭となりたるを鰐淵とはいふなり、殊に勝たるは熊成の嶺なり峯にのほれは先三瓶山直下《みおろ》せは神門出雲の村々里々民家竈の煙豊に、武志の川宍道の湖松江の府域遙に見へ大社・日御崎の瑞籬朝日に耀夕日に照高浜の白砂はてもなく雪の詠にことならす、遠望は備後・石見の両州、伯耆の角磐山後醍醐帝隠岐国より移せ給ふ船上の古城、我州の焼島鳥上山隠岐の島も海の面に見ぬ、其外は目もおよはねはいひつくしかたし、誠に妙なる霊場にや古来より綸旨・御教書証文なんといくらといふ数もしれすありけれとも爰にはもらしぬ、『後太平記』に曰山中鹿之助幸盛は天文十四年八月十五日鰐淵山の麓武蔵坊弁慶か育《そたち》たる屋敷に生、一月越て歩二月越て食し、八歳にして敵を討しかは時の人呼て今弁慶と恐をなす、三十六歳にして五十六度の槍を合、謀は子房を呑武威は項王をあさむく、尼子右衛門督晴久四万余騎の群下より大勇十騎を撰いたし其第一なり、大庭谷におひて石見国の住人品川狼介勝盛と組て勝利を得たり、是をもつて考れは弁慶此辺にて成長したりと見へたり、中古は毎年正月廿日三月三日大衆大社へ参籠して神殿にて秘法を修し、経堂にて般若経を転読し、造営の時は国造と当寺の和尚一人相対してまつれり、国造職を継人此山にのほる事ありしに、祠官唯一の神道なりとて堂塔仏閣を破滅し、中古の式も絶はて和光同塵の盟も徒になれりといふ、思に寛文年中御造営唯一の神道にあらため給ひ、両部神道をのそきすて神代の旧式にかへし、明々として神の神たる道をあらはし本たてる善政こそ世にありかたくそおほへ侍ぬ、

根本堂　本尊薬師如来・千手観音慈覚大師の作なり、大衆五日かはりにして毎日の参籠なり、毎月朔日大般若経八日十八日宗徒集て顕密の勤あり、

法華三昧堂　本尊薬師如来・普賢・文殊慈覚大師の作なり、夏九十日衆僧毎日法華読誦あり、

常行三昧堂　本尊阿弥陀如来慈覚大師の作なり、毎月十五日大衆勤行あり、

摩多羅神社　僧二人和尚一人に従て厳秘の法を受、正月朔日より十一日にいたる毎年かくのことく三年勤て成就するなり、初て此法を受る者はかくのことし三年勤て成就の者は一年代なり、

本覚堂　本尊阿弥陀如来安阿弥の作なり、此堂に智春上人の像を置、毎月廿七日智春上人忌日の勤あり、十月廿七日四箇法用(要)論義等あり、

山王・祇園・菅神　三神一社にまつる、毎月廿四日勤行二月廿五日天神祭四月中の申の日山王まつり六月十四日祇園祭なり、

蔵王権現　滝の半岩窟の中に社あり、毎月十九日衆僧勤行、

三月三日和尚一人本地密供を修し衆僧大般若転読す、

三月十七日　東照大神君の胎曼陀羅供あり、

六月四日　伝教大師金曼陀羅供あり、
八月廿日　大猷院殿(徳川家光)の合行曼陀羅供あり、
十一月廿四日　天台智春大師報恩会法華八講あり、
十二月十九日より廿一日まて三千仏名経あり、
和多坊　鰐淵寺十二坊の中の一坊なり、本尊阿弥陀如来恵心の刻彫なり、古来南院北院相分れたりし時両の長吏あり、南北一致になりて長吏も一人となり、和多坊長吏の職たり、証文今にあり、当山昔日青蓮院門跡の寺務し給ひし時、和多坊は由緒各別なりとて尊朝門主より尊勝院と院家の号をゆるさせ給ひ、古は此坊にて灌頂を勤たりといふ、しかるに山門より諸国の灌頂を止しより今は絶て灌頂の道具のみ残てあり、和多坊栄芸といふ僧は毛利家へ忠を尽し、故に過分の知行を給ぬ、報恩のためとて元就の菩提所を建立し位牌を安置し日頼院といひしか、国主かはりて今は寺もなし、中比根本堂大破に及たりしを和多坊栄芸建立の願をなし青蓮院門跡自御筆を染られし勧進帳を乞請て領国を勧進して遂に建立成就したり、勧進帳は本堂に籠置、添状は此坊にあり、元亀年中山門回禄して衰微の時、叡山中興探題僧正蒙盛の望によつて和多坊栄哉といふ僧百廿尊行用書写してたてまつりぬ、此時蒙盛僧正自筆の三戒式なと栄哉に給今にあり、松江荒隈に寺を建て和多坊と号し府域の祈禱を修業せり、其後蒙予といふ僧円流寺の住職となりてより以来、荒隈の和多坊は無住となりて絶たり、愛宕山宝照院の境内に和多坊の跡たりといふ所あり、和多坊蒙俔は山門の住となり慈眼大師の法弟たり、東塔東谷双巌院の住職をつとめ夫より東叡山にいたり天台の僧祿となる、昔年当山に衆徒派・行人派・中衆方とて三派に分て各尊卑あり、元和年中に残す衆徒派となり、十二坊に究ぬ、此時双巌院より掟状あり、和多坊は代々師伝の続来他家より続さるなり、
松本坊　本尊不動明王聖徳太子の作なり、
禅林坊　本尊観音大宮形、
橋本坊　本尊文殊安阿弥の作、
井本坊　本尊薬師如来行基の作、

池本坊　本尊阿弥陀如来・観音・勢至伝教大師の作、
密厳院　本尊如意輪観音安阿弥の作、
大福坊　本尊千手観音恵心の作、
洞雲院　本尊阿弥陀慈覚大師の作、
西本坊　本尊釈迦如来安阿弥の作、
本覚坊　本尊不動明王大宮形、
桜本坊　本尊不動弘法大師の作、

解説

井上　寛司

一　鰐淵寺の成立

鰐淵山から浮浪山鰐淵寺へ

島根県出雲市別所町に位置する天台宗の古刹浮浪山鰐淵寺は、もとは鰐淵山と称する修験の道場として賑わったところである。

後白河法皇の撰になる、平安後期の今様を集めた『梁塵秘抄』に、「聖の住所は何処何処ぞ、箕面よ勝尾よ。播磨なる、書写の山、出雲の。鰐淵や。日御崎、南は。熊野の。那智とかや」（本書所収一五号文書、以下『出雲鰐淵寺文書』所収文書を一、本書を二と表記し、一―一五号のように、一・二の区別と号数のみを記す）と記され、また、鎌倉前期の説話集として知られる『宇治拾遺物語』の巻三「山伏舟祈返事」（二―一二三号）に、「いまはむかし。ゑちぜん《（越前）》の国かぶらきのわたり《（渡）》といふところに。わたりせんとてものどもあつまりたるにやまぶし《（山伏）》あり。けいたう房といふ僧なりけり。熊野みたけ《（御嶽）》はいふにをよばず。しら《白》山。はうき《伯耆》の大山。出雲のわにぶち《（鰐淵）》大かたしゆぎやう《修業》しのこしたるところなかりけり。」などとあることから、それを知ることができる。

そしてこれを「鰐淵山」と称していたことは、以下のような史料から確認することができる。その一つは、仁平三年（一一五三）に僧円朗ら三名が妙法蓮華経を写経し施入したのが「鰐渕山金剛蔵王宝窟」であったこと（二―一四号）、二つには、保安元年（一一二〇）に仏子定海の勧進によって聖徳太子関係の遺品の修復が行われた、その使者として「出雲国鰐淵山」の住僧忠鑑が見えること（二―八号）、そして三つには、天仁元年（一一〇八）に没した永暹上人が、幼少の頃「雲州鰐淵山」に住んで修業に励んだとされていること（二―六号）などである。これに対し、寺号としての鰐淵寺が史料上に確認できる明確な最初は建暦三年（一二一三）二月の無動寺検校坊政所下文（一―一号）と、同日の無動寺下文（一—二号）である。また、山号としての浮浪山の史料初見は、文安三年（一四四六）十二月三日の日吉社領出雲国漆治郷文書売券（一—一五号）に「不老山鰐渕寺（不老山は浮浪山の当字）」と見えるまで降るが、浮浪山の称号そのものはすでに建長六年（一二五四）の鰐淵寺衆徒等勧進状案（一—一二号）において確認され、鰐淵寺の寺号とともに成立したものであったと考えることができる。

この鰐淵山から浮浪山鰐淵寺への転換は、それまでの俗界とは隔絶された聖なる修業の道場から、大規模な伽藍や多数の僧坊を備え、聖俗両界に大きな権勢を誇る、出雲・山陰地域における有力顕密寺院への転身を意味するものであり、それが鰐淵寺の本格的な成立に他ならなかった。

開山智春上人と鰐淵寺縁起

鰐淵寺の開山は、各種の縁起書などによって等しく智春上人とされている。正平十年（一三五五）三月の鰐淵寺大衆条々連署起請文写（一—七六号、以下正平式目と称す）に、「当寺者、推古皇帝勅願、智春上人之建立也」と記されているのがその一例である。後代の作成になるものではあるが、文治二年（一一八六）九月十五日の日付を持つ鰐淵寺古記録写（二—一七号）に、「鰐淵寺建立並焼失事」として、その第一項に「推古天皇御宇智春聖人建立、安二置観音尊像一ヲ、勧二請ス金剛蔵王一、為二地主権現一ト云々」とあるのも同様である。

松江藩の儒者黒沢石斎が寛文元年（一六六一）に著わした地誌『懐橘談』下巻の「鰐淵寺」の項には、現在の本坊である松本坊の説明によるとして、次のような縁起が収録されている（二—三四八号）。

抑も当山開基は推古天皇の御宇に智春上人と申して六根浄にかなへる聖あり、再来して書写性空上人といひしは、此智春上人の後身なりと申伝へ侍る、古き記録に出雲の上人と云へるも此聖を申すなり。智春此山の開山となり、寺を鰐淵と申侍る由来は或時上人此滝坪に下り仏具花皿を洗ひ給ふ時、誤まりて花皿を水底に落し給ふ。或日御崎へ舟にて参詣し給ふ時、御崎山のこなたに大にかけたる穴あり、其洞より鰐といふ魚彼花皿をくはへて上人に捧げ奉る、上人手に取りて見給へば、彼滝つぼにて落し給ふ花皿なり、扨こそ滝坪より此海辺へ通じたりと知らせ給ひ、鰐淵寺と名づけらる。昔の人は寺院の号もすこしも求めず、たゞありのまゝに安く附けけるなり。此頃は深く案じ才覚をあらはさんとしたるやうに聞ゆいとむづかしと好兼が申したりしもげにもとぞ覚ゆる。時に推古天皇御眼をいたませ給ひしに、上人へ勅使下り侍りぬ、上人勅に応じ其暮ほどに山を出て翌朝京着し則ち参内せられ加持し侍れば、御門の御眼忽に平癒してけり。叡感の余に直江国富の両邑を永代寄附せられ侍る故に、今に至るまで両眼領と申しならはし侍るを、前国司堀尾氏の時没収せられ畢りぬ。此蔵王権現の社の柱の下より別して滴る水にて、今も眼を患ふる人丹心の誠ありて洗へば則ち平癒し侍る。扨も此山は推古天皇教倒二年に草創せられたりと当山にては云伝へ侍る、年号の初は後の事なりなどいへば、教倒といへる年号を客はしろしめしてや候承りたくこそ候へ、当山より美保の崎までを北山と云ふ、天竺霊鷲山ノ乾《イヌ井》の角自然に崩欠けて、蒼海万里を流れ豊葦原に漂ひしを、素盞雄尊杵にて築き留め給ふ故に杵築といひ、此山を浮浪山とも流浪山ともいひ伝へたり。一説には不老山とも申し侍る。

これらの縁起書の述べるところから、鰐淵寺の開山が智春上人と考えられていたことは間違いのないところといえよう。しかし、その開創の時期や実態をどう理解するかには幅があり、一つに固定されているわけではない。一般には、智春上人が推古の眼病を治癒したとの逸話とも関わって、「推古天皇の勅願」、推古二年（五九四）の開創とする考えが受け容れられているが（現在、鰐淵寺ではこの説に基づいて推古二年を開創の時期としていて、平成五年〈一九九三〉には開創一四〇〇年祭も執り行われた）、『懐橘談』所収縁起にいう「出雲の上人」は、平安末期の十二世紀に京・畿内で活躍した鰐淵山聖＝出雲聖人（二一―六～一二号）を指していると考えるのが妥当だといえよう。おそらく、聖地としての鰐淵山の開創のみならず、修験の道場としての発展や、それにともなう京都での知名度の上昇などがすべて智春上人に仮託された結果、こうしたこととなったのであろう。

信仰の中心としての蔵王権現と「鰐淵」の称号

鰐淵山時代の山内の様子を明らかにするためには、もう一歩踏み込んで検討を加えてみる必要がある。まずは信仰の具体相についてである。

聖地鰐淵山の最も中核に位置したのは蔵王宝窟である。浮浪の滝の絶壁の中腹にある洞窟がそれで、そこに蔵王堂が建てられ蔵王権現が祀られたところから、これを蔵王宝窟と称し、鰐淵山信仰の最も重要で拠点的な場所とされたのであった。先述のように、仁平三年（一一五三）に僧円朗ら三名が妙法蓮華経を写経し、石製経筒に納めて埋納したのが金剛蔵王宝窟であった（二—一四号）というのも、そのことを示している。

文治二年（一一八六）の鰐淵寺古記録写（二—一七号）に、智春上人が金剛蔵王を勧請して地主権現としたなどと記されているように、蔵王権現は鰐淵山の本尊であり、それを祀る蔵王宝窟は、鰐淵寺にとっていわば奥の院ともいうべき位置を占めていたということができる。

鰐淵山の号もこれと深く結びあっている。縁起書としては最も時代の遡る建長六年（一二五四）の鰐淵寺衆徒等勧進状案（一—二号）に、「洞前有㆓円水㆒（智春）聖人居㆑畔、備㆓閼伽㆒、落㆑器入㆓于水㆒、哺鰐出㆑自㆑底、故号㆓鰐渕㆒」とあるのがそれで、智春上人が修行中に誤って閼伽（仏前に供える水）の器を円水（浮浪の滝の滝壺）に落としたところ、鰐が口にくわえて現れ、無事上人の手元に戻ったところから「鰐淵」と称することになったという。ここに見える鰐について、一般にはサメ（ワニザメ）のことと理解されているが、ニホンアシカという説も出されていて（井上貴央「因幡の白兎とニホンアシカ」『ニホンアシカニュース』六、一九九三年）、これに従うのが妥当だといえよう。いずれにしても、これは浮浪の滝が直接日本海と繋がっていたことを含意するもので、『懐橘談』所収縁起にいう杵築大社と日御碕社の間にある洞穴はそれを具体化したもの、そして現在もその洞穴跡とされるものを確認することができる。

ところで、鰐淵山における信仰の中心とされた蔵王権現は、修験道の開祖役行者が大和金峰山において感得したとされる魔障降伏のための憤怒形の菩薩で、平安初期以後、修験道の発展にともない、その本尊として諸国の霊山に勧請、奉祭されていったといわれる。山陰地方の日本海沿岸部には、伯耆大山を中心として、摩仁山や三徳山など山岳信仰や山林修業で栄えた霊山が連なっているが、浮浪の滝を中心とする鰐淵山もまたそうした深山幽谷の一つとして、神々の宿るとりわけ神聖な修業の場と考えられるようになったものであり、それが信仰の中心とされるようになったのは、全国的な動向から考えて、平安初期の九・十世紀頃まで遡ると見て誤りないであろう。鰐淵山の開創者智春上人とは、浮浪の滝の洞窟に蔵王権現を祀って蔵王信仰を開いた修験者であったと推定されるのである。

この智春上人がとりわけ重要な人物と認識されるに至ったのは、鰐淵山における蔵王信仰の開創のみならず、それが出雲地方における蔵王信仰の普及と発展に大きく貢献したことによると考えられる。よく知られているように、出雲地方はとりわけ蔵王信仰の盛んなところで（佐藤虎雄「鰐淵寺の蔵王信仰について」『出雲・隠岐』所収、平凡社、一九六三年）、蔵王権現を本尊とする寺院は、鰐淵寺を起点として島根半島、および南の奥出雲方面へと広がる、出雲国全域を覆うものとなっている（藤岡大拙「出雲の山岳信仰」、同氏『島根地域史論攷』所収、ぎょうせい、一九八七年）。鰐淵山は出雲国内における蔵王信仰の拠点、その信仰のネットワークの中心としての位置を占めており、智春上人はその開創者として多くの崇敬を集めることになったと考えられるのである。

比叡山延暦寺の別所化

以上のようにして成立した鰐淵山は、その後平安末期にかけて大きく発展するとともに、変化していくこととなった。その第一は、全国的な規模で各地の霊山を巡り歩く回峰行の成立と展開の中で、鰐淵山もまたその一角を構成する著名な道場としての地位を獲得していったことである。冒頭に示した『梁塵秘抄』の今様は、その一つの反映といえる。そして重要なことは、こうした動きと連動しながら比叡山延暦寺との関係を強め、その末寺として組み込まれていったと考えられることである。

天文二十四年（一五五五）と推定される年未詳六月十日の延暦寺三院執行代連署書状（一―一六九号）に、「山門最初之末寺」と記されているように、鰐淵寺は早くから比叡山延暦寺（青蓮院門跡楞厳三昧院・無動寺）の末寺とされてきた。その史料初見は、鰐淵寺の初見と同じ建暦三年（一二一三）二月日の無動寺検校坊政所下文と無動寺下文である。しかし、延暦寺との関係そのものは鰐淵寺成立以前の鰐淵山時代に遡るもので、現在も鰐淵寺の所在地名として残る別所がその最初の姿であったと推察される。

別所とは、十一世紀前半以降とくに院政期に一般的に成立するとされる、本寺に対して相対的な自立性を持つ修行者や念仏聖の集団生活の場（＝道場）のことで、平安末から鎌倉期にかけて末寺化していくのが一般的だとされている（高木豊『平安時代法華仏教史研究』、平楽寺書店、一九七三年）。鰐淵山・鰐淵寺の場合もその一例と考えることができるであろう。

この鰐淵山の延暦寺別所化で重要なのは、それが信仰内容等の変容・深化と密接に結びあっていたと考えられることである。その一つが如法経信仰の導入である。如法経とは法の如く書写すること（多くは法華経）、そして如法経信仰とは、如法経書写・奉納に結縁し、死者の追善供養や自身の逆修を供養する信仰形態のことをいい、末法思想の広がりの中で、比叡山無動寺や横川楞厳三昧院を中心とする回峰行の行者たちが伝えたものと推定される。先述のように、仁平三年（一一五三）に僧円朗ら三名が妙法蓮華経を写経し、石製経筒に納めて金剛蔵王宝窟に埋納したというのは、その一例といえる。『後拾遺往生伝』に見える沙弥永暹も同様である。石州生まれの永暹は俗姓を紀氏といい、永承年間（一〇四六～五三）頃鰐淵山に入り、法華経を書写して聖としての修業を積み、のち各地の霊山を訪れ、山城国善峯寺や摂津国四天王寺に如法経の供養をするなど、世に「如法経聖」と呼ばれ、天仁元年（一一〇八）河内の太子廟で示寂したといわれる（二―六号）。

いま一つの変化は、浄土思想・浄土信仰の広がりと深まりである。同じく『後拾遺往生伝』の伝えるところによると、出雲出身の良範上人は、夢の中で杵築神社（出雲大社）の西の浜に一艘の舟が寄り来るのを見たが、それは極楽浄土よりの迎えで、上人は康和三年（一一〇一）に西方往生を遂げたという（二―四号）。毎年春に、海の彼方から神々が寄り来るとされる稲佐浜は西方浄土への入り口でもあったとする、こうした考え方は後の補陀落山信仰にも繋がるもので、浮浪の滝を中心とした鰐淵山を観音霊場の聖地とする考え方とともに、比叡山からの天台教学の受容を通じて理論的に整備・構築されていったものであったと考えられる。補陀落渡海については、史料的には時代が降るが、天文十年（一五四一）九月十八日に「杵築仮宮ヨリ重善上人補陀洛渡海、俗名亀井彦三郎、氏ハ惟宗、発心シテ如此云々、勤行衆鰐渕寺衆徒十五人、導師竹本房栄伝法印一夜勤行畢、出船時ハ管絃アリ、道俗男女凡十万余人群衆シ見物ノ袖ヲシホリ畢、渡海人類《（数）》以上廿一人」と見える（二―二八七号）。

そして、これらの過程を通じて構築された、比叡山延暦寺や各国の霊山をめぐる回峰行者などとの緊密な人的ネットワークの拡大と並行しながら、鰐淵山においても多数の草庵が結ばれ、活況を呈していったものと推察される。鰐淵山から浮浪山鰐淵寺への転換は、このようにして準備されたと考えてよいであろう。しかし、ここで注意しておく必要があるのは、以上に述べたことが鰐淵寺成立の歴史的前提ではあっても、決してそれ以上ではない、すなわち浮浪山鰐淵寺の成立には決定的に重要な、いま一つの要因が存在したということである。それが第二の変化、杵築大社との関係である。

杵築大社と鰐淵寺

「国譲り」の天皇神話に基づいて創建されたとの伝承を持つ杵築大社は、古代律令制の時代には、新国造就任時に前後三年に及ぶ厳重な潔斎を踏まえ、遠く都まで出向いて神賀詞の奏上を行うなど、全国の神社の中にあってきわめて特異な位置を占めていた。国造出雲氏が熊野・杵築両大社の祭祀を司るとともに、国府の所在地で、かつ熊野・杵築両大社の神郡でもある意宇郡の郡司を兼帯する、あるいはそうした立場から、国司に代わって『出雲国風土記』の勘造を行うなどという、他の諸国の国造や郡司には見られない独自の役割を担ったのも、古代出雲国の大きな特徴の一つであった。

しかし、延暦十七年（七九八）に国造による意宇郡司の兼帯が禁じられるなど、古代律令制の変質にともなって、杵築大社や出雲国造のあり方も大きく変化していくこととなった。神社祭祀に専念することとなった国造出雲氏が、古墳時代以来の本拠地であった意宇郡山代地方を離れて、遠く離れた杵築の地に拠点を定めたのも（杵築への移住）その一環をなすものであった。ただし、杵築への移住が何時であったかについてはいまだ明確でなく、一般には意宇郡司との兼帯を説かれた延暦年間のこととされているが、筆者は、神郡体制が崩壊するなど古代律令制の体制的変質期である十世紀以降を想定すべきであろうと考えている（『大社町史』上巻、大社町教育委員会、一九九一年）。

いずれにしても、古代と中世とでは杵築大社のあり方にきわめて大きな変化が見られた。その主な点を挙げれば、およそ次の通りである。

①杵築大社の祭神が古代はオオナムチ＝オオクニヌシであったのが、中世はスサノオとされた。

②直接中央政府と結びあう古代の国家的な神社と異なって、中世には間接的な形で中央政府と結びあう地域的国家神、すなわち出雲国の国鎮守（一宮＝国中第一の霊神）とされた。

③仏教や寺院との関係がほとんど認められない古代と違って、中世には浮浪山鰐淵寺とのきわめて緊密で一体的な関

係が構築され、鰐淵寺は杵築大社の本寺、そして杵築大社の祭神スサノオは鰐淵寺の本尊蔵王権現と同体、その垂迹神とされた。

このうち①の大社祭神に関しては、『平家物語』剣巻に「素盞嗚尊は、御意荒しとて、出雲国に流され、後には大社となり給へり」（『大社町史』史料編一二二六号。以下「大社町史料〇〇号」と略称する）、あるいは弘安九年（一二八六）に執筆された『大神宮参詣記』に、「素盞烏尊は伊弉諾・伊弉冊尊の御譲を得て。我朝の御あるじにてまし〱しが。国土を皇孫尊に譲り奉り。御身は出雲の国に御垂跡あり。今の大社是なり」（大社町史料三二二号）とあり、建武三年（一三三六）の記録として、後に筆写された佐草自清覚書（千家古文書写甲、大社町史料四二四号）にも、「当社大明神者、伊弉諾・伊弉冊御子天照大神御弟、天下社稷神素盞烏尊之也」と見える。南北朝期頃の編纂になる『詞林采葉抄』にも「此大社（杵築大社のこと…筆者）素戔烏尊ニテ座」（二一五四号）と記されている。

これに対し、③の大社祭神スサノオが鰐淵寺の本尊蔵王権現と同体であったことの明証は、天正三年（一五七五）十一月吉日の鰐淵寺本堂再興勧進帳（二一一九三号）に、「抑尋当山開闢之濫觴、一伝記云、神代之昔、西天霊鷲山之艮隅欠而、蒼海漫々波浪与共浮流、寄二来東海日域之此州一、于レ時、素盞烏尊知二食其来由一、以レ杵築二留此山一、垂二亦（迹）於彼麓一、故山日二浮浪山一、社号二杵築社一云々、誠知、昔在二霊山一、妙法之説処、今為二像法輪一、時如来之仏閣加レ之、一記録云、杵築大明神与当山蔵王権現、仏法護持之一心、和光同塵之盟誓、毎日夜半、大明神飛滝之社壇、在二御影向一云々矣」とあるのを待たなければならないが、しかし建長六年（一二五四）の鰐淵寺衆徒等勧進状案（一一一二号）に「杵築大神、窺二毎夜三更一、垂二影向於霊嶽（蔵王宝窟…筆者）之月一」とあって、こうした考えが中世成立期まで遡るものであったことは疑いないところといえよう。年月日未詳の某書状断簡（二一一八七号）に、「当寺者、最初、西天鷲嶺之艮隅欠而浮浪流来於、素盞烏尊築留玉フ、故ニ曰浮浪山矣、麓ニハ建二霊祇利生之大社一、定二諸神降臨之勝地一、峯ニハ構二権現和光之社壇一、示二仏天影向之結界一、所二以夜半毎ニ大明神飛滝之社前運レ歩、護二仏法一、持二国家一成二盟誓一玉フ、爰以杵築与鰐淵ニ而不

〳二、而並仏道・神道暫モ無二相離ル事一」とあるのも、これと同じである。

中世諸国一宮制と中世出雲神話

いま一つの②は、中世社会に特有の神社制度、中世諸国一宮制の問題で、全国的には十一世紀後半から十二世紀初頭にかけて各国ごとの多様性をもって成立していった。当該国内の最有力神社を「国の鎮守神（一宮）」と定め、その神の加護によって当該国の平和と安定を維持すると同時に、それら各国一宮の集合的な力によって、さらには畿内とその周辺部にあって王城鎮守神として機能している二十二の有力神社（二十二社）との連携によって、日本国全体の平和と安定を実現しようというものである。

この点と関わって、出雲国の場合とりわけ注目されるのは、その成立が十一世紀中頃まで遡り、全国の中にあって最も早期に属することである（拙著『日本中世国家と諸国一宮制』、岩田書院、二〇〇九年）。これは、杵築大社が中世諸国一宮制の成立に先導的な役割を果たしたことをうかがわせるもので、その理由として二つのことが考えられる。一つは、律令制の衰退にともなって九世紀以後形骸化していったとはいえ、もともと杵築大社が神賀詞奏上儀礼を執り行う神社として、全国の地方神社（＝地祇）を代表する、その中核的な位置を占めていたこと、二つには、古代と大きく異なる中世的神統譜（アマテラスを地神初代＝日本国主とする、天神七代・地神五代・人皇の系譜）の成立（上島享『日本中世社会の形成と王権』、名古屋大学出版局、二〇一〇年）に対応する形で、杵築大社が改めて地祇初代スサノオを祀る神社として再生されたことである。すなわち、祭神をスサノオと改めることによって、杵築大社は古代とは異なる形で（地神初代＝日本国主アマテラスに対する、地祇初代スサノオを祀る神社として）公的・国家的な地位を獲得していった。そして、中世の大社祭神スサノオが「出雲国の祖神」とされたことから、国鎮守＝諸国一宮制として、その体制整備が図られていくこととなった（その前提に二十二社制の成立と発展があり、この両者が結びあう形で王城鎮守・国鎮守制＝二十二社・一宮制が成立した。前掲拙著参照）。

以上のことから、大社祭神のオオクニヌシからスサノオへの転換がきわめて重要な意味を持っていたことが知られるが、ではいったいそれは、どのようにして進められていったのであろうか。

長寛二年（一一六四）の長寛勘文（大社町史料一三五号）に、「旧事本紀曰。次洗二御鼻一之時。所レ成之神名速素戔烏尊。坐二出雲国熊野杵築神宮一云々」とあって、先代旧事本紀が成立する九世紀中頃から、一部では杵築大社の祭神をスサノオとする考えもあったことがわかる。しかし、そこでは熊野大社を含め、あるいは熊野大社を中心として議論が組み立てられていて、専ら杵築大社の祭神論として展開された中世のそれとは明らかに異質だといわなければならない。何よりも、中世の杵築大社祭神＝スサノオ論で注目されるのは、そこで提示されるスサノオ像が古代のそれとは大きく異なっていることにある。

その内容は、前掲の天正三年（一五七五）鰐淵寺本堂再興勧進帳や年月日未詳某書状断簡などからうかがうことができる。釈迦が初めて法華経を説いたとされる仏教発祥の地、インドの鷲嶺山（霊鷲山）の一部が砕けて東シナ海に漂っていたのを、杵築大社の祭神スサノオが繋ぎ止めて出雲の国造りを行った（新しく造成された島根半島を浮浪山と称す）というもので、ヤツカミヅオミヅヌに代わってスサノオが国引き（出雲の国造り）の主人公とされ、また国引きの対象が隠岐や北陸・朝鮮半島ではなく、仏教発祥の地＝霊鷲山の山塊とされているなどの点で、それが仏教思想に基づく古代出雲神話の中世的再構成であったことは明白だといえよう。こうした新たな政治神話（中世出雲神話）が、鰐淵山の聖たちを抜きにして成立し得なかったこともいうまでもないところで、杵築大社は、この政治神話を獲得することによって、かつての国譲りの神オオクニヌシを祀る神社から、出雲の国土創生の担い手（＝出雲国の祖神）スサノオを祀る神社へと大きく転換し、「出雲国一宮」たるにまことに相応しい神社として再生していくことが可能となったのであった。

浮浪山鰐淵寺の成立と体制的確立

大規模な伽藍を備えた本格的な寺院としての浮浪山鰐淵寺は、以上に述べた二つの要因に支えられて成立したもので、その時期は十二世紀後半、そしてその体制的確立は十三世紀初頭のことであったと考えられる。

ところで、この成立期の鰐淵寺に関しては、かねてより、千手観音と薬師如来というそれぞれ別個の仏像を本尊とする北院と南院からなり、しかもそのもとの寺は、それぞれ別所とは異なる別の場所に存在したと考えられてきた（曾根研三「鰐淵寺史の研究」、『鰐淵寺文書の研究』所収、一九六三年）。筆者もこれに従って、成立期の鰐淵寺はそれぞれ性格を異にする二つの寺院と別所の蔵王権現、これら三者の複合体と理解し、林木から移された別所地域の南院と唐川地域の北院が、蔵王権現を中心として一つに結びあうことによって、浮浪山鰐淵寺は成立したと考えた（『出雲国浮浪山鰐淵寺』、一九九七年）。

しかし、二〇一〇年度から始まった出雲市環境文化部文化財課による鰐淵寺境内の発掘調査や、その前後における唐川地域の精密な現地踏査などを通して、曾根氏以来の右のような通説的理解は、抜本的に改める必要のあることが明確となった（科研報告書『出雲鰐淵寺の歴史的・総合的研究』、二〇一二年。『出雲鰐淵寺――埋蔵文化財報告書――』、出雲市教育委員会、二〇一五年）。その主な論点は次の通りである。

①従来成立期の北院の所在地と推定されてきた唐川地区には、僧坊跡を示す遺構の存在をまったく確認することができず、またかつて僧坊が存在したとの伝承も残されておらず、遺物等も採集することができない。

②北院の中心的僧坊とされる和多坊（明治三十八年〈一九〇五〉に火災により焼失）跡の発掘調査によって、三つの造成面の存在と、第Ⅰ面が十二世紀後半に遡ることを確認した。

③和多坊跡の南方、等澍院南地区の発掘調査によって、和多坊跡の場合と同じく三つの造成面の存在と、第Ⅰ面が十二世紀代に遡ることを確認した。

④別所地域の分布調査によって、九～十世紀の須恵器を少量ながら確認し、草庵などの建立が平安初期に遡ることを確認した。

以上の調査結果に基づいて考えると、南北両院ともに当初から蔵王宝窟と同じ別所地域に存在し、また大規模な境内の造成を踏まえて和多坊以下の僧坊や多数の堂社が造営され、浮浪山鰐淵寺が成立したのは十二世紀後半頃であったこと、またそれに先だって平安初期頃から草庵が結ばれ、修験の道場として発展していたことなどを、想定することができる。

十二世紀後半といえば、すでに全国的にも諸国一宮制が体制的に成立し、その儀礼体制が整備されていった時期にあたっており、出雲国ではまさにその時期に、大規模な伽藍を持つ杵築大社の本寺、浮浪山鰐淵寺は本格的に成立したのであった。そして十三世紀初頭に至ってその体制的整備が図られることとなった。鰐淵寺が明確に比叡山延暦寺（楞厳三昧院・無動寺）の末寺として組み込まれると同時に、出雲国衙から国富郷百町が鰐淵寺に寄進され、南北両院長吏がそれぞれ各五十町を知行し、それによって鰐淵寺の運営を行っていくこととなったのである（一―一・二号）。

二　中世鰐淵寺の構造と特質

中世鰐淵寺の景観

新たに成立した浮浪山鰐淵寺がどのような景観や構造であったのかについて、現状ではなお明らかでない。鰐淵寺全体の景観がわかる最も年代の遡るものは、享保二年（一七一七）に編纂された『雲陽誌』（大日本地誌大系四二、雄山閣、一九七一年）で、次のような堂社や僧坊名が記載されている（二―三六三号）。

〔堂社〕根本堂、法華三昧堂、常行三昧堂、摩多羅神社、本覚堂、山王・祇園・菅神神社、蔵王権現、馬頭堂、開山

堂、仁王門、子守勝手明神社

〔僧坊〕和多坊、松本坊、禅林坊、橋本坊、井本坊、池本坊、密厳院、大福坊、洞雲院、西本坊、本覚坊、桜本坊

このうちの堂社の中には、鐘楼や宝蔵・三重塔・七仏堂・湯屋など、その前後に存在したと推定されるにもかかわらず記載漏れとなっているものもいくつか認められるが、主要な堂社としてはほぼ全容を伝えたものといってよく、本覚堂や山王・祇園・菅神神社などの一部を除いて、ほぼそのすべてが明治維新期まで存続した（法華三昧堂は釈迦堂と改称）。同じく僧坊に関しても、一部に名称の変更が認められるものの、十二坊体制そのものは近代初頭まで維持された（前掲『出雲鰐淵寺』参照）。その具体的な配置などは、近世後期に作成された版画境内図や明治三十五年（一九〇二）作成（内容的には明治二十年代のもので、三十五年当時とは異なる）の「出雲国鰐淵寺之図」など（ともに島根県立図書館架蔵）によって確認することができる。

しかし、こうした近世から近代にかけての景観をそのまま中世に遡らせることには十分慎重でなければならない。中世から近世初頭にかけて、少なくとも二度にわたって鰐淵寺の大規模な改変が行われたと考えられるからである。その一つは中世末から近世初頭にかけてで、膨大な数の僧坊が廃絶されたと推定される。

以下にも述べるように、鰐淵寺が最も栄え賑わったのは中世のことで、弘治二年（一五五六）六月の鰐淵寺二答状（二―一四三号）に「昔者、谷々隔レ路、坊院並レ軒、凡三千余坊雖レ為二歴々一、次第仁令二零落一、今者、其名計之為レ体也」、同じく『雲陽誌』（二―三六三号）にも「古は堂社坊宇都て三千余ありしに、度々の兵乱に焼亡して今は僅に十二坊あり」と記されている。三千余という数字は明らかな誇張であるが、十二をはるかに超えるものであったことは疑いないところといえよう。では、具体的にそれはいくつなのか。残念ながら、そのことを明示する史料は残されておらず、今後の検討課題とせざるを得ないが、最盛期には九十坊前後が存在したと推定してよいのではないかと推察される。

そのように考える根拠の第一は、正平十年（一三五五）三月の正平式目に、八十九名の鰐淵寺僧（大衆）が署名してい

ることである。この起請文には、他に「下分」として、行人と思われる僧侶三十三名も署名しているが、大衆（学侶）として署判したのはいずれも各僧坊の坊主であったと考えられ、もしそうだとすれば、少なくともこの当時九十前後の僧坊が存在したこととなる。根拠の第二は、これまでの現地踏査によって、すでに百カ所近くの削平地の存在が確認されていて、九十坊前後の僧坊の存在が想定できるからである。

さて、いま一つの鰐淵寺の大規模な改変は、右に述べた正平式目の成立と深く結びあっている。この式目は、鰐淵寺衆徒がかねてより南北両院に分かれて繰り返していた対立が、南北朝の内乱とも関わってさらに激しさを増し（北院は北朝方、南院は南朝方に分かれて対立）、寺院としての崩壊を招きかねないとの危機に直面する中で、この困難を乗り切るために、南北両院の衆徒が一致協力しあっていくことを誓ったもので、そのための保証として、南北両院の本尊（北院の千手観音と南院の薬師如来）を左右に併せ祀る根本堂が新たに創建されることとなった。現在見られる根本堂とそれを中心とした伽藍配置の様相は、この正平式目を踏まえて創出されたものであり、それ以前の、千手堂を中心とする北院と薬師堂を中心とする南院とがそれぞれ空間的に分離する形で分布するというものとは、異なっていると考えなければならない。それは、ちょうど伯耆大山寺の僧坊の所在や配置が中世と近世とで大きく異なっているのに（大山町教育委員会編『大山僧坊跡調査報告書』、二〇一一年）、対応するものといえるであろう。

以上より、浮浪山鰐淵寺の景観は、成立期以来、およそ次の三時期に分かれる形で変化してきたと考えることができる。

第一期（平安末から鎌倉期）……千手堂を中心とする北院と薬師堂を中心とする南院とが、それぞれ空間的なまとまりを持ちながら、なおかつ蔵王権現を中心として一つに結びあっていた時期。

第二期（南北朝から戦国期）……南北両院の本尊（千手観音と薬師如来）を併せ祀る根本堂を中心として、現在に至る形で鰐淵寺境内の再編・整備が進められた時期。僧坊の数では、一・二期と次の第三期とで大きな違いがあったと考えられる。

第三期（近世から近代初頭）……多数の僧坊が廃絶されることによって、絵図等に描かれた十二の僧坊からなる景観が創出された時期。

現在の景観は基本的にこの第三期の様相を伝えるもので、その後の焼失や廃絶などによって、地蔵堂・念仏堂・竹林庵などの堂社や、第二次大戦後まで残っていた五坊のうち、松本坊（本坊）を除く是心院・洞雲院・答澍院・現成院の四院がすでに失われているとはいえ、往時の様相を思い浮かべることは十分に可能である。

中世鰐淵寺の焼失と再建

右のうち、中世（第一期と第二期）の景観を復元する観点から、大規模な火災等にともなう堂社の再建がどのように進められたのかを概観しておくこととしよう。

後代の史料によると、たとえば弘治二年（一五五六）六月の鰐淵寺三答状（二―一四五号）に、「当寺之回禄者、草創以来雖レ及二十ケ度一各有記録、今一両谷如レ形相残、依レ年久相続」などとあるように、しばしば火災に見舞われ、その再建のための努力が繰り返されてきたことが知られる。しかし、こうした主張には鰐淵寺創建以前（鰐淵山時代）の伝承も含まれているようで〈文治二年〈一一八六〉九月十五日の鰐淵寺古記録写〈二―一七号〉には、寛和二年〈九八六〉以来五度の造営と、仁平三年〈一一五三〉以来三度の焼失が記されている〉、ただちにこれを認めるわけにはいかない。今日、確かな史料によって確認できるところでは、中世鰐淵寺は三度の大きな火災に見舞われたと考えられる。

その第一は、創建から間もない天福年間（一二三三～三四）のことで、建長六年（一二五四）の鰐淵寺衆徒等勧進状案（一―一二号）に、「去天福年中、神火忽起、数宇伽藍支（及）二于紅焰一、若干尊像化二于蒼天一、僅雖レ改二一両之殿堂一、未レ及レ興二半分之碁誣一、適所レ企猶不レ能二成功一、何況於二残聖跡一哉、所謂三蓋塔廟・七仏道場、敢無二其構一、是非レ疎二修複（復）之志一、只依レ無二建立之便一焉」とあり、また嘉暦四年（一三二九）の鰐淵寺衆徒等解状案（二—四三号）にも、「四条院御宇、天福年中炎上之時、所レ被レ降之 鳳綸□□公家武家重書等、寺庫焼失之間、悉依レ令二紛失一」と記されている。ここに見える北院の三重塔と南院の薬師堂は、乾元二年（一三〇三）四月十一日にそれぞれ修理料田が寄進され、あるいは書き上げられていて（一—三五・三六号）、ともにこれ以前に再建されたものと推察される。

第二は、右からおよそ百年後の嘉暦元年（一三二六）二月のこと。同年と推定される年未詳六月五日の沙弥覚念書状（二—四二号）に、「去二月廿□（三）日、子剋□（比カ）類火、北院三重塔婆以下□（堂舎悉以）炎上」とあり、同じく嘉暦四年の鰐淵寺衆徒等解状案（二—四三）にも、「去嘉暦元年二月、為二類火回禄一本堂以下堂□□大小十余宇悉令二焼失一畢」と記されている。そして、正平十年（一三五五）の正平式目には、「嘉暦元年焔上以後、数宇仏閣内、為二一宇一未レ及二建立一、空送二廿余年一畢」とあって、その再建に困難を極めた様子がうかがわれる。しかし、正平式目作成の頃までには大規模な再建事業が進められたようで、主として年中行事との関わりで、以下のような多数の堂社が書き上げられている。最盛期鰐淵寺の様相の一端を示すものと考えてよいであろう。

本堂（根本堂）、常行堂、（三重）塔婆、蔵王宝窟、本覚堂、経蔵、温室、仮堂、大門

さて第三は、鎌倉末期から数えて二百数十年後の天文二十年（一五五一）のこと。これについては、『華頂要略』門主伝第二三の同年四月条（二—一三一号）に、「鰐淵寺焼失」と記されており、また天正三年（一五七五）十一月吉日の鰐淵寺本堂再興勧進状（二—一九三号）にも、「去天文廿年首夏、仲旬之候、不レ測失火、忽起而、堂舎一時為二灰燼一云々」と見える。そして、天正五年（一五七七）十一月二十九日の鰐淵寺本堂再建棟札案（一—三二四号）等の述べるところによると、同年に毛利輝元が願主となって、九間四面（現在の建物は五間四面）という巨大な根本堂が再建されたという。

中世の文献史料で確認できる焼失や再建は以上の通りであるが、もちろんこれがすべてというわけではない。第二と第三の間は二百数十年が経過していて、大規模な火災などはなかったとしても、堂社の修理・造営が行われたのは当然

のことと考えられる。しかし、そうした記録がまったく残されていないことからすれば、それらはいずれも部分的な改修や修理にとどまったことを意味するといえるのではないだろうか。今後のさらなる検討が求められるところである。

内部構造

では、中世鰐淵寺そのものの内部構造はどうなっていたのか。また、その経済的基盤はどうであったか。そして全体はどのように運営されていたのか。これらの問題は、いずれも時間の経過とともに大きく推移していったところで、その詳細について述べる余裕はない。ここでは、さきに述べた鰐淵寺景観の三つの時期（中世前期、中世後期、近世）を念頭に置きながら、『出雲国浮浪山鰐淵寺』（前掲）で述べたところの要約という形で、その概要をながめておくこととしたい。

まず最初に、内部の構造ということで、右の景観とも関わる僧坊の様相について見ておこう。文献や発掘などから確認できるところによると（現状はなお全体の内のごく一部で、実際にはきわめて多様であったと考えられるが）、各僧坊は道路や溝などによって区画され、そこに五間規模の本坊と雑坊・持仏堂などが存在するというのが、一般的な姿であったと考えられる。そのことは、たとえば延応二年（一二四〇）五月二十八日に北院長吏維光が弁交大徳に譲渡した房地が八間で、うち本房が五間二面、雑房が三間二面だといい（一―四号）、あるいは嘉暦三年（一三二八）三月二十六日に、盛順が国富経田一町と和多坊地南北十五間のうち南七間を除く北八間の房地と持仏堂を、直銭三十六貫文で通円に売却している（一―八二ノ一号）、などからうかがうことができる。また、文安元年（一四四四）閏六月十八日に維栄が書き上げた和多坊の財産目録（一―一一〇号）によると、その内容は①坊舎・敷地（十間前に泉水あり、東北西は道、南は溝）、②聖教、③経田（国富庄と遙勘郷に計一町四段六〇歩）、④別所（雲見）からなっており、同じく維栄が享徳元年（一四五二）八月二十二日に楽円大徳に和多坊を譲渡した譲状（一―一二〇・一二一号）によると、南側には井上坊があり、本房の四壁に檣（帆柱）が建てられていたという。つまり、和多坊と井上坊は溝を挟んで隣接していたわけで、このように、とくに最盛期にあっては、坊舎がそれぞれの自立性を保ちながらも、軒を並べる密集した形で分布していたと考えることができよう。ただし、これらの景観が各時期に応じてどのように変化していったのかは明確でなく、とくに中世から近世への移行にともなう僧坊の規模・構造や景観の変化等については、今後のさらなる検討を必要としているといえる。

次に、これを人的構成という点から見てみると、中世の鰐淵寺は学侶と行人および寺外の聖という、基本的に三つの身分集団からなり、それはあたかも高野三方（学侶方・行人方・聖方）と呼ばれた紀伊国高野山の場合と同じであったということができる。

このうち、学侶は一般に学匠・衆徒とも呼ばれ、論義・法談や修法・観法など、教学（学問）を主たる任務とした。これに対し、行人は学侶の下に位置する下層の僧侶で、諸堂の管理や供華・点灯など、主として実務面で寺院を支え、その職掌に応じて夏衆や堂衆など、多様な呼称で呼ばれた。そして、高野山をはじめ一般には、この学侶と行人を合わせて大衆と称し、その全員の合議（＝大衆衆会）によって寺院を運営するのが原則とされた。しかし、鰐淵寺の場合、学侶と行人は明確に区別され、行人が大衆の中に加えられることはなかった。その理由は定かでないが、永正六年（一五〇九）六月二十日の尼子経久鰐淵寺掟書（一―一三二号）に、「寺領分百性（姓）之子、如二先規一衆徒ニ被レ成間敷候」とあることからも知られるように、基本的に学侶＝衆徒は領主層、行人は百姓層の出身者で構成され、その間の身分格差が大きかった（逆からいうと、百姓＝民衆の自立性に大きな歴史的限界があった）ことによるといえるかもしれない。前掲の正平式目では、署名に加わったものが「五院大衆并行人」と記され、署名部分で行人は大衆に対し「下方」と表示されている。また、本文第一条では「行人一交衆准二衆徒議一、不レ可レ有二南北差別之儀一」とあって、行人は衆徒の決定に従い、それに準じて寺院の運営に参加することが定められている。正平式目のように特別な場合を除き、日常的には衆徒のみが大衆として鰐淵寺の運営方針を決定し、行人はそれに従うべきものとされていた様子をうかがうことができる。そして、学侶・行人ともに、実際には各坊に所属していて、それを統括するのが坊主であった。また、各坊には他の寺院から来た客僧も存在しており、これら三者を統括し僧坊の維持・運営に当たるのが、坊主の任務であったといえる。

一方、聖というのは、鰐淵寺境内で生活・活動する学侶・行人や客僧とは区別される存在で、本寺から離れた別所（比叡山の別所としての鰐淵寺のことではなく、鰐淵寺の成立にともなって新たに成立した鰐淵寺の聖たちの活動拠点）などに住んで隠遁者的な生活を送り、主として回国勧進や唱道活動などに携わったと考えられる。正平式目では「異形白衣の僧俗」と記され、鰐淵寺の湯屋に入ることも固く禁じられていたことが知られる。

経済的基盤

次に、鰐淵寺の財政を支えた寺領の構造について概観しておこう。中世鰐淵寺の寺領としては、①寺内（鰐淵寺の境内）、②一円的所領、③散在所領、④その他の四つに区分することができる。

このうち①は、鰐淵寺の宗教活動と地域支配の拠点として、とりわけ重要な役割を果したしたところで、建長六年（一二五四）四月に、守護佐々木泰清が寺内ならびに鳥居別所内への郡使の入部を禁じた、そのうちの寺内がこれに当たる（一―一〇号）。その領域は明確でないが、『雲陽誌』が「不浄」を禁じるために四箇の地蔵堂が設けられたとする、その領域内が鰐淵寺境内（＝寺内）だったのではなかろうか。それによると、東は犬谷（伊努谷）の猿が馬場、南は鳥帽子取坂の長聯峡、西は心経院、そして北は般若坂に、それぞれ地蔵堂が存在したという。

これに対し②は、鰐淵寺の財政を支える最も重要な所領として、中世を通じて鰐淵寺領の中心的な位置を占めたところで、中世前期にあっては国富郷がその地位にあった。国富郷は、前節の最後でも述べたように、鰐淵寺が有力顕密寺院として自立するための経済基盤として新たに出雲国衙から寄進されたもので、それは後白河法皇と天台座主慈円との政治折衝に基づく、中世的な宗教構造・宗教体制を構築する（中世出雲国一宮制の体制的確立）ための、比叡山無動寺領鰐淵寺（国富郷を含む）の成立を意味するものでもあった（一―一・二号）。

この国富郷経田一〇〇町は、成立当初から各五〇町に分割され、南北両院長吏の管轄下に置かれると同時に、一筆ごとの知行権（地主的土地所有権）が各僧坊に配分され、その複合体として、中世を通じて、鰐淵寺における根本所領の一つとして重要な役割を担い続けた。

鎌倉期を通して勢力を拡大した鰐淵寺は、南北朝・室町期に至って、②に関しても飛躍的な発展を遂げることとなった。宇賀荘地頭職（一―四八号）、三所郷地頭職（一―四九・五八号）、比知新宮半分地頭職（一―五七号）、漆治郷（一―六三号）、阿井郷（一―七〇号）などの獲得である。このうち、漆治郷（後に直江郷と呼ばれた）を除く他の所領は、いずれも南朝方から寺家ないし南院根本薬師堂に寄進されたものであったが、まもなく鰐淵寺の手を離れ、あるいは有名無実となっていった。これに対し漆治郷は、もとは鰐淵寺と関係のない近江国日吉社の所領であったのが、貞和五年（一三四九）十一月二十五日の光厳上皇院宣（一―六三号）によって北院根本千手堂の修造料所として寄進され、さらにその後、文安三年（一四四六）十二月三日に比叡山の田中坊清賀と円光坊尭賀が連署して漆治郷関係文書一八通を四五貫文で鰐淵寺に売却し（一―一一五号）、ここに鎌倉期以来の文書も一括して鰐淵寺の所蔵するところとなり、後には国富荘（成立期の国富郷は経田一〇〇町のみという限定されたものであったが、鰐淵寺は国富郷地頭との対決を通じて支配権を拡大し、一円的所領としての実を高め、宝治元年〈一二四七〉十月の杵築大社神官等連署申状（一―六号）を初見として、以後国富荘という荘号を用いることが一般的となった）とともに「往古よりの所領」と称されたのであった。

次に③に関しては、その内部がさらに三つに分かれる。第一は、鰐淵寺僧の宗教活動を支えるために設定された種々の名目の講経田で、鎌倉末期と推定される年月日未詳の経田断簡（一―四五号）には、夏中百日講と旱魃の際の雨乞いのための料田二町（所在不明）をはじめ、大社造営の際の大般若転読料田七段小（楯縫西郷）、正月二十日の大社神前での大般若転読料田三町九段八〇歩（遙勘・高浜・稲岡郷）など、合計一九町三二〇歩が書き上げられていて、その概要が知られる。これらの田地は、一つには杵築大社の祭礼料田と同じく、国衙から寄進されたものと、いま一つには本来は杵築大社の講経田であったのが鰐淵寺の管轄下に置かれたものとの、二つからなっていたと考えられる。

第二は、主に在地の領主層から「法華経不断読誦料田」「北院三重塔修理料田」などの名目で鰐淵寺に寄進された所領で、鰐淵寺が政治的・社会的勢力を蓄えるのにともなって、次第に拡大していったと考えられる。

第三は、鰐淵寺僧が個別に所有している所領で、これには性格の異なる二つのものが含まれていた。一つは、鰐淵寺僧が両親などから譲渡されたり、あるいは他から買得するなどして成立した私的な所領、いま一つは、右述のように国富荘や講経田などの寺領の一部が一種の給田として各僧坊に付与され、坊領として師資相伝の論理に基づいて伝領されたものである。

最後に、④は鰐淵寺の境外にある末寺・末社や別所などで、末寺・末社としては、現松江市宍道町の岩屋寺、現出雲市林木町大寺の万福寺、大社町遙勘の霊山寺（もと常福寺と称した）・荘厳寺、高浜町の極楽寺、国富荘の旅伏権現、漆治郷の高徳寺（廃寺）などが知られている。この他、戦国期には毛利氏から寺領の一つとして多数の寺社が寄進されたが、それらは一時的なものが多く、前記のものとは性格が異なると考えるべきものであろう。初見史料と合わせて掲げれば、次の通りである。

漆治郷八幡宮（二—一九九号）、大庭浄音寺（一—二三六号）、大草六所神社（一—二三六号）、同神宮寺（一—二三六号）、大草宗雲庵（一—二三六号）、白鹿常福寺（一—二四四号）、新田道場（一—二五五号）、佐陀成相寺（一—二五六号）、稲岡長福寺（一—二七〇号）など。

また、別所として史料上に確認できるのは次の通りであるが、その実態については明らかでなく、今後の検討課題として残されている。これまた、初見史料と合わせ掲げると次の通りである。

雲見別所（一—五号）、松木別所（二—二二号）、真木曾祢別所（二—三一号）、寺辺東西別所（一—七六号）、南別所（二一八〇号)、北別所(二—八〇号)、上別所(二—八一号)など。

管理運営体制

以上のような構造を持つ鰐淵寺が、全体としていかなる管理体制の下でどのように運営されたのか。このことについて考える上で、まず注意する必要があるのは本寺(本山)比叡山との関係である。

先述のように、鰐淵寺は十三世紀初頭における体制的確立の当初から、慈円がその実権を握っていた青蓮院門跡の管轄下にあり、実際には同門跡に属す無動寺ないし楞厳三昧院の末寺として編成されていた。天福二年(一二三四)八月の慈源所領注文写(二—二七号)に、楞厳三昧院領として「鰐淵寺加国富 所当国莚百五十枚 能米百石」と見えるのがそれである。寺領国富郷を含め、鰐淵寺の全体が楞厳三昧院の支配下にあり、本山に対し出雲莚と米などの年貢を納めることとなっていたことが知られる。

本山との関係は年貢納入の他に、主として次の三つの意味を持っていた。一つは、本山による人事権の掌握である。たとえば、弘長三年(一二六三)八月五日の関東下知状案(一—一五号)に見える別当頼承は、楞厳三昧院の僧で、青蓮院門跡の命を受けて鰐淵寺の管理に当たっていたものと考えられる。これに対し二つは、以上に述べた荘園制支配に対応する、その見返りとしての本寺による鰐淵寺の保護である。慈円が後白河法皇との政治折衝を通じて鰐淵寺領国富郷を成立させ、その一円不輸化をも実現し(一—一号)、また出雲国守護に対して鰐淵寺境内や別所内への郡使の入部禁止を認めさせたのも(一—一〇号)、ともにその一環をなすものであった、と考えられる。三つは、本山と末寺との間における法儀や教学の伝播などの宗教的な結びつきである。この点は、年中行事の構成やその儀礼内容などの中に、とくに顕著に認めることができ(長谷川裕峰「出雲国鰐淵寺と青蓮院門跡の本末関係」、前掲科研報告書所収)、かつその影響はきわめて広範なものであったと考えておかなければならない。

こうした比叡山（青蓮院門跡）との本末関係は中世を通じて維持されたが（本末関係そのものは、近世を含め現在にまで及んでいる）、しかしそれは右に指摘した四つの側面すべてが持続的に維持されたということを意味するものではなく、時間の経過とともに大きく変化していった。というより、宗教的な結びつき（広義の本末関係）が鰐淵山時代以来の伝統の上に立つ持続的なものであるのに対し、荘園制的な政治的・経済的な結びつき（狭義の本末関係）はむしろ断続的で、次第に形骸化していったということができる。

以上の点を念頭に置いて、改めて中世鰐淵寺がどのように維持・運営されていたのかを整理すると、およそ次のようにまとめることができよう。

まず鰐淵寺の体制的確立から鎌倉末期に至る中世前期に関しては、本山によって任命された別当の指揮・監督の下に、南北両院の長吏が連携して鰐淵寺の運営に当たるというものであった。しかし、別当が直接鰐淵寺に下向することはなく、必要に応じて別当代が派遣されたものと推察される。文応元年（一二六〇）頃、隣接する宇賀郷の地頭頼益と山口相論を行った際も、別当頼承に代わって法橋実禅が別当代として幕府の法廷に臨み、和与状の獲得に成功している（一―一五号）。また、この時期は年中行事をはじめとする儀礼体系などの体制整備が重要な課題とされたこともあって、鰐淵寺の本山への依存度も大きく、荘園制支配を含む本末関係は比較的スムーズに機能したのではないかと考えられる。

これに対し、正平式目が制定された南北朝期から室町期にかけて、本山から任命された別当が直接鰐淵寺に下向し、南北両院長吏と連携して鰐淵寺の運営に当たるとともに、そのための公的な現地支配機関として、新たに政所が設けられることとなった。鰐淵寺政所の史料初見は正平十年三月の正平式目（一―七六号）で、その変化の意味するものは、次に掲げた第三条の中によく示されている。

衆会催役時、自由不レ可レ致二故障一事、抑天下為二一人之天下一、猶任二公卿僉議一而治レ国、況寺中、為二諸僧之寺中一、豈非二衆会評定一而行レ事哉、但非レ無二本山一、又雖レ在二門主一、頗倦二遼遠之往還一、何遑企二朝夕之訴訟一、不レ若二衆徒一心一而興二真俗一自他相互令レ糺二徳失一、仍此篇目尤至要也、自今以後者、各不レ問二大小事一、不レ分二世・出世一、毎レ加二催促一、必可二集来一者也、次衆会次第者、先下臈、次老僧云云、然則若輩遅参可レ加レ誡、宿老後来聊有二優怒《（恕）》一歟、

ここでは、鰐淵寺の運営と意志決定における大衆衆会の重要性が本山からの相体的な自立化と一体のものとして強調されていて、別当の鰐淵寺下向・在住化というのも鰐淵寺執行権力機構の強化という観点から推進されたものであったことが知られる。永享五年（一四三三）十二月の鰐淵寺別当円運等連署紛失状（一―一〇一号）で、別当阿闍梨円運と北院長吏権律師維亮・南院長吏権律師維亮が連署して問題解決に当たっているのは、その一例といえる。そして、この体制の定着は実質的には一山三長老制の成立を意味するものであった。文安三年（一四四六）二月八日の鰐淵寺三長老連署掟書（一―一一一号）において、一和尚権少僧都維栄（和多坊住持）と南政所権少僧都維亮・北政所阿闍梨円盛が連署しているのがそれで、別当の鰐淵寺在住と大衆衆会の重視にともなって、別当が、実際には「鰐淵寺僧の中の最高位にあるもの」（＝一和尚）を意味するようになったことによるものであったと考えられる。

しかし、こうした体制は戦国期に至って大きく転換することとなる。その詳細については後ほど改めて述べることとするが、新たに評定衆という執行機関が定められ、また別当や長吏・政所などに代わって、年行事という役職が設けられ、輪番制に基づいて鰐淵寺僧がその地位に就くこととなった。それぞれの史料初見は、評定衆が永正十五年（一五一八）十一月十日の二通の尼子経久書状（一―一三四・一三五号）、年行事が大永七年（一五二七）三月十一日の多賀経長過書（一―一四〇号）である。

杵築大社との関係(1)

以上、まことに大雑把な形で中世鰐淵寺の概要をながめてきたが、しかしこれではなお半分を述べたにすぎない。中世鰐淵寺にとって最も重要な杵築大社との関係が総括できていないからである。

前節でも述べたように、鰐淵寺の成立は中世諸国一宮制の成立と表裏一体の関係にあり、浮浪山鰐淵寺は、中世出雲国一宮杵築大社のためにこそ成立した有力地方顕密寺院であったということができる。

そのことは、成立から間もない鰐淵寺が、出雲の国鎮守（「国中第一之霊神」、康治二年〈一一四三〉三月十九日官宣旨案、北島家文書、平安遺文二五一〇号）に対応する「国中第一の伽藍」と呼ばれていたことからも推測することができる。建長六年（一二五四）四月、出雲守護佐々木泰清は鰐淵寺内ならびに鳥居別所内への郡使の入部を禁じたが、その根拠がまさに「国中第一之伽藍」ということにあった（一―一〇号）。浮浪山鰐淵寺はその当初から、杵築大社（国鎮守＝一宮）とセットをなす寺院（一寺）として創建・整備されたと考えられるのであって、それはいわゆる通常の「神仏習合」とは明確に区別されるものであった。

前節でも指摘したように、杵築大社と鰐淵寺との関係そのものは、鰐淵山時代の国造出雲氏が杵築に移住してきた十世紀頃まで遡る。杵築大社の祭神がオオクニヌシからスサノオに転換したのも、そしてそれを支える古代とは異なる国造りの神としての新しいスサノオ像、およびその理論的前提となる古代とは異質な中世出雲神話を生み出したのも、ともに鰐淵山の聖たちと国造以下の大社神官との緊密な連携と交渉によるものであった。その意味から、杵築大社が古代の危機を脱し、全国に先駆けていち早く中世出雲国一宮としての地位を獲得し、再生していったのも、鰐淵山との緊密な連携（広義の「神仏習合」）によるものに他ならなかったということができる。古代末・中世の杵築大社は、日本中世社会の全体、および他の寺社一般がそうであったように、「神仏習合」を当然の理論的前提として成り立っていたのである。そのことを示す史料は枚挙にいとまないが、次のような事例もその一つといえよう。

中世最後の正殿造営とされる宝治二年（一二四八）の遷宮に際し、この儀式の総括責任者であった出雲国目代兼大行事源右衛門入道宝蓮は、僧衣を身にまとい法体のまま遷宮式に参加し、これを取り仕切った（建長元年六月杵築大社造宮所注進状、二―二九号）。また、鎌倉末・南北朝初期の出雲・隠岐両国守護塩冶高貞の姉は、尼覚日を名乗って僧籍に身を置きながら、国造出雲泰孝の妻（後家）として国造権力の継承に重要な役割を果たした（『大社町史』上巻参照）。覚日と同時期の禅光（上官佐草信成）をはじめ、法名を名乗る大社神官も多数に上る（同上）。康永二年（一三四三）三月十五日に、雲樹寺の住持孤峰覚明が大社国造清孝に菩薩戒と九条袈裟を授け（大社町史料四四五号）、その袈裟が現在に至るまで国造北島家で大切に保存されてきたなどというのも、同様である。

しかし、これらのことは、鰐淵寺が杵築大社の神宮寺（神を守護することを目的に、神社に附属して設けられた寺院）であったということを意味するものでは決してない。鰐淵寺が杵築大社の神宮寺であったことを示す史料として知られる年月日未詳の国造北島広孝覚書案（二—二三三号）では、「正月者廿日之経とて、大社神宮寺鰐渕寺一山下山候而、一頭国造よりのぎしき《儀式》北嶋かとく《家督》に付而、鰐渕寺のひほう《秘法》大しゆ舞とて、于㆑今神事令㆓執行㆒候」と記されているが、しかしこれは杵築大社との一体化を強めた鰐淵寺を比喩的に述べたものであって、実際に鰐淵寺が杵築大社の神宮寺だったわけではなく、神宮寺そのものは別途十四世紀中頃に大社境内の東側に臨済宗寺院として創建された（原慶三「続・歴史の実像と虚像——近隣の例から——」、島根県立松江商業高等学校『研究紀要』二二、二〇一二年）。また、千家尊統氏の指摘するところによると、寛文年間の「神仏分離」以前に「大社に附属していた寺院は、神宮寺・松林寺・松現寺・玉泉寺・海善寺・法海寺・所讃寺・永徳寺」の八カ寺で、その中に鰐淵寺は含まれていない（『出雲大社』、学生社、一九六八年）。要するに、杵築大社と鰐淵寺との関係は、国造家の檀那寺であった真言宗松林寺、あるいは臨済宗神宮寺などとの関係とは異なる、独自のものであったと考えなければならないのである。では、いったいそれは何なのか。

最も重要なことは次の二点にあるといえよう。一つは、寺院に附属する鎮守社や神社に附属する神宮寺・別当寺などと異なって、それぞれ独自の由緒を持つ自立した寺院と神社の関係として成り立っていること。いま一つは、その両者の関係が私的で自然発生的なものではなく、公的で政治政策的なものに基づいていることである。

十二世紀後半と推定される浮浪山鰐淵寺の成立（鰐淵山から鰐淵寺への転換）の具体相については明確でないが、後代に作成された文治二年（一一八六）の鰐淵寺古記録写（二―一七号）では、寛和二年（九八六）の千手堂・薬師堂等や天永三年（一一一二）の塔の造営がともに出雲国衙によるものだとされている。年代からしても、これらの記載内容をそのまま事実と認めることはできないが、鰐淵寺の伽藍が出雲国衙の手で造営（創建）されたものだとする指摘そのものは、同じく杵築大社の造営が出雲国衙の責任であったことから考えて、事実と認めてよいのではないだろうか。十三世紀初頭における鰐淵寺の体制的確立が、後白河法皇と天台座主慈円との高度な政治折衝に基づくものであったことも、先述した通りである。

こうした中世の杵築大社と鰐淵寺との間に認められる関係は、「神仏隔離」原則に基づく「神仏習合」の最も典型的、ないし極限的な形態と評価することができるであろう。同様の事例として越後国弥彦神社と国上寺を挙げることができ、ここでは明確に一宮と一寺との関係として捉えられている。詳細については、前掲の『大社町史』上巻を参照されたい。

杵築大社との関係(2)

ここで、杵築大社と鰐淵寺との関係を、さらに踏み込んで具体的に確認しておくこととしよう。

両者の関係で、まず第一に注目されるのは、日常的にはそれぞれ別個に年中行事を執り行いながら、特定の祭礼のみ共同で執行する定めとなっていたことである。それが正月二十日の鰐淵寺僧による大社神前での大般若経転読と、三月一日から三日までの三月会である。

このうち前者は、弘治二年（一五五六）六月の鰐淵寺二答状（二―一四三号）に「毎年正月廿日寺家衆罷二下於杵築之社一、大般若経奉二読之一者也、自二修正一始而、勅願之御祈于レ今厳重也、廿日以前者、国守江年頭之礼儀等無レ之段、依二勅願之行事一也、国中無二其隠一候哉」とあって、大社神官による元三会以下の神事の終了を待って正月二十日に行われる、鰐淵寺僧の大社祭神への「新年の挨拶」ともいうべき意味を持つ仏事であった。

これに対し後者は、宝治元年（一二四七）十月の杵築大社神官等連署申状（一―六号）に「当社三月会者、山陰無双之節会、国中第一之神事也、其会者、差㆓定五方之頭人㆒之内、左右相撲頭幷舞頭、是三方者、為㆓国中地頭役㆒令㆑勤㆓仕之㆒、捧物・酒肴両頭者鰐□□□□□《(渕寺住侶等)》致㆓勤行㆒、所㆑令㆓五部大乗之講讃㆒也」とあって、これこそ大社神官と鰐淵寺僧が共同で執り行う年間最大の祭礼（仏神事）であったといえる。

この三月会は、もとは五月五日の五霊会や九月九日の九月会などと同じく三月三日の一日だけ、大社神官が近郷住民の協力を得て（頭役）行われていたが、鰐淵寺の成立と体制整備を踏まえて再編成され、期日が一日から三日までの三日間に拡大されるとともに、地域民衆に代わって地頭と鰐淵寺僧が頭役を勤める五頭役制へと転換することとなった。また、「五部大乗の講讃」（大般若経の転読）は一番経・二番経・三番経と称し、三日間にわたって導師一人と各三十人の鰐淵寺僧が行うこととなっていたが、そのために毎年大社神前に設営される場所（経所）は出雲国衙の責任で造営される定めであった（正平式目）。さきの宝治元年の大社神官等申状で、鰐淵寺僧の行う大般若経転読が、「勤行非㆓私作法㆒、偏□□《(朝家)》・□□《(関東)》御□□《(祈禱)》而已」と記されているように、それが地域にあって中央国家権力の安定を支える、地域的国家神としての祭礼という、公的・国家的な性格を持つものだったことによるといえるであろう。

年中行事ではないが、祭礼という点で、杵築大社の造営遷宮に参加するのも鰐淵寺僧の重要な務めであった。これについては、鎌倉末期頃と推定される年月日未詳の杵築大社経田注文断簡（二―四五号）に「楯縫西郷内、七段小、牧戸村、大社御造替之間、大般若経転読料田也」とあって、大社の造営期間中、山上にて大般若経の転読が行われ、またその完成にともなう遷宮式に際しても、わざわざ大社神前まで出向いて参列することとなっていた（二―二九号）。これまた杵築大社の造営が基本的には宣旨に基づいて行われるという、公的・国家的な性格を持っていたことに対応するものであったと考えることができる。

注目される第二の点は、右の年中行事のあり方からもわかるように、杵築大社の神官と鰐淵寺の僧侶とが明確に区別されていたこと、とくに杵築大社の場合、神官と社僧の両者によって構成・運営されるのが日本中世神社の一般的な姿であったにもかかわらず、国造以下の神官のみによって管理運営がなされたことである。それは、南北朝期に神宮寺が成立し、その寺僧が誕生したと考えられる後にあっても同様で、鰐淵寺僧が大社に出向いて行う一月と三月の以外の仏事は、少なくとも公式には大社年中行事の中には存在しないものとされた。

第三の点も、以上のことと密接に関わりあっている。次節で述べる戦国期以前にあっては、大社境内に三重塔や輪蔵・経蔵などの基本的な仏教施設がまったく存在しなかった。これまた、全国的にはきわめて特異なことで、杵築大社に特有の景観であった。

以上を要するに、鰐淵寺と杵築大社とが地理的にも空間的にも明確に区分され、それぞれ自立した寺院・神社として機能を分担し、かつ相互に補完しあうことを通して、杵築大社が出雲の国鎮守としてより有効に機能する——そうした仕組みができあがっていたところに、中世出雲国一宮制のきわめて顕著で重要な特徴も存在したと考えることができる。それは、言葉を換えていえば、寺院と神社とがそれぞれの独自性・宗教性を保持しながら相互に権威を高め合う、そうした関係がきわめて完成度の高い形で、中世杵築大社と鰐淵寺との間に成立していたことを意味するものといえるであろう。

三　中世から近世への転換——「神仏隔離」と「神仏分離」

戦国大名尼子氏の宗教政策

以上に見てきたような中世的な宗教構造は、十六・十七世紀の戦国期から近世初頭へと至る間に大きく転換し、まったく様相を異にするものへと移行していくこととなった。その重要な歴史的起点となったのが、戦国大名尼子氏の宗教政策である。

戦国大名としての相貌を以て登場してくる十六世紀初頭の永正・大永年間以後、尼子氏は矢継ぎ早にいくつもの注目すべき宗教政策を展開していった。その第一は、永正六年（一五〇九）十月二十日に尼子経久鰐淵寺掟書（一―一三二号）が発せられ、鰐淵寺内部の問題に世俗政治権力が直接介入する第一歩が記されたことである。たとえば、第三条の「寺領分百性(姓)之子、如㆓先規㆒衆徒ニ被㆑成間敷候」などというのは鰐淵寺内部の問題であって、かつて世俗権力がこうした問題に直接口入することはなかった。それを尼子氏は、「惣山」としての自主性を尊重し、支援・補足するという形を取りながら、実際には強権的に尼子氏権力への屈服を認めさせていったのであった。

第二は、同じ永正六年から開始された杵築大社の造営において、尼子氏の命に基づき、大社境内に初めて本格的な寺院建築が登場し、その後急速に杵築大社の寺院化が進んでいったことである。永正六年からの造営では、まず天台宗の護摩堂形式の拝殿と承和六年（八三九）の銘を持つ梵鐘を納めた鐘楼が建立され、引き続き大永四年（一五二四）には大日堂、同七年（一五二七）には三重塔、そして天文六年（一五三七）には輪蔵（一切経堂）が建立されていった。これは、中世的な「神仏隔離」原則を否定することを通して杵築大社の宗教的権威や権力を相対化し、尼子氏権力の下に屈服させることをねらったものであったと考えることができる。

第三は、大永二年（一五二二）から享禄二年（一五二九）にかけて、計三回にわたって法華経三万部読経が行われたことである。これは、鰐淵寺僧をはじめ出雲国内の僧侶一一〇〇人を集め、大社近くに新たに経所を設け各一〇日の読経を行うというもので（二―一二八七号）、尼子経久が掲げた法華経による領国・一国統合と平和実現の希求というスローガンを具体化したものに他ならなかった。弘治二年（一五五六）六月の鰐淵寺三答状（二―一四五号）にも、「(尼子)経久依㆑為㆓法花経信仰㆒、被㆑誅㆓亡大敵㆒、其切取所領之土貢、以㆑之為㆓足付㆒、或者千部・万部之読誦、或以㆓摺写之経㆒、諸国之堂舎江被㆑賦㆑之了」と見える。

第四は、同じく月山富田城での千部法華経読誦とその開催をめぐって安来清水寺と鰐淵寺との間で激しい法席座次相論が展開されたことである。この相論は天文二十四年（一五五五）から弘治三年（一五五七）にかけて、朝廷・幕府や比叡山をも巻き込んで行われたもので、ことの起こりは天文十四年（一五四五）の富田城での千部法華経読誦に初めて参加した鰐淵寺に対し、清水寺が左座への着座を主張したこと、および天文二十四年二月に天文六年にもらった後奈良天皇綸旨を根拠に再び左座への着座を主張したことにある（二―一四二～一四八号）。

この相論は結局うやむやのままに収束することとなったが、清水寺が後奈良天皇綸旨を根拠に、また尼子氏や梨本門跡等の支援を得て、鰐淵寺と三問三答を行い、天文六年（一五三七）に加えて弘治二年（一五五六）六月にも左座の地位を認められたことは（二―一一八・一四八号など）、きわめて重要な政治的・宗教的意味を持つものであった。鰐淵寺の表看板であった「国中第一の伽藍」を公然と否定する、強力な政治的プロパガンダの意味を持っていたからである。

最後に、第五として、杵築大社の持つ宗教的権威・権力を押さえ込み、尼子氏権力の下に服属させるための、上記以外の種々の施策が集中的な形で実施されたことが注目される。これには多様なものがあるが、とくに重要なのは次の点であろう。その一つは、神魂社神官秋上氏の掌握とその政治的利用である。秋上氏はもとは神魂社神主国造北島氏配下の権神主であったが、永正十四年（一五一七）、尼子氏は強権的に秋上氏を直臣団（富田衆）の中に組み込むと同時に（兄孝重を社家方、弟幸益〈綱平〉を武家方として二つに分け、武家方を直臣団化した）、永正末・大永初年には国造北島氏に代えて神魂社神主に就任させることとなった（『松江市史』通史編Ⅱ、松江市教育委員会、二〇一六年参照）。この秋上氏で重要なのは、国造職継承のための儀式（火継ぎ神事）の責任者だったことで、これにより、尼子氏は大社国造に対し直接規制・統制を加えることが可能となった。

二つには、佐陀神社の出雲国二宮化が注目される。正確な年代は未詳であるが、尼子経久の命により、十六世紀初頭に意宇・秋鹿・島根・楯縫四郡の神官が参加して行われる佐陀神社の御座替神事が成立することとなった（拙稿「中世佐陀神社の構造と特質」、『重要文化財佐太神社』所収、鹿島町歴史民俗資料館、一九九七年参照）。これは、国鎮守（国中第一の霊神）として出雲国一〇郡全域への統括権を主張する杵築大社に対し、明確にそれを否定し、佐陀神社を杵築大社に準ずる地位（二宮）と認定することによって、その相対化を図ろうとしたものと考えることができ、事実、京都吉田家では佐陀神社を出雲国二宮と認めていて、それが近世へと継続されることとなった。中世末期頃の作成になると考えられる吉田家旧蔵『延喜式』裏書（天理図書館善本叢書一三『古代史籍続集』）に、佐陀神社が「二宮」（「一宮」は杵築大社ではなく、熊野神社）と記されているのがそれである。

三つには、その一方で、尼子氏が長らく断絶していた大社三月会を永正六・七年頃に再興し、あるいは天文二十一年（一五五二）に杵築法度を発して都市杵築の秩序安定に努めるなど、杵築大社を支え、支援する政策を積極的に打ち出していったことも注目される（『大社町史』上巻参照）。尼子氏権力への依存と従属を促す意味が込められていたことは明らかだといえよう。

以上、ここに指摘した諸論点は、「国中第一の霊神」と「国中第一の伽藍」との機能分担および相互依存・補完関係によって、世俗政治権力に対する強固な自立と優位性を保持してきた杵築大社と鰐淵寺に対し、その中世的な宗教構造（王法仏法相依論の上に立つ中世顕密体制の出雲国に即した具体化と理解できる）の全面的な解体を通して、世俗政治権力の優位を認めさせ、それへの屈服と従属を強いることを意図したものであった考えられるのである。

戦国大名毛利氏の宗教政策

尼子氏に代わって出雲国の支配権を掌握した毛利氏も、宗教政策という点では基本的に尼子氏のそれを継承し、さらに推し進める形で展開した。

ところで、毛利氏の宗教政策全体を貫く重要な特徴の一つに、杵築大社よりも鰐淵寺の方に軸足が置かれているということがあった。これは、和多坊栄芸が尼子・毛利合戦の早期から毛利方として忠勤を励み、毛利元就との間に特別に親密な関係を構築していったことによるものであった。そして、そのことは鰐淵寺のあり方そのものにも少なからぬ影響を与えることとなった。

前節でも述べたように、鰐淵寺の管理運営体制は戦国期に至って大きく変化する。評定衆という執行機関と年行事制の成立である。これは、寺領の支配や寺院の維持・運営等のために、大衆・行人などの身分差を超えた「惣山」としての団結が不可欠で、かつ戦国大名尼子氏の支援なしにはそれも実現できない状況の中で、先述した鰐淵寺掟書を前提とする新たな運営体制が構築されたことによるものであった。それが、毛利氏時代には年行事と並んで和多坊（栄芸）が文書の宛名などに記されるようになる（一—二七二・二九五号、二—一九一号など）。

これは、和多坊（栄芸）という個人が年行事という公的な機関と並んで鰐淵寺を代表する位置にあったことを意味するもので、戦国大名と鰐淵寺という全体的な政治権力構造の関係からすれば、私的・人格的な結合関係への依存とその比重の増大という点で、尼子氏時代に比べ、いっそう戦国大名権力への従属性が強まってきていると考えなければならない。そして重要なのは、それが祭礼構造の中にも現れていることである。

年月日未詳の某書状断簡（二—一八七号）に、「洞春様《(元就)》已来、別而於杵築大社、正・五・九月御祈念之護摩、又於当寺本堂不断護摩、常灯構新壇、御武運長久之御祈禱、抽懇誠」と記されているように、正月・五月・九月の各一〜七日の大社神前での護摩供の祭礼は、鰐淵寺本堂における不断護摩等とともに毛利氏の武運長久の祈禱を行うことを目的として新しく始められたもので、かつての国鎮守としての祭礼とはまったく異質な、戦国大名のための祈禱という、きわめて個人的で私的な関係に基づく祭礼という特徴を持っていた。天正元年（一五七三）、和多坊栄芸が極楽院の旧地に日頼院を建てて元就の菩提を弔うこととなったが（一—二七四号）、それが和多坊栄芸の個人的な勤行ではなく、「惣山」として責任を負うべきものとされたのも（一—三三一号）、ことの本質はまったく同じであったと考えることができる。

以上に述べたことは、鰐淵寺と杵築大社との関係、あるいは杵築大社そのもののあり方の変化とも深く結びあっていた。それらのことを最も象徴的、かつ集中的な形で示しているのは、国鎮守杵築大社にとって最も重要な祭礼とされた三月会の様変わりである。

この時期の三月会には、尼子氏時代と異なる三つの大きな特徴（変化）を認めることができる。その第一は、尼子氏時代にはなおその再建と実施が目指された御家人頭役制が最終的に解体し、毛利氏が直接その費用を拠出するようになったことである。年未詳二月十六日の別火貞吉申状（二―二五五号）によると、三月会に要する費用（銭五〇貫と米三〇俵）は毛利氏奉行人の責任で調達することが定められている。第二は、そのこともあって、たとえば年未詳三月七日の毛利元就書状写（大社町史料一八〇五号）に「三月会御祭礼之儀被㆑執行㆒、巻数送給候、則頂戴満足之至候」などとあるように、三月会の祭礼がもっぱら毛利氏への祈念の巻数提出を目的として行われるようになったことである。第三は、鰐淵寺がその名代に任じられていることである。そのことは、年未詳二月十六日の児玉元良書状（二―二五四号）に、「三月会御神事……御名代之儀鰐渕寺被㆑仰遣㆒候」とあることからも知られる。

こうした三月会の変質や正・五・九月の護摩供の成立などというのは、いったい何を意味していると考えればよいのか。とくに注意しておく必要があるのは次の点だといえよう。まず第一に、それらがすでに国鎮守としての、出雲国全体を視野に収めた公的な祭礼という性格を失い、世俗政治権力を飾るための私的なものとなってしまっていること、その意味において中世的な祭礼構造（年中行事体制）はすでに形骸化してしまっていると考えざるを得ないことである。第二に、こうした祭礼のあり方は、鰐淵寺や杵築大社などの宗教勢力が世俗政治権力に屈服・従属させられてしまっていることの現れに他ならないと考えられることである。

こうして、毛利氏時代の天正年間には出雲国における中世諸国一宮制も実質的には解体していったが、それに最終的などめを刺したのが、太閤検地としての毛利氏惣国検地、朝鮮出兵への軍役免除を口実とする大規模な所領の削減であった。慶長年間頃と推定される年未詳四月十七日の鰐淵寺年行事等連署書状（二―二四八号）に、「先年御改之時、両度ニ弐千石、於レ被レ召二上之一、残千石被レ付二置之一」とあって、寺領が三分一に削減されたと指摘されている。同じく杵築大社がかつての五千余石に対し、その半分以下の二千余石に大きく削減されたことから考えて（『大社町史』上巻参照）、鰐淵寺についてもそれなりに事実を伝えていると考えてよいであろう。天正十九年（一五九一）十二月十六日の毛利氏奉行人連署寺領打渡状（一―三七五号）には、新たに認められた鰐淵寺領の総石高が「九百三拾五石八斗六升九合」と記されている（近世にはさらに減額されて三〇〇石とされた。二―二八九号など）。

杵築大社祭神の転換

中世諸国一宮制などの中世的な宗教構造の解体は、杵築大社にとって大きな衝撃であると同時に、この苦境からいかに脱却するのかが改めて真剣に問われることを意味した。とりわけ深刻だったのは大規模な社領の削減で、寛永十年（一六三三）と推定される年未詳十二月の千家尊能申状写（千家古文書写甲）には、「（杵築大社は）日本大社にて御座候得共、天正十九年より四十三年此方社領次第ニ減来り、四時のまつりことも年々おとろへ、神官氏人等うへ（飢）にのそむ体にて、さん〳〵（散々）に他国仕候」と記されている。

こうした苦境に直面する中、大社神官の間でまず意識に上ったのは祭神の問題であったと推測される。中世的な祭礼構造をその根底で支えてきたのが中世出雲神話に基づく祭神スサノオ説であったから、その破綻にともなって祭神そのものの見直しへと議論が及ぶのは当然のことであったと考えられる。慶長年間（一五九六～一六一五）と推定される千家元勝旧記（千家古文書写丙）には次のように記されている。

大社之儀、国造存事基故ハ、天穂日命ヲハ天照大神ヨリ大己貴尊へ付けまいらせらる神也、穂日命ハ、天照大神と素盞烏尊とちかってうミ申されたる神也、地神三代目御下向ノ時より、大己貴尊へ神事祭礼ノ為ニ付られたる也、穂日命より国造へ的々祖伝る事、今如レ此也、天照大神より地神三代瓊々杵尊御下向ノ時、あらハれたる所ノ王道ヲハ瓊々杵尊へ御わたし、かくれたる所ノ神道ハ大己貴へわけ付也、それより穂日命ハ大己貴ノ御うしろミとメ、神事祭礼今如レ此也、

これは、中世以降における大社関係史料の中で、祭神をオオナムチだと明記した最初のもので、すでに慶長年間以前から、国造家や神官の間に祭神をオオナムチ（オオクニヌシ）だとする認識が広がっていたのを確認することができる。おそらく、惣国検地がもたらした衝撃と混乱の中から、天正末年以後急速に広がっていったものだったのであろう。

ところで、この時期の祭神論には、これとはまったく別の形、そして別のところからの深刻な問題提起があったことにも注意しておく必要がある。文明年間（一四六九～八七）の吉田兼倶による吉田神道の成立と、それを踏まえた京都吉田家の動きである。兼倶は、日本流の神儒仏三教一致説（根本枝葉花実説）と唯一神道説（吉田家には、仏教伝来のはるか前にクニノトコタチからアマテラスを経て卜部〈吉田〉家の祖先アマノコヤネに直接伝えられ、それが絶えることなく今日まで伝えられてきた儀礼と教義の体系が存在する）に基づいて仏教に対する神道の自立・優越性を強調し、その立場から宗源宣旨や神道裁許状を発給し、全国の神社・神官の掌握と組織化を進めていこうとした。この吉田家の影響が直接出雲国に及んできたことが確認できる最初は、現在のところ文禄三年（一五九四）で、秋鹿郡足高大明神の神主家原氏に対して次のような神道裁許状が発せられている（家原家文書、『松江市史』史料編四、中世Ⅱ二〇六七号）。

雲州秋鹿郡大野庄足高大明神祠官家原大宮司秀勝、神事参勤之時、可レ着二風折烏帽子・狩衣一者、神道裁許之状如レ件、

文禄三年二月廿一日

神道長上卜部朝臣（花押）

そして注目されるのは、元和四年（一六一八）を史料初見として、これとほぼ同様の形式と文言を持つ、次のような裁許状が、今度は大社国造から出されていることである（揖屋神社井上家文書、『意宇六社文書』一四号）。

　雲州嶋根郡末次之内奥谷村産雅大明神之祠官井上左近大夫藤原正清、神事参勤之時者、可レ着二風折烏帽子・狩衣一也、右裁許状如レ件、

　　元和四年五月廿日

　出雲国造北嶋広孝（花押）

大社国造家の裁許状は、元禄年間（一六八八～一七〇四）まで（意宇六社などの一部ではその後も）確認できるが、その形式・文言の酷似性や発給の初見時期等から考えて、それが吉田家に倣い吉田家に対抗する形で発給されたものであったことは疑いない（以上の点に関する詳細は、拙著『日本の神社と「神道」』第二章「中世末・近世における『神道』概念の転換」、校倉書房、二〇〇六年を参照のこと）。しかし、何より重要なのは、この吉田神道に触発され、あるいはそれに対抗する形で、「大社神道」ともいうべき独自の理論構築が進められていったことにある。

　神代ニ大己貴命ヘ天照太神いましかまつりことをつかさとらんハ、天穂日命是也、如レ此勅ヲうけ、穂日命より以来、神水神火を以、神慮一体と号ス、此故於二大社之神道一者ほんしゃくゑんき《（本迹縁起）》の神道とス、ことのもと是なり、

これは、寛永十五年（一六三八）五月以後と推定される、松江藩に提出された年月日未詳国造北島広孝訴状案（二―三三四号）の一節であるが、ここで展開されている神道論の内容は、吉田神道のそれと基本的に同じで（異なるのは「アマノコヤネから卜部氏へ」が「アメノホヒから出雲国造へ」とあること、および神火神水による国造職の継承が強調されていることのみ）、吉田家の唯一神道論を換骨奪胎し、これに対抗する形で「大社神道」論が成立しているのを知ることができる。さきに引用した慶長年間の千家元勝旧記も、内容的にはこの「大社神道」論と共通認識の上に立つもので、そのことから文禄から元和・寛永の間に急速にその理論構築が進められていったのを推測することができる。

以上のように、大社の祭神は中世的な祭祀と宗教構造の解体を背景としながら、直接的には吉田神道に対する批判と反発を媒介として、スサノオからオオナムチ（オオクニヌシ）へと一挙に転換していったのであり、それは古代天皇神話の新たな形での復活という意味を持つものでもあった。

大社本願と大社奉行制

杵築大社における中世から近世への移行は、以上に見たような祭神の転換によってその理論的基軸が整えられることとなったが、しかしこれには、そのことがもたらした新しい変化（前進面）と同時に、大きな限界もあった。

まず前進面という点で最も重要なのは、国造の地位が強固な安定性を獲得したことである。中世にあっても、国造の地位そのものは出雲氏によって相伝されるべきものとして安定してはいたが、しかし平安末・鎌倉期には、国造以外の者が神主・惣検校などとしてその実権を掌握するなど、政治的・宗教的な権限という点で不安定な要素を抱えており、そうした不安定性が克服された南北朝期以後の国造上官体制の下にあっても、国造と上官との関係は基本的に相対的なものにとどまった。これは、中世出雲神話の成立（古代天皇神話の否定）にともなって、国造固有の地位や役割を説明する理念や言説が崩壊し、主要には神火神水による国造職の継承などという儀礼によってのみ、その地位が保たれなければならなかったことによるものであった。それが、近世への移行にともなう、古代天皇神話の新たな復活の上に立った「大社神道」の成立によって、国造はアマテラスから直接オオクニヌシの祭祀を行うよう命じられたアメノホヒの直系の子孫として確固たる地位を築くこととなった。そして、寛文六年（一六六六）四月の両国造願書案（北島家文書、『出雲国造家文書』二七一号。以下「国造家〇〇号」と称す）に、「大社国造者、天照大神第二之御子天穂日命、神勅を受て、大己貴大神之御杖代と成り給しより以来、神火神水を受嗣、当国造迄無二欠如一国内諸神之祭を主り候」とあるように、間もなくそれは国造を「祭神オオクニヌシの御杖代」だとする認識へと発展し、決定的ともいってよい安定性を確保することとなった。

いま一つ、近世国造のこうした確固たる地位が社領構造によっても基礎づけられていたことに注意しておく必要がある。先述した天正十九年（一五九一）の惣国検地に際し、それぞれ千家・北島両国造家の所領として各千石が認められるとともに、上官八家には、それぞれその中から各三〇石を分配すべきことが定められ（上官としては、この他に「両家の仲人」とされた別火があり、計一七名とされた）、この体制がそのまま近世へと引き継がれることとなった。ここに、国造と上官諸家との隔絶した位置関係が固定化されるとともに、それだけ国造の地位は安定化することとなったのである。

しかし、国造や神官等の立場からすれば、この体制にはなお大きな問題点（限界）が含まれていて、それを克服することが重要な課題とされた。寺院勢力の比重の大きさ、あるいは杵築大社の寺院化という問題である。この点は、先述のように、全国の他の一般の神社ではごく当たり前のことで、とくに異とすべき性格のものではなかったが、杵築大社にあっては、戦国大名権力（世俗政治権力）への屈服と一体となった、長年にわたる歴史的伝統の強権的否定の問題として受け止められたところから、それへの反発がとりわけ深刻となったのであった。

そうした問題として、最も重要な位置を占めたものの一つに本願の存在がある。本願とは、「本願聖」「本願上人」などともいい、主に戦国期以後、山城松尾大社や信濃善光寺・安芸厳島社など各地の有力寺社に設けられ、それぞれ寺社の修理・造営に当たった勧進聖のことをいう。杵築大社の場合も、応仁元年（一四六七）を史料初見としてその存在が確認できるが、天文十九年（一五五〇）の南海上人以後、尼子氏の命によって常設され、重要な役割を果たすこととなった（二―二四九号）。また、南海上人は天台宗の僧侶であったが、第二代の周透以後は曹洞宗の僧侶で、尼子経久によって開かれた富田洞光寺の末寺清光院の住持を兼ねるのが通例となった（同上）。

この大社本願がさらに重要な役割を担うようになるのは毛利氏時代のことで、天正八年（一五八〇）十月七日の杵築大社遷宮儀式入目次第（二―二〇七号）に、願成寺（宥光）・高勝寺（寿讃）とともに「社奉行」の一人として本願（第三代文養）が見える。このうち高勝寺寿讃と願成寺宥光は、詳細は不明だが、松林寺や所讃寺など大社別当寺のいくつかの住職を兼帯し、それぞれ両国造家を代表する、毛利氏権力ととりわけ緊密な関係を持った人物（鰐淵寺の和多坊栄芸と同性格のものか）であったと推測され、本願を中心とするこれら大社奉行は、天正五年から始まった造営事業の管理・運営や同八年の遷宮行事の差配など、国造権力をも超えた、杵築大社きっての権力機関として機能したのであった。すなわち、この時期の本願は、造営・修造資金の調達とその管理や作事全般の管理、あるいは造営・修造のための大名との折衝や遷宮の管理運営など、本来の本願の職務を大きく超えた造営・遷宮事業全般に関わる大きな権限を掌握し、さらに加えて日常的には杵築大社の掃除奉行や境内の管理者としての役割を受け持つとともに、都市杵築の管理運営にも携わったのであった（山崎裕二「杵築大社の本願」、『大社町史研究紀要』三、一九八八年）。

その後、天正末年の惣国検地とそれにともなう国造上官体制の再編成を踏まえて、大社奉行制も再構成され、願成寺や高勝寺などの寺僧に代わって、新たに上官佐草・長谷両氏がそれぞれ両国造家を代表する形で「社奉行」に任命され、本願は別火とともに「（両国造家の）仲人」（寛永十五年十二月六日杵築大社法度写、北島家文書、国造家二三九号）としてこれとは区別されることとなった。近世幕藩制下の本願は、職制上かつてのような大社奉行ではなくなったが、再編・強化された国造上官体制の中にしっかりと位置づけられ、造営事業を中心としながら、日常的な杵築大社の管理運営という面でも、別火や大社奉行と並ぶ大きな権限を保持することとなったのである（本願の社僧化）。そして、とくに注意を要するのは、本願のこうした位置づけが他ならぬ領主権力の意向に基づくものだったことで、それは本願の所領構造の中によく示されている。

寛永十五年（一六三八）十二月六日の松平直政寄進状写（北島家文書、国造家二四〇号）によると、両国造各千石と肩を並べる形で本願分・別火分各五〇石が杵築大社領として掲載されている。両国造家と並列し、かつ上官領三〇石を超える各五〇石を本願・別火の両者に与える社領構造は、天正末年の毛利氏惣国検地で提起されたもので、それがそのまま幕藩制期にも継続されたのであった（堀尾氏の時期に本願領が半減されたことがあったが、間もなく元に復した）。これは、社僧としての本願と国造以下の神官とが連携・協力して杵築大社の運営に当たるという、世俗領主権力の示した政治方針の具体化の一つに他ならなかったと考えることができる。

「神仏分離」への道

国造以下の神官層にとって、本願の社僧化と並ぶいま一つの重要な問題に、鰐淵寺僧の祭礼への参加形態があった。具体的には、遷宮さらには三月会に際しての国造と鰐淵寺僧との内殿での相対行事である。年月日未詳の杵築大社旧記御遷宮次第（二―一一八七号）によると、慶長十四年（一六〇九）の遷宮に際し、「本宮ニ両国造被二出仕一也、新殿鰐渕寺衆徒昔卅人近代廿人致二出仕一、逆ノ灑水至テ時一、従二国造殿一以二上官一案内在レ之、其時大衆廿人本社ニ渡テ、国造与（遷宮導師和多坊豪村…筆者）法印相対ノ行事畢テ新殿ニ神慮ヲ奉レ遷」と記されている。

前節でも述べたように、正月二十日の祭礼や三月一～三日の三月会に、鰐淵寺僧が大社神前にて大般若経の転読を行うこと、とくに三月会に際し神殿内に設えられた経所で大般若経の転読を行うことは鎌倉期以来の伝統で、毛利元就の命に基づいて始まった正月・五月・九月の護摩供も同じく大社神前でのことであった。しかし、これらの祭礼は、いずれも拝殿もしくは本殿内に設けられた経所で執り行うというものであった。それが、慶長度の遷宮式では鰐淵寺僧が直接内殿にまで入って国造と相対の儀式を行うこととなったわけで、神官層の衝撃にはきわめて大きなものがあったと推察される。寛永九年六月に佐草吉清が起請文（二―一三〇三号）を認め、「大社三月会御神事之刻、鰐渕寺衆僧於二経所一大般若経転読迄にて、従二往古一御内殿へ被二参入一来之例無二御座一候、然を近年掠二神法一、猥社入候間、支置候処、構二露言一、自二初当一入来之由被二申成一候、全無二其例一所二分明一也」と厳しく糾弾したのも、この点を踏まえてのことであった。ただし、相対行事そのものについては、天文十九年九月二十八日の杵築大社造営遷宮次第（二―一一二八号）にも「於二内殿㆒大般若経読誦候也、竹本坊十人にて被㆓罷下㆒候也」とあって、尼子晴久の命に基づいて行われた天文十九年の遷宮式でも内殿での儀式が行われていて、おそらくこれが内殿における鰐淵寺僧の大般若経読誦、あるいは相対行事の最初だったのではないかと考えられる。そして、それは遷宮式のみにとどまらず三月会についても同様とされたようで、先述の佐草吉清起請文はこの三月会について述べたものであったと考えられる。それは、寛永九年（一六三二）七月二十七日に鰐淵寺衆徒等が、「当寺僧共も再去年迄無㆑恙御内殿入仕候処ニ、去年新儀ニ千家方ゟ於㆓御内殿㆒さゝへ申候」（一―一三〇四号）と訴えていることからわかる。

いずれにしても、尼子氏や堀尾氏などの命に基づいて、新しく鰐淵寺僧による大社内殿での大般若経読誦や国造との相対行事が行われるようになったわけで、これこそ鰐淵寺の大社神宮寺化、もしくは鰐淵寺僧の杵築大社社僧化を意味するものであったと考えることができる。そしてそれは、有名な『懐橘談』（出雲文庫第二編）「杵築」項の次のような記事と表裏一体の関係にあった。

> 此社は自余の社にかはりて正殿南向、柱は九本、何も丹青にて彩り、後の不壐不丹と云聖法神勅とは事かはれり。（中略）然るに中子染紙やうの神宝といへるも又多し、宮中を見れば御正台と申して鏡のごとき内に、仏像を鋳顕しいくつ共なくかけ幷べ、旗は仏前の幢幡の制にて四方にかけなびかせ、社とも阿良々伎とも見分がたし、社の西に輪蔵あり、三重の塔あり、大日堂は胎蔵界、本尊は行基菩薩の作なりなどほこる。鐘楼にのぼりて鐘の銘はいかにやと見れば、承和六年伯州某山某寺とえりつけたり、さればこそ上古には鐘はなきと見えたり。（中略）我もとより仏神氷炭の差別を知らざるにはあらねども、国主の旨にそむきがたきゆゑとぞ語りける。

この最後の部分に見える「国主の旨に背きがたき故」という理由こそ、杵築大社の寺院化を推進した最大の要因であり、それは仏教を基軸にすえて宗教統制・社会統制が推進された幕藩制期にも継続されることとなった。そしてこうした体制の下にあっては、寛永九年六月の佐草吉清起請文に見られるような神官層の反発も、容易には実現される見通しも立たなかった。それが、大きく転換する時期を迎える。寛永十五年（一六三八）、堀尾・京極氏に続く第三代目の藩主として、松平氏が信州から入って松江藩主となったのにともなうものであった。

これよりさき、寛文年間の造営に向けての取り組みが始まっていて、証拠文書等を持参した本願が、長期にわたって江戸に滞在し、幕府との折衝に努めていた。しかし、寛永十八年（一六四一）、松平直政は、幕府との交渉に当たっていた本願の文養・宣養父子が杵築大社の歴史をよく知らないため交渉がスムーズに進まないとして、新たに上官一人を派遣するよう命じ、これを受けて杵築大社から東上官の千家貞信（佐草自清の実父）が派遣されることとなった。もちろん、幕府の方針もあって本願が交渉の場から外れることはなく、交渉の基軸は依然として本願が担っていたが、しかし神官層が直接交渉の場に臨めるようになったことは大きな変化であり、新たな足がかりを得たものとして画期的なことであったといわなければならない。

いま一つ注目されるのは、林羅山の推薦で松江藩の儒者として仕えた黒沢石斎が、承応二年（一六五三）に藩主直政の嫡男綱隆に従って江戸から出雲国に下向し、『懐橘談』を取りまとめたことである。石斎は林羅山に師事した儒家神道家で、従来の仏家神道（両部習合神道）やその影響を受けた吉田神道を批判し、神道から仏教説を排除して、新たに儒教説で神道を解釈しようとした。『懐橘談』もそうした理当心地神道の立場から書かれていて、先述したように寺院化した杵築大社の現状（景観）を厳しく批判した。佐草自清は、本書が出版される前に「杵築」の項の原稿を石斎から借り出し、それを杵築大社内で回覧し、多くの神官がそれを転写したといわれる（『大社町史』中巻、出雲市、二〇〇八年）。松江藩お抱えの儒者の書物ということもあって、神官層を大いに勇気づけ、彼等がかねてより主張していた「大社神道＝唯一神道」説を強力に支援することとなったのはいうまでもない。

以上に指摘した二つの条件が整ったことで、事態は大きく展開していくこととなった。①戦国期以前の、仏教色を排除した正殿式造営を実現するという両国造の方針が明確に提示されたこと、②そのことを実現するために、両国造は本願を交渉の場から閉め出し、代わって大社上官が直接、幕府や松江藩と造営遷宮の交渉を行うようになったこと、③これに対し、交渉の場から閉め出された本願が反発を強め、寛文二年五月、幕府寺社奉行所に両国造の非を訴え出たが、逆に両国造名代島・佐草両氏からの鋭い反撃にあって敗退し、ついに同年七月、寺社奉行所は本願の訴えを破棄し職を罷免して、本願家の改易を決定したこと、④その上に立って、改めて境内の仏教施設を撤去することが承認され、ここに杵築大社は幕府公認のもと、わが国で最初の「神仏分離」（伝統的な「神仏隔離」原則の新しい形での復活）を実現するに至ったこと（『大社町史』中巻）、などである。

鰐淵寺の変容

杵築大社が本格的に仏教施設や仏像・仏具等を境内から除去し始めたのは寛文四年（一六六四）正月のことで、翌年五月の一切経堂の解体に至るまでの約一年半の間に、すべての仏教施設等が撤去されることとなった。

ただし、この時期にあっても、鰐淵寺僧による毎年二度の杵築大社への参向はなお続いていて（毛利元就の命で始まった大社神前での正月・五月・九月の護摩供は、関ケ原合戦後の毛利氏の萩への転封にともなって廃止されたと考えられる）、鰐淵寺と杵築大社の関係に基本的な変化はなかった。そのことは、佐草自清が記した寛文四年杵築大社造営日記に、「鰐（淵寺）衆杵築ヘ年中二度下山之由候、然者里坊無レ之とてもくるしかるましき歟、下山の時杵築ノ内いつれ成共寺方ニ宿可ニ申付一由候」（二―三五〇号）と見えることからもうかがうことができる。しかし、右に述べたような状況の中で、杵築大社と鰐淵寺との関係が次第に変化し、疎となっていったのも、これまたいうまでもないところであった。寛文六年から着手された造営事業で、四月十四日には柱立が行われたが、従来（おそらく尼子氏時代以来のことであろう）鰐淵寺僧の手で行われてきた鎮物作法が省略されるに至った（前掲「鰐淵寺文書の研究」）、あるいは、先述した正・三月の鰐淵寺僧下山の際の宿所が容易に定まらず、松江藩の仲介と支援を得なければならなかった（二―三五二号）などというのは、ともにその一端を示すものと考えることができる。

そして、こうした点を踏まえ、寛文六年（一六六六）末には杵築大社から「鰐渕寺へ両使ヲ以、来正月廿日之経会三月会読経之儀、以来請間敷」（二―三五八号）との通告が行われ、古代末・中世成立期以来六百年余り、そして浮浪山鰐淵寺の成立から数えて約五百年に及ぶ杵築大社と鰐淵寺との関係に終止符が打たれることとなった。佐草自清日記抜書（二―三五九号）に「正月廿日鰐渕寺衆下山無〻之候」とあって、その終焉はまことにあっけないものであった。

鰐淵寺文書の中に、この杵築大社との断絶に関わる史料はまったく残されておらず、特段のトラブルは生じなかったようであるが、しかし鰐淵寺成立のそもそもの前提であった杵築大社との関係の断絶は、鰐淵寺にとっては二階に昇ったまま梯子を外されたに等しい出来事で、それが与えた影響にはきわめて重大なものがあったと推察される。とりわけ深刻だったのは、それまで蔵王権現と同体とされてきたスサノオの存在が否定されてしまったことである。今日の鰐淵寺には、蔵王権現像が一体も遺されていないという、かつての広汎な蔵王信仰の実態からは想像もできない、まことに奇妙な現象が生じていて、かねてから大きな謎とされてきたが、あるいはこのことも右と密接に結びあっているのかもしれない。

この点とも関わって、近世以後の鰐淵寺には注目すべき問題がある。常行堂と連結する、大社造りの社殿を持つ摩多羅神社の存在である（前掲科研報告書参照）。

摩多羅神は、本来は新羅明神や赤山明神などとともに大陸から請来された護法の神祇であるが、慈覚大師円仁によって『阿弥陀経』の守護神とされて以後、天台系寺院の一部で常行堂の守り神として祀られることとなった。鰐淵寺の場合もそうで、もとは常行堂の本尊阿弥陀仏とセットをなす形でひっそりと祀られていたものと推察される。それが、天正六年（一五七八）に、同年九月の常行堂内殿摩多羅神御影向所建立棟札（二―一九八号）からも知られるように、影向所で祀られる独立した神として大きな信仰を集めることとなった。しかしこの当時はまだ「常行堂御内殿」とあって、常行堂の一部であったのが、寛文七年（一六六七）十二月十一日の摩多羅神宮幷常行堂建立棟札（二―三六〇号）では、独立した神社として常行堂と並立している。すなわち、摩多羅神社が独立した神社として、かつ常行堂と廊で繋がれるという、全国的にも類例を見ない、現在見られるような形態をもって成立したのは、この寛文七年のことであったと考えられるのである。

ところで、この摩多羅神社には、いま一つ注目すべき問題が含まれている。『懐橘談』が「此は伝教大師渡唐の時青龍寺にて鎮守を祈る、則ち素盞嗚尊是を摩多羅神と号す、天台の守護神なり」（二―三四八号）と述べているように（「伝教大師」とあるのは「慈覚大師」の誤り）、摩多羅神がスサノオと理解されていることである。鰐淵寺でスサノオといえば蔵王権現を思い浮かべるのが当然で、常行堂に祀られていた摩多羅神がスサノオだというのはまことに奇妙なことといわなければならないが、しかしそれが中世ではなく寛文七年創建の摩多羅神社の祭神ということになれば、納得できるところもある。直接このことを示す史料が残されているわけではないが、いくつかの事実を繋ぎあわせれば、次のように考えるのが最も妥当だと考えられるからである。

天正末年から慶長年間以後、杵築大社では祭神のスサノオ説が否定され、オオナムチ（オオクニヌシ）への回帰・転換が行われた。しかし山号「浮浪山」の謂れからいっても、鰐淵寺の側では容易にこれを受け入れることができず、何らかの形でスサノオの存在を確保することが改めて求められることとなった。こうした状況の中で、一躍注目を集めることとなったのが常行堂で祀られる摩多羅神である。

その理由についてはなお明確でないが、戦国末期に至って摩多羅神に対する信仰が大きな昂揚を示したようで、天正六年に吉川元春が常行堂の内殿として摩多羅神の影向所を造営したというのも、そうした動向を踏まえてのことであったと推察される。天正二年七月一日の摩陀羅神領胡麻田百姓職請文（一―二七七号）に「修正引声之間、さうち之人夫、壱人充、いつものことく、無㆓油断㆒進上可㆑申候」、あるいは年月日未詳の鰐淵寺領覚断簡（二―二五〇号）に「神門郡朝山之内ニ摩陀羅神領、修正勤行・引声勤行料田御座候」とあることからも知られるように、寺領の住民をも巻き込む形で修正会の摩多羅神祭が行われるようになった。そして注目されるのは、明治二十年（一八八七）の『寺院明細帳』に、常行堂の由緒として「創立年月不詳ナレドモ、治承二年回禄シ、文治二年造営ノ後、再建ノ星月不分明ニテ判然シ難シ。堂後摩多羅尊天内祠殿ハ、モト山内西北ノ地ニ〈今、唐川村ニ属ス〉アリタルヲ、天正六年吉川元春侯願主ニテ当地へ遷サルル旨、棟札之レ有リ」とあって、それが唐川村から遷されたものだとされていることである。

唐川村には延喜式内社の新羅明神を祀る唐竈神社が存在しており、常行堂内殿影向所に遷されたというのはこの新羅明神であったと考えられる。重要なのは、それがスサノオだとされていることで、従来の蔵王権現＝スサノオ説とはまったく異なる別のところから、スサノオが新たに登場しているのを確認することができる。ただし、『寺院明細帳』の記載内容には明白な誤りが含まれていて（治承二年〈一一七八〉の回禄や文治二年〈一一八六〉の造営、あるいは天正六年〈一五七八〉の棟札に唐川村から摩多羅神を遷した旨が記されているとすることなど）、これをそのまま認めるわけにはいかない。常行堂から独立し、かつ廊によって繋がる形で大社造りの摩多羅神社が創建されたのが、杵築大社との「神仏分離」が最終的な決着を見た寛文七年であることからすれば、むしろこの寛文七年（一六六七）の摩多羅神社創建こそ、蔵王権現＝スサノオ説とは系譜を異にする新羅明神＝スサノオ説成立の画期であり、ここに常行堂を媒介とすることによって、中世とは異なる形でスサノオが鰐淵寺全体の守護神として位置づけ直されることになったと推定することができる（吉川元春が天正六年に唐川村からスサノオを遷したというのは、蔵王権現＝スサノオ説が否定される中で新たに生まれてきた、後付け的な解釈と考えるべきものであろう）。そして、中世との連続性や整合性を強く意識するところから、摩多羅神社は杵築大社と同じ大社造りの社殿とされ、杵築大社としてもスムーズな「神仏分離」の推進という観点からこれを承認することになったものと推察される。ちなみに、近世後期以後に作成された寺院明細帳などでは、蔵王堂に祀られる本尊が蔵王権現ではなく不動明王とされていて、蔵王権現＝スサノオ説はすでに鰐淵寺自身によって否定されてしまっているのを確認することができる。

四　鰐淵寺文書の特徴と本書の構成

質・量ともに豊かな内容を誇る中世文書群

以上、ごく簡単にその概要を述べたところからも知られるように、中世を中心とする浮浪山鰐淵寺はきわめて豊かな歴史を持ち、内容的にもきわめて重要なものがあるということができる。これらの点を踏まえた上で、改めて文献史料としての鰐淵寺文書のあり様を整理してみると、およそ次のような特徴を指摘することができるであろう。

まず第一に、鎌倉初期から戦国末期に至る中世の全体にわたって、四〇〇点以上に及ぶ多数の文書が残されていることである。しかも、そのほとんどが文書原本で、保存状態も全体としてきわめて優れていることが注目される。一地方寺院で、これだけ大量の中世文書群が良好な形で残されているのは、全国的にもきわめて希有のことであり、国の重要文化財に指定されるに足る十分な価値と条件を備えていると評価することができる。

第二は、その残り方に関わる問題で、和多坊宛あるいは和多坊に関わる文書が圧倒的多数を占めるところから、かつて和多坊で所蔵されていた文書を主体とする形で、今日の鰐淵寺文書が構成されていると推測されることである。和多坊は、発掘調査の成果などによれば、その成立が浮浪山鰐淵寺の創建時に当たる十二世紀後半まで遡り、明治三十八年（一九〇五）に火災で焼失するまで、一貫して鰐淵寺（北院）の最も中心的な僧坊の一つとして機能してきたところと考えることができる。鰐淵寺文書は、この和多坊が北院長吏などとして鰐淵寺の管理・運営に携わった、その公的活動に関わる文書群を中心として集積されたものと推測されるのである。しかし、その結果、桜本坊を初めとする南院関係の文書がほとんど残されていないという別の問題点を抱えることにもなった。鰐淵寺文書の利用に当たっては、これらのことに十分に注意しておく必要があるといえよう。

第三に、文書の残り方に関わるいま一つの特徴として、ごく一部の文書を除き、基本的にはすべての文書が裏打ち・成巻されることなく、一枚ものの文書原本のまま今日まで伝えられてきたということがある。このことは、切封や捻封、あるいは端裏書など中世文書の形態をはじめとする詳細な古文書情報を収集する上にきわめて有利な条件を備えていることを意味しており、ここにも鰐淵寺文書の持つ独自の価値の重要性を見出すことができる。しかし、これには逆の問題点もあって、文書群の内の一部が何らかの事情で欠落し（別置や紛失・盗難など）、そのままとなってしまうケースも少なくないという不安定性を抱えている。かつて存在した文書で現在見当たらないもの（鰐淵寺旧蔵文書）が少なくないのは、こうした事情によるものと推察される。

第四に、文書の残り方に関わる別次元の問題として、鰐淵寺文書以外の関係文書の多さという点に注意しておくことも重要である。これは、次に述べる鰐淵寺文書の内容上の重要性と密接に関わるところであるが、鰐淵寺文書のより正確な理解のためには欠かすことのできない重要な論点であることを明確にしておく必要がある。出雲大社文書や千家・北島両国造家文書、あるいは大社上官家の佐草家文書など、とくに神社関係文書に重要なものが多く含まれていることに十分な注意が必要である。

最後に、第五の特徴として指摘する必要があるのは、その文書内容の重要性という問題である。これについては、前節までのところでその概要を述べたが、改めて鰐淵寺文書（その関係文書を含む）の持つ特徴という観点から整理すると、およそ次のような点を指摘することができるであろう。

①修験の道場としての鰐淵山から、出雲国の聖俗両界に圧倒的な勢力を誇る「国中第一の伽藍」としての浮浪山鰐淵寺への転換の歴史過程を明らかにすることができ、そのことを通して地方顕密寺院の成立過程とその特異な存在形態を解明することができる。

②中世出雲国一宮制の基本骨格や歴史的特徴を、鰐淵寺の側に即して具体的に明らかにすることができる。
③中世出雲国において独自の意味を持った、杵築大社の祭神スサノオを主人公とする中世的な仏教説話（＝中世出雲神話）の内容を明らかにすることができる。
④杵築大社と鰐淵寺との地理的・空間的な機能分担と相互依存・補完関係の上に成り立つ、全国的にもきわめて特異な存在であると同時に、中世日本における寺院と神社との関係を最も象徴的な形で示す「神仏隔離」原則に基づく「神仏習合」の具体相を、鰐淵寺の側に即して解明することができる。
⑤南北朝期に作成された四七項目にも及ぶ長大な正平式目などの分析を通して、地方顕密寺院の具体的な内実や管理・運営の実態、あるいは年中行事の様相など、多面的な実態を解明することができる。
⑥戦国大名尼子・毛利氏など、世俗政治権力による規制と統制によって中世出雲国一宮制や「神仏隔離」原則に基づく「神仏習合」の体制が解体していく歴史過程を、中世顕密体制解体の一事例として具体的な形で解明することができる。
⑦右とも関わって、安来清水寺との間で展開された座次相論関係文書が多数残されたところから、戦国期における朝廷と幕府・山門との関係、あるいは山門内部における青蓮院・梨本両門跡の主導権争いと朝廷・幕府・戦国大名、さらには地方顕密寺院との関係など、多面的な問題の解明を進めることができる。
⑧近世初頭の十七世紀中頃に、全国に先駆けて実行された「神仏分離」の歴史過程を、ある程度具体的な形で復元、解明することができる。

鰐淵寺文書の調査と公開

このように重要な価値を持つ鰐淵寺文書は、歴代住職や寺院関係者の「貴重な文化財として、大切に保存し後代に伝えなければ」との強い思いに支えられて今日まで保存されてきたものであり、そのご努力に対し改めて深く敬意を表したいと考える。と同時に、それが真に国民共有の文化遺産としていっそうその輝きを増し、より安定的に保存されていくようにするためには、この文書についての学問的な検討がさらに進められなければならず、またそのためにも適切な形で公開され、学問的な検討を可能とする条件を調えるよう努めることも重要となる。

そうした観点から、これらの問題をめぐるこれまでの経過をごく簡単に振り返っておくこととしよう。

鰐淵寺文書の学問的な調査・検討は、東京大学史料編纂所が明治二十九年（一八九六）に本文書の一部を借用して影写本を作成したことに始まる（一一冊の内三冊、残り九冊は大正九年〈一九二〇〉の影写）。翌三十年には古社寺保存法が定められ、それに基づいて、明治四十三年（一九一〇）四月に後醍醐天皇願文（一―四五号）や名和長年軍勢催促状（一―五一号）・頼源文書（一―七三・七四号）などが旧国宝に指定された。これによって、学会の一部では鰐淵寺文書の存在が広く知られることとなった。続いて、大正三年（一九一四）には島根県史編纂掛が、明治末年以来進めてきた『島根県史』編纂事業の一環として鰐淵寺文書の謄写本（一部影写本を含む）を作成し、それが広く地元でも利用されるようになり、一般にも鰐淵寺文書の存在が知られるようになった。

しかし、これら影写本や謄写本の利用者は、基本的にはなお研究者の内のごく一部に限られているというのが実際のところであった。そうした状況に大きな変化をもたらしたのは、曾根研三氏の編になる『鰐淵寺文書の研究』が昭和三十八年（一九六三）に鰐淵寺文書刊行会から刊行されたことである。島根県文化財専門委員であった曾根氏は、昭和二十四年（一九四九）以来十余年の長きにわたって鰐淵寺に通い続け、一点一点の文書を筆写し、その成果を同書第二編「鰐淵寺古文書（古代中世）」として取りまとめるとともに、考古学・山本清、近世史・藤沢秀晴両氏の協力を得て第一編「鰐淵寺史の研究」をまとめ、その二編立てで刊行した。出版部数は五〇〇部と限られていたが、鰐淵寺文書の全容を広く学会に知らしめるきわめて重要な契機となったのは疑いない。

この『鰐淵寺文書の研究』には、当時その所在が確認された天正末年までの鰐淵寺文書のすべてが収録されたことに加え、次のようないくつかの特徴を認めることができる。一つは、大般若経の奥書や仏像・梵鐘等の銘文など、古文書以外の金石文等についても翻刻が行われ、記録に留められた。これらの中には、その後紛失するなどして現在はその所在の確認できないものも含まれていて、きわめて重要な意味を持つといわなければならない。二つは、これらの調査結果を踏まえ、古代から近世に至る鰐淵寺の歴史が解明され、その後における鰐淵寺史研究の基礎が構築されることとなった。しかし、三つには、この古文書調査と解読が基本的には曾根氏の個人的な作業に基づくものだったこともあって、多くの誤植と誤読を含み、その利用に大きな困難をもたらすこととなった。

その後、昭和四十七年（一九七二）から、島根県教育委員会が出雲大社文書や日御碕神社文書などと合わせて古文書調査を行い、その成果を同五十年（一九七五）に『島根県古文書緊急調査総合目録』として刊行するとともに、写真版を島根県立図書館がマイクロフィルムにて公開し、一般の利用に供することとした。また、昭和五十三年（一九七八）には島根県立美術館で鰐淵寺展が開催され、その機会に仏像や懸仏など寺宝類の概要調査も行われた。平成九年（一九九七）には、鰐淵寺開創一四〇〇年記念事業として『出雲国浮浪山鰐淵寺』（編集委員長井上寛司）が刊行され、かつての曾根氏の「鰐淵寺史の研究」に代わる新たな鰐淵寺史像（近現代史分野を含む）が提示された。しかし、古文書や寺宝類の調査などでは多くの課題を今後に残すこととなった。

以上のような鰐淵寺文書および鰐淵寺についての調査・研究の到達点を踏まえ、残された諸課題の全面的な解明を目指して、平成二十一～二十三年（二〇〇九～一一）度の三年間、科研費による共同研究が実施された（研究代表井上寛司、基盤研究〈B〉「出雲鰐淵寺の歴史的・総合的研究」）。ここでは、文献・建築・美術・考古・自然環境の五つの研究班が設けられ、それぞれの立場からの調査・研究が進められた。その研究成果については、前掲の科研報告書を参照していただきたいが、とくに注意を要するのは次の点である。

①近世・近代文書を含む、境内およびその周辺部（膝下村落）の古文書悉皆調査が行われるとともに、全国的な視野に立った鰐淵寺関係文書の収集も行われ、中世の文献史料に関してはほぼその全体を見通せる状況が生み出された。

②鰐淵寺では初めて、建築史の専門研究者による調査が行われ、境内の全建造物の創建年代やその歴史的推移が解明されるとともに、棟札の悉皆調査も行われた。

③仏像・仏具・絵画など、それぞれの分野の専門研究者による文字通りの悉皆調査が行われ、これまた初めてその全容が明らかとなった。

④出雲市教育委員会と連携して、鰐淵寺では初めての境内の発掘調査が行われ、同じく初めての本格的な石造物調査や詳細な現地踏査も実施され、文献史料等の欠を補う多くの事実の解明を通して、鰐淵寺の歴史的解明が大きく前進することとなった。

⑤鰐淵寺とその周辺部の、中世を中心とした植生とその歴史的変遷が初めて解明されるとともに、近世を中心とする鰐淵寺への参詣道（出雲大社と鰐淵寺を結ぶ道）の解明も行われた。

以上の内、とくに①に関しては、時間的な制約などもあって、近世・近代文書の収集・整理がなお不十分で、聖教類に関してもまだ調査が十分とはいえない。聖教類に関しては、予想したより量的にはるかに少なく、しかも雨や湿気などのため紙が密着してしまっていて開頁に多くの困難をともなう状況で、その精査にはかなりの時間を要すると考えなければならない。さらに踏み込んだ鰐淵寺の歴史的考察と併せ、今後に残された重要な課題だといえよう。なお、④で指摘した出雲市教育委員会による発掘調査は、平成二十六年度（二〇一四）まで継続して行われ、平成二十七年（二〇一五）には、その調査結果が『出雲鰐淵寺――発掘調査報告書――』として取りまとめられた。

本書刊行の意図と本書の構成

本書は、右に述べた科研の研究成果の内、とくに①と②③の一部を取りまとめ、史料集として刊行しようとするものである。それは、一つには科研研究成果の公表という意味を持つものであるが、しかしそれ以上に、鰐淵寺の歴史的解明、ひいては日本中・近世史や寺院史・宗教史の解明のために欠くことのできない、信頼の置ける史料集を刊行する必要があるとの認識に基づくものである。

具体的に述べれば、本書は次に掲げた三つのことを直接的な刊行の目標としている。その第一は、鰐淵寺文書について、可能な限り正確なすべての情報を読者に伝えることにある。これは、『鰐淵寺文書の研究』第二編「鰐淵寺古文書（古代中世）」の誤りを正し、それに代わる、より正確な情報を提供したいと考えたことによる。第二は、鰐淵寺文書以外の関係文書を網羅的に収集し、右と合わせ、一括して読者に提供することである。これは、島根地域史研究および自治体史編纂の現状に鑑み、とくにその必要があると考えたからである。そして第三は、本書に収める史料の範囲を鰐淵寺成立以前の鰐淵山時代から寛文七年正月の「神仏分離」までとすることで、それは、鰐淵寺の歴史を理解する上において、この時期区分が最も妥当、かつ重要だと考えたことによる。

右の内、第二の点については若干の補足が必要となろう。島根県では、かつて大正十一年（一九二二）～昭和五年（一九三〇）に刊行された『島根県史』編纂のために、明治末年から大正年間にかけて島根県史編纂掛が設けられ、島根県の内外に及ぶ大規模な史料調査と史料収集活動が展開され、そしてその研究成果の一部が影写本や謄写本など（ともに現在は島根県立図書館の所蔵）として今日に伝えられ、島根地域史研究を進めていく上での重要な研究基盤を構築してきた。しかし、残念ながら、他の都道府県などと異なって、島根県ではその後二度と同様の大規模な史料調査とそれに基づく県史の編纂が行われることはなく、今日を迎えるに至った。昭和四十～四十三年（一九六五～六八）に『新修島根県史』が刊行され、通史編三巻の他に史料編六巻も出版されたことがあるが、しかしそれはかつて旧県史編纂の際に収集した史料の中から一部を選び取って編集したというもので（その選択基準も不明）、とくに前近代に関しては全国的な視野に立った新たな史料収集活動が行われたわけではまったくなかった。つまり、島根県においては第二次大戦後一度として本格的な県史が編纂されたことはないのである。

島根県史の編纂をめぐるこうした立ち後れた状況は、島根県における自治体史編纂のあり方全般に深刻な影響をもたらすこととなった。島根県内自治体史のすべてが、ともに二つの顕著な特徴を抱えているところに、その問題点が端的な形で示されている。一つは、史料編をともなわず通史編のみで構成されるのが一般的となっていること、そしていま一つには、全国的な視野に立った徹底的な史料調査（当該行政区域内における古文書等の悉皆調査を含む）を踏まえて自治体史を編纂するという、最も初歩的で基本的な編集スタイルが欠落してしまっていることである。鰐淵寺の位置する旧平田市を例にとっていうと、『平田市誌』は昭和四十四年（一九六九）に刊行されたが、史料編が存在しないのはもちろんのこと、全国的な視野に立った鰐淵寺関係文書の収集はおろか、鰐淵寺文書そのものの調査さえ行われた形跡を認めることができない。

島根県内において、曲がりなりにも史料編をともなう形で自治体史が編纂された最初は、平成九年（一九九七）に史料編古代・中世を刊行した『大社町史』をまたなければならない。しかし、この場合も、史料編は通史編の編集・執筆担当者がいわば個人的な作業として後追い的に編集したものであって、当初からそうした編集方針に基づいて作業が進められたというわけではない。その意味では、島根県における本格的な自治体史の編纂は、平成十一～十六年（一九九九～二〇〇四）に刊行された『宍道町史』が最初であり、現在刊行中の『松江市史』がそれに次ぐ、文字通り本格的な最初のものということになる。

以上の点を踏まえ、改めて鰐淵寺関係文書について見てみると、鰐淵寺文書を含め、その本格的な収集作業は『大社町史』の編纂によって着手されたといえる。しかし、当然のことながら、そこでは杵築大社などとの関係に視点を据えて作業が進められたところから、その作業には大きな限界があった。その限界を突破し、文字通り鰐淵寺関係文書の本格的な収集作業（叡山文庫等の調査を含む）を進めたのが、先述の科研費による共同研究であった。

これらの点を念頭に置いて、本書は慶長五年（一六〇〇）までの中世鰐淵寺文書を編年順に並べた第一部と、金石文や寛文六年（一六六六）以前の近世文書と中世の旧蔵文書および鰐淵寺の外にある鰐淵寺関係文書を、同じく編年順にまとめた第二部との二部構成とし、第二部は第一部に対する「参考史料」という位置づけのもとに編集することとした。その第二部を自治体史の史料編に準じる体裁としたのは、島根県における特異な自治体史編纂事業の大きな立ち後れを、これによって補うという意味をも込めたものである。また第一部の中世鰐淵寺文書についての理解が、これによってよりスムーズで、より深いものとなればと願ってのことである。

そして、これらの課題を達成するため、新たに「鰐淵文書研究会」を立ち上げ、第一部は科研のメンバーであった久留島典子氏をリーダーとする東京大学史料編纂所の皆さまを中心に、そして第二部は井上寛司が、ともに出雲市教育委員会のご協力を得て、それぞれ担当することとした。過日出版された『出雲鰐淵寺文書』はここにいう第一部、そして本書『出雲鰐淵寺旧蔵・関係文書』がその第二部に相当するものである。読者の皆さまには、ぜひこの両者を併せご利用いただければと考える。その便宜を考え、本書の末尾に両書統一の編年史料目録を掲げる。目録中、Ⅰと表記したのが第一部『出雲鰐淵寺文書』、Ⅱが第二部『出雲鰐淵寺旧蔵・関係文書』に、それぞれ掲載された史料を示している。

花押一覧

197　児玉元良

197　国司元武

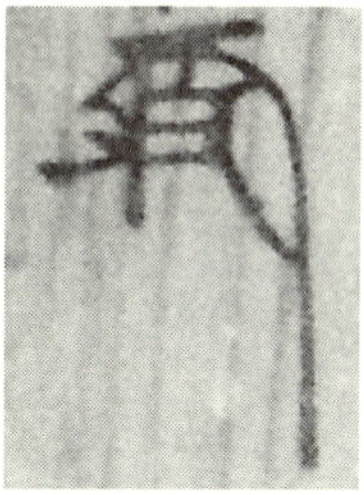
197　毛利輝元

233　恵海

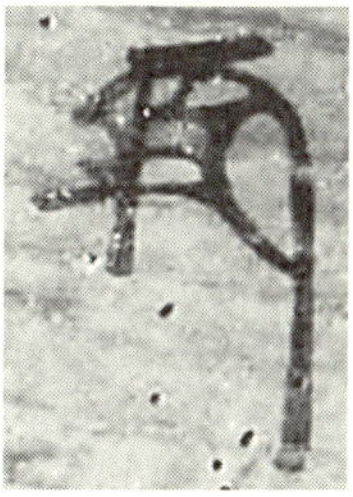
222　毛利輝元

198　吉川元春

272　堀尾正秀

260　元長

258　長谷広佐

273　宣乗

272　堀尾宗光

272　落合貞親

273　西本坊澄芸

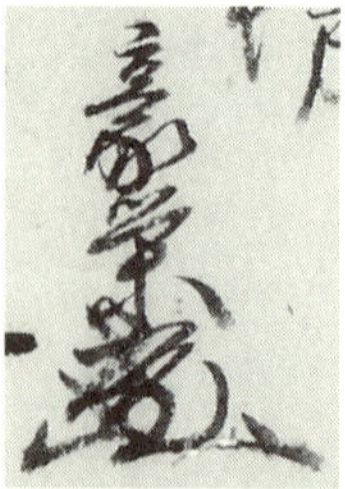

273　井本坊豪栄

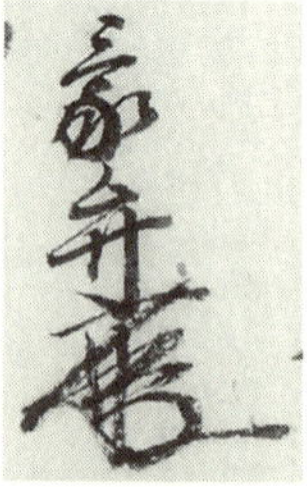

273　豪弁

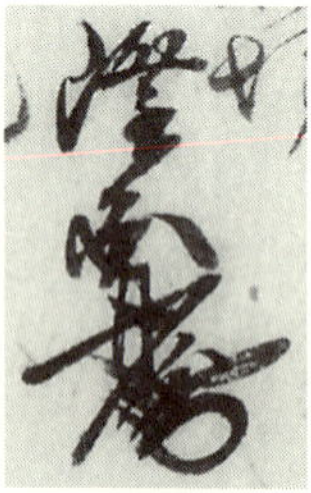

273　月輪院澄円

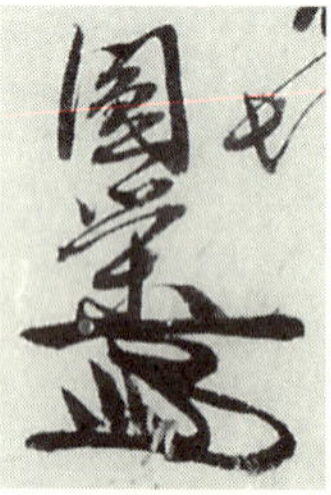

273　本覚坊円栄

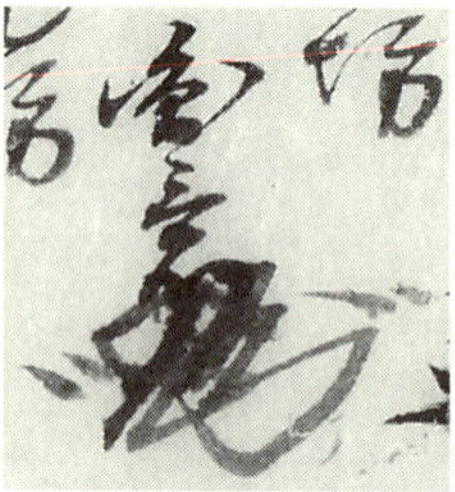

273　和多坊円意

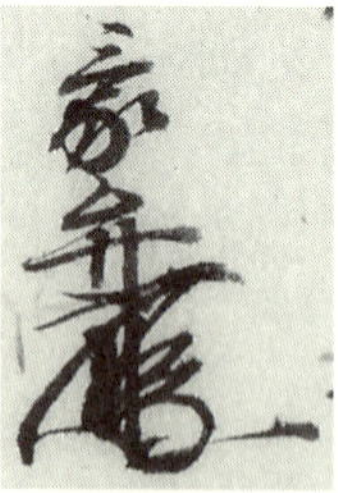

274　増泉坊豪弁

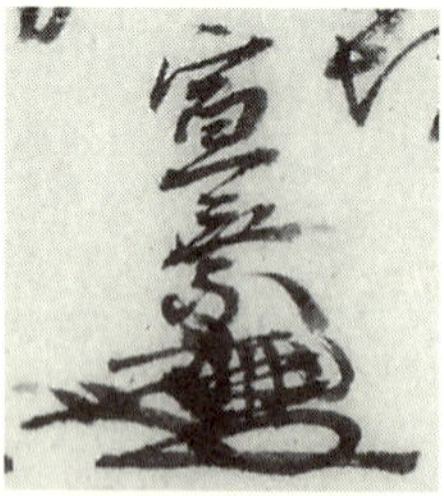

274　竹本坊宣乗

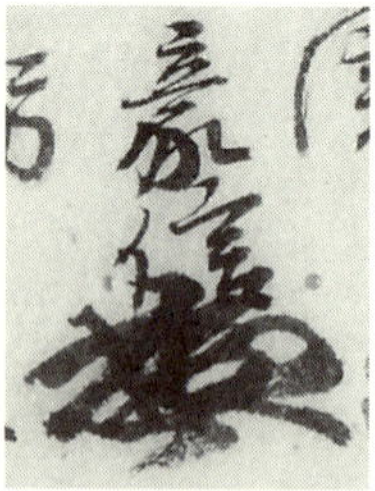

273　金剛院豪信

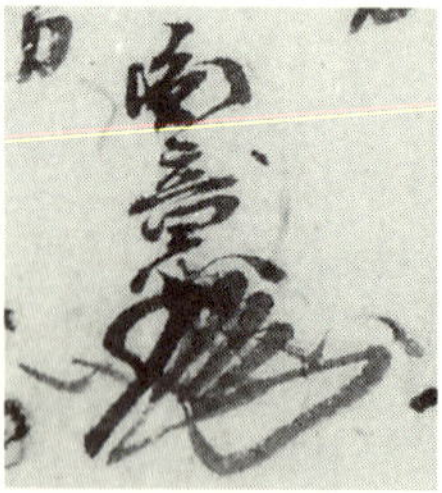

274　和多坊円意

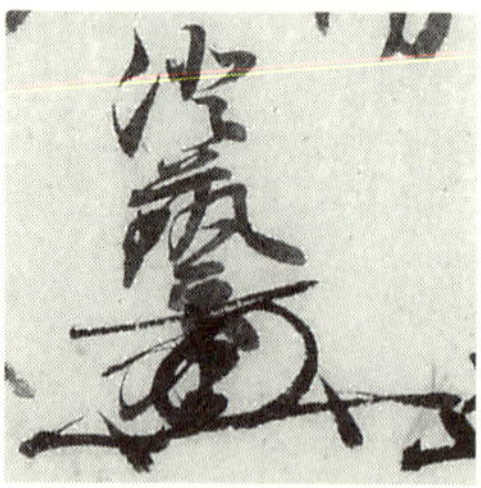

274　西本坊澄芸

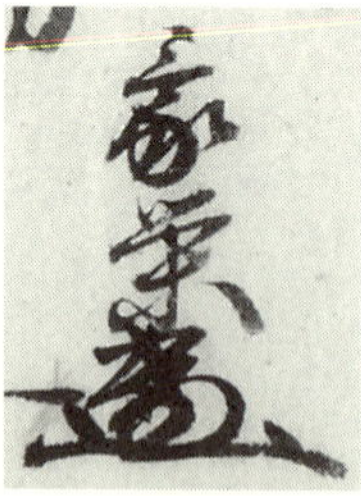

274　井本坊豪栄

279　吉川貞恒

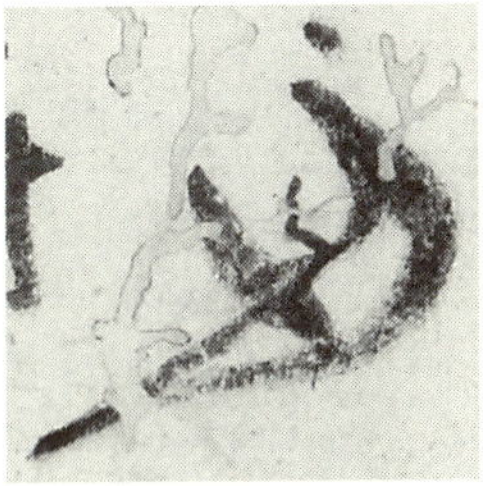
279　小野斎介

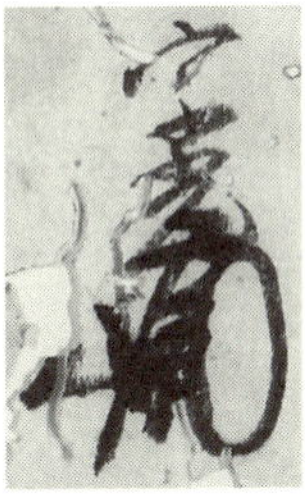
277　堀尾宗光

290　和多坊豪村

289　堀尾一信

279　落合貞親

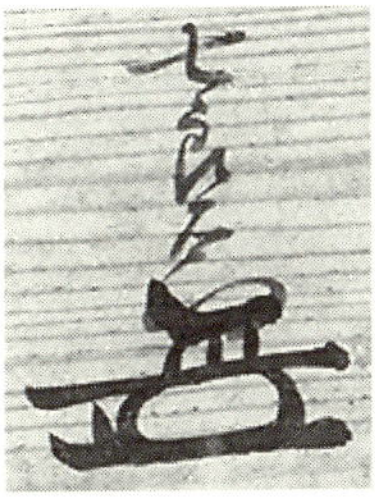
292　七郎右衛門

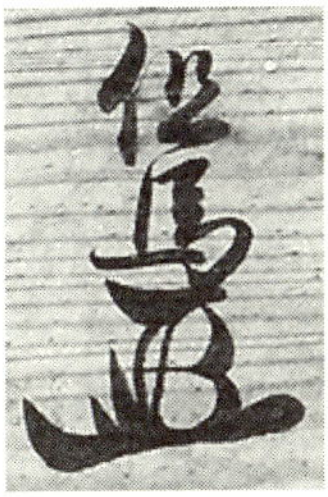
292　但馬

291　賀藤九兵衛黒印

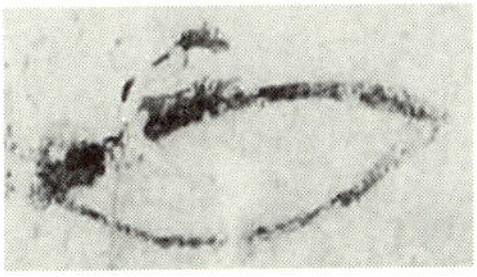
302　秋上孝国

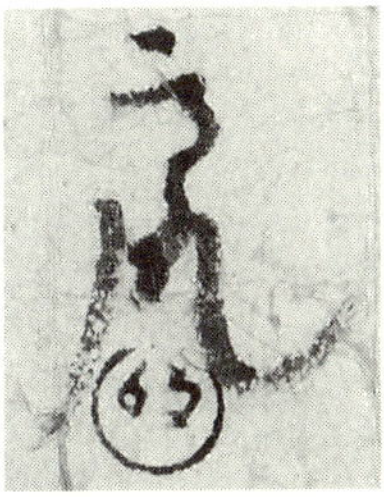
293　藤堂高虎

292　伊豆

309　松平庄右衛門尉

309　馬場三郎左衛門尉

309　多賀左近

312　酒井忠世

311　酒井忠世

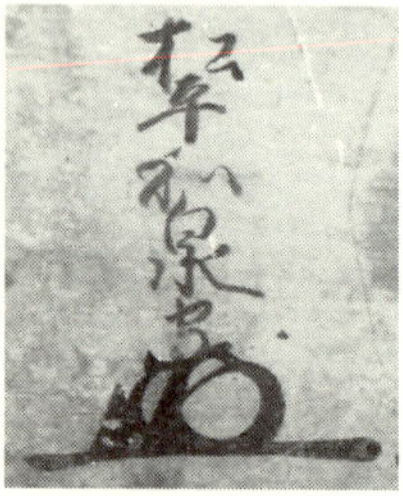

309　松平和泉守

316　多賀越中守

314　佐々九郎兵衛

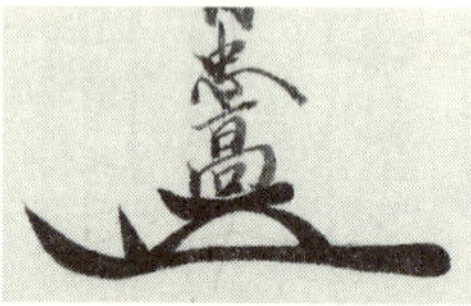

313　京極忠高

318　大河内善兵衛

316　赤尾有知

316　佐藤高信

320　三谷権太夫

318　堀市正

318　多賀左近

321　松平直政

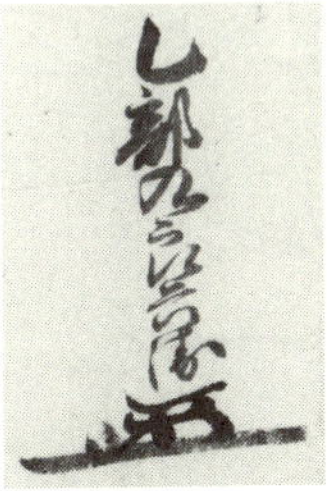

320　乙部九郎兵衛

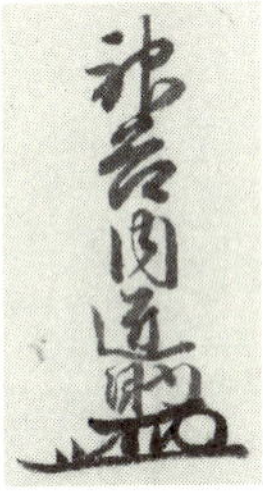

320　神谷内匠助

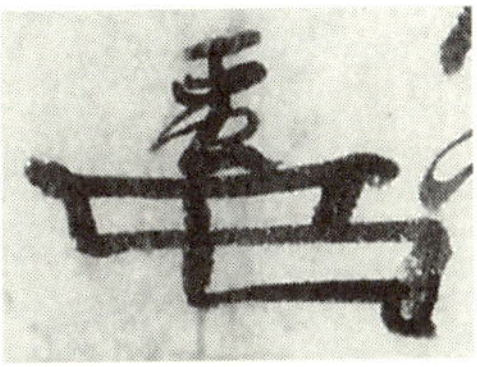

330　松井七郎左衛門

330　安食八太夫

325　松本五左衛門

332　三谷長玄

332　村松直賢

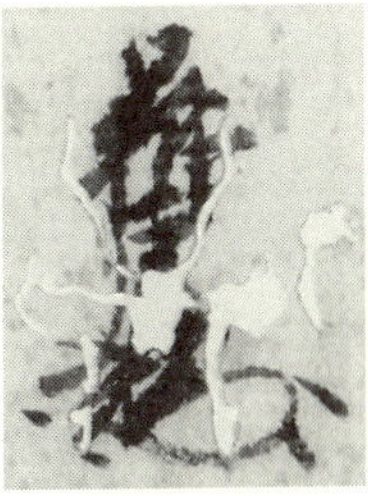

331　嘯岳鼎虎

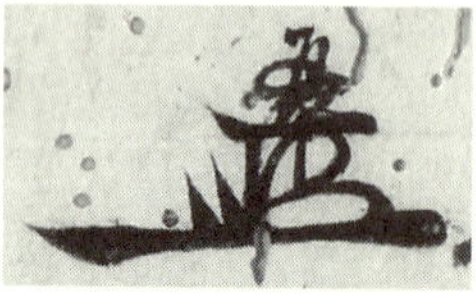

336　高木甚五左衛門

336　野村惟工

332　神谷兵庫

337　高木甚五左衛門黒印

337　尾崎半平黒印

337　林文左衛門黒印

343　垂水十郎右衛門

339　自性院豪善

338　自性院豪善

出雲鰐淵寺文書	鰐淵寺文書研究会編	一三、〇〇〇円
中世出雲と国家的支配 権門体制国家の地域支配構造	佐伯徳哉著	九、五〇〇円
最澄の思想と天台密教	大久保良峻著	八、〇〇〇円
延暦寺と中世社会	河音能平 福田榮次郎編	九、五〇〇円
長楽寺蔵 七条道場金光寺文書の研究	村井康彦 大山喬平編	一六、〇〇〇円
醍醐寺新要録 上・下	醍醐寺文化財研究所編	二八、〇〇〇円
清水寺 成就院日記 1～3	清水寺史編纂委員会編	各九、〇〇〇円

法藏館

価格税別

【編者略歴】

井上寛司（いのうえ　ひろし）

1941年，京都市生まれ。
1968年，大阪大学大学院文学研究科博士課程中途退学，大阪大学文学部助手。1975年，島根大学文理学部（現・法文学部）助教授，1984年同教授を経て1997年，退官。1997年～2007年，大阪工業大学情報科学部教授。島根大学・大阪工業大学名誉教授。専攻は日本中世史。
主な著書に『日本の神社と「神道」』（校倉書房，2006年），『日本中世国家と諸国一宮制』（岩田書院，2009年），『「神道」の虚像と実像』（講談社，2011年），主な編著書に，『中世諸国一宮制の基礎的研究』（岩田書院，2000年），『中世一宮制の歴史的展開』上下（岩田書院，2004年），科学研究費助成金研究成果報告書『出雲鰐淵寺の歴史的・総合的研究』（研究代表者：井上寛司，2012年）など多数。

出雲鰐淵寺旧蔵・関係文書

二〇一八年一月一〇日　初版第一刷発行

編　者　井上寛司
発行者　西村明高
発行所　株式会社 法藏館
京都市下京区正面通烏丸東入
郵便番号　六〇〇―八一五三
電話　〇七五-三四三-〇〇三〇（編集）
〇七五-三四三-五六五六（営業）

印刷・製本　中村印刷株式会社

ISBN978-4-8318-5042-3 C3021

出雲鰐淵寺関係 編年史料目録

番号	年 月 日	西暦	文書名	史料番号
1	壬申(持統 6).5.	692	銅造観音菩薩立像台座銘	Ⅱ-1
2	長暦 3.2.18.	1039	天台座主記	Ⅱ-2
3	承暦 3.2.15.	1079	東山往来	Ⅱ-3
4	康和 3.	1101	後拾遺往生伝	Ⅱ-4
5	康和 4.10.5.	1102	後拾遺往生伝	Ⅱ-5
6	天仁 1.10.8.	1108	後拾遺往生伝	Ⅱ-6
7	永久□.8.		後拾遺往生伝	Ⅱ-7
8	保安 1.9.21.	1120	広隆寺上宮王院聖徳太子像内納入太子関係遺品包紙墨書銘	Ⅱ-8
9	久安 2.9.13.	1146	天王寺旧記	Ⅱ-9
10	久安 2.9.14.	1146	台記	Ⅱ-10
11	久安 3.9.12.	1147	台記	Ⅱ-11
12	久安 4.5.14.	1148	台記	Ⅱ-12
13	仁平 2.6.10.	1152	銅鏡銘	Ⅱ-13
14	仁平 3.5.2.	1153	石製経筒銘	Ⅱ-14
15	年月日未詳		梁塵秘抄	Ⅱ-15
16	寿永 2.5.19.	1183	銅鐘銘	Ⅱ-16
17	文治 2.9.15.	1186	鰐淵寺古記録写	Ⅱ-17
18	建仁 3.5.27.	1203	門葉記（巻 97）	Ⅱ-18
19	元久 2.11.22.	1205	門葉記（巻 29）	Ⅱ-19
20	建暦 1.2 頃	1211	然阿上人伝	Ⅱ-20
21	建暦 3.2.	1213	無動寺検校坊政所下文	Ⅰ-1
22	建暦 3.2.	1213	無動寺下文	Ⅰ-2
23	建暦 3.2.	1213	慈鎮重譲状案	Ⅱ-21
24	建保 4.5.13.	1216	将軍源実朝家政所下文	Ⅰ-3
25	承久 2.2.3.	1220	尊氏証状	Ⅱ-22
26	年月日未詳		宇治拾遺物語（巻 3）	Ⅱ-23
27	年月日未詳		大伴氏系図	Ⅱ-24
28	〔貞応 2 ～嘉禄 3〕	1223 ～27	大般若経奥書	Ⅱ-25
29	〔貞応 3〕6.11.	1224	領家〈藤原雅隆〉袖判御教書	Ⅱ-26
30	天福 2.8.	1234	慈源所領注文写	Ⅱ-27
31	延応 2.5.28.	1240	鰐淵寺北院長吏維光譲状	Ⅰ-4
32	仁治 2.1.19.	1241	鰐淵寺北院長吏維光譲状	Ⅰ-5
33	宝治 1.9.5.	1247	門葉記（巻 15）	Ⅱ-28
34	宝治 1.10.	1247	杵築大社神官等連署申状	Ⅰ-6

35	宝治 1.10.	1247	杵築大社神官等連署申状案	Ⅰ-7
36	宝治 1.10.	1247	杵築大社神官等連署申状案	Ⅰ-8
37	建長 1.6.	1249	杵築大社造宮所注進状	Ⅱ-29
38	建長 2.10.	1250	円観譲状	Ⅰ-9
39	建長 6.4.	1254	出雲守護佐々木泰清書下	Ⅰ-10
40	建長 6.4.	1254	出雲守護佐々木泰清書下案	Ⅰ-11
41	建長 6.	1254	鰐淵寺衆徒等勧進状案	Ⅰ-12
42	建長 7.6.	1255	銅鏡銘	Ⅱ-30
43	建長 8.4.	1256	円観譲状	Ⅰ-13
44	康元 1.12.	1256	杵築大社領注進状	Ⅱ-31
45	弘長 2.5.10.	1262	門葉記（巻 15）	Ⅱ-32
46	〔弘長 2〕7.24.	1262	出雲守護佐々木泰清書状	Ⅰ-14
47	弘長 3.8.5.	1263	関東下知状案	Ⅰ-15
48	文永 2.7.21.	1265	門葉記（巻 18）	Ⅱ-33
49	文永 4.11.17.	1267	門葉記（巻 16）	Ⅱ-34
50	文永 8.11.	1271	関東下知状案	Ⅱ-35
51	〔文永 9〕9.10.	1272	出雲守護佐々木泰清書状	Ⅰ-16
52	〔文永 9〕9.	1272	鰐淵寺衆徒等書状案	Ⅰ-17
53	年月日未詳		鰐淵寺衆徒等申状案	Ⅰ-18
54	弘安 4.5.	1281	〈参考〉忌部総社神宮寺根元録	Ⅱ-36
55	年未詳 7.12.		後深草上皇院宣	Ⅰ-19
56	年未詳 2.2.		出雲国宣	Ⅰ-20
57	年未詳 6.8.		出雲守護佐々木泰清書状	Ⅰ-21
58	弘安 4.8.	1281	願阿弥陀仏造像銘写	Ⅰ-22
59	年未詳 6.27.		出雲守護佐々木頼泰書状	Ⅰ-23
60	〔弘安 6〕6.29.	1283	出雲守護佐々木頼泰書状	Ⅰ-24
61	弘安 6.8.	1283	藤原兼嗣ヵ袖判下文	Ⅰ-25
62	年未詳 6.25.	1278	北条時宗請文	Ⅰ-26
63	弘安 7.9.7.	1284	出雲守護佐々木頼泰施行状	Ⅰ-27
64	弘安 10.6.15.	1287	銅造線刻種子鏡像銘	Ⅱ-37
65	弘安 10.8.	1287	鎌倉佐介浄刹光明寺開山御伝	Ⅱ-38
66	永仁 4.9.5.	1296	関東下知状	Ⅰ-28
67	永仁 5.1.12.	1297	関東下知状	Ⅰ-29
68	永仁 5.6.3.	1297	高岡宗泰寄進状	Ⅰ-30
69	永仁 5.8.27.	1297	関東御教書	Ⅰ-31
70	永仁 6.7.	1298	惟宗頼直寄進状	Ⅰ-32
71	正安 2.⑦.19.	1300	六波羅施行状	Ⅰ-33
72	正安 3.10.4.	1301	伏見上皇院宣（宿紙）	Ⅰ-34

73	乾元 2.4.11.	1303	佐々木貞清寄進状	Ⅰ-35
74	乾元 2.4.11.	1303	鰐淵寺南院薬師堂修理料田坪付注文	Ⅰ-36
75	〔乾元 2〕4.14.	1303	良恵書状	Ⅰ-37
76	乾元 2.④.19.	1303	門葉記（巻 16）	Ⅱ-39
77	延慶 3.12.	1310	平顕棟寄進状	Ⅰ-38
78	正和 3.3.8.	1314	出雲守護佐々木貞清願文	Ⅰ-39
79	文保 2.11.14.	1318	国造出雲孝時去状	Ⅱ-40
80	元応 2.3.2.	1320	鎌倉将軍〈守邦親王〉家下知状	Ⅱ-41
81	正中 2.5.	1325	出雲守護佐々木貞清書下	Ⅰ-40
82	正中 2.5.	1325	出雲守護佐々木貞清書下案	Ⅰ-41
83	〔嘉暦 1？〕6.5.	1326	沙弥覚念書状	Ⅱ-42
84	嘉暦 1.12.	1326	鰐淵寺常行堂一衆等連署起請文案	Ⅰ-42
85	嘉暦 3.3.26.	1328	盛順売券案	Ⅰ-82-1
86	嘉暦 4.7.	1329	鰐淵寺衆徒等訴状案	Ⅱ-43
87	元徳 3.1.14.	1331	後醍醐天皇綸旨（宿紙）	Ⅰ-43
88	元徳 3.1.14.	1331	後醍醐天皇綸旨案	Ⅰ-44
89	元弘 2.8.19.	1332	後醍醐天皇願文	Ⅰ-45
90	元弘 3.4.11.	1333	後醍醐天皇綸旨	Ⅱ-44
91	元弘 3.5.	1333	讃岐房頼源軍忠状	Ⅰ-46
92	年月日未詳		杵築大社経田注文断簡	Ⅱ-45
93	年未詳 3.27.		左衛門少尉佐々木某書状写	Ⅰ-47
94	年月日未詳		大山寺縁起（巻上 3）	Ⅱ-46
95	建武 2.3.18.	1335	後醍醐天皇綸旨（宿紙）	Ⅰ-48
96	建武 3.1.15.	1336	後醍醐天皇綸旨	Ⅰ-49
97	建武 3.2.3.	1336	仏乗房承陽書状	Ⅰ-50
98	建武 3.2.9.	1336	名和長年軍勢催促状	Ⅰ-51
99	建武 3.5.10.	1336	頼源寄進状写	Ⅱ-47
100	建武 3.8.9.	1336	足利尊氏御判御教書	Ⅰ-52
101	延元 1.10.5.	1336	後醍醐天皇綸旨	Ⅰ-53
102	延元 1.10.5.	1336	後醍醐天皇綸旨案	Ⅰ-54
103	建武 3.10.8.	1336	足利尊氏御判御教書	Ⅰ-55
104	建武 4.2.5.	1337	松石丸紛失状	Ⅰ-56
105	建武 5.7.18.	1338	出雲守護塩冶高貞吹挙状	Ⅱ-48
106	暦応 2.2.27.	1339	塩冶高貞書状	Ⅱ-49
107	興国 1.6.25.	1340	後村上天皇綸旨（宿紙）	Ⅰ-57
108	興国 1.8.23.	1340	後村上天皇綸旨	Ⅰ-58
109	暦応 4.3.24.	1341	足利直義御判御教書	Ⅰ-59
110	〔暦応 4〕4.2.	1341	朝山景連書状	Ⅰ-60

111	興国 2.8.21.	1341	後村上天皇綸旨（宿紙）	Ⅰ-61
112	康永 2.3.16.	1343	杵築大社紛失文書目録	Ⅱ-50
113	興国 4.6.1.	1343	高岡高重願文	Ⅰ-62
114	貞和 5.11.25.	1349	光厳上皇院宣	Ⅰ-63
115	年未詳 3.27.		青蓮院御教書	Ⅰ-64
116	年未詳 9.8.		青蓮院御教書	Ⅰ-65
117	貞和 6.7.20.	1350	足利直冬御判御教書（小切紙）	Ⅰ-66
118	観応 1.11.25.	1350	足利義詮御判御教書	Ⅰ-67
119	貞和 6.12.26.	1350	足利直冬宛行状写	Ⅱ-51
120	年月日未詳		佐々木系図（抄録）	Ⅱ-52
121	観応 2.2.5.	1351	通円譲状案	Ⅰ-82-2
122	貞和 7.3.15.	1351	豊田種治奉書（小切紙）	Ⅰ-68
123	貞和 7.3.21.	1351	足利直冬御判御教書	Ⅰ-69
124	正平 6.7.25.	1351	佐々木秀貞寄進状	Ⅰ-70
125	観応 2.8.9.	1351	足利義詮御判御教書	Ⅰ-71
126	正平 6.9.8.	1351	後村上天皇願文	Ⅰ-72
127	正平 6.10.	1351	頼源申状幷具書案	Ⅰ-73
128	正平 7.1.10.	1352	杵築景春譲状	Ⅱ-53
129	貞治 5.3.21.	1366	頼源文書送進状	Ⅰ-74
130	正平 8.2.3.	1353	維弁譲状	Ⅰ-75
131	正平 9.6.16.	1354	豊田種治奉書（小切紙）	Ⅰ-77
132	正平 10.3.	1355	鰐淵寺大衆条々連署起請文写	Ⅰ-76
133	文和 4.3.10.	1355	朝山貞景書下	Ⅰ-78
134	延文 1.2.6.	1356	出雲守護佐々木導誉書下	Ⅰ-79
135	正平 12.6.8.	1357	後村上天皇綸旨（宿紙）	Ⅰ-80
136	正平 16.11.6.	1361	足利直冬御判御教書	Ⅰ-81
137	貞治 3.7.13.	1364	鰐淵寺和多坊地関係文書案・重円裏書	Ⅰ-82-3
138	年月日未詳		詞林采葉抄	Ⅱ-54
139	応安 1.10.	1368	杵築弘乗代高守目安案	Ⅱ-55
140	年月日未詳		知覚庵山大道和尚行状	Ⅱ-56
141	応安 4.7.25.	1371	勝部高家寄進状	Ⅰ-83
142	応安 5.～永和 2.	1372 ～76	鰐淵寺旧蔵大般若経奥書	Ⅱ-57
143	応安 7.3.9.	1374	源秀泰請文	Ⅰ-84
144	永和 2.6.29.	1376	出雲守護京極高秀遵行状	Ⅰ-85
145	明徳 3.1.23.	1392	御崎社神人連署起請文写	Ⅱ-58
146	明徳 3.2.24.	1392	隠岐守佐々木某書下	Ⅰ-86
147	明徳 3.10.28.	1392	慶応売券	Ⅰ-87

148	明徳 3.⑩.16.	1392	出雲守護京極高詮書下	Ⅰ-88
149	明徳 5.□.8.	1394	三摩耶戒讃衆用意奥書	Ⅱ-59
150	明徳 5.4.11.	1394	胎灌讃衆用意奥書	Ⅱ-60
151	応永 1.10.14.	1394	金灌讃衆用意奥書	Ⅱ-61
152	応永 2.2.9.	1395	維円譲状	Ⅰ-89
153	応永 2.2.9.	1395	維円売券	Ⅰ-90
154	応永 3.4.28.	1396	杵築大社三月会入目注文写	Ⅱ-62
155	応永 8.4.25.	1401	室町幕府御教書	Ⅰ-91
156	応永 8.4.25.	1401	室町幕府御教書	Ⅰ-92
157	応永 8.5.12.	1401	康富記	Ⅱ-63
158	応永 8.5.13.	1401	康富記	Ⅱ-64
159	応永 8.5.17.	1401	康富記	Ⅱ-65
160	応永 8.5.22.	1401	康富記	Ⅱ-66
161	応永 8.5.23.	1401	康富記	Ⅱ-67
162	応永 8.5.24.	1401	康富記	Ⅱ-68
163	応永 8.6.1.	1401	康富記	Ⅱ-69
164	応永 8.6.6.	1401	康富記	Ⅱ-70
165	応永 8.6.8.	1401	康富記	Ⅱ-71
166	応永 8.6.18.	1401	室町幕府御教書	Ⅰ-93
167	応永 9.10.9.	1402	入道尊道親王袖判青蓮院下知状写	Ⅰ-94
168	応永 12.12.19.	1405	木造大日如来坐像銘	Ⅱ-72
169	応永 19.	1412	杵築大社造営覚書	Ⅱ-73
170	応永 20.10.17.	1413	鳥居僧都道秀処分状	Ⅱ-74
171	応永 21.3.2.	1414	竹下孝清契約状	Ⅱ-75
172	応永 21.6.21.	1414	杵築大社遷宮入目日記写	Ⅱ-76
173	応永 21.10.23.	1414	竹下幸満起請文	Ⅱ-77
174	応永 22.3.22.	1415	弘次下知状案	Ⅱ-78
175	応永 25.10.16.	1418	歓鎮譲状	Ⅰ-95
176	〔応永27?〕①.24.	1420	青蓮院義円御教書	Ⅰ-96
177	応永 27.7.5.	1420	青蓮院義円御教書（折紙）	Ⅰ-97
178	応永 28.12.25.	1421	鰐淵寺旧蔵大般若経奥書	Ⅱ-79
179	応永 30.5.	1423	柳原宮雑掌定勝申状案	Ⅱ-80
180	応永 32.7.13.	1425	鰐淵寺栄□証文	Ⅱ-81
181	応永 34.12.2.	1427	足利義持御判御教書	Ⅰ-98
182	年未詳 9.4.		青蓮院御教書	Ⅰ-99
183	正長 1.11.18.	1428	青蓮院義快御教書	Ⅰ-100
184	永享 2.4.21.	1430	親康・憲景連署安堵状	Ⅱ-82
185	永享 2.5.3.	1430	国造千家高国・北島高孝連署申状	Ⅱ-83

186	年月日未詳		海山佳処	Ⅱ-84
187	永享 5.12.	1433	鰐淵寺別当円運等連署紛失状	Ⅰ-101
188	永享 7.8.22.	1435	栄乗譲状	Ⅰ-102
189	永享 7.11.	1435	某書下案	Ⅰ-103
190	永享 10.3.11.	1438	足利義教御判御教書	Ⅰ-104
191	永享 10.3.23.	1438	室町幕府御教書	Ⅰ-105
192	永享 10.4.23.	1438	出雲守護京極持高遵行状	Ⅰ-106
193	永享 10.4.23.	1438	出雲守護京極持高遵行状案	Ⅰ-107-1
194	永享 11.8.19.	1439	栄藤・亨西連署奉書	Ⅰ-108
195	永享 11.8.19.	1439	栄藤・亨西連署奉書案	Ⅰ-109
196	文安 1.⑥.18.	1444	鰐淵寺北院和多坊房舎経田等注文	Ⅰ-110
197	文安 2.2.22.	1445	直江八幡宮神主職安堵状写	Ⅱ-85
198	文安 3.2.8.	1446	鰐淵寺三長老連署掟書	Ⅰ-111
199	文安 3.2.8.	1446	維栄掟書	Ⅰ-112
200	文安 3.9.5.	1446	室町幕府御教書	Ⅰ-113
201	文安 3.12.3.	1446	日吉社領出雲漆治郷文書目録	Ⅰ-114
202	文安 3.12.3.	1446	日吉社領出雲漆治郷文書売券	Ⅰ-115
203	文安 3.	1446	和多坊経田内検帳	Ⅰ-116
204	年月日未詳		国富庄内和多房経田注文	Ⅰ-117
205	文安 4.②.9.	1447	妙善置文写	Ⅱ-86
206	文安 6.4.13.	1449	出雲守護京極持清書下	Ⅰ-118
207	文安 6.4.13.	1449	出雲守護京極持清書下案	Ⅰ-119
208	享徳 1.8.22.	1452	維栄譲状	Ⅰ-120
209	享徳 1.8.22.	1452	維栄譲状	Ⅰ-121
210	享徳 1.8.	1452	大般若経箱蓋銘	Ⅱ-87
211	享徳 2.4.3.	1453	慈慶譲状	Ⅰ-122
212	享徳 3.6.	1454	某契状	Ⅰ-123
213	康正 2.10.20.	1456	足利義政御判御教書	Ⅰ-124
214	康正 2.	1456	康正二年造内裏段銭幷国役引付	Ⅱ-88
215	寛正 3.12.24.	1462	臥雲日件録抜尤	Ⅱ-89
216	寛正 4.12.18.	1463	木造菩薩形立像墨書銘	Ⅱ-90
217	年月日未詳		華頂要略（門下伝諸院家 1）	Ⅱ-91
218	年月日未詳		磬刻銘	Ⅱ-92
219	文明 5.8.16.	1473	室町幕府奉行人連署奉書案	Ⅱ-93
220	文明 5.8.16.	1473	室町幕府奉行人連署奉書案	Ⅱ-94
221	文明 5.8.16.	1473	室町幕府奉行人連署奉書案	Ⅱ-95
222	文明 5.8.18.	1473	比叡山西塔南尾行林房如意遵行状案	Ⅱ-96
223	文明 5.9.12.	1473	官宣旨案	Ⅱ-97

224	文明 6.8.吉日	1474	銅造山王七社本地懸仏裏墨書銘	Ⅱ-98
225	文明 10.6.11.	1478	宣祐譲状	Ⅰ-125
226	文明 14.⑦.18.	1482	多賀秀長置文	Ⅰ-126
227	文明 16.11.27.	1484	守栄・矢田助貞連署寄進状	Ⅰ-127
228	文明 18.12.27.	1486	鰐淵寺大福坊頼顕売券	Ⅱ-99
229	延徳 2.6.19.	1490	中村重秀譲状	Ⅰ-128
230	延徳 3.8.15.	1491	御湯殿上日記	Ⅱ-100
231	明応 7.3.7.	1498	別火虎丸起請文	Ⅱ-101
232	明応 9.3.19.	1500	本覚坊栄宣売券	Ⅰ-129
233	明応 9.3.19.	1500	本覚坊栄宣売券	Ⅰ-130
234	明応 10.2.12.	1501	慶応譲状	Ⅱ-102
235	永正 5.12.10.	1508	円誉譲状	Ⅰ-131
236	永正 6.10.15.	1509	求聞持私記奥書	Ⅱ-103
237	永正 6.10.20.	1509	尼子経久鰐淵寺掟書	Ⅰ-132
238	永正 8.11.22.	1511	六所神社遷宮次第写	Ⅱ-104
239	永正 9.2.7.	1512	井上坊円秀譲状	Ⅰ-133
240	永正 15.11.10.	1518	尼子経久書状（折紙）	Ⅰ-134
241	永正 15.11.10.	1518	尼子経久書状（折紙）	Ⅰ-135
242	永正 16.4.晦日	1519	永正年中大社造営・遷宮次第	Ⅱ-105
243	永正 16.7.10.	1519	栄伝等連署証状	Ⅰ-136
244	永正 17.6.	1520	杵築大社旧記断簡	Ⅱ-106
245	大永 2.2.	1522	岩屋寺快円日記	Ⅱ-107
246	大永 2.6.2.	1522	杵築大社三月会相撲頭神物注文	Ⅱ-108
247	大永 2.10.15.	1522	井上坊円秀譲状	Ⅰ-137
248	大永 2.11.16.	1522	大蓮坊栄円譲状	Ⅰ-138
249	大永 3.4.26.	1523	多賀経長寄進状	Ⅰ-139
250	大永 3.9.27.	1523	妙法蓮華経端書及奥書	Ⅱ-109
251	年月日未詳		天渕八叉大蛇記	Ⅱ-110
252	大永 6.8.15.	1526	福井県越前市今立町朽飯出土銅経筒銘	Ⅱ-111
253	大永 7.3.11.	1527	多賀経長過書（折紙）	Ⅰ-140
254	大永 7.10.27.	1527	井上坊尊澄充行状	Ⅰ-141
255	享禄 3.5.13.	1530	大般若経奥書	Ⅱ-112
256	年未詳 4.27.		亀井秀綱書状（切紙）	Ⅰ-142
257	享禄 4.3.7.	1532	山王私記〈本地供〉奥書	Ⅱ-113
258	天文 2.7.20.	1533	曼荼羅供養表白〈合行〉奥書	Ⅱ-114
259	天文 2.7.20.	1533	曼荼羅供養表白〈金〉奥書	Ⅱ-115
260	天文 3.3.15.	1533	伝授作法奥書	Ⅱ-116
261	天文 5.3.	1536	明星供奥書	Ⅱ-117

262	天文 6.10.28.	1537	後奈良天皇綸旨案	Ⅱ-118
263	天文 7.8.19.	1538	別所信重売券	Ⅱ-119
264	天文 8.4.吉日	1539	牛蔵寺造営勧進状写	Ⅱ-120
265	天文 8.8.	1539	鰐淵寺旧蔵大般若経奥書	Ⅱ-121
266	天文 8.11.5.	1539	杵築大社仮殿遷宮引付	Ⅱ-122
267	天文 8.11.10.	1539	北島雅孝書下	Ⅰ-143
268	天文 8.	1539	国富荘結解状写断簡	Ⅱ-123
269	天文 9.3.28.	1540	片寄久盛・同久永寄進状	Ⅰ-144
270	天文 9.11.3.	1540	出西八幡宮棟札写	Ⅱ-124
271	天文 11.3.	1542	〈参考〉忌部総社神宮寺根元録	Ⅱ-125
272	天文 11.10.13.	1542	大内義隆書下	Ⅰ-145
273	天文 11.10.13.	1542	大内氏奉行人連署奉書	Ⅰ-146
274	天文 11.10.13.	1542	大内氏奉行人連署奉書案	Ⅰ-147
275	天文 12.2.17.	1543	大内氏奉行人奉書	Ⅰ-148
276	天文 12.3.5.	1543	尼子氏鰐淵寺根本堂造営掟書写	Ⅰ-149
277	天文 12.6.28.	1543	尼子晴久書状（切紙）	Ⅰ-150
278	天文 12.6.28.	1543	尼子晴久書状案（折紙）	Ⅰ-151
279	天文 12.6.28.	1543	尼子晴久袖判鰐淵寺領書立	Ⅰ-152
280	年未詳 6.29.		尼子国久書状（切紙）	Ⅰ-153
281	天文 12.12.21.	1543	尼子晴久袖判立原幸隆奉書（折紙）	Ⅰ-154
282	天文 13.10.中旬	1544	鰐淵寺音曲奥書	Ⅱ-126
283	天文 13.	1544	銅製閼伽桶銘	Ⅱ-127
284	天文 15.4.20.	1546	尼子晴久袖判牛尾幸清売券	Ⅰ-155
285	天文 19.9.28.	1550	杵築大社造営遷宮次第	Ⅱ-128
286	天文 19.9.28.	1550	杵築大社造営遷宮次第	Ⅱ-129
287	天文 19.9.	1550	杵築大社造営遷宮次第	Ⅱ-130
288	天文 20.3.20.	1551	尼子晴久袖判立原幸隆・本田家吉連署奉書	Ⅰ-156
289	天文 20.3.20.	1551	尼子晴久袖判立原幸隆・本田家吉連署奉書	Ⅰ-157
290	天文 20.3.20.	1551	尼子晴久袖判立原幸隆・本田家吉連署奉書	Ⅰ-158
291	天文 20.3.20.	1551	尼子晴久袖判立原幸隆・本田家吉連署奉書案	Ⅰ-159
292	天文 20.4.	1551	華頂要略（門主伝 23）	Ⅱ-131
293	天文 22.1.1.	1553	宗養歌日記	Ⅱ-132
294	天文 22.2.24.	1553	友文請文	Ⅰ-160
295	年未詳 7.8.		米原綱寛書状（切紙）	Ⅰ-161
296	天文 23.	1554	梶井応胤法親王令旨写	Ⅱ-133
297	天文 24.2.12.	1555	鰐淵寺衆徒連署起請文	Ⅰ-162
298	〔天文 24〕5.15.	1555	延暦寺楞厳院別当代書状	Ⅰ-163

299	天文 24.5.20.	1555	後奈良天皇綸旨（宿紙）	Ⅰ-164
300	天文 24.5.20.	1555	後奈良天皇綸旨案	Ⅱ-134
301	年月日未詳		後奈良天皇女房奉書	Ⅰ-165
302	〔天文 24〕6.10.	1555	延暦寺三院宿老祐増等連署書状	Ⅰ-166
303	〔天文 24〕6.10.	1555	延暦寺三院宿老祐増等連署書状（切紙）	Ⅰ-167
304	年未詳 6.10.		延暦寺三院執行代連署書状	Ⅰ-168
305	〔天文 24〕6.10.	1555	延暦寺三院執行代連署書状	Ⅰ-169
306	年未詳 8.7.		安居院覚澄書状	Ⅰ-170
307	〔天文 24〕10.10.	1555	富小路任尚書状	Ⅰ-171
308	天文 24.⑩.17.	1555	阿式社遷宮入目注文（切紙）	Ⅱ-135
309	年未詳 11.19.		梶井応胤法親王御判御教書（切紙）	Ⅱ-136
310	〔弘治 1〕11.28.	1555	満蔵院直運書状	Ⅱ-137
311	天文 24.11.29.	1555	阿式社遷宮儀式注文	Ⅱ-138
312	〔弘治 2〕4.3.	1556	横道久宗・馬木真綱連署書状	Ⅰ-172
313	年未詳 4.26.		立原幸隆書状（切紙）	Ⅰ-173
314	弘治 2.5.5.	1556	鰐淵寺衆徒申状土代	Ⅰ-174
315	弘治 2.5.9.	1556	延暦寺楞厳院諸谷連署状（折紙）	Ⅰ-175
316	〔弘治 2〕5.11.	1556	延暦寺三院執行代連署書状	Ⅰ-176
317	〔弘治 2〕5.16.	1556	延暦寺三光坊暹俊書状（切紙）	Ⅰ-177
318	年月日未詳		清水寺初問状	Ⅱ-139
319	年月日未詳		清水寺初問状案	Ⅰ-178
320	弘治 2.5.〔22〕	1556	鰐淵寺初答状	Ⅱ-140
321	年月日未詳		鰐淵寺衆徒申状案	Ⅱ-141
322	弘治 2.5.23.	1556	室町幕府奉行人連署奉書	Ⅰ-179
323	弘治 2.5.23.	1556	室町幕府奉行人連署奉書案	Ⅰ-180
324	〔弘治 2〕5.23.	1556	大館晴忠書状（切紙）	Ⅰ-181
325	弘治 2.5.23.	1556	大館晴忠書状案	Ⅰ-182
326	弘治 2.5.〔28〕	1556	清水寺二問状	Ⅱ-142
327	弘治 2.5.	1556	清水寺二問状案	Ⅰ-183
328	弘治 2.5.	1556	妙法院尭尊法親王令旨	Ⅰ-184
329	弘治 2.6.〔3〕	1556	鰐淵寺二答状	Ⅱ-143
330	弘治 2.6.	1556	鰐淵寺二答状案	Ⅰ-185
331	弘治 2.6.〔9〕	1556	清水寺三問状	Ⅱ-144
332	弘治 2.6.	1556	清水寺三問状案	Ⅰ-186
333	弘治 2.6.〔13〕	1556	鰐淵寺三答状	Ⅱ-145
334	弘治 2.6.	1556	鰐淵寺三答状案	Ⅰ-187
335	年月日未詳		四辻季遠仮名消息	Ⅱ-146
336	弘治 2.6.25.	1556	御湯殿上日記	Ⅱ-147

337	〔弘治 2.6.25.〕	1556	後奈良天皇綸旨案	Ⅱ-148
338	年月日未詳		後奈良天皇女房奉書	Ⅰ-188
339	弘治 2.6.28.	1556	延暦寺北谷一院衆議案断簡	Ⅱ-149
340	〔弘治 2〕6.晦日	1556	六角義賢書状（切紙）	Ⅱ-150
341	年未詳 7.5.		永請書状	Ⅰ-189
342	弘治 2.7.19.	1556	延暦寺西塔院衆徒連署状案	Ⅰ-190
343	弘治 2.7.28.	1556	延暦寺西塔院・楞厳院条々書	Ⅰ-191
344	〔弘治 2〕7.28.	1556	長谷玄穎書下	Ⅰ-192
345	〔弘治 2〕7.28.	1556	長谷玄穎書状	Ⅰ-193
346	〔弘治 2〕7.28.	1556	長谷玄穎書状	Ⅰ-194
347	〔弘治 2〕7.28.	1556	延暦寺西塔院執行代・楞厳院別当代連署書状（切紙）	Ⅰ-195
348	〔弘治 2〕8.3.	1556	安居院覚澄書状（切紙）	Ⅰ-196
349	〔弘治 2〕9.9.	1556	梶井門徒中連署状	Ⅱ-151
350	〔弘治 2〕9.9.	1556	延暦寺本院南谷学頭代連署書状	Ⅱ-152
351	〔弘治 2〕9.14.	1556	延暦寺本院南谷学頭代書状	Ⅱ-153
352	弘治 2.9.18.	1556	延暦寺列参衆衆議連署状	Ⅰ-197
353	〔弘治 2〕9.20.	1556	三上士忠書状（切紙）	Ⅱ-154
354	〔弘治 2〕9.25.	1556	三好長慶書状（切紙）	Ⅰ-198
355	弘治 2.10.12.	1556	延暦寺西塔院政所衆会事書	Ⅰ-199
356	〔弘治 2〕10.13.	1556	松永久秀書状（切紙）	Ⅰ-200
357	弘治 2.10.	1556	華頂要略（門主伝 24）	Ⅱ-155
358	弘治 2.10.	1556	延暦寺列参衆申状	Ⅱ-156
359	弘治 2.11.4.	1556	御湯殿上日記	Ⅱ-157
360	弘治 2.11.12.	1556	御湯殿上日記	Ⅱ-158
361	年月日未詳		座論手日記	Ⅰ-201
362	年月日未詳		後奈良天皇女房奉書	Ⅰ-202
363	年月日未詳		後奈良天皇女房奉書	Ⅰ-203
364	年月日未詳		後奈良天皇女房奉書案	Ⅰ-204
365	〔弘治 2〕11.13.	1556	広橋国光書状	Ⅰ-205
366	弘治 2.11.13.	1556	後奈良天皇綸旨（宿紙）	Ⅰ-206
367	〔弘治 2〕11.13.	1556	中山孝親書状（切紙）	Ⅰ-207
368	〔弘治 2〕11.13.	1556	勧修寺尹豊書状（切紙）	Ⅰ-208
369	〔弘治 2〕11.13.	1556	柳原資定書状	Ⅰ-209
370	〔弘治 2〕11.17.	1556	速水武益書状	Ⅰ-210
371	〔弘治 2〕11.28.	1556	六角氏家臣永田賢興・進藤賢盛連署奉書（切紙）	Ⅰ-211
372	弘治 2.11.21.	1556	延暦寺根本中堂集会事書	Ⅱ-159

373	〔弘治 2〕11.21.	1556	延暦寺本院執行代書状	Ⅱ-160
374	年月日未詳		梶井応胤法親王仮名消息	Ⅱ-161
375	弘治 2.12.	1556	延暦寺本院大衆申状	Ⅱ-162
376	〔弘治 2〕12.11.	1556	延暦寺本院執行代書状	Ⅱ-163
377	年月日未詳		梶井応胤法親王仮名消息	Ⅱ-164
378	年月日未詳		後奈良天皇女房奉書写	Ⅱ-165
379	〔弘治 2〕12.11.	1556	教林坊円秀等連署書状	Ⅰ-212
380	年未詳 1.27.		大原高保書状（切紙）	Ⅰ-213
381	〔弘治 3〕3.7.	1557	延暦寺西塔院執行代・楞厳院別当代連署書状	Ⅰ-214
382	〔弘治 3〕3.7.	1557	延暦寺西塔院執行代・楞厳院別当代連署書状	Ⅰ-215
383	弘治 3.3.11.	1557	御湯殿上日記	Ⅱ-166
384	年月日未詳		後奈良天皇綸旨案	Ⅱ-167
385	弘治 3.4.23.	1557	尼子晴久書下	Ⅰ-216
386	弘治 3.4.23.	1557	西光寺憲秀等連署奉書（折紙）	Ⅰ-217
387	〔弘治 3〕5.15.	1557	柳原資定書状（切紙）	Ⅰ-218
388	〔弘治 3〕5.18.	1557	延暦寺西塔院執行代書状写	Ⅱ-168
389	〔弘治 3〕5.19.	1557	中山孝親書状（切紙）	Ⅰ-219
390	〔弘治 3〕5.19.	1557	勧修寺尹豊書状（切紙）	Ⅰ-220
391	〔弘治 3〕5.19.	1557	青蓮院尊朝法親王令旨	Ⅰ-221
392	年月日未詳		伏見宮貞敦親王家女房奉書	Ⅰ-222
393	〔弘治 3〕5.20.	1557	延暦寺西塔院執行代・楞厳院別当代連署書状	Ⅰ-223
394	弘治 3.5.	1557	延暦寺大衆申状	Ⅱ-169
395	〔弘治 3？〕8.3.	1557	安居院覚澄書状（切紙）	Ⅰ-224
396	〔弘治 3？〕9.4.	1557	春任書状	Ⅱ-170
397	弘治 3.9.29.	1557	長谷玄穎書下	Ⅰ-225
398	年月日未詳		清水寺覚書	Ⅱ-171
399	弘治 4.3.2.	1558	杵築大社三月会三番饗米銭注文写	Ⅱ-172
400	永禄 4.9.19.	1561	尼子義久書下	Ⅰ-226
401	永禄 4.10.23.	1561	尼子義久袖判佐世清宗等連署奉書	Ⅰ-227
402	永禄 4.11.12.	1561	尼子義久袖判立原幸隆等連署奉書（折紙）	Ⅰ-228
403	永禄 4.12.19.	1561	竹尾坊円高契状	Ⅰ-229
404	年未詳 9.10.		佐世清宗等連署奉書（折紙）	Ⅰ-230
405	年未詳 9.10.		佐世清宗等連署奉書（折紙）	Ⅰ-231
406	〔永禄 5〕8.16.	1562	毛利元就・同隆元連署書状	Ⅰ-232
407	〔永禄 5〕8.16.	1562	毛利元就・同隆元連署書状案	Ⅰ-233

408	永禄 5.8.16.	1562	毛利氏奉行人連署安堵状	Ⅰ-234
409	年月日未詳		〈参考〉雲陽軍実記（巻 3）	Ⅱ-173
410	年月日未詳		伊弉諾社修理免注文	Ⅱ-174
411	永禄 6.12.1.	1563	毛利元貞(康ヵ)寄進状写	Ⅱ-175
412	年未詳 9.26.		毛利元就安堵状写	Ⅱ-176
413	年未詳 10.20.		毛利氏奉行人連署奉書（折紙）	Ⅰ-235
414	永禄 8.2.26.	1565	尭円寄進状	Ⅱ-177
415	永禄 8.10.11.	1565	智尾権現社幷舞殿造立棟札	Ⅱ-178
416	永禄 9.5.9.	1566	毛利輝元判物	Ⅰ-236
417	永禄 9.5.9.	1566	毛利輝元判物案	Ⅰ-237
418	永禄 9.5.9.	1566	毛利氏奉行人連署奉書（折紙）	Ⅰ-238
419	年未詳 9.26.		毛利元就書状	Ⅱ-179
420	年未詳 11.晦日		毛利元就書状	Ⅰ-239
421	永禄 10.5.	1567	毛利氏家臣連署安堵状	Ⅱ-180
422	〔永禄 12〕1.14.	1569	国造千家義広書状	Ⅱ-181
423	永禄 12.2.2.	1569	六所神社修正会勤頭役差定注文	Ⅱ-182
424	〔永禄 12？〕8.3.	1565	毛利元就・同輝元連署書状	Ⅰ-240
425	永禄 12.9.20.	1569	尼子勝久判物（折紙）	Ⅰ-241
426	永禄 12.9.20.	1569	尼子勝久判物案（折紙）	Ⅰ-242
427	永禄 12.12.2.	1569	尼子勝久袖判奉行人奉書（折紙）	Ⅱ-183
428	年未詳 5.3.		毛利元就書状（切紙）	Ⅱ-184
429	永禄 13.7.28.	1570	毛利家掟書	Ⅰ-243
430	〔元亀 1〕8.5.	1570	毛利元就書状	Ⅰ-244
431	〔元亀 1〕8.5.	1570	毛利元就書状	Ⅰ-245
432	〔元亀 1〕8.17.	1570	吉川元春・小早川隆景連署書状	Ⅰ-246
433	〔元亀 1〕8.25.	1570	吉川元春・小早川隆景連署書状	Ⅰ-247
434	元亀 1.8.吉日	1570	国富八幡宮御頭指帳写	Ⅱ-185
435	〔元亀 1〕9.10.	1570	口羽通良・福原貞俊連署書状	Ⅰ-248
436	〔元亀 1〕9.10.	1570	口羽通良・福原貞俊連署書状案	Ⅰ-249
437	年未詳 5.10.		毛利元就・同輝元連署書状	Ⅰ-250
438	年未詳 9.26.		毛利元就書状	Ⅰ-251
439	年未詳 12.18.		毛利元就書状（切紙）	Ⅰ-252
440	元亀 1.	1570	国富八幡宮御頭番帳	Ⅱ-186
441	年未詳 4.2.		井上就重書状（切紙）	Ⅰ-253
442	年月日未詳		某書状断簡	Ⅱ-187
443	元亀 2.3.21.	1571	和漢朗詠集抄下巻奥書	Ⅱ-188
444	〔元亀 2？〕3.23.	1571	毛利氏奉行人連署奉書	Ⅰ-254
445	〔元亀 2〕4.3.	1571	毛利輝元書状	Ⅰ-255

446	元亀 2.4.3.	1571	毛利元就・同輝元連署安堵状	Ⅰ-256
447	〔元亀 2〕4.3.	1571	毛利元就・同輝元連署書状	Ⅰ-257
448	年月日未詳		和多坊当知行分書立案	Ⅰ-258
449	年月日未詳		和多坊当知行分覚案	Ⅰ-259
450	年月日未詳		和多坊不知行分覚案	Ⅰ-260
451	年月日未詳		和多坊不知行分覚案	Ⅰ-261
452	〔元亀 2？〕4.22.	1571	森脇春親書状	Ⅰ-262
453	〔元亀 2？〕5.13.	1571	小早川隆景書状	Ⅰ-263
454	〔元亀 2？〕5.27.	1571	天野隆重・毛利元秋連署書状	Ⅰ-264
455	〔元亀 2.6 頃〕	1571	〈参考〉雲陽軍実記（巻 5）	Ⅱ-189
456	〔元亀 2？〕12.22.	1571	毛利氏奉行人連署奉書	Ⅰ-265
457	年未詳 9.10.		毛利氏奉行人連署書状（折紙）	Ⅰ-266
458	元亀 3.1.10.	1572	橋姫大明神縁起	Ⅱ-190
459	年未詳 3.5.		鰐淵寺栄芸等連署書状	Ⅱ-191
460	〔元亀 3？〕4.10.	1572	福原貞俊書状	Ⅰ-267
461	〔元亀 3〕5.27.	1572	毛利元秋書状	Ⅰ-268
462	年月日未詳		某書状	Ⅰ-269
463	年未詳 10.16.		佐々布慶輔書状	Ⅰ-270
464	年未詳 10.29.		佐々布慶輔書状	Ⅰ-271
465	年未詳 2.17.		毛利氏奉行人連署奉書（折紙）	Ⅰ-272
466	元亀 4.1.20.	1573	安倍善左衛門尉直状写	Ⅱ-192
467	〔天正 1？〕6.16.	1574	毛利輝元書状案	Ⅰ-273
468	年月日未詳		吉川元春等連署書状案	Ⅰ-274
469	天正 2.4.10.	1574	毛利輝元書状	Ⅰ-275
470	〔天正 2？〕4.10.	1574	毛利輝元書状	Ⅰ-276
471	天正 2.7.1.	1574	摩陀羅神領胡麻田百姓職請文	Ⅰ-277
472	天正 3.11.吉日	1575	鰐淵寺本堂再興勧進状	Ⅱ-193
473	天正 4.1.	1576	華頂要略（門主伝 24）	Ⅱ-194
474	〔天正 4〕3.7.	1576	青蓮院尊朝法親王直書	Ⅰ-278
475	〔天正 4〕3.7.	1576	鳥居小路経孝書状（切紙）	Ⅰ-279
476	年未詳 6.25.		鳥居小路経孝書状（切紙）	Ⅰ-280
477	天正 4.3.10.	1576	毛利輝元袖判毛利氏奉行人連署掟書	Ⅰ-281
478	〔天正 4？〕3.10.	1576	毛利氏奉行人連署奉書（折紙）	Ⅰ-282
479	〔天正 4？〕3.18.	1576	毛利輝元書状（切紙）	Ⅰ-283
480	〔天正 4？〕3.18.	1576	毛利輝元書状（切紙）	Ⅰ-284
481	〔天正 4？〕3.18.	1576	毛利輝元書状（切紙）	Ⅰ-285
482	〔天正 4？〕3.18.	1576	毛利輝元書状（切紙）	Ⅰ-286
483	〔天正 4？〕3.18.	1576	毛利輝元書状	Ⅰ-287

484	〔天正4？〕3.18.	1576	毛利輝元書状（切紙）	Ⅰ-288
485	〔天正4？〕3.23.	1576	吉川元春書状（切紙）	Ⅰ-289
486	〔天正4？〕3.23.	1576	吉川元春書状（切紙）	Ⅰ-290
487	〔天正4？〕3.28.	1576	毛利輝元書状（切紙）	Ⅰ-291
488	〔天正4？〕3.29.	1576	杉原盛重書状（切紙）	Ⅰ-292
489	〔天正4？〕3.29.	1576	杉原盛重書状（切紙）	Ⅰ-293
490	〔天正4？〕3.29.	1576	杉原盛重書状（折紙）	Ⅰ-294
491	〔天正4？〕5.3.	1576	山口好衡書状（折紙）	Ⅰ-295
492	〔天正4？〕5.24.	1576	毛利輝元書状	Ⅰ-296
493	〔天正4？〕5.24.	1576	毛利輝元書状（切紙）	Ⅰ-297
494	〔天正4？〕6.4.	1576	吉川元春書状（切紙）	Ⅰ-298
495	〔天正4？〕6.19.	1572	今藤直久書状（折紙）	Ⅰ-299
496	〔天正4？〕6.22.	1576	毛利輝元書状（切紙）	Ⅰ-300
497	〔天正4？〕7.4.	1576	武田豊信書状（切紙）	Ⅰ-301
498	〔天正4？〕7.4.	1576	武田豊信書状（切紙）	Ⅰ-302
499	〔天正4？〕7.4.	1576	武田豊信書状（折紙）	Ⅰ-303
500	〔天正4？〕7.5.	1576	三沢為清書状	Ⅰ-304
501	〔天正4？〕7.5.	1576	三沢為虎書状	Ⅰ-305
502	〔天正4？〕7.5.	1576	国司元蔵書状（折紙）	Ⅰ-306
503	〔天正4？〕7.5.	1576	今藤直久書状（折紙）	Ⅰ-307
504	〔天正4？〕7.7.	1576	三沢為清書状（切紙）	Ⅰ-308
505	〔天正4？〕7.13.	1576	都治隆行書状	Ⅰ-309
506	〔天正4？〕7.28.	1576	山口好衡書状（切紙）	Ⅰ-310
507	天正4.11.2.	1576	聖教断簡奥書	Ⅱ-195
508	天正4.11.26.	1576	大威徳奥書	Ⅱ-196
509	〔天正5？〕2.10.	1577	毛利氏奉行人連署書状（折紙）	Ⅰ-311
510	〔天正5？〕2.14.	1577	毛利輝元書状	Ⅰ-312
511	〔天正5？〕3.5.	1577	毛利輝元書状（切紙）	Ⅰ-313
512	〔天正5？〕3.5.	1577	毛利輝元書状（切紙）	Ⅰ-314
513	〔天正5？〕3.5.	1577	毛利輝元書状（切紙）	Ⅰ-315
514	〔天正5？〕3.5.	1577	毛利輝元書状（切紙）	Ⅰ-316
515	〔天正5？〕3.5.	1577	毛利輝元書状（切紙）	Ⅰ-317
516	〔天正5？〕3.5.	1577	毛利輝元書状（切紙）	Ⅰ-318
517	〔天正5？〕3.5.	1577	毛利輝元書状（切紙）	Ⅰ-319
518	〔天正5？〕3.5.	1577	毛利輝元書状（切紙）	Ⅰ-320
519	〔天正5？〕3.5.	1577	毛利輝元書状（切紙）	Ⅰ-321
520	天正5.6.14.	1577	日頼院縁起案	Ⅰ-322
521	年月日未詳		日頼院縁起案	Ⅰ-323

522	天正 5.11.29.	1577	鰐淵寺根本堂建立棟札	Ⅱ-197
523	天正 5.11.29.	1577	鰐淵寺本堂再建棟札案	Ⅰ-324
524	天正 6.9.	1578	常行堂内殿摩多羅神御影向所建立棟札	Ⅱ-198
525	天正 6.10.2.	1578	直江八幡宮造営棟札	Ⅱ-199
526	〔天正 6〕10.15.	1578	国司元相・児玉元良連署書状（折紙）	Ⅱ-200
527	〔天正 6〕10.23.	1578	国司元相・児玉元良連署書状写	Ⅱ-201
528	〔天正 7.8.5.〕	1579	某覚書	Ⅱ-202
529	天正 7.10.	1579	鰐淵寺旧蔵大般若経見返書	Ⅱ-203
530	年未詳 12.24.		吉川元長書状（切紙）	Ⅰ-325
531	〔天正 8〕3.29.	1580	毛利輝元書状（切紙）	Ⅱ-204
532	〔天正 8〕3.29.	1580	毛利輝元書状写	Ⅱ-205
533	〔天正 8〕4.23.	1580	児玉元良書状（折紙）	Ⅰ-326
534	〔天正 8.5.〕	1580	正覚寺護摩壇座板裏書	Ⅱ-206
535	天正 8.10.7.	1580	杵築大社遷宮儀式入目次第	Ⅱ-207
536	〔天正 8？〕12.10.	1580	国司元蔵書状（切紙）	Ⅰ-327
537	〔天正 8？〕12.10.	1580	国司元蔵書状	Ⅰ-328
538	〔天正 8〕12.10.	1580	今藤直久書状（折紙）	Ⅰ-329
539	年未詳 12.10.		福原元俊・同貞俊連署書状	Ⅰ-330
540	年未詳 9.28.		吉川元春書状	Ⅰ-331
541	年未詳 9.28.		吉川元春書状案	Ⅰ-332
542	年未詳 9.28.		吉川元春書状	Ⅰ-333
543	年未詳 9.28.		吉川元春書状	Ⅰ-334
544	年未詳 3.7.		口羽通良書状（切紙）	Ⅰ-335
545	年未詳 10.25.		口羽通良書状	Ⅰ-336
546	年未詳 11.晦日		口羽通平・二宮就辰連署書状	Ⅰ-337
547	年未詳極.8.		口羽通平書状	Ⅰ-338
548	年未詳 6.27.		吉川元春書状	Ⅰ-339
549	天正 10.4.16.	1582	毛利氏奉行人連署奉書（折紙）	Ⅰ-340
550	年未詳 8.9.		毛利氏奉行人連署書状（折紙）	Ⅱ-208
551	〔天正 11〕2.23.	1583	国造千家義広書状（折紙）	Ⅱ-209
552	〔天正 11〕2.28.	1583	毛利輝元書状（切紙）	Ⅱ-210
553	〔天正 11〕3.6.	1583	神魂社別火秋上久国等連署書状（折紙）	Ⅱ-211
554	天正 11.3.22.	1583	神魂社造営覚書断簡	Ⅱ-212
555	天正 11.4.20.	1583	神魂社造営遷宮支度次第日記案	Ⅱ-213
556	天正 11.6.10.	1583	鰐淵寺和多坊栄芸覚書	Ⅱ-214
557	天正 11.6.23.	1583	鰐淵寺豪円書下	Ⅱ-215
558	〔天正 11〕9.3.	1583	桂春忠書状（折紙）	Ⅱ-216
559	天正 11.9.23.	1583	華頂要略（門主伝 24）	Ⅱ-217

560	〔天正 11？〕10.1.	1583	番匠石敷大事	Ⅱ-218
561	天正 11.11.2.	1583	神魂社神事覚書（折紙）	Ⅱ-219
562	天正 11.11.吉日	1583	修求聞持法祈禱札	Ⅱ-220
563	天正 11.12.22.	1583	神魂大社建立棟札表書写	Ⅰ-341
564	天正 11.12.22.	1583	神魂神社棟札写	Ⅱ-221
565	天正 11.極.22.	1583	神魂大社建立棟札裏書写	Ⅰ-342
566	天正 12.3.2.	1584	毛利輝元禁制高札	Ⅱ-222
567	天正 12.3.2.	1584	毛利輝元袖判制札案	Ⅰ-343
568	天正 12.4.吉日	1584	神魂社造営神主方渡物注文	Ⅱ-223
569	年月日未詳		来成寺御幣文	Ⅰ-344
570	天正 12.7.27.	1584	和多坊栄芸画像賛	Ⅱ-224
571	年月日未詳		和多坊栄芸跡職断簡	Ⅱ-225
572	年月日未詳		和多坊跡職断簡	Ⅱ-226
573	〔天正 12〕7.29.	1584	毛利輝元書状	Ⅰ-345
574	〔天正 12〕7.晦日	1584	吉川元長・同元春連署書状	Ⅰ-346
575	天正 12.8.19.	1584	毛利輝元判物	Ⅰ-347
576	天正 12.8.26.	1584	兼見卿記	Ⅱ-227
577	〔天正 12〕8.26.	1584	吉川元長・同元春連署書状	Ⅰ-348
578	天正 12.8.26.	1584	吉川元長・同元春連署書状	Ⅰ-349
579	天正 12.8.27.	1584	兼見卿記	Ⅱ-228
580	天正 12.9.13.	1584	杵築大社年中行事目録写	Ⅱ-229
581	〔天正 12〕9.26.	1584	小早川隆景書状	Ⅰ-350
582	〔天正 12〕9.29.	1584	毛利輝元書状	Ⅰ-351
583	天正 12.10.1.	1584	番匠児屋大事	Ⅰ-352
584	〔天正 12〕10.10.	1584	吉川元長·同元春連署書状	Ⅰ-353
585	〔天正 12〕10.16.	1584	毛利氏奉行人連署奉署（折紙）	Ⅰ-354
586	〔天正 13〕2.20.	1585	福原元俊・同貞俊連署書状	Ⅰ-355
587	年未詳 2.24.		児玉元良書状	Ⅰ-356
588	〔天正 13〕4.23.	1585	千家義広書状（折紙）	Ⅱ-230
589	〔天正 13？〕4.25.	1585	北島久孝書状（折紙）	Ⅱ-231
590	天正 13.6.2.	1585	正親町天皇口宣案（宿紙）	Ⅰ-357
591	〔天正 13〕⑧.23.	1585	和多坊栄哉書状	Ⅱ-232
592	天正 13.10.	1585	両界曼荼羅図軸木修理墨書銘	Ⅱ-233
593	天正 14.5.12.	1586	華頂要略（門主伝 24）	Ⅱ-234
594	年未詳 4.21.		成田慶孝書状（折紙）	Ⅰ-358
595	年未詳 5.3.		宍道政慶書状	Ⅰ-359
596	年未詳 2.17.		吉川元春書状（切紙）	Ⅰ-360
597	年未詳 6.17.		吉川元春書状	Ⅰ-361

598	年未詳 6.20.		吉川元春書状（切紙）	Ⅰ-362
599	年未詳 9.12.		吉川元春書状（折紙）	Ⅰ-363
600	天正 15.7.28.	1587	和多坊栄哉祈念注文	Ⅱ-235
601	〔天正 15〕9.12.	1587	宍道政慶書状	Ⅰ-364
602	〔天正 15〕9.12.	1587	友雲斎安栖書状（折紙）	Ⅰ-365
603	〔天正 15〕9.13.	1587	友雲斎安栖書状（折紙）	Ⅰ-366
604	〔天正 15？〕9.14.	1587	安威豊信書状（折紙）	Ⅰ-367
605	天正 15.12.20.	1587	鰐淵寺寺領預ケ状	Ⅱ-236
606	天正 16.4.9.	1588	鰐淵寺領国富竹下名年貢注文	Ⅱ-237
607	天正 16.5.21.	1588	徳川家康起請文	Ⅰ-368
608	〔天正 16〕6.23.	1588	児玉春種奉書（折紙）	Ⅰ-369
609	天正 16.6.	1588	鰐淵寺湯立注文	Ⅱ-238
610	天正 16.7.29.	1588	華頂要略（門主伝 24）	Ⅱ-239
611	天正 16.8.22.	1588	華頂要略（門主伝 24）	Ⅱ-240
612	〔天正 16〕8.27.	1588	青蓮院尊朝法親王直書	Ⅰ-370
613	〔天正 16〕9.2.	1588	上乗院道順書状（切紙）	Ⅰ-371
614	天正 16.9.18.	1588	華頂要略（門主伝 24）	Ⅱ-241
615	天正 16.9.	1588	延暦寺根本中堂僧綱職補任状	Ⅰ-372
616	天正 16.12.5.	1588	毛利輝元書状	Ⅰ-373
617	天正 17.7.吉日	1589	延暦寺正覚院豪盛請状（折紙）	Ⅰ-374
618	天正 17.8.	1589	木造不動明王二童子立像光背裏墨書銘	Ⅱ-242
619	天正 18.1.25.	1590	山王講奥書	Ⅱ-243
620	天正 18.11.20.	1590	華頂要略（門主伝 24）	Ⅱ-244
621	天正 19.	1591	木造元三大師坐像墨書銘	Ⅱ-245
622	天正 19.12.16.	1591	毛利氏奉行人連署寺領打渡状	Ⅰ-375
623	〔天正 20？〕4.26.	1592	佐世正勝書状写	Ⅱ-246
624	天正 20.6.14.	1592	鰐淵寺僧信芸・俊海連署定書案	Ⅱ-247
625	年未詳 4.27.		鰐淵寺年行事連署書状	Ⅱ-248
626	年月日未詳		六所神田坪付断簡	Ⅱ-249
627	年月日未詳		鰐淵寺領覚断簡	Ⅱ-250
628	文禄 4.10.10.	1595	杵築大社上官赤塚氏領書立	Ⅱ-251
629	文禄 5.2.11.	1596	山田元宗等連署銀子請取状	Ⅰ-376
630	年未詳 1.24.		竹本坊豪円等連署祈禱注文案	Ⅰ-377
631	〔慶長 3？〕7.8.	1598	東大寺地蔵院浄賢・観音院訓盛連署書状（切紙）	Ⅰ-378
632	慶長 3.	1598	杵築大社年中行事次第	Ⅱ-252
633	年月日未詳		武家御寄進年代記断簡	Ⅱ-253
634	年未詳 1.24.		佐世元嘉書状（折紙）	Ⅰ-379

635	年未詳 2.9.		某書状（折紙）	Ⅰ-380
636	年未詳〔2.〕16.		児玉元良書状（折紙）	Ⅱ-254
637	年未詳 2.16.		別火貞吉申状	Ⅱ-255
638	年未詳 3.4.		三輪元徳書状	Ⅰ-381
639	年未詳 3.13.		里村玄仍書状（折紙）	Ⅰ-382
640	年未詳 3.		正法寺春盛書状	Ⅱ-256
641	年未詳 4.11.		和多坊栄哉書状（折紙）	Ⅱ-257
642	年未詳 5.8.		長谷広佐書状（折紙）	Ⅱ-258
643	年未詳 5.18.		石原清善書状（折紙）	Ⅰ-383
644	年未詳 6.4.		佐世正勝書状	Ⅱ-259
645	年未詳 6.5.		某黒印状（折紙）	Ⅰ-107-2
646	年未詳 6.8.		毛利輝元書状（切紙）	Ⅰ-384
647	年未詳 7.16.		元長書状	Ⅱ-260
648	年未詳 7.16.		山田元宗書状	Ⅰ-385
649	年未詳 9.4.		毛利輝元書状	Ⅰ-386
650	年未詳 10.6.		毛利輝元書状	Ⅱ-261
651	年未詳極.3.		岩倉寺真快書状	Ⅱ-262
652	年未詳極.12.		来原盛続書状（切紙）	Ⅰ-387
653	年未詳 12.23.		佐世源友（清宗）書状	Ⅰ-388
654	年月日未詳		某申状案	Ⅰ-389
655	年月日未詳		毛利名書	Ⅱ-263
656	年月日未詳		神魂社関係記録断簡	Ⅱ-264
657	年月日未詳		三月会神事注文	Ⅱ-265
658	年月日未詳		毛利輝元書状写	Ⅱ-266
659	年月日未詳		毛利輝元書状写	Ⅱ-267
660	年月日未詳		行用抄〈杵築〉断簡	Ⅱ-268
661	年月日未詳		六十六部奉納札所覚書	Ⅱ-269
662	慶長 6.2.24.	1601	三月会神事覚書（切紙）	Ⅱ-270
663	慶長 6.12.8.	1601	聖教断簡奥書	Ⅱ-271
664	慶長 7.2.7.	1602	堀尾氏奉行人連署下知状	Ⅱ-272
665	慶長 7.3.7.	1602	鰐淵寺領富村竹尾坊分田地坪付	Ⅱ-273
666	慶長 7.3.7.	1602	鰐淵寺領富村金剛院分田地坪付	Ⅱ-274
667	慶長 7.12.	1602	番匠大工二字口決	Ⅱ-275
668	慶長 7.〔12？〕	1602	番匠大工口決	Ⅱ-276
669	〔慶長 9〕7.27.	1604	堀尾宗光書状（折紙）	Ⅱ-277
670	慶長 9.9.11.	1604	鰐淵寺領唐川検地帳	Ⅱ-278
671	慶長 9.10.6.	1604	富田藩〈堀尾氏〉奉行人連署寺領宛行状	Ⅱ-279
672	慶長 11.10.16.	1606	国造千家元勝書状写	Ⅱ-280

673	慶長 13.2.晦日	1608	三月会渡方覚（切紙）	Ⅱ-281
674	慶長 13.3.26.	1608	豪信・宣乗連署書状（折紙）	Ⅱ-282
675	慶長 13.11.	1608	国造北島氏願書案	Ⅱ-283
676	慶長 15.5.吉日	1610	不動明王像墨書銘	Ⅱ-284
677	慶長 16.11.17.	1611	松江藩〈堀尾氏〉奉行人連署禁制写	Ⅱ-285
678	慶長 16.	1611	杵築大社三月会渡方覚（切紙）	Ⅱ-286
679	年月日未詳		杵築大社旧記御遷宮次第	Ⅱ-287
680	元和 2.3.3.	1616	杵築大社三月会御供米覚（切紙）	Ⅱ-288
681	元和 2.3.8.	1616	松江藩〈堀尾氏〉寺領打渡目録	Ⅱ-289
682	元和 4.7.24.	1618	和多坊豪村譲状	Ⅱ-290
683	元和 4.12.13.	1618	鰐淵寺領古志村本郷田畠検地帳	Ⅱ-291
684	元和 6.8.	1620	堀尾家三奉行連署禁制高札	Ⅱ-292
685	年未詳 6.18.		藤堂高虎書状	Ⅱ-293
686	〔寛永 9〕3.21.	1632	鰐淵寺年行事連署書状（折紙）	Ⅱ-294
687	〔寛永 9〕5.25.	1632	佐草吉清書状（折紙）	Ⅱ-295
688	寛永 9.5.28.	1632	鰐淵寺豪仟書状（折紙）	Ⅱ-296
689	寛永 9.5.28.	1632	鰐淵寺豪仟書状案（折紙）	Ⅱ-297
690	〔寛永 9〕6.2.	1632	鰐淵寺豪仟書状（折紙）	Ⅱ-298
691	寛永 9.6.2.	1632	鰐淵寺豪仟注進状	Ⅱ-299
692	〔寛永 9〕6.2.	1632	鰐淵寺豪仟書状（折紙）	Ⅱ-300
693	寛永 9.6.17.	1632	鰐淵寺豪仟注進状	Ⅱ-301
694	〔寛永 9〕6.28.	1632	秋上孝国書状	Ⅱ-302
695	寛永 9.6.	1632	佐草吉清起請文案	Ⅱ-303
696	〔寛永 9〕7.27.	1632	鰐淵寺一山連署書状写	Ⅱ-304
697	寛永 9.11.吉日	1632	秋上孝国覚書	Ⅱ-305
698	年月日未詳		神魂社造営遷宮記録	Ⅱ-306
699	寛永 10.2.21.	1633	修虚空蔵法仁王経祈禱札	Ⅱ-307
700	寛永 10.3.3.	1633	杵築大社三月会入目注文写（折紙）	Ⅱ-308
701	寛永 10.11.23.	1633	松江藩〈堀尾氏〉禁制高札	Ⅱ-309
702	寛永 10.11.23.	1633	松江藩〈堀尾氏〉奉行人連署禁制写	Ⅱ-310
703	寛永 11.3.14.	1634	酒井忠世書状	Ⅱ-311
704	寛永 1〔1〕3.18.	1634	酒井忠世書状	Ⅱ-312
705	寛永 11.9.26.	1634	京極忠高寺領宛行状	Ⅱ-313
706	寛永 11.9.26.	1634	松江藩〈京極氏〉寺領打渡目録	Ⅱ-314
707	〔寛永 12？〕3.21.	1635	鰐淵寺豪存書状（折紙）	Ⅱ-315
708	〔寛永 12〕9.26.	1635	松江藩〈京極氏〉奉行人連署奉書（折紙）	Ⅱ-316
709	寛永 13.2.21.	1635	杵築大社三月会神事次第	Ⅱ-317
710	寛永 15.2.3.	1638	松江藩〈松平氏〉禁制高札	Ⅱ-318

711	寛永 15.2.3.	1638	松江藩〈松平氏〉奉行人連署禁制写	Ⅱ-319
712	寛永 15.12.6.	1638	松江藩〈松平氏〉奉行人連署禁制	Ⅱ-320
713	寛永 15.12.6.	1638	松平直政寺領宛行状	Ⅱ-321
714	寛永 15.12.19.	1638	松江藩〈松平氏〉禁制高札	Ⅱ-322
715	年月日未詳		国造北島広孝覚書案	Ⅱ-323
716	年未詳 6.吉日		神魂社由緒注進案	Ⅱ-324
717	年未詳 1.9.		松本五左衛門書状	Ⅱ-325
718	年未詳 3.3.		斎藤彦左衛門等連署書状	Ⅱ-326
719	年未詳 4.4.		森村賢清書状（折紙）	Ⅱ-327
720	年未詳 4.11.		鰐淵寺豪仟書状（折紙）	Ⅱ-328
721	年未詳 5.7.		堀尾一好書状（折紙）	Ⅱ-329
722	年未詳 10.9.		松井七郎左衛門尉・安食八太夫連署書状（折紙）	Ⅱ-330
723	年未詳 12.3.		嘯岳鼎虎書状	Ⅱ-331
724	年未詳 12.19.		松江藩老中連署達（折紙）	Ⅱ-332
725	年月日未詳		日御碕大神宮御建立次第	Ⅱ-333
726	年月日未詳		国造北島広孝訴状案	Ⅱ-334
727	正保 5.1.	1648	国造晴孝公御火継之記写	Ⅱ-335
728	慶安 1.3.	1648	鰐淵寺領出東郡東林木村坪付帳	Ⅱ-336
729	慶安 2.3.	1649	鰐淵寺領神門郡横引村坪付帳	Ⅱ-337
730	慶安 4.5.吉日	1651	豪善譲状	Ⅱ-338
731	慶安 4.5.吉日	1651	豪善譲状	Ⅱ-339
732	承応 3.9.3.	1654	前国造晴孝御葬礼之記（切紙）	Ⅱ-340
733	〔万治 2？〕6.6.	1659	岡田半右衛門書状	Ⅱ-341
734	年未詳 8.11.		岡田半右衛門等連署書状	Ⅱ-342
735	万治 2.8.22.	1659	垂水十郎右衛門書状（折紙）	Ⅱ-343
736	万治 2.9.5.	1659	岡田半右衛門・野間八郎兵衛連署書状写	Ⅱ-344
737	万治 2.9.吉日	1659	蔵王権現社建立棟札写	Ⅱ-345
738	〔万治 2？〕11.2.	1659	石原九左衛門書状	Ⅱ-346
739	万治 3.7.	1660	万治三年千家国造家日記	Ⅱ-347
740	寛文 1.	1661	〈参考〉懐橘談（巻下）	Ⅱ-348
741	寛文 2.6.16.	1662	杵築大社本願次第写	Ⅱ-349
742	寛文 4.1.～4.	1664	寛文四年杵築大社造営日記	Ⅱ-350
743	寛文 4.4.	1664	寛文四年千家国造家日記	Ⅱ-351
744	寛文 4.5.～⑤	1664	寛文四年杵築大社造営日記	Ⅱ-352
745	寛文 4.⑤.	1664	寛文四年千家国造家日記	Ⅱ-353
746	寛文 4.6.～8.	1664	寛文四年杵築大社造営日記	Ⅱ-354
747	寛文 4.8.23.	1664	寛文四年千家国造家日記	Ⅱ-355

748	寛文 4.4.吉日	1664	釈迦堂建立棟札	Ⅱ-356
749	寛文 6.1.～3.	1666	寛文六年千家国造家日記	Ⅱ-357
750	寛文 6.12.	1666	杵築大社寛文造営日記抜書	Ⅱ-358
751	寛文 7.1.20.	1667	佐草自清日記抜書	Ⅱ-359
752	寛文 7.12.11.	1667	摩多羅神宮幷常行堂建立棟札	Ⅱ-360
753	年月日未詳		大社別火証文幷古文書目録	Ⅱ-361
754	延宝 7.4.	1679	出雲国造等勘文案	Ⅱ-362
755	享保 2.	1717	〈参考〉雲陽誌（巻 9）	Ⅱ-363